Oskar Duschinger

Hans Schuierer

Symbolfigur des friedlichen
Widerstands gegen die WAA

Oskar Duschinger

Hans Schuierer

Symbolfigur des friedlichen Widerstands gegen die WAA

BUCH- UND KUNSTVERLAG
OBERPFALZ

Bibliografische Information Der Deutschen Nationalbibliothek

Die Deutsche Nationalbibliothek verzeichnet diese Publikation in der Deutschen Nationalbibliografie; detaillierte bibliografische Daten sind im Internet über http://dnb.dnb.de abrufbar.

ISBN 978-3-95587-063-8

Titelbild:
Ursula Sauthoff und Günter Moser

1. Auflage 2018
© 2018 Buch- und Kunstverlag Oberpfalz
in der Battenberg Gietl Verlag GmbH, Regenstauf
www.battenberg-gietl.de
Alle Rechte vorbehalten
ISBN 978-3-95587-063-8

Natur und Leben sind das kostbarste Gut,
das wir Menschen haben.
Wir dürfen und können sie nicht opfern
für Macht oder sonstige Interessen.

Wir haben eine Verpflichtung
für künftige Generationen,
deren Lebensgrundlagen wir,
die heutige Generation, nicht zerstören dürfen.

Dies ist eine Verpflichtung für uns alle!

Hans Schuierer

Ich bedanke mich besonders

bei Wolfgang Nowak aus Schwandorf. Ohne ihn hätte ich dieses Buch in der kurzen Zeit nicht schreiben können. Wolfgang Nowak ist der Mann, der alles dafür tut, dass der Kampf gegen die WAA niemals in Vergessenheit gerät.

Bei Günter Moser aus Ammerthal. Der frühere Verlagsleiter des Buch & Kunstverlags Oberpfalz redigierte das Manuskript vor dem Hintergrund seiner eigenen Erfahrungen und Erlebnisse im Kampf gegen die WAA. Bei der Bildauswahl und der Herstellung des Buches gab er mir viele wertvolle Ratschläge.

Bei allen Journalisten und Berichterstattern. Ohne die Recherche in den regionalen und überregionalen Zeitungen, in den zahlreichen Flugblättern und diversen Zeitschriften wäre dieses Buch nicht möglich gewesen. Die Berichte, Kommentare und Fotoreportagen rund um den Bau der WAA waren eine wertvolle Hilfe.

Bei allen Fotografen. Was wäre dieses Buch ohne die vielen Bilder, die Zeugnis gaben vom jahrelangen Kampf gegen die WAA? Ohne sie würde Wesentliches fehlen. Deshalb ein herzliches Dankeschön an alle Fotografen. Um nur einige zu erwähnen: Herbert Grabe, Tino Lex, Cornelia Lorenz, Ingo Fliess, Wolfgang Nowak, Rudi Hirsch, Hannes Augustin, Oskar Duschinger, Günter Moser, Wilhelm Pöhlmann, Herbert Baumgärtner, BI Schwandorf, Stadtarchiv Schwandorf, Archiv der Mittelbayerischen Zeitung Schwandorf …

Viele bleiben namentlich unerwähnt, weil das Bildmaterial aus verschiedensten Quellen stammt. Allen, die dazu beigetragen haben, dass diese Zeitepoche in der Oberpfalz auch mit Fotos dargestellt werden kann, sei hiermit herzlich gedankt.

Inhaltsverzeichnis

Geleitwort Dr. Hans-Jochen Vogel 11

Chronologie der WAA-Ereignisse
Zeittafel 12

Der Mensch Hans Schuierer
Ein menschlicher Politiker 15
Überzeugter Sozialdemokrat 18
Der „Gesundheitsapostel" 20
Vom Bürgermeister zum Landrat 22
„Hans Schuierer ist unser Mann" 25
Ein Landrat aus dem Volk für das Volk 29

Erste Zeichen am Horizont
WAA: Wackersdorf macht das Rennen 33
Hans Schuierer: Ein Landrat mit Herz 43
Schuierer stürzt „schwarze Regionen": Wahlkampf 1984 49
Die Weigerung ist gesetzeswidrig: „Lex Schuierer" 53
Keine atomaren Versuchskaninchen: Das Ringen um die WAA 56
Hohe Schornsteine – todsicheres Geschäft: Pro und Contra WAA 62

Der Beginn der Konfrontation
Verstöße gegen die öffentliche Sicherheit:
Platzbesetzung und Sondereinsatzkommando 65
Wichtige Gründe des öffentlichen Wohls: Streit um die 1. Teilerrichtungsgenehmigung 67
Widerstand ein nationales Anliegen: Demonstration in der Landeshauptstadt 73
Niemals in Betrieb: Geheime Kommandosache „Rodungsbeginn" 76
Eine taktlose Provokation: Joschka Fischer im Taxöldener Forst 81
Das neue Gorleben der Republik: Räumungsbefehl! 86
Republik Wackerland: WAAldweihnacht 1985 90
Da waren alle Mittel recht: Kein Friede den Hütten 94

Inhaltsverzeichnis

Machtvolle Demonstrationen

Mit Vorermittlungen Widerstand brechen: Erste Disziplinierungsversuche 99
Zum Schutz der Heimat: Eine Armbrust für Schuierer 101
Öffentliche Sicherheit und Ordnung: Rodungsarbeiten am Sonntag 104
Ein wilder Tanz: Maskenball am Bauzaun 107
Ja zum Naturschutz – Nein zur WAA: Ökologischer Aschermittwoch 110
Gewalt gegen die Schöpfung: Kirche und WAA 114
„Wir sind bereit, einiges einzustecken": Eine machtvolle Osterdemonstration 118
Ein Umdenken setzt ein: Tschernobyl und Wackersdorf 127
Pfingsten 1986: Die Schlacht am Bauzaun 133
Viele Menschen positiv beeinflusst: Aufmunternde Briefe an Hans Schuierer 138
Chaoten auf zum Sturm: Ohne Rücksicht und Respekt 140

Grenzüberschreitende Solidarität

Ein Landrat soll kriminalisiert werden: Der Fall Schuierer 143
„Wir haben Zwentendorf verhindert": Deutsch-österreichisches Friedensnetz 146
Verstoß gegen das Ausländergesetz: Demonstration trotz Verbot 150
Stehende Ovationen: Solidarität für Landrat Hans Schuierer 154
Es wird aufgerüstet: Neue Reizstoff-Granaten 158
Polizeistaatsgesinnung: Bayern macht die Grenze dicht 161
Sechs Bäume blieben übrig: Kahlschlag für WAA 166
Ökonomisch sinnlos, ökologisch nicht verantwortbar: Aufruf zur Besonnenheit 169

Im Fadenkreuz von Politik und Polizei

Aufhebung der Bannmeile gefordert: Frauen und Motorradfahrer gegen die WAA 173
Das kulturelle Jahrhundertereignis: Das WAAhnsinns-Festival in Burglengenfeld 175
Brücke der Verständigung: Grenzüberschreitende Anti-Atom-Partnerschaft 185
Der Kanzlerkandidat bei Schuierer: Klares Nein zu Wackersdorf 190
„Wir kommen wieder": Liebesgrüße aus Salzburg 193
Heute und in Zukunft sinnvoll?: Planmäßige Verzögerung statt Denkpause 195
Auch Journalisten langen mal daneben: Fackelstreit war heißes Wachs 197
WAA-Gegner und RAF: Aktenzeichen „WAA ungelöst" 200
Mögliche Zielperson für Angriffe: Ministerpräsident Strauß in der „Höhle des Löwen" 202
Auf die Hühneraugen treten: Blockade-Tage im Oktober 204
Versuch eines Gesprächs: Regensburg im Belagerungszustand 206
Einsatzkommandos und Verbote: Kein Weihnachtsfriede am Bauzaun 208
In Sträflingskleidung auf der Zuschauerbank: Aufsehenerregende Gerichtsprozesse 212
Szenen wie im Krieg: Tödliche Punkerjagd mit dem Polizeihubschrauber 214

WAAhnsinnige Spekulationen

WAA als Wahlhelfer: Erdrutschsieg im Landkreis Schwandorf 219
Machenschaften aufdecken: Der Atomtod kennt keine Grenzen 222
Ordnungsgeld oder Ordnungshaft: Einstweilige Verfügung 224
Verdienstmedaille nur sichtbarer Lohn: Ehrung durch den Bund Naturschutz 226
200 Meter lang, 37 Meter breit, 20 Meter hoch: Endlager? 228
Den Polizeibeamten nicht zumutbar: „Spaltprozesse" 231
Nicht nur ökologischer WAAhnsinn: Österreichischer Sonderzug..234
Chaos in der Einsatzleitung: Reizgas oder Schlagstock? 237
Von Polt bis zum Zirkusdirektor: WAAhnsinnsaktionen 241

Die Eskalation der Gewalt

Volksbegehren abgelehnt: Neuer Schwung für die WAA 245
Kriminalisierung des Widerstandes: Die seltsame Sache mit der RAF 247
Schlaflose Nächte für die Polizei: Ein heißer Herbst 1987 252
Sinnlos auf Menschen eingeprügelt: „Polizei-Rambos" im Einsatz 258
Andacht am Franziskus-Marterl: Weihnachten am Bauzaun 1987 265
Da stinkt doch was: Eine zweite WAA? 269

Das Ringen ums Recht

Weiterer Abbau des Rechtsstaates: Der Verfassungsschutz im Brucker Rathaus 273
Atomindustrie trickst und täuscht: Der Atommüll-Skandal und die Folgen..............................276
Ein kleiner Landwirt widersteht und siegt: Verfassungsgericht kippt WAA-Bebauungsplan....279
880.000 Einwendungen: WAA-Genehmigung auf dem Prüfstand 282
Kampf zwischen Vernunft und Gewissen: Kritische Polizisten gegen die WAA 286
Das wird ein Spektakel: Schuierers Disziplinarverfahren 289
Symbolfigur des Widerstandes: Ehrung in Salzburg 293
Zum Schutz der Spaziergänger und des Waldes: Bannmeile um die WAA 296
Abbruch in Ganovenmanier: Tumulte bei der Erörterung 300

Licht am Horizont

Bauen ohne Rücksicht auf die Kosten: Erstes Zaudern 309
Widerstand lässt nicht nach: Mahnwachen und Fackelzüge 315
Greenpeace auf dem Baukran: Sicherheit im Keller 318
Einstellung des Verfahrens? Disziplinarverfahren gegen einen „Strolch" 320
Nie wieder so guten Wein getrunken: Frankreichs Atomindustrie rüstet sich 324
Geduld darf nicht in Gewalt umschlagen: Gottesdienste mit den „Marterlpfarrern" 326
Ein Wurm sorgt für Ärger: Schläge für die „Narren" 330
Seltsame Planspiele im Keller: Das Attentat auf Schuierer 332
14 Tage Unterbringungsgewahrsam: „Lex WAAckersdorf?" 336
Sympathiebeweise auf dem Haidplatz: Landrat Hans Schuierer vor Gericht 338

Das Ende der WAA

Moralische Verpflichtung zu Ausgleichsmaßnahmen:
„Reparationen" für den WAA-Verlust 347
Es herrscht totale Konfusion: Aus für Wackersdorf? 349
Keine wesentlichen Störungen: Letzte Pfingst-Demonstration 356
Da knallten die Sektkorken: Baustopp für die WAA 358
Einsatzzüge der Polizei abgebaut: Auflösungserscheinungen 364
Wirtschaftsminister mag die WAA nicht mehr: Alles bricht zusammen 368

Blitzlichter

Er steht für Ökologie und Ökonomie: Schuierer wieder Landratskandidat 373
Wiedergutmachung oder Anerkennung? Ehrungen für den „Rebellen" 376
Der alte Schreibtisch kommt zu Ehren: „Wackersdorf" – Der Film 378
Hans Bleib Da: Der Song zum Buch 382
Ein wilder und böser Kampf bis heute: Gauweiler contra Schuierer 385
Salzburgs Bürgermeister im Rückblick: Hans Schuierer – eine starke Persönlichkeit 391
Und was ist geblieben? WAA-Aus – ein Segen für die Oberpfalz 394
Veteranen am Franziskus-Marterl: Ein letzter Blick zurück 404

Geleitwort von Dr. Hans-Jochen Vogel

Als ehemaliger SPD-Partei- und -Fraktionsvorsitzender freue ich mich sehr darüber, dass Oskar Duschinger, der schon 1986 ein Buch über Hans Schuierer veröffentlicht hat, nun die Persönlichkeit und die Leistungen dieses Mannes in diesem Sachbuch ein weiteres Mal noch umfassender beschreibt und würdigt. Denn Hans Schuierer gehört für mich zu den eindrucksvollsten Persönlichkeiten, denen ich in meinem politischen Leben begegnet bin.

Beeindruckt hat mich schon sein kommunaler Werdegang. Der begann für ihn, der seinen ursprünglichen Beruf als Maurer nie verleugnete, schon 1956 mit seiner Wahl in den Kreistag Burglengenfeld und ließ ihn 1964 zum Bürgermeister von Klardorf und dann 1970 zum Landrat von Burglengenfeld aufsteigen. Nach der Gebietsreform war er von 1972 bis 1996 – also 24 Jahre lang – Landrat von Schwandorf. In all' diesen Funktionen war er Tag und Nacht für seine Mitmenschen tätig. Und schon deshalb erzielte er bereits vor den Auseinandersetzungen über die Wiederaufbereitungsanlage (WAA) auch in Gemeinden, die als CSU-Hochburgen galten, hervorragende Wahlergebnisse. Wir kannten uns in dieser Zeit schon gut und ich kam sowohl 1970 als auch 1978 gerne zu ihm, um ihn in seinen jeweiligen Wahlkämpfen mit Versammlungsreden zu unterstützen.

Die entscheidende Phase seines Lebens begann dann aber Anfang der achtziger Jahre, als sich abzeichnete, dass in Wackersdorf eine Wiederaufbereitungsanlage für Kernbrennstäbe eingerichtet werden sollte. Diesem Projekt hat er sich von Anfang an mit aller Kraft widersetzt und ihm als Landrat die erforderliche Genehmigung verweigert. Als sie nach einer Gesetzesänderung an seiner Stelle von einer staatlichen Behörde erteilt wurde, war er der eigentliche Veranlasser einer ständig wachsenden Welle von Protestdemonstrationen. Dieser Protest breitete sich über ganz Bayern und die Bundesrepublik aus und erzwang schließlich die Aufgabe des Projekts. Er war dabei zum Symbol des Kampfes gegen eine Politik geworden, die den unfehlbaren Menschen voraussetzt und in rücksichtsloser Weise kommende Generationen mit unlösbaren Problemen belastet. Auch dazu, dass die SPD ihre Kernenergiepolitik korrigierte und nach der Katastrophe von Tschernobyl 1986 den Ausstieg forderte, hat er durch sein Verhalten wesentlich beigetragen. Für all' das bekunde ich Hans Schuierer einmal mehr meinen Dank und meinen großen Respekt. Der Dank gilt auch Oskar Duschinger. Macht doch sein neues Buch auch deutlich, was Menschen bewirken können, die ihre Verantwortung für das Gemeinwohl ernst nehmen und nicht beiseite stehen oder bestenfalls Kritik äußern, sondern sich engagieren und handeln.

Dr. Hans-Jochen Vogel

Zeittafel

Februar 1977	Die Suche nach einem Standort für eine WAA beginnt.
Juli 1979	Wackersdorf wird erstmals als möglicher Standort erwähnt.
3. Dezember 1980	F.J. Strauß will WAA-Standort in Bayern.
September 1981	Raum Schwandorf als WAA-Standort im Gespräch.
7. Oktober 1981	Gründung einer ersten Bürgerinitiative in Schwandorf.
18. Februar 1982	DWK beantragt Raumordnungsverfahren für drei mögliche WAA-Standorte im Landkreis Schwandorf (Teublitz, Steinberg, Wackersdorf).
23. August 1983	DWK reicht beim Umweltministerium den Antrag auf Erteilung einer ersten Teilerrichtungsgenehmigung ein. Dagegen sind 53017 Einwender.
7. Februar 1984	Beginn des Erörterungstermins in Neunburg v. W.
18. März 1984	CSU verliert absolute Mehrheit im Kreistag.
Oktober 1984	Landrat und WAA-Gegner Hans Schuierer wird mit rund 71% der Stimmen wiedergewählt.
4. Februar 1985	DWK entscheidet sich für WAA-Standort Wackersdorf.
9. Juli 1985	Landtag beschließt „Selbsteintrittsrecht" der Regierung („Lex Schuierer").
14. August 1985	Bau des Freundschaftshauses.
24. September 1985	Erteilung der ersten atomrechtlichen Teilerrichtungsgenehmigung.
11. Dezember 1985	Baubeginn mit Rodungsarbeiten.
16. Dezember 1985	Platzbesetzung, Räumung des ersten Hüttendorfes.
21. Dezember 1985	Erneute Platzbesetzung.
7. Januar 1986	Räumung des zweiten Hüttendorfes.

Chronologie der WAA-Ereignisse

20. Februar 1986	Figur des Kreuzes vom Franziskus-Marterl, entstanden während des Hüttendorfes, wird von Unbekannten gestohlen.
30. März 1986	Osterdemonstration in Wackersdorf. 30.000 Menschen demonstrieren am Bauzaun. Massiver Einsatz von Wasserwerfern und Reizstoff CS. Ein asthmakranker Mann stirbt. An den Folgen des Reizgases?
26. April 1986	Nuklearkatastrophe von Tschernobyl.
22. Mai 1986	Einleitung eines Disziplinarverfahrens gegen Landrat Hans Schuierer. (Einstellung am 17. April 1989).
Ostern/Pfingsten/ Weihnachten 1986	Mehrere Großveranstaltungen mit bis zu 100.000 Teilnehmern, Eskalation der gewaltsamen Auseinandersetzungen mit Einsatz von CN- und CS-Gas, Tod eines Polizisten nach Zusammenstoß eines Polizeihubschraubers mit einem Triebwagen der Deutschen Bundesbahn.
Juli 1986	Einreiseverbot für WAA-Gegner aus Österreich.
26./27. Juli 1986	Das große Anti-WAA-Festival in Burglengenfeld mit vielen bekannten Künstlern. Über 100.000 Festival-Besucher.
5.–10. Oktober 1987	Herbstaktionen im Landkreis Schwandorf.
10. Oktober 1987	Marsch zum Bauzaun trotz Verbotes. „Prügel-Einsatz" einer Sondereinheit der Berliner Polizei gegen friedliche Bürger.
Januar 1988	Der Bebauungsplan wird aufgehoben.
12. August 1988	Erörterungstermin zur 2. Teilerrichtungsgenehmigung nach 23 Tagen in Neunburg v. W. vom Bayerischen Umweltministerium abgebrochen.
3. Oktober 1988	Der Bayerische Ministerpräsident Franz-Josef Strauß stirbt in Regensburg.
1986 – 1989	Juristische Auseinandersetzung um WAA vor den Verwaltungsgerichten.
16. April 1989	Rund 6000 WAA-Gegner feiern Ende der WAA in Wackersdorf.
31. Mai 1989	Endgültiger Baustopp, symbolische Schließung des Eisentores am Haupteingang.
Juni 1989	Die WAA-Betreiberfirma DWK lässt die atomaren Brennstäbe nun in La Hague (Frankreich) wiederaufarbeiten.

Der Mensch
Hans Schuierer

Ein menschlicher Politiker

Sein Name tauchte regelmäßig in allen bundesdeutschen, ja sogar europäischen Zeitungen auf, wenn vom Widerstand gegen die Wiederaufarbeitungsanlage (WAA) in Wackersdorf die Rede war. Sein Wirkungskreis war der oberpfälzische Landkreis Schwandorf, doch sein Bekanntheitsgrad reichte weit über die bayerischen Grenzen hinaus. Zahlreiche Zuschriften aus der ganzen Bundesrepublik Deutschland sowie aus Österreich erreichten den Landrat täglich, um ihn in seinem Durchhaltevermögen zu bestärken.

Wer war und ist dieser Hans Schuierer, der selbst vor der Konfrontation mit Bayerns wort- und tatgewaltigem Franz Josef Strauß nicht zurückschreckte?

Ein Draufgänger, ein Streithansl, oder tatsächlich einer, der mit letztem Einsatz die Interessen „seiner Bürger" vertrat?

Tauchte Landrat Hans Schuierer bei Veranstaltungen in den ländlichen Gegenden des Landkreises Schwandorf auf, so ging oftmals ein freudiges Raunen durch den Saal: „Unser Hans kummt" hieß es jovial. Ein junger Arbeiter drückte Hans Schuierer kräftig die Hand; ein älterer Bauer klopfte ihm freundschaftlich auf die Schulter.

Hans Schuierer, er war ein Landrat zum Anfassen, der sich seine Meinung gerne im Gespräch mit dem Bürger bildete. Kein Karrieremann, dafür ein Landrat aus Überzeugung. Geld und Prestige hatten in seinem Leben noch nie eine dominierende Rolle gespielt. Seine bescheidene Lebensart und seine sparsame Lebensführung haben ihm Sympathie eingebracht. Landrat Hans Schuierer lebt in einem einfachen Einfamilienhaus ohne Luxus.

Manchmal bedauerte Hans Schuierer es, dass er als Landrat eines Großlandkreises keine Zeit mehr hatte, mit seinen alten Kameraden so richtig gemütlich zusammenzusitzen oder erlebnisreiche Ausflüge zu machen, ganz so wie früher. Aber sein Beruf war auch sein Hobby.

Hans Schuierer, ein Kommunalpolitiker mit Leib und Seele, hatte sich als Landrat ganz in den Dienst des Landkreises Schwandorf gestellt. Dass er es schaffte, seinen Beruf mit seinen persönlichen Eigenschaften zu verbinden, führte zu einer Einheit von Denken und Handeln. Seine absolute Ehrlichkeit und seine soziale, demokratische Gesinnung spiegelten sich auch in seinen Entscheidungen als Amtsperson wieder. Wenn Landrat Hans Schuierer etwas sagte, dann meinte er es auch so. In seinen Reden lagen keine rhetorischen Fangschlingen verborgen; vielmehr beinhalteten sie die ungeschminkte, ehrliche Überzeugung. Der Kampf mit offenem Visier gehörte unab-

Ein menschlicher Politiker

dingbar zu Schuierers Art und das nicht erst seit der Auseinandersetzung um die WAA in Wackersdorf.

Ehrlich, geradeheraus sprach er. Und genau das gleiche erwartete er auch von seinen politischen Gegnern. Zynismus war Hans Schuierer seit jeher zuwider. Er selbst versuchte lieber mit sachlichen Argumenten zu überzeugen, war bestrebt Emotionen abzubauen. Seine ruhige und gelassene Art trieb freilich schon manchmal seine politischen Kontrahenten zur Weißglut. Ein seelenloser Bürokrat war Hans Schuierer deswegen aber bestimmt nicht.

Soziales Denken ausgeprägt

In seine Entscheidungen flossen oftmals auch gefühlsbetonte Aspekte mit ein. „Nicht alles lässt sich wissenschaftlich-rational hundertprozentig beweisen", sagte Hans Schuierer und spielte dabei auf den Problemfall WAA an. Er nahm die Sorgen und Ängste der Bevölkerung nicht nur ernst, er bezog sie auch tatsächlich in seine konkreten Überlegungen mit ein. Kein Mann, der sich stumm an Paragraphen hielt, sich dafür lieber am Menschen orientierte. Der Mensch stand stets im Mittelpunkt seiner Entscheidungen. Deshalb bemühte sich Schuierer die Gesetze immer zugunsten des Bürgers anzuwenden. Ein Mann, von dem sein langjähriger Pressesprecher F. J. Vohburger sagte: „Der einzige, wirklich menschliche Politiker, den ich kenne."

Das soziale Denken war bei Hans Schuierer besonders ausgeprägt. Sein Bemühen, den sozial Schwachen zu helfen, bildete ein hervorstechendes Merkmal seiner Persönlichkeit.

Hans Schuierer mit Frau Lilo und seinen beiden Kindern Max und Karin.

Ein menschlicher Politiker

So verging kaum eine Rede, in der er nicht auf den Hunger in der Dritten Welt hinwies. Für arme Kinder in Südamerika hatte Schuierer, der selbst aus einer neunköpfigen Arbeiterfamilie stammte, seit langem eine Patenschaft übernommen.

Trotz seiner Neigung zur Nachdenklichkeit verfügte Hans Schuierer auch über eine gehörige Portion Humor. Kleine Scherze machte er aber nicht nur innerhalb der eigenen vier Wände.

Auf einem Feuerwehrfest, rund 40 Kilometer von seinem Heimatort entfernt, schloss er mit einem CSU-Politiker eine listige Wette ab. „Für 100 Mark fahr ich noch mit dem Fahrrad heim nach Klardorf", lockte Hans Schuierer einen Landtagsabgeordneten zu spätabendlicher Stunde. Diese Schau wollte sich der CSU-Politiker nicht entgehen lassen und nahm die Wette sofort an. Schnell kamen alle Festbesucher zusammen, um den Start zur 40 Kilometer Radtour des Landrats mitzuerleben. Da packte Hans Schuierer den Drahtesel, hob ihn in den Kofferraum seines Autos und brauste davon. Den Hundertmarkschein stiftete Schuierer später einem guten Zweck. Bei einer Vereinsfeier klagte eines Tages der Vorsitzende beim Landrat, er brauche unbedingt einen Pokal für eine bevorstehende Siegerehrung. Hans Schuierer sagte ihm sofort eine Spende zu.

Ein anderes Vereinsmitglied, das dieses Gespräch mitverfolgt hatte, zeigte sich von so viel Entgegenkommen des Landrats ermutigt und trug sogleich auch seine Bitte vor. „Ich bräuchte auch etwas von Ihnen Herr Landrat", erklärte der Mann schelmisch. Landrat Hans Schuierer erkundigte sich nach dem Wunsch und erhielt zur Antwort: „A Auto, bittschön." Zum großen Erstaunen des Mannes, der sich nur einen Scherz mit dem Landrat machen wollte, erklärte sich Schuierer bereit, diese Bitte zu erfüllen. „Selbstverständlich bekommen Sie Ihr Auto. In drei Tagen steht's vor Ihrem Haus", sagte ihm Landrat Schuierer zu. Und tatsächlich machte der Landrat sein Versprechen wahr, allerdings in etwas anderer Form, als sich sein Gesprächspartner das vorgestellt hatte. Der Postbote überbrachte ein blitzsauberes Rennmodell in Miniaturgröße.

Auch nach der Einweihung eines Kaufhauses zeigte sich Hans Schuierer von seiner pfiffigen Seite. Während sein Chauffeur vor dem Haupteingang auf ihn wartete, hatte sich Schuierer wider Erwarten seiner Dienstlimousine durch den Nebeneingang genähert. Seinen Fahrer konnte er weit und breit nicht entdecken. Kurzentschlossen, der nächste Termin drängte schon, zog Schuierer den Ersatzschlüssel aus dem Portemonnaie, stieg in den Wagen und brauste davon. Dem Fahrer, der nach vergeblichem Warten am Haupteingang kurz darauf zu seinem Wagen zurückkehrte, fuhr ein mächtiger Schreck durch alle Glieder, als er den leeren Parkplatz sah. Sofort eilte er in eine Telefonzelle und verständigte verzweifelt zunächst das Landratsamt von dem verschwundenen PKW und dem abtrünnigen Chef. Als die Sekretärin Schuierers die Situation aufklärte, soll der Chauffeur noch minutenlang gelacht haben.

Ärgern brauchte sich im Landratsamt Schwandorf kaum jemand über den „Chef". Seine verständnisvolle Menschenführung hatte ihm viele Freunde gebracht.

Nicht autoritäres Auftreten, sondern ein kooperativer Führungsstil bildete die Basis seiner Amtsführung. Andere Meinungen sowie Kritik betrachtete Hans Schuierer eher als wertvolle Anregung, denn als unsinniges Geschwätz. Im Landratsamt war Hans Schuierers Büro für jeden zugänglich, ob morgens oder nachmittags. Soweit irgendwie möglich nahm sich der Landrat für jeden Bürger und seine Anliegen Zeit.

Überzeugter Sozialdemokrat

Am 6. Februar 1931 wurde Hans Schuierer als siebtes Kind einer Arbeiterfamilie in Klardorf, einem 1500 Einwohner zählenden Vorort von Schwandorf, geboren. Beide Elternteile waren bäuerlicher Abstammung. Der Vater Max Schuierer arbeitete lange Zeit im Braunkohlebergwerk Wackersdorf, zunächst als einfacher Kumpel später als Betriebsratsvorsitzender, bevor er als Straßenwärter beim Landkreis Burglengenfeld begann. Schon früh schloss er sich der Sozialdemokratischen Partei Deutschlands an und setzte sich mit Nachdruck für deren Ziele ein. 1921 gründete Max Schuierer zusammen mit einigen anderen Genossen in Klardorf den Radfahrerbund „Solidarität", der die Basis für die SPD-Ortsgruppe bildete, die im Juli desselben Jahres ins Leben gerufen wurde. Schon Ende der 1920er Jahre hatten die überzeugten Sozialdemokraten mit diversen Schwierigkeiten zu kämpfen. Wenn sie ihre Versammlungen abhalten wollten, konnten sie selten ein Vereinslokal finden. Der jeweilige Gastwirt musste stets mit Repressionen von anderer Seite rechnen. 1929 und 1933 wurde Max Schuierer in den Gemeinderat Klardorfs gewählt. Aber schon kurz nach der Machtübernahme durch die Nationalsozialisten zu Beginn des Jahres zeichnete sich auch im Klardorfer Gemeinderat der künftige „neue Weg" ab. Die erste Gemeinderatssitzung in Klardorf nach der Machtübernahme war geprägt von heftiger Agitation gegen die SPD-Vertreter. Bald darauf wurde die SPD in Deutschland verboten, viele ihrer Mandatsträger und Funktionäre verhaftet; jede freie Meinungsäußerung gegen das Nazi-Regime unter Strafe gestellt.

Max Schuierer jedoch ließ sich nicht einschüchtern. Er bekämpfte das Hitlerreich und trat offen für seine sozialdemokratische Über-

Mit 17 Jahren trat Schuierer in die Sozialdemokratische Partei Deutschlands ein und hielt ihr bis heute die Treue.

Überzeugter Sozialdemokrat

Zeltlager mit den „Falken" 1949 in Schwandorf.

zeugung ein. Sein leidenschaftliches Verhältnis zur Demokratie blieb auch ungebrochen, als die Gestapo bei Nacht und Nebel das Haus der Familie Schuierer in Klardorf umstellte und Max Schuierer ins KZ Flossenbürg brachte. Im Mai 1945 übertrugen die Amerikaner dem Widerstandskämpfer gegen das Hitlerregime Max Schuierer das Amt des Bürgermeisters der Gemeinde Klardorf. Neun Jahre übte der Sozialdemokrat dieses Ehrenamt aus.

Hans Schuierer horchte dem Vater stets zu, wenn er von seiner Zeit im Konzentrationslager erzählte. Er erlebte das Bemühen seines Vaters um den Aufbau der Demokratie mit und nahm sich schon in jungen Jahren vor, das Werk seines Vaters einmal fortzuführen. Hans Schuierer war von frühester Jugend an politisch engagiert. Er beteiligte sich sowohl in der Heimatgemeinde wie auf Bezirksebene an der Bildung politischer, gewerkschaftlicher und kultureller Jugendorganisationen und Einrichtungen.

1946 war er Gründungsmitglied der sozialistischen Arbeiterjugend „Die Falken" und der Gewerkschaftsjugend in Klardorf. 1948, mit 17 Jahren, trat Hans Schuierer in die Sozialdemokratische Partei ein. 1957 übernahm der 26-jährige Schuierer den Vorsitz des SPD-Ortsvereins Klardorf, den er zehn Jahre lang führte.

Seine wahlpolitische Laufbahn begann bereits mit 25 Jahren. 1956 wurde er in den Kreistag Burglengenfeld gewählt. Zwei Wahlperioden lang war Hans Schuierer im Kreistag Burglengenfeld das jüngste Mitglied. 1964 wählte die Bevölkerung Klardorfs mit 79,2 % der Stimmen Hans Schuierer zu ihrem ehrenamtlichen Bürgermeister. Im gleichen Jahr trat Hans Schuierer mit Lieselotte Schmidt aus Klardorf vor den Traualtar. Zwei Jahre später erfolgte die Wahl zum berufsmäßigen Bürgermeister. Dieses Amt hatte Hans Schuierer bis März 1970 inne.

Mit den „Falken" unternahm Hans Schuierer ausgedehnte Fahrradtouren.

Der „Gesundheitsapostel"

„Manchmal sehe ich den Hans tagelang kaum", sagte Schuierers inzwischen verstorbene Frau Lilo mit einem gewissen Bedauern. Vor allem, wenn er Abendtermine wahrzunehmen hatte, blieb nur sehr wenig Zeit für Familie und Entspannung. Spätabends, oft nach 23 Uhr, kam der Landrat nach Hause. Frühmorgens gegen 7.30 Uhr stieg er wieder in seinen dunkelroten Dienst-Mercedes, ein neuer 15-Stunden-Tag begann.

Von Anfang an zeigte sich Hans Schuierer sportlich aktiv: Hier beim Boxen mit seinem Bruder.

Auf die Frage, warum er sich dies antue, kam die Antwort Schuierers spontan: „Es macht mir Freude, den Leuten zu helfen, mit ihnen offene und ehrliche Diskussionen zu führen". Der erste Mann im Landkreis war Ehrengast bei fast allen größeren Veranstaltungen, doch diesen strapaziösen Belastungen stellte er sich gerne.

Im Amt studierte er zunächst den Tagesplan: Tagungen, Veranstaltungen, Versammlungen und Zusammenkünfte. Dann nahm er verschiedene Zeitungen genauer unter die Lupe, um über alle Geschehnisse im Landkreisgebiet umfassend informiert zu sein. Gegen 9.00 Uhr brachte seine Sekretärin einen Stapel Post, den es zu sichten und eventuell an die verschiedenen Sachgebietsleiter weiterzuleiten gab.

Gelegentlich sprachen um diese Zeit auch schon Bürger beim Landrat vor. Die Nachfrage nach einem Termin beim Landrat konzentrierte sich jedoch in der Regel auf die Zeit zwischen 10 und 17 Uhr. Obwohl oftmals interne Besprechungen auf dem Tagesprogramm standen, versuchte Hans Schuierer, keinem Besucher abzusagen. „Wenn jemand zu mir fährt, um sich Rat oder Hilfe zu erbitten, muss auch Zeit zur Aussprache vorhanden sein", ließ der Landrat wissen.

Diese selbstauferlegte Pflicht hielt er auch ein, wenn akute Terminnot entstand.

Der „Gesundheitsapostel"

Das Mittagessen in der Kantine fiel für Landrat Hans Schuierer mit schöner Regelmäßigkeit aus. Während sich die Angestellten und Beamten des Landratsamtes erholten, blieb Hans Schuierer in seinem Büro und erledigte die notwendigen Unterschriften. Zu dieser Stunde hatte der Landrat die Ruhe, um voll konzentriert wichtige Schreibarbeiten zu erledigen.

Denn nachmittags warteten schon wieder Veranstaltungen auf ihn: Ehrungen vornehmen, Feste und Messen eröffnen oder Geburtstagsansprachen halten. Wenn sich das Landratsamt nach 16 Uhr leerte, hieß es für Hans Schuierer oftmals erst „Halbzeitpause". Weitere wichtige Termine standen im Kalender. Abends besuchte Hans Schuierer im Durchschnitt noch zwei bis drei Veranstaltungen, meist Versammlungen der zahlreichen Vereine im Großlandkreis Schwandorf. Nur ab und zu, wenn es wirklich nicht anders ging, entsandte der Landrat einen seiner zwei Stellvertreter. Schuierer, der alle Vereine im Landkreis Schwandorf als sein Hobby bezeichnete, wies ihnen als Träger des gesellschaftlichen und kommunalpolitischen Lebens einen besonders hohen Rang zu.

Seine spärliche Freizeit verbrachte Hans Schuierer am liebsten im Kreise seiner Familie. Dort konnte er wieder neue Kräfte sammeln für die nächsten anstrengenden Tage und Wochen. Die Sache mit der WAA beanspruchte seine Kräfte. Seine Position als Leitfigur des friedlichen Widerstandes gegen die WAA, eine Rolle, in die er eher durch Zufall als durch eigenes Zutun geriet, machte jedoch ungeahnte Energiereserven in Hans Schuierer frei.

Zeitungsreporter aus der ganzen Bundesrepublik kamen zu ihm, wollten Interviews und erkundigten sich über den neuesten Stand der Dinge im Taxöldener Forst bei Wackersdorf. Täglich erhielt der Landrat Einladungen zu Vorträgen über die WAA. Viele konnte Hans Schuierer, so gerne er auch wollte, nicht annehmen, da er seine Aufgaben als Landrat in keiner Weise vernachlässigen mochte. Vertreter wurden kaum gewünscht; alle Veranstalter von Diskussionsrunden wollten den „Anti-WAA-Mann" Hans Schuierer selber haben. Nahm Hans Schuierer eine Einladung zu einem Vortrag an, so reiste er selbstredend auf eigene Kosten. Spesen der Partei für seine Dienste nahm Hans Schuierer grundsätzlich nicht an. Redlichkeit und Ehrlichkeit waren für ihn, selbst in der Politik, keine leeren Phrasen. Um sich zu erholen, unternahm Hans Schuierer, soweit es ihm am Wochenende möglich war, ausgedehnte Spaziergänge durch die nahegelegenen Wälder.

Pilze sammeln gehörte von Juli bis September zu den bevorzugten Freizeittätigkeiten des Schwandorfer Landrats. Hans Schuierer, der später Atomanlagen in La Hague und Karlsruhe besichtigte, hielt es in Sachen WAA „Ja oder Nein" mit dem Schwammerlgleichnis eines Oberpfälzer Bauern: „Wennst Schwammerl host und woast niad, ob oans giftig is, dann legst as zwoa Fachleit hin. Da oane sagt, des koanst essn, da andre sagt, dou gehst draf. Wos machst dann, ha?"

Um sich zu erholen, unternahm Hans Schuierer ausgedehnte Spaziergänge mit seiner Frau Lilo und dem Schäferhund Rex.

Vom Bürgermeister zum Landrat

Schon seit 1966 hatte Hans Schuierer neben seinem Bürgermeisteramt in Klardorf den Posten des 2. Landrat-Stellvertreters im Landkreis Burglengenfeld inne. Außer bei diversen Repräsentationspflichten konnte er in dieser Position kaum in Erscheinung treten, geschweige denn maßgeblichen Einfluss nehmen auf die Leitung des Landkreises. Dies änderte sich jedoch schlagartig mit der Erkrankung des amtierenden SPD-Landrats Walter Haschke, der seit 1948 ununterbrochen im Amt war. Neun Monate vor Ende der sechsjährigen Amtszeit musste ein neuer Mann die Geschäfte des Landrats kommissarisch weiterführen. Laut

Hans Schuierer und Bayerns Ministerpräsident Alfons Goppel beim Festzug zum 50-jährigen Jubiläum des Trachtenvereins Burglengenfeld im Juli 1970.

Vom Bürgermeister zum Landrat

Landkreisordnung wäre diese Aufgabe nun dem 1. Stellvertreter des Landrats zugefallen. Doch Bundestagsmitglied Paul Simon (SPD) war zu sehr in Bonn engagiert und verzichtete deshalb zugunsten seines Stellvertreterkollegen Hans Schuierer. Da Landrat Haschke nicht mehr aus dem Krankenurlaub ins Amt zurückkehrte, konnte sich Schuierer während der folgenden Monate intensiv in die Amtsgeschäfte einarbeiten. Haschke kam für eine neuerliche Kandidatur nicht mehr in Betracht. Doch am 8. März 1970 stand die Landratswahl an. Dafür waren schon frühzeitig von den verschiedenen Parteien und Gruppierungen die Kandidaten nominiert worden. Während die CSU, in Einklang mit der Freien Wählergruppe, den 32-jährigen, parteilosen Regierungsrat Fritz Steigerwald aus Würzburg ins Rennen schickte, setzte die SPD auf den einheimischen Kandidaten Hans Schuierer.

Der 39-jährige Klardorfer hatte durch seine solide, bürgernahe Amtsführung schnell das Vertrauen seiner Parteifreunde erworben. Da es sich bei einer Landratswahl in erster Linie um eine Persönlichkeitswahl handelt, musste der Eindruck und das Verhalten der beiden Kandidaten vor und während des Wahlkampfs über Sieg oder Niederlage entscheiden.

Die SPD pries die jahrelange Erfahrung Schuierers im Kommunaldienst, seine Tätigkeit in Gemeinderat und Kreistag (er war dort im Sozialausschuss, Musterungsausschuss, Bauausschuss und Kreisausschuss tätig gewesen), als Bürgermeister und stellvertretender Landrat. Man setzte auf den „Mann aus dem Volk".

Die CSU/Freie Wählergruppe hingegen stellte ihren Kandidaten Fritz Steigerwald in ihrer Wahlkampfanzeige als „Verwaltungsfachmann mit Herz" heraus. Der einheimische Bundestagsabgeordnete der Christlich-Sozialen Union Dionys Jobst lobte Steigerwald als versierten Juristen und Fachmann, der den Landkreis auch nach oben vertreten könne. Überhaupt stellte die CSU/Freie Wählergruppe ihren Landratswahlkampf ganz auf die „glänzenden Fachkenntnisse" ihres Kandidaten ab. Dem ehemaligen Volksschüler Hans Schuierer traute man von CSU-Seite die Erfüllung der Aufgaben als Landrat nicht zu.

Lehre als Maurer

In diesem Sinne äußerte sich auch die Freie Wählergruppe Burglengenfeld in einer Ver-

Brotzeitpause: Während seiner Zeit als Maurer gewann Hans Schuierer viel an praktischer Lebenserfahrung, die ihm als Landrat zugute kam.

Vom Bürgermeister zum Landrat

lautbarung: „Wir schätzen durchaus die kommunalpolitische Erfahrung Schuierers, auch seine Bildung erkennen wir an. Entscheidend ist aber doch die Frage der notwendigen Ausbildung und da halten wir Hans Schuierer im Amt des Landkreischefs für überfordert." Doch Schuierer ließ sich nicht in die Ecke drängen: „Ich schäme mich meines anfänglichen Werdegangs als Volksschüler und Maurer nicht. Im Gegenteil, ich bin stolz, diesen Beruf erlernt zu haben, denn während dieser Zeit habe ich viel an praktischer Lebenserfahrung gewonnen, die mir heute zugutekommt."

Hans Schuierer arbeitete bis Dezember 1950 als Maurer bei einer Privatfirma. Danach kam er zur Kreisverwaltung Burglengenfeld und verrichtete in deren Auftrag Straßenausbesserungsarbeiten, unter anderem in dem malerischen Ausflugsort Kallmünz. Mit 21 Jahren war Schuierer der jüngste Betriebsratsvorsitzende Deutschlands. Zum ersten Mal stand damals sein Name in der Zeitung.

1960 trat Hans Schuierer seine Tätigkeit als Baukontrolleur beim Landratsamt Burglengenfeld an, nachdem er sich durch Kurse und Fernlehrgänge entsprechend fortgebildet hatte.

1964 stieg Schuierer vom Angestellten- ins Beamtenverhältnis auf, da er den Posten eines Kreisbausekretärs erhielt. Am 1. Mai 1966 folgte seine Wahl zum berufsmäßigen Bürgermeister der Gemeinde Klardorf. Auf seine Vergangenheit als einfacher Arbeiter war Hans Schuierer schon immer zu stolz, als dass er sie verleugnet hätte.

Den ständigen Vorwurf seiner politischen Gegner, er sei im Grunde doch nur ein gelernter Wegemacher, konterte Schuierer mit Bravour: „Stimmt, Straßen und Wege zu bauen, war schon immer mein Hobby und ich werde auch weiterhin Wegemacher für den Landkreis sein."

Der Schwandorfer SPD-Landtagsabgeordnete Franz Sichler machte noch kurz vor dem Wahltermin klar, warum er Hans Schuierer den Sieg wünsche. Schuierer sei, so Sichler, mit Sicherheit ein guter Sachverwalter des Landkreises und ein bestimmt ebenso guter sozialer Anwalt der Landkreisbevölkerung.

Schuierer hatte eigens einen Landkreis-Sozialplan erstellt, den er im Falle eines Wahlsieges zu verwirklichen gedachte. Dieser Plan sah folgendes vor: Eine zeitgerechte Krankenversorgung der Landkreisbevölkerung, die Erweiterung und Modernisierung des Krankenhauses, die Schaffung und Besetzung von notwendigen Facharztstellen, die Verbesserung des ärztlichen Notrufdienstes, die Unterstützung und den weiteren Ausbau des Krankentransportwesens und der Unfallhilfe des Bayerischen Roten Kreuzes (BRK), die Förderung der Jugend- und Altenhilfe durch die Errichtung weiterer Kindergärten, Spielstätten und Jugendzentren sowie die Erweiterung bestehender Altenheimplätze und Altenheimstätten, die Fürsorge für kinderreiche Familien, die Mithilfe in den Aufgaben der Müttererholungsfürsorge.

Der Wahlslogan der Sozialdemokraten für die Landratswahl 1970 war kurz und klar: „Schuierer – das beste Wahlprogramm, das es je gab."

Hans Schuierer erhielt 54,1% der Stimmen und war damit zum Landrat gewählt.

„Hans Schuierer ist unser Mann"

Kaum hatte sich Hans Schuierer in seine Aufgaben als Landrat von Burglengenfeld eingearbeitet, da wartete schon eine neue, noch größere Herausforderung auf ihn. Nach dem großen Wahlsieg der CSU bei den Landtagswahlen im November 1970, als die CSU mit 56,4% der Stimmen erstmals seit 1946 die absolute Mehrheit errang, beschloss der damalige bayerische Innenminister Bruno Merk eine Gebietsreform in Bayern durchzuführen.

Damit wollte die Bayerische Staatsregierung eine „ausgleichende Verbesserung der Lebensverhältnisse" sowie eine „Vereinfachung der Verwaltung" erreichen.

Am 1. Juli 1972 sollte die „Verordnung zur Neugliederung Bayerns in Landkreise und kreisfreie Städte" in Kraft treten. Die Landkreise in Bayern wurden durch die Neueinteilung von 143 auf 71 verringert.

Neue „Großlandkreise" standen zur Wahl. Eine Welle der Entrüstung ging nicht nur durch die Reihen des Volkes. Fast jeder Landrat legte neben dem Vorschlag der Regierung seinen eigenen Plan vor. Landräte, Kreisräte und Bürgermeister aus dem gesamten bayerischen Raum schlossen sich zu einer überparteilichen Arbeitsgemeinschaft zusammen und sammelten Unterschriften für die Durchführung eines Volksbegehrens.

Auch Hans Schuierer setzte sich für das Volksbegehren ein, weil er der Ansicht war, dass die Bevölkerung wenigstens zur Mitsprache herangezogen werden sollte, wenn es um eine derart schwerwiegende und weitreichende Entscheidung gehe.

Schuierers kurzer Kommentar zur Sache: „Mehr Demokratie für den Bürger ist gefragt."

Schuierer machte klar, dass er im Grunde nichts gegen eine Gebietsreform einzuwenden habe, nur „hätte sie sich in einem vernünftigen Rahmen bewegen müssen". Die vom bayerischen Innenminister propagierte Lösung dagegen bedeute die „Krönung der Fehlleistungen einer 18-jährigen CSU-Herrschaft." Schuierer weiter: „Damit wird weder die vorgesehene Bürgernähe noch eine Verwaltungsvereinfachung erreicht. Die Kosten und Nachteile dieser stümperhaften Reform haben wieder einmal die Bürger zu tragen." Landrat Schuierer bedauerte es, dass seine Arbeit und die des Kreistages Burglengenfeld durch die Ergebnisse der Gebietsreform so jäh unterbrochen wurde.

Als sich trotz massiver Proteste – allein die Unterschriftenaktion in Bayern hatte 180.000 Unterzeichner – die Neugliederung der Landkreise nicht abwenden ließ, zeigte sich Schuierer als fairer Politiker. Schuierer: „Ein Landrat muss mit den neuen Gegebenheiten zurechtkommen. Ich werde versuchen, das Beste daraus zu machen." Gleichzeitig kündigte Schuierer an, er werde sich einer Kandidatur als Landrat des Großlandkreises Schwandorf nicht entziehen.

Im Juli 1972 erhielt Bayerns Verwaltungsgliederung sein neues Gesicht. Der Industrielandkreis Burglengenfeld, welcher damals rund 52.000 Einwohner zählte und mit 123 Einwohnern pro Quadratkilometer zu den am dichtest besiedelten Gebieten in der Oberpfalz zählte, ging im neuen Großlandkreis Schwandorf auf. Dieser umfasste die bisher eigenständigen Landkreise Nabburg, Oberviechtach, Neunburg vorm Wald, Burglengenfeld, deren Landratsämter nun aufgelöst wurden sowie die bis dahin kreisfreie Stadt Schwandorf. Außerdem kam das Gebiet um Nittenau, Bruck, Fischbach hinzu. Bevor jedoch mit der Ordnung dieses großflächigen Gebildes begonnen werden konnte, bedurfte es neuer Wahlen. Neben den Landräten sollte die Bevölkerung Bayerns am 11. Juni 1972 die Bürgermeister, Kreistags- und Gemeinderäte per Votum bestimmen. Schon im März hatten die Delegierten des SPD-Kreisverbandes Schwandorf geschlossen Hans Schuierer zum Landratskandidaten des Großlandkreises Schwandorf nominiert.

Einer, der Wort hält
Landrat Schuierer bedankte sich für diesen überzeugenden Vertrauensbeweis und ging sofort auf sein 10-Punkte-Programm der Landratswahlen von 1970 ein. Schuierer stellte fest, dass er, obwohl noch nicht einmal die Hälfte seiner Amtszeit um sei, schon annähernd die Hälfte seiner Vorstellungen in die Tat umsetzen konnte. Auch die Forderung der CSU nach frischem Wind im Landratsamt, wäre voll erfüllt worden. Manchem, so Schuierer, blase der Wind schon jetzt zu frisch. Die Delegierten konnten auch vernehmen, dass Hans Schuierer weitere Erfolge im Kampf um eine bürgernahe Verwaltung gelungen waren. So hatte der Landrat die Titel an den Türen im Landratsamt Burglengenfeld abgeschafft und die Bearbeitungszeit von Bauaufträgen gewaltig forciert, wofür ihm sogar der politische Gegner Lob zollte.

Auf die Frage des Reporters einer hiesigen Tageszeitung, wen er sich nun als Gegenkandidaten für die Landratswahl wünsche, antwortete Schuierer selbstbewusst: „Den stärksten Mann – schließlich soll der Wähler eine echte Alternative haben."

Dieser Mann sollte der Landrat von Oberviechtach Josef Spichtinger (CSU) sein, ebenso wie Schuierer ein volkstümlicher und volksverbundener Politiker. Mit seiner Person biete die CSU dem Wähler einen erfahrenen Kommunalpolitiker und Verwaltungsfachmann, der keine Berater brauche, sondern Entscheidungen selber treffen könne, priesen CSU und Freie Wählergruppe auf einem gemeinsamen politischen Frühschoppen ihren Kandidaten an. Der hiesige Bundestagsabgeordnete der Christlich-Sozialen-Union griff während einer CSU-Versammlung im Mai eine schon im Wahlkampf 1970 reichlich strapazierte Floskel auf: „Nur Landrat Spichtinger bietet die Gewähr, den Großlandkreis Schwandorf zu führen."

Einige andere Parteikollegen schlugen in die gleiche Kerbe: „Landrat Schuierer ist der ihm gestellten Aufgabe nicht gewachsen" oder „Dieser Landkreis ist für Schuierer einfach zu groß", hieß es immer wieder. Schuierer machte darauf aufmerksam, dass man ihm schon bei der letzten Landratswahl unterstellt habe, er sei nicht fähig, einen Landkreis zu führen. „Diesen Vorwurf habe ich aber inzwischen wohl gründlich widerlegt", verkündete Schuierer selbstbewusst und zeigte sogleich die Richtung auf.

„Hans Schuierer ist unser Mann"

Landrat Schuierer in seinem Büro im Landratsamt. Schuierer: „Mehr Demokratie für den Bürger ist gefragt."

Nicht parteipolitische Arbeit müsse geleistet werden, sondern Arbeit zum Wohle der Bürger. Die Kandidaten, meinte der Landrat auf einer SPD-Wahlversammlung in Seebarn am 8. Mai 1972, müssten glaubwürdig bleiben. Es dürften keine Versprechungen gemacht werden, die nicht einzuhalten seien.

Bürgermeister Feldmeier (FW) aus Dachelhofen appellierte offen an seine Bürger, bei der kommenden Wahl wieder Landrat Schuierer das Vertrauen zu schenken. Schuierer habe in den zweieinhalb Jahren seiner Tätigkeit im Landkreis Burglengenfeld bewiesen, dass er sehr wohl fähig sei, einen Großlandkreis zu leiten. Er habe auch immer unter Beweis gestellt, dass er vor allem für die Anliegen der Bevölkerung Verständnis zeige und helfe, wo Hilfe notwendig sei. Feldmeier: „Schuierer ist kein Mann leerer Versprechungen, sondern vielmehr ein Kommunalpolitiker mit reichen Erfahrungen, der sein Wort hält."

Auch der einheimische Bundestagsabgeordnete der SPD, Paul Simon aus Maxhütte-Haidhof, stellte sich fest hinter Schuierer. Simon: „Hans Schuierer ist unser Mann. Wir haben in ihm einen Mann, der sich aus den kleinsten Anfängen hochgearbeitet hat, durch seine Gewissenhaftigkeit und sein Können. Er wird sicherlich auch einen ausgezeichneten Landrat für den Großlandkreis Schwandorf abgeben."

„Dass er ein volksverbundener Landrat ist", meinte der Bundestagsabgeordnete weiter, „sieht man wohl am ehesten daran, dass er seit drei Jahren kein freies Wochenende mehr hatte."

„Hans Schuierer ist unser Mann"

Wahlkampfunterstützung erhielten beide Landratskandidaten, Schuierer und Spichtinger, von prominenten bayerischen Landespolitikern. Der Münchner Oberbürgermeister Hans-Jochen Vogel wies bei seinem Vortrag in der Schwandorfer TSV-Turnhalle zunächst auf die Erfolge der sozialdemokratisch geführten Bundesregierung hin. Auf Hans Schuierer eingehend, meinte Vogel: „Ich kenne Hans Schuierer schon seit langem und weiß, dass er der richtige Landrat für den Großlandkreis Schwandorf ist."

Für den CSU-Kandidaten engagierte sich der CSU-Vorsitzende Franz Josef Strauß – zu jener Zeit allerdings noch nicht bayerischer Ministerpräsident – kurze Zeit später an gleicher Stelle. Strauß machte in seinem stark bundespolitisch ausgerichteten Vortrag darauf aufmerksam, dass es die CDU/CSU war, die das Haus (Bundesrepublik Deutschland) mit festem Fundament geschaffen habe. Der CSU-Vorsitzende weiter: „Es muss erhalten werden vor Tausenden roter Wühlmäuse, die in diesem Lande tätig sind."

Ob der Auftritt des wortgewaltigen Bayern tatsächlich die Stimmungslage im Landkreis Schwandorf beeinflusste, war nicht klar.

Eine Repräsentativumfrage kurz vor der Landratswahl (1000 Bürger des Großlandkreises waren befragt worden) ergab jedenfalls eine 51,6%ige Mehrheit für Schuierer. Allerdings zeichnete sich dabei eine seltsame Konstellation ab. Obwohl über die Hälfte der Befragten dem Burglengenfelder Landrat in der Umfrage ihre Stimme gegeben hatten, rechneten nur 42,6% damit, dass Schuierer auch die Wahl gewinnen könnte.

Der Grund hierfür lag auf der Hand. In den Landkreisen Nabburg, Oberviechtach und Neunburg v. Wald konnte der Gegenkandidat Schuierers, Josef Spichtinger, mit einer satten CSU-Mehrheit rechnen, während Schuierer auf die Bürger des Städtedreiecks (Burglengenfeld – Teublitz – Maxhütte-Haidhof) hoffte.

Schuierer selbst gab zu erkennen, er rechne mit einem äußerst knappen Ergebnis. Und so kam es auch. Bei der Wahl am 11. Juni 1972 erhielt Hans Schuierer 37915 Stimmen, sein Gegenkandidat Josef Spichtinger 37490 Stimmen. Eine Nachzählung ergab einen Stimmenvorsprung im neuen Großlandkreis von 391 Stimmen. Schuierer hatte sich mit 50,3% der Stimmen erneut durchgesetzt.

Ein Landrat aus dem Volk für das Volk

Die Voraussetzungen, diese Ziele zu realisieren, waren jedoch alles andere als günstig.

Der neugebildete Landkreis Schwandorf hatte zwar eine imponierende Größe von rund 1500 Quadratkilometern und zählte an die 135.000 Einwohner, doch ein ausreichendes Gebäude für die Landkreisverwaltung war nicht vorhanden. Niemand hatte sich darum gekümmert, wo die Verwaltungen untergebracht werden könnten.

So mussten die bisherigen Landratsämter, trotz Gemeindereform, als Dienststellen vorläufig weiter bestehen bleiben. Die angestrebte Zentralisierung trug lediglich theoretische Züge.

Um räumliche Schwierigkeiten zu überwinden und damit den Bürgern im Landkreis den Gang zu den Behörden zu erleichtern, richtete Landrat Hans Schuierer in den Ämtern Bürger-Hilfsstellen ein und setzte regelmäßige Sprechtage fest. An diesen Sprechtagen konnten ihm die Bürger im jeweiligen Landratsamt ihre Sorgen, Probleme und Wünsche persönlich vortragen.

Ein weiteres Problem für den Großlandkreis Schwandorf war, dass die Schulden der alten, aufgelösten Landkreise mitübernommen werden mussten. Diese Tatsache bedeutete eine schwerwiegende Hypothek, die den finanziellen Spielraum für künftige Projekte im neuen Landkreis Schwandorf von vorneherein entscheidend einengte.

Für Landrat Schuierer ein Grund mehr mit Nachdruck auf die negativen Folgen der Gebietsreform hinzuweisen. Der Großlandkreis Schwandorf, so Schuierer, bilde den Problemlandkreis Nummer eins in Bayern. Die Bayerische Staatsregierung, so Schuierer, habe zwar die Reform verordnet, nun aber die Landkreise ihrem Schicksal überlassen.

Auch könne er als Landrat die einzelnen Gemeinden und Vereine nicht mehr so betreuen, wie er das als Landrat von Burglengenfeld gewohnt gewesen sei. Wenig später erfolgte die Retourkutsche. Die CSU warf Schuierer vor, ein Parteilandrat zu sein. Ein Staatsanwalt war sogar der Ansicht, dass sich Schuierer zu Unrecht parteipolitisch betätige. Für Hans Schuierer war dies eine ganz und gar unverständliche Anschuldigung: „Es ist Aufgabe eines jeden demokratisch denkenden Staatsbürgers sich politisch zu betätigen. Es ist ein legitimes Recht, das für einen Landrat mit politischem Mandat fast schon Aufgabe ist." Und an die Adresse der CSU gewandt, erklärte Schuierer: „Durch die Angriffe der CSU bleibt mir gar nichts anderes übrig, als in die Parteiversammlungen zu gehen und mich dieser Vorwürfe zu erwehren. Im

Ein Landrat aus dem Volk für das Volk

Schuierers letzte Kreistagssitzung in Burglengenfeld am 22. Juni 1972.

Übrigen habe ich mich als Landrat und Vorsitzender des Kreistags redlich um Überparteilichkeit und Ausgleich bemüht und meine Verwaltungsaufgabe als Landrat der Bevölkerung gegenüber stets unpolitisch ausgeübt."

Von CSU-Politikern musste sich Schuierer in den folgenden Jahren immer wieder anhören, er sei der ihm gestellten Aufgabe als oberster Landkreisverwalter einfach nicht gewachsen. Sein späterer Rivale im Kampf um den Landratssessel, Manfred Humbs, vertrat noch auf einer CSU-Parteiversammlung im Jahre 1975 die Meinung: „Dass für Schuierer dieser Landkreis einfach zu groß geschneidert ist, war von vornherein klar." Doch Schuierer hatte nach seiner dreijährigen Amtszeit im Großlandkreis Schwandorf genügend Selbstbewusstsein gewonnen, um seinerseits in die Offensive zu gehen. „Wir haben die in den Altlandkreisen begonnenen Maßnahmen fortgeführt, Krankenhäuser renoviert, Kreisstraßen gebaut, Brücken errichtet, viel Geld in Schulen investiert", gab Schuierer in seiner „Halbzeitbilanz" bekannt. Der Landrat brachte jedoch auch zum Ausdruck, dass er dabei eine kräftige staatliche Unterstützung, insbesondere bei finanziellen Problemen, seitens der Bayerischen Staatsregierung leider vermisst habe. Ein Lob hingegen spendete der Landrat der Bevölkerung des Landkreises Schwandorf, die es „mit einem ausgeprägten Gemeinschaftsbewusstsein" möglich gemacht hatte, die Aktion „Sauberer Landkreis – saubere Landschaft" durchzuführen. Die Förderung und Verschönerung der Dörfer und der Landschaft im Landkreis war Schuierer schon seit jeher besonders am Herzen gelegen.

Vom Wert der Freiheit

1976 kam es im Landkreis Schwandorf zu verschärften politischen Auseinandersetzungen. Der Grund: Die Bundestagswahl stand vor der Tür. CDU und CSU warben bundesweit mit dem Slogan „Freiheit oder Sozialismus" um Wähler. Eine Wahlkampfparole, die auch die örtlichen CSU-Abgeordneten gerne verwendeten. Landrat Schuierer forderte dieser Slogan geradezu heraus seine Meinung kundzutun: „Wir Sozialdemokraten verstehen mehr vom Wert der Freiheit als die Unionsparteien. Männer der SPD saßen mit solchen der Gewerkschaftsbewegung in den Zuchthäusern und Konzentrationslagern und haben dort ihr Leben gelassen. Wir lassen uns nicht in die linke Ecke drängen, waren es doch die Sozialdemokraten, die seit ihrem Bestehen in stärkster Gegnerschaft zum Kommunismus standen." Doch nicht nur bundespolitische Parolen reizten den Landrat. Auf einer CSU-Veranstaltung des Ortsverbandes Nabburg im Januar warf der Staatssekretär im Bayerischen Wirtschaftsministerium, Franz Sackmann, Landrat Schuierer vor, er kümmere sich zu wenig um die Wirtschaft in seinem Landkreis. Schuierer sei, so meinte Sackmann, anscheinend zu stolz, selbst einmal im entsprechenden Ministerium um Geld zu betteln, wie es auch bei anderen Landräten gang und gäbe sei.

Dies mochte der Schwandorfer Landrat natürlich nicht auf sich sitzen lassen. Schuierer gestand zwar ein, dass der Bezirk Schwandorf mit die höchsten Arbeitslosenzahlen im Bundesgebiet aufzuweisen habe, doch die Verantwortung hierfür trage das Land Bayern, das zu wenig für die Strukturverbesserung getan habe, entgegnete Schuierer. Schuierer weiter: „Vor allem in Ostbayern hat die CSU-Regierung vollkommen versagt." Mit Nachdruck wies Schuierer auch auf die Notwendigkeit des Landratsamtsgebäudes hin, das am 12. Dezember 1975, nach langem Kampf um die Planungsgrundkonzeption, endlich in Bau gegangen war.

Als der 17 Millionen teure Verwaltungsmittelpunkt mit seinen 180 Büros an der Wackersdorfer Straße knapp zweieinhalb Jahre später eingeweiht wurde, machte Landrat Hans Schuierer gleich deutlich, welches Klima im neuen Amtsgebäude herrschen sollte. In seiner Rede zur offiziellen Einweihung teilte Schuierer mit:

„Es gibt in diesem modernen Haus keine veralteten Amtsstuben mehr, in denen der Bürger mit gezogenem Hut und in Ehrfurcht eintreten muss, sondern es herrscht hier der Geist der Hilfsbereitschaft und der individuellen Beratung."

Schuierer ordnete auch an, dass alle Dienststellen des Landratsamtes vormittags und nachmittags für den Publikumsverkehr geöffnet bleiben sollten. Um den Berufstätigen noch mehr entgegenzukommen, wurden bald darauf bei den verschiedenen Dienststellen auch Abendsprechstunden eingeführt.

Mit diesen Maßnahmen suchte Landrat Schuierer einen noch besseren Ausbau des Kontakts zu seinen Mitbürgern und den weitgehenden Abbau der Anonymität des Verwaltungshandelns zu erreichen. Die Bürger des Landkreises dankten ihm dieses Entgegenkommen. Die Zahl der Ratsuchenden schnellte sprunghaft in die Höhe.

Schuierers Vereidigung zum Landrat 1972

Erste Zeichen am Horizont

WAA – Wackersdorf macht das Rennen

Im Sommer 1978 konnte endlich das neue Landratsamt in Schwandorf bezogen werden. Damit wurden die bisherigen Dienststellen in Oberviechtach, Neunburg vorm Wald, Nabburg und Burglengenfeld endgültig aufgelöst und die gesamte Verwaltung in Schwandorf konzentriert.

Im Juni 1979 erhielt Hans Schuierer das Bundesverdienstkreuz am Bande durch den damaligen Staatssekretär im bayerischen Umweltministerium Dr. Max Fischer ausgehändigt. In der Begründung für die Verleihung hieß es: „In seiner Amtszeit als Bürgermeister und Landrat hat Hans Schuierer vorbildliche Aufbauleistungen in allen Aufgabenbereichen der Gemeinden und des Landkreises vollbracht. Besonders hervorzuheben ist hierbei der gute Ausbau des örtlichen Straßennetzes und die Schaffung und Erweiterung von Schulgebäuden und Krankenhäusern. Als Landrat des neuen Großlandkreises Schwandorf hatte er unter schwierigsten Verhältnissen eine neue leistungsstarke Verwaltung aufzubauen. Die Amtsvisitation durch die Regierung der Oberpfalz im Jahre 1977 ergab, dass dies in vorbildlicher Weise geschehen ist."

Doch schon brauten sich neue Probleme über dem Landkreis Schwandorf zusammen. Bei der Bayerischen Braunkohle Industrie (BBI) in Wackersdorf rückte die Stilllegung in immer greifbarere Nähe. Das Jahr 1979 leitete die stufenweise Rücknahme des Braunkohleabbaus ein, an dessen Ende der Verlust von 1500 Arbeitsplätzen stehen sollte. Auch im Eisenwerk Maxhütte-Haidhof drohten durch Rationalisierungsmaßnahmen Hunderte von Arbeitsplätzen verloren zu gehen.

In dieser Situation tauchte erstmals der Name Wackersdorf im Zusammenhang mit Plänen zur Errichtung eines nuklearen Zwischenlagers in Bayern auf.

Ein Sprecher des Bayerischen Wirtschaftsministeriums in München konkretisierte: „Wenn die Bundesregierung ihr Konzept zur Entsorgung von Kernkraftwerken ändert und Bayern doch ein Zwischenlager akzeptiert, soll diese Anlage in Wackersdorf bei Schwandorf entstehen."

Bei einem großen Hearing der Bayerischen Staatsregierung in Regensburg am 10.7.1979, an dem nahezu das gesamte bayerische Kabinett teilnahm sowie Oberbürgermeister, Bürgermeister, Landräte, Bezirksräte, Bundes- und Landtagsabgeordnete aus dem gesamten Regierungsbezirk Oberpfalz, blieb es dem SPD-Landrat Hans Schuierer aus Schwandorf vorbehalten, Franz Josef Strauß, dem damaligen Kanzlerkandidaten der Union, die Frage zu

WAA – Wackersdorf macht das Rennen

Staatssekretär Dr. Max Fischer überreichte Schuierer das Bundesverdienstkreuz am Bande.

Titelseite der „Woche" vom 11. Dezember 1980. Das Thema „WAA" war nun in aller Munde.

stellen, ob denn Wackersdorf wirklich im Gespräch sei als Standort für eine atomare Anlage.

Der Ministerpräsident antwortete ohne Umschweife: „Es gibt keine Pläne der Bayerischen Staatsregierung in dieser Richtung." Der Name Wackersdorf als möglicher Standort sei lediglich in einer Reihe von vielen anderen Orten von der Deutschen Gesellschaft für Wiederaufarbeitung von Kernbrennstoffen (DWK) genannt worden.

Der Irrtum beruhe auf einer fehlerhaften Auskunft des persönlichen Referenten von Anton Jaumann. Warum dies geschehen sei, wisse er auch nicht. Gleichzeitig legte Strauß ein klares Bekenntnis zur Kernenergie ab.

Die DWK bestätigte wenige Tage später in einem Gutachten, dass das Braunkohlegebiet von Wackersdorf „zumindest rein technisch und von seiner geologischen Struktur her" für ein Zwischenlager geeignet wäre.

Erste Gerüchte

Noch war das Thema Zwischenlager in aller Munde, da tauchten im Frühjahr 1980 Gerüchte auf, in Wackersdorf solle womöglich eine Wiederaufarbeitungsanlage (WAA) errichtet werden. Der Kommentar dazu von Bayerns Umweltminister Alfred Dick: „Abwegig".

Am Donnerstag, 11. Dezember 1980, titelte die Regensburger Zeitschrift „Die Woche": „Gorleben bei Regensburg? – Gigantischer Atomkomplex vor der Haustüre. Geheimbohrungen für Wiederaufbereitungsanlage." Der Hintergrund: Ein Redakteur der Wochenzeitschrift, so lauteten die Gerüchte, habe eine geheime Sitzung der Oberpfälzer Parteispitzen heimlich belauscht und war so an die Informationen gekommen. Das Thema „WAA" war aus der Flasche, auch wenn es noch immer unter höchster Geheimhaltung lief und niemand die Nachrichten bestätigen wollte. Aus dem Bayerischen Umweltministerium waren nur Dementis zu erhalten. Dabei sollten in dem erwähnten Gebiet bereits Wissenschaftler gewesen sein, unter dem Vorwand „geologische Messungen vorzunehmen", in Wirklichkeit aber, um entsprechende Bohrungen durchzuführen. Der „Die Woche"-Reporter berichtete, zwar würden pro forma auch an anderen Standorten Probebohrungen durchgeführt, doch sei in der Staatskanzlei die Standortentscheidung für das stille Kiefernwäldchen in der Oberpfalz bereits gefallen, da es eine rasche und ungestörte Realisierung des Projekts garantiere. Als Franz Josef Strauß die Überschrift der „Woche" las, soll er mit einem Wutausbruch reagiert haben.

Im Mai 1981 dementierte die Bayerische Staatsregierung offiziell immer noch: „Der Raum Schwandorf-Wackersdorf ist derzeit, ebenso wenig wie irgendein anderer Ort in Bayern, als Standort für die Errichtung einer Wiederaufarbeitungsanlage für abgebrannte Brennelemente vorgesehen."

Im September desselben Jahres begann sich die Situation jedoch zu verändern. Auf eine Anfrage des SPD-Landtagsabgeordneten Dietmar Zierer meinte Umweltminister Dick: „Die Staatsregierung hat ihre Bereitschaft erklärt, auf der Basis des gemeinsamen Beschlusses der Regierungschefs von Bund und Ländern zur Entsorgung der Kernkraftwerke, zu prüfen, ob in Bayern geeignete Standorte für die Errichtung atomarer Wiederaufarbeitungsanlagen vorhanden sind."

Bei einer Mitgliederversammlung der Grünen in Schwandorf am 18. September 1981 äußerte deren Kreisvorsitzender Franz Grundler den Verdacht, der Standort Wackersdorf sei vorläufig einmal ins Gespräch gebracht worden, um die Reaktionen der Bevölkerung zu testen. Allerdings könne es durchaus sein, befürchtete Grundler, dass das BBI-Gelände angesichts der katastrophalen Arbeitsmarktsituation im Landkreis Schwandorf als einzige Alternative übrig bleibe.

Die bayerischen Naturschützer kündigten sofort ihre konsequente Gegnerschaft an für den Fall, dass eine WAA in Schwandorf-Wackersdorf gebaut werden sollte. Die Oberpfalz dürfe keine „Atommüll-Oase" werden, erklärte der Naturschutzbeauftragte für Nordbayern Hubert Weiger und machte dabei auf die Gefährlichkeit der chemischen Fabrik WAA aufmerksam.

Gründung einer Bürgerinitiative

Derweilen schlossen sich über 100 Leute aus dem Landkreis Schwandorf zusammen und gründeten die „Bürgerinitiative gegen die WAA in Schwandorf".

„Wir wollen nicht abwarten, bis die in München ausgekartet haben, wohin die WAA kommen soll, denn dann ist es zu spät", meinten die Initiatoren. Dieter Kersting, einer der Sprecher des Organisationskomitees, zeigte die Zusammensetzung und Funktion der „Bürgerinitiative gegen eine WAA" im Raum Schwandorf auf: „Wir sind keine vom Osten gesteuerten Revolutionäre und Systemveränderer. Wir sind ganz normale Bürger, die sich in der tiefen Sorge um die Zukunft in unserem Raum zusammengefunden haben. Gewaltfreiheit hat bei unseren Bemühungen oberste Priorität."

Ende Oktober 1981 folgte ein weiterer Schritt der Bayerischen Staatsregierung. Umweltminister Alfred Dick teilte in einer Pressekonferenz mit, das Bayerische Kabinett habe einen Kriterienkatalog zur „Bewertung von Standorten für eine industrielle Anlage zur Wiederaufarbeitung bestrahlter Kernbrennstoffe" in Bayern zustimmend gebilligt. Der Raum Schwandorf, fügte der Minister hinzu, sei nicht ausgeschlossen.

Die DWK, als künftige Betreiberin einer WAA, kündigte in einer Presseerklärung an, sie wolle diesen Raum anhand der vom Kabinett festgelegten Standortkriterien (Kriterienkatalog) für eine WAA mit Vorrang untersuchen.

Der bayerische Kriterienkatalog konkretisierte die vom Bundesminister des Innern im Februar 1981 bekanntgegebenen nuklear-spezifischen Bewertungskriterien und ergänzte sie in zwei weiteren Abschnitten „Bewertungskriterien der Raumordnung und Landesplanung" und „Bewertungskriterien des Natur- und Landschaftsschutzes". Man ging dabei von einem konkreten Modell einer Wiederaufarbeitungsanlage mit einer Jahreskapazität von 700 Tonnen Uran aus, um die Standortkriterien möglichst genau fassen zu können.

Vom Ergebnis dieser Untersuchungen der DWK sollte es dann abhängen, ob ein Antrag zur Durchführung eines Raumordnungsverfahrens gestellt würde. Den endgültigen Standort der Anlage, erklärte die DWK, könne man aber erst nach dem Raumordnungsverfahren, das die Regierung der Oberpfalz durchzuführen habe, in zwei bis drei Jahren nennen.

Hans Schuierer, dessen Landkreis für den Bau der WAA im Gespräch war, reagierte zunächst einmal abwartend. Er wollte die weitere Entwicklung genau beobachten und hoffte auf detaillierte Informationen aus dem Ministerium.

Schuierer: „Ich will mich zur Sache nicht näher äußern, solange ich nicht den notwendigen Informationsstand besitze. Es wurde mir nicht mehr gesagt, als jeder Landkreisbürger weiß. Eine Stellungnahme kann ich erst abgeben, wenn ich von höherer Warte aus besser informiert worden bin." Und mit einem Blick in die Zukunft meinte Landrat Hans Schuierer: „Es wird noch viel Ärger geben."

Der erste Protestzug gegen ein WAA-Projekt in der Oberpfalz bewegte sich am 14. November 1981 durch die Regensburger Innenstadt. Ziel der etwa 2000 Anti-WAA-Demonstranten war das OBAG-Verwaltungsgebäude. Die vorwiegend jungen Leute wollten mit ihrer Aktion, nach eigenem Bekunden, „einen Denkanstoß geben, welche Gefahren die WAA für die Bevölkerung Regensburgs mit sich bringt". Transparente zeigten Alternativen auf: „Lasst die Kerne im Atom, macht aus Wind und Sonne Strom."

Blumengeschmückte Polizeifahrzeuge begleiteten die friedlichen Demonstrationsteilnehmer.

„Wenn mich jemand überzeugen kann"
Der Bund Naturschutz und die Bürgerinitiative Schwandorf luden 18 Tage später zu einer Großkundgebung in die Oberpfalzhalle der Kreisstadt Schwandorf ein.

Mehr als 2000 Besucher folgten diesem Aufruf, hörten Vorträge über alternative Energien, bekamen Auswirkungen der Radioaktivität auf Mensch und Umwelt erläutert. Zu den Gästen dieser Veranstaltung gehörte auch Landrat Hans Schuierer.

Am 22. Dezember 1981 schaltete sich Schuierer wiederum aktiv in den Diskussionsprozess ein. In einer Gesprächsrunde mit FDP-Abgeordneten im Schwandorfer Landratsamt äußerte Schuierer Befürchtungen, dass eine WAA auch Arbeitsplätze kosten könnte und für den Fremdenverkehr, „der in den vergangenen Jahren erst aufgebaut wurde, nicht gerade förderlich ist".

Schuierer verwies außerdem auf die vielen anerkannten Wissenschaftler, die vor den Gefahren einer WAA warnten und ließ für sich alle Wege offen: „Wenn mich jemand überzeugen kann, bin ich gerne für eine WAA."

Noch war der erste Monat des neuen Jahres 1982 nicht vorbei, da riefen die Bürgerinitiativen erneut zu einer Großdemonstration auf. Trotz schlechter Witterung kamen über 4000 Bürger aus der gesamten Oberpfalz nach Schwandorf, wo am selben Tag eine Konferenz der CSU-Mandatsträger stattfinden sollte. Die Politiker, darunter auch Umweltminister Alfred Dick, Wirtschaftsminister Anton Jaumann und der Vorsitzende der CSU-Landtagsfraktion Gustl Lang, mussten durch ein Spalier von Anti-WAA-Demonstranten laufen und sich dabei schwere Vorwürfe anhören.

Anton Jaumann zeigte Verständnis, meinte aber: „Man muss wieder mehr Vertrauen in die Staatsregierung haben, die mit der WAA der Oberpfalz nicht etwas verpassen will, sondern vielmehr meint, ihr damit einen Lichtblick für eine gute Zukunft geben zu können." Die Pläne, eine WAA im Landkreis Schwandorf zu bauen, nahmen indessen immer realistischere Züge an.

Am 18. Februar 1982 beantragte die DWK bei der Regierung der Oberpfalz das Raumordnungsverfahren für den Bau einer WAA. Als mögliche Standortflächen kamen in Frage: das Gebiet östlich von Teublitz, östlich von Steinberg und nordöstlich von Wackersdorf. Andere Standorte in Bayern wurden nicht mehr untersucht.

Allgemein rechnete man mit einer Laufzeit von eineinhalb Jahren für die Durchführung eines Raumordnungsverfahrens. Doch die Regierung der Oberpfalz zeigte eine ungewöhnliche Schnelligkeit, so dass das Verfahren in der Rekordzeit von sieben Monaten abgeschlossen werden konnte. Landrat Schuierer fand die siebenmonatige Frist von der Einleitung bis zum Abschluss des Raumordnungsverfahrens sehr merkwürdig. An dem kurzen Zeitraum sehe man das Interesse der Bayerischen Staatsregierung, der DWK entgegenzukommen, erklärte Schuierer.

Nach seiner Auffassung gebe es keinen Unterschied zwischen den drei Standorten. Vielmehr wolle man die WAA dort durchsetzen, wo die geringsten Probleme zu erwarten seien. Schuierer zeigte sich allerdings überzeugt davon, dass die Bevölkerung sehr schnell erwachen werde, wenn sie die Gefahren erkenne, die auf sie zukämen.

12.000–15.000 Besucher zogen am Samstag, den 27. März 1982 mit Kind und Kegel in Richtung Schwandorfer Marktplatz. „Wehrt euch – leistet Widerstand" hatten sie sich auf die Fahnen geschrieben. Damit erlebte die Kreisstadt Schwandorf die bis dahin größte Demonstration seiner Geschichte.

Einschränkungen von Freiheiten

Die Mittelbayerische Zeitung berichtete darüber: „Die Erwartungen der Gegner und die Befürchtungen der Befürworter einer WAA werden an diesem Tag weit übertroffen. Menschen aller Altersklassen bekunden mit ihrer Teilnahme an der ersten Großdemonstration gegen die geplante Wiederaufarbeitungsanlage ihre Furcht vor einem unkalkulierbaren Risiko durch die WAA."

Die vielen Polizeibeamten hielten sich dagegen dezent im Hintergrund, erhielten zum Teil von den Demonstrationsteilnehmern Blumen angesteckt. Der Marktplatz war restlos überfüllt mit Menschen, deren Befürchtungen und Ängste der Zukunftsforscher Prof. Robert Jungk in seiner Rede mit zum Ausdruck brachte.

Jungk: „Die WAA bedeutet eine tödliche Gefahr für die Menschen in der Umgebung, zumal bei Konflikten das Grenzgebiet besonders gefährdet ist. Außerdem sind für solche Anlagen wie die WAA Sicherungen erforderlich, gegen die die Verhältnisse im 3. Reich verblassen. Eine Freiheit des Bürgers ist nicht mehr möglich, da man zum Schutz der Anlage die Menschen überwachen muss."

Prof. Jungk folgerte daraus: „Es muss ein Umdenkungsprozess hin zu alternativen Energien

WAA – Wackersdorf macht das Rennen

In Stadtamhof startete die Demonstration, die am 4. September 1982 zum Sitz der Regierung der Oberpfalz führte.

erfolgen. Man soll lieber dafür sorgen, eine Sonnenpfalz statt eine Atompfalz zu schaffen, denn Sonnenenergie könnte bei konsequenter Entwicklung in etwa 10 – 15 Jahren rund 30 – 40% des Energiebedarfs decken."

Landrat Hans Schuierer meinte, die große Anzahl der Teilnehmer zeuge davon, dass ihnen das Schicksal der Heimat am Herzen liege. Diese machtvolle Demonstration, die größte, die Schwandorf je gesehen habe, zeige außerdem, dass Bürgerinitiativen und Demonstranten nichts mit Chaotentum zu tun hätten. Die Arbeitsmarktsituation werde mit der Planung einer WAA schändlich ausgenutzt.

Zum Abschluss seiner Rede forderte Schuierer auf, gemeinsam dafür zu sorgen, „dass die von den Vätern übernommene Heimat unversehrt und gesund an die Kinder übergeben werden kann".

Der Oberbürgermeister von Schwandorf, Hans Kraus (CSU), stellte die denkwürdige Frage: „Können wir noch Vertrauen in die hohe Politik haben?"

Am 26. Juli 1982 war der Schwandorfer Kreistag als letztes kommunales Gremium dazu aufgerufen, eine Stellungnahme im laufenden Raumordnungsverfahren zur geplanten WAA im Raum Schwandorf abzugeben. Das Ergebnis fiel eindeutig aus. Mit 31:24 Stimmen verweigerte die Kreistagsmehrheit, darunter etliche CSU-Mitglieder, die Zustimmung zum Bau einer WAA. Als Grund für diese Entscheidung wurde die Unvollständigkeit und Mangelhaftigkeit der eingereichten Unterlagen genannt.

Auch die meisten Städte und Gemeinden im Umkreis der geplanten WAA hatten sich zuvor mehr oder weniger deutlich gegen die Errichtung einer WAA im Landkreis Schwandorf ausgesprochen. Nur die Gemeinden Bodenwöhr und Wackersdorf signalisierten ihre Zustimmung zum Bau einer WAA.

Fahrradspeichenfabrik
Im Rahmen eines Besuches in der Oberpfalz hatte der Bayerische Ministerpräsident Franz Josef Strauß am 10. März 1982 in Weiden die geplante WAA in seiner Gefährlichkeit mit einer „Fahrradspeichenfabrik" verglichen. Viele Oberpfälzer schienen diese Ansicht nicht zu teilen, denn am 4. September 1982 kam es erneut zu einer Großdemonstration in Regensburg. Rund 10.000 Menschen formierten sich zu einem Zug von über zwei Kilometern Länge und kritisierten die geplante WAA äußerst heftig. Die Protestkundgebung an diesem herrlichen Spätsommertag verlief genauso friedlich wie alle anderen Anti-WAA-Veranstaltungen zuvor.

Wenige Tage später gab die Regierung der Oberpfalz die Ergebnisse des Raumordnungsverfahrens über den Standort einer WAA im Raum Schwandorf bekannt.

Negativ beurteilte man den Standort bei Teublitz; die Vorschläge Wackersdorf und Steinberg wurden nur unter der Bedingung umfänglicher Auflagen befürwortet. Im Falle Wackersdorf musste jede Gefährdung des Grundwassers der „Bodenwöhrer Senke" absolut ausgeschlossen sein. Weitere Forderungen waren: Vorsorgemaßnahmen zum Schutz vor Schäden, umfangreiche Sicherheitsvorkehrungen, Gewährleistung der Endlagerung vor Baubeginn der WAA.

Ansonsten wurde das von der DWK beantragte Konzept der Wiederaufarbeitung und Brennelementfertigung in allen Punkten für realisierbar erklärt. Die Genehmigung für die Errichtung und den Betrieb der Anlage sollte indessen nicht in einem einzigen Verfahrensschritt erfolgen, sondern in Teilgenehmigungsschritten.

Schon einen Monat später beantragte die DWK die Einleitung des atomrechtlichen Genehmigungsverfahrens für die Errichtung einer WAA am Standort Wackersdorf.

Doch plötzlich tauchte ein neuer Name auf. Am 1. November 1982 verkündete die DWK als Alternative zu Wackersdorf einen weiteren möglichen Standort: Dragahn im Landkreis Lüchow-Dannenberg (Niedersachsen).

Nun begann ein Ringen zweier Landesregierungen um ein in der Bevölkerung ungeliebtes Projekt, das erst am 4. Februar 1985 sein Ende finden sollte.

Am 22. November 1982 begann die DWK auf dem vorgesehenen Gelände bei Wackersdorf mit 50 Meter tiefen Probebohrungen, um Aufschluss über die Bodenbeschaffenheit des Untergrundes zu gewinnen.

Mit der Begründung, die Bohrungen dürften erst beginnen, wenn sichergestellt sei, dass keine Beeinträchtigung des Wasserhaushalts erfolge, stoppte Landrat Hans Schuierer die Bohrgeräte schon am ersten Arbeitstag. Die DWK konnte aber binnen 24 Stunden eine „Unbedenklichkeitserklärung" des Wasserwirtschaftsamtes Amberg einholen und damit die Bohrungen tags darauf fortsetzen.

Nachdem die CSU-Landtagsfraktion dem Wunsch der SPD nach einer umfassenden Anhörung nicht entsprochen hatte und sich auch gegen den Versuch der Sozialdemokraten sträubte, die Probleme einer Wiederaufarbeitungsanlage für Uranbrennstoffe bei Schwandorf vor einem Untersuchungsausschuss ausbreiten zu lassen, setzten kurzerhand die Grünen ein öffentliches Hearing in Schwandorf und Regensburg an.

WAA – Wackersdorf macht das Rennen

Vom 24. – 27. Februar 1983 nahmen 27 kritische Experten Stellung zur Atomkraftnutzung. Petra Kelly, Bundestagsabgeordnete der Grünen, eröffnete das internationale Hearing mit einem Referat über die militärische und friedliche Nutzung der Atomenergie.

Kommandozentrale Aussichtsturm

Waren alle Aktionen gegen die geplante WAA bis dahin friedlich verlaufen, so zeichnete sich im Mai 1983 die Wende ab. Einheimische WAA-Gegner hatten auf einem von der Bürgerinitiative Schwandorf gepachteten Grundstück in unmittelbarer Nähe des Baugeländes einen Aussichtsturm errichtet.

Während sich die WAA-Gegner des gelungenen Baus erfreuten, vermutete die Polizei eine Art Kommandozentrale. Man kam zu dem Schluss, dass von dem Gerüst höchste Gefahr ausgehe und es deshalb beseitigt werden müsse.

Das Landratsamt Schwandorf wiederum befand, bei dem 15 Meter hohen Holzgerüst handle es sich um einen Schwarzbau und ordnete auf Weisung der Bezirksregierung dessen Beseitigung innerhalb von 24 Stunden an. Die Bürgerinitiative rief daraufhin sofort das Verwaltungsgericht in Regensburg an, das die sofortige Wirksamkeit der Abbruchverfügung mit ihrer Entscheidung aufhob. Der Turm durfte gemäß Urteilsspruch stehenbleiben. Doch im Polizeipräsidium Oberpfalz/Niederbayern sah man das anders und erteilte trotzdem den Befehl zum Abriss des Beobachtungsstandes.

Im Morgengrauen des nächsten Tages sperrten mehr als hundert Polizeibeamte das Gelände um den Turm ab; andere zersägten den

Ministerpräsident Strauß verglich die geplante WAA in ihrer Gefährlichkeit mit einer „Fahrradspeichenfabrik". Viele Oberpfälzer sahen das anders und waren besorgt um die Zukunft ihrer Heimat.

12 Meter hohen Holzturm in handliche Stücke und transportierten die Balken ab.

Es kam zu kleinen Rangeleien zwischen Polizisten und „Zaungästen". Auch Landrat Hans Schuierer, der den Turm rechtlich als Schwarzbau anzusehen hatte, sich jedoch dem Richterspruch beugte, fragte empört, ob das Vorgehen der Polizei wohl noch mit Rechtsstaatlichkeit in Einklang zu bringen sei und machte sich auf den Weg zum WAA-Gelände.

Er hatte jedoch erhebliche Mühe an den Ort des Geschehens vorgelassen zu werden. Zunächst war dem Schwandorfer Landrat von den Polizisten der Zutritt strikt verwehrt worden. Erst nach einer Beschwerde beim Einsatzleiter durfte Schuierer passieren.

Für Schuierer bedeutete dieses Vorgehen der Polizei ein Schlüsselerlebnis. „Ich kenne solche Einsätze aus der Zeit des Dritten Reiches. Hier wird das Recht, das die Justiz spricht, durch einen Polizeieinsatz ersetzt", kommentierte Landrat Hans Schuierer das Geschehen. Diese Aussage sollte bald eine Rüge des Regierungspräsidenten der Oberpfalz nach sich ziehen.

Dagegen begrüßte die CSU-Landtagsfraktion das „entschlossene Vorgehen" der Polizei. Zustände wie in Gorleben, mit einer illegalen Kommandozentrale für gewalttätige Ausschreitungen, dürften in Bayern erst gar nicht mehr entstehen, meinten die Parlamentarier.

Die Bürgerinitiative strengte unterdessen per Rechtsanwalt eine Klage über die Rechtmäßigkeit des Turmabbruchs an. Das Vorgehen der Polizei sollte als rechtswidrig verurteilt und das Innenministerium aufgefordert werden, den Turm an Ort und Stelle wiederaufzubauen.

Ein riesiges Polizeiaufgebot

Mehr als ein Jahr später, am 12. Juli 1984, verkündete das Verwaltungsgericht Regensburg seine Entscheidung in Sachen Turmabriss. „Die Polizei war berechtigt, das Holzgerüst abzureißen, rechtswidrig war jedoch die Art und Weise, wie sie das tat", hieß es in der Urteilsverkündung. Damit gab das Gericht beiden Seiten Recht, und auch die Verfahrenskosten wurden geteilt.

Einen Tag nach dem Turmabriss, am 21. Mai 1983, hatten sich die Ereignisse zugespitzt. Für die Großdemonstration am selben Tag in Schwandorf erwartete das Bayerische Innenministerium „Trupps von Provokateuren" aus dem gesamten Bundesgebiet.

Dementsprechend umfangreich präsentierte sich das Polizeiaufgebot. 800 Polizisten marschierten auf, mehr hatte die Oberpfalz bis dahin noch nicht erlebt.

Schon frühmorgens riegelten Polizisten den Raum um Schwandorf hermetisch ab. Die Autobahn Regensburg-Weiden wurde für Kontrollen halbseitig gesperrt. Die gewalttätigen Demonstrationsteilnehmer blieben, entgegen allen Vorhersagen, jedoch aus. Dafür zogen rund 5000 friedliebende Kernkraftgegner aus Bayern mit Transparenten und Blumen für die Polizeibeamten am vorgesehenen Baugelände der WAA vorbei.

In der anschließenden Kundgebung verurteilte der Sprecher der bayerischen Bürgerinitiativen, Hannes Lindenmeyer, den Polizeiaufmarsch, mit dem die Staatsregierung ein „Klima der Einschüchterung" hergestellt habe. Den Abriss des Beobachtungsturms nannte Lindenmeyer einen „Akt blindwütiger Aggression".

Vom 19. September bis 18. November 1983 erfolgte die öffentliche Auslegung der Genehmigungsunterlagen im Landratsamt Schwandorf.

Mehr als 53.000 Bürger hatten nach Ablauf der Frist Sammeleinwendungen unterschrieben, weitere 700 teils sehr ausführliche Einzeleinwendungen formuliert.

WAA – Wackersdorf macht das Rennen

Zu 80% kamen diese Einwendungen aus dem Landkreis Schwandorf. Damit hatte dort mehr als ein Drittel der Bevölkerung Einwendungen gegen das atomare Projekt in ihrer unmittelbaren Umgebung geltend gemacht. Darunter befanden sich auch der Landkreis selbst sowie zehn Gemeinden und verschiedene Unternehmen.

Die „Bürgerinitiative Schwandorf gegen eine WAA" kündigte weitere Maßnahmen und Aktionen zur Verhinderung der atomaren Anlage an. So fand am 5. Februar 1984 eine Bittwallfahrt gegen die WAA auf dem Kreuzberg in Schwandorf mit 500 Teilnehmern statt. Justizminister Gustl Lang zeigte sich schockiert und sprach von einem Missbrauch christlicher Bräuche zu politischen Zwecken.

Zwei Tage darauf begann in Neunburg vorm Wald der gesetzlich vorgeschriebene Erörterungstermin zur Behandlung der Einwendungen gegen die von der DWK beantragte Genehmigung der WAA.

Die Gegner der friedlichen Nutzung der Atomkraft warfen der Betreibergesellschaft DWK vor, sie habe einen schlampig ausgearbeiteten Sicherheitsbericht vorgelegt. Da war beispielsweise die Rede von gefährlichen radioaktiven Stoffen, die ungefiltert von der Anlage an die Umwelt abgegeben würden.

Der Leiter der 18köpfigen DWK-Delegation, Wolfgang Straßburger, dagegen erachtete die beim Umweltministerium eingereichten Unterlagen für das atomrechtliche Verfahren, einschließlich des Sicherheitsberichts, als ausreichend bestätigt.

Nach stundenlangen Auseinandersetzungen über Sicherheitsrisiken stellte die Bürgerinitiative den Antrag auf Aussetzung des atomrechtlichen Verfahrens. Das Bayerische Umweltministerium lehnte es jedoch ab, das atomrechtliche Verfahren zu unterbrechen oder wenigstens den Erörterungstermin neu anzusetzen.

Daraufhin zogen fast 400 Zuhörer aus der Stadthalle in Neunburg vorm Wald aus, darunter der Rechtsanwalt der Bürgerinitiativen und des Landkreises Wolfgang Baumann sowie alle wissenschaftlichen Berater der über 53000 Bürger, die gegen die geplante Atomanlage Bedenken geäußert hatten.

Sie erklärten, das Verfahren sei eine Farce, an der sie sich nicht mehr beteiligen wollten. Umweltministerium und DWK führten den Erörterungstermin anschließend allein weiter, in einem nahezu leeren Sitzungssaal.

Inzwischen war auch der Kommunalwahlkampf in seine entscheidende Phase getreten.

Konnte Landrat Hans Schuierer, inzwischen ein erklärter WAA-Gegner, seine Stellung halten, oder würde der CSU-Kandidat bald die Weichen stellen im Landkreis Schwandorf?

Keine „Fahrradspeichenfabrik" im Taxöldener Forst!

Hans Schuierer – Ein Landrat mit Herz

Hans Schuierer war am 9. September 1983 von seiner Partei auf der SPD-Kreisdelegiertenkonferenz in Schwandorf erneut als Bewerber für das Amt des Landrats nominiert worden. Mit 112:2 Stimmen erhielt Schuierer ein überwältigendes Vertrauensvotum.

Die Sitzung bot den Genossen auch Gelegenheit, Hans Schuierer und seine Arbeit als Landrat in den vergangenen 12 Jahren zu würdigen. Den Anfang machte Josef Fretschner, Vorsitzender der SPD-Kreistagsfraktion. Schuierer sei stets glaubwürdig geblieben, resümierte Fretschner, was nicht hoch genug eingeschätzt werden könne. Der Landrat zeige sich als aktiver Verteidiger des Rechtsstaates und besitze Rückgrat. Hinzu kämen Engagement und Zuverlässigkeit. Auch die politischen Gegner, meinte der Fraktionsvorsitzende der SPD im Landkreis, hätten die Arbeit des Landrats anerkannt.

Neben all diesen Fähigkeiten besitze Hans Schuierer eine weitere, nämlich die Fähigkeit mit dem Bürger umzugehen. Fretschner: „Er ist mit allen Bevölkerungskreisen verbunden und

„Schuierer ist mit allen Bevölkerungskreisen verbunden."

hat sich stets als Gleicher unter Gleichen gefühlt.

Wir werden die Landkreisbevölkerung deshalb bitten, Hans Schuierer im März kommenden Jahres erneut zum ‚Steuermann des Landkreises Schwandorf' zu wählen."

Dank stattete auch MdL Dietmar Zierer dem Landrat ab. Landrat Schuierer werde permanent in seiner ganzen Leistungsfähigkeit gefordert und hetze von Termin zu Termin, stellte Zierer fest. Schuierer sei ein Mann, wie ihn eine Generation nur einmal hervorbringe. Gleichzeitig machte Dietmar Zierer aber klar, dass der Landrat kein Einzelkämpfer in der Partei bleiben dürfe. Er benötige dringend Unterstützung. Bemerkenswert sei auch, dass sich Schuierer zwar stets zur Partei bekannt habe, „dennoch immer unparteiisch war im Amt" und auch andere Meinungen habe gelten lassen.

Als ein Hauptmerkmal des Landrats strich der Landtagsabgeordnete dessen Zivilcourage heraus. Schuierer prüfe nicht vorher, ob seine Meinung übergeordneten Stellen passe. Er kenne kein Taktieren und Lavieren, sondern sage stets seine ehrliche Meinung. Der Landrat habe eine enorme Leistung vollbracht, fuhr Zierer fort, als er aus sechs Teilen in wenigen Jahren einen Großlandkreis formte. Zierer: „Eine historische Tat Schuierers." Auch sei Hans Schuierer kein Mann, der um jeden Preis auf die Gesetzesbuchstaben poche; er gehe lieber auf das Menschliche ein.

Mit einem Blick auf die kommende Landratswahl stellte der Abgeordnete des Bayerischen Landtags fest: „Für die Meinungsvielfalt in unserem Land wäre es ein Verlust, wenn in der CSU-Monotonie der Oberpfalz der einzige SPD-Landrat verschwände."

Der SPD-Kommunalpolitiker Hans Hölzl aus Bruck fand den kürzesten gemeinsamen Nenner der Genossen: „Hans Schuierer – ein Landrat mit Herz."

Nach so viel Lob aus fremdem Munde blieb es Schuierer selbst vorbehalten, ein Resümee zu ziehen und einen Ausblick zu geben.

Schuierer: „Mit 53 Jahren fühle ich mich noch zu jung fürs Altenteil. Außerdem habe ich noch zu viele Pläne, die ich in der seit 1972 von mir begonnenen Aufbauarbeit verwirklichen möchte." Schuierer stellte mit Stolz fest, dass es den Problemlandkreis Schwandorf, „wie er 1972 wohl zu Recht genannt wurde", nicht mehr gebe. „Wir haben gemeinsam aus diesem Landkreis etwas gemacht. Wir haben ihn in vielen Bereichen sogar zum Muster- und Modell-Landkreis gemacht. Nachbarlandkreise und Aufsichtsbehörden sind auf die hiesigen Arbeiten und Erfolge aufmerksam geworden und holten sich hier Rat und Unterstützung."

Gegen den Bau einer WAA

Im Falle seiner Wiederwahl als Landrat, erklärte Schuierer, wolle er die bisherige Aufbauarbeit fortsetzen, um den Landkreis noch schöner und liebenswerter zu machen sowie die Lebensqualität der Bürger dieser Heimat weiter verbessern. „Deshalb bin ich gegen den Bau einer WAA in Wackersdorf", fügte Schuierer hinzu.

Schuierers Gegenkandidat stand seit April 1983 fest. Bei der Kreisvertreterversammlung der CSU im Schwandorfer Vereinshaus war der Landtagsabgeordnete und CSU-Kreisvorsitzende Manfred Humbs zum CSU-Landratskandidaten gekürt worden.

Auch seine Kandidatur unterstützten nahezu alle Delegierten. Der damals 58-jährige Humbs konnte eine lange kommunal- und landespolitische Erfahrung in führenden Positionen vorweisen. 1969 übernahm der ausgebildete Lehrer das Amt des Kreisvorsitzenden in Schwandorf. 1972 avancierte er zum Kreisvorsitzenden im Landkreis Schwandorf und 1978 wurde Humbs in den Bayerischen Landtag gewählt.

Menschlichkeit, Sachlichkeit, Glaubwürdigkeit – darum weiter mit Landrat Schuierer

Nach seiner Kandidatur kündigte Manfred Humbs an, er werde einen fairen, in der Sache aber harten Wahlkampf führen. Sich selbst bezeichnete der Landtagsabgeordnete, obwohl ehemaliger Berufsmusiker, nicht als Mann der großen Töne, „der aber konsequent den Erfolg sucht".

Seine Zielsetzung war klar: „Wir brauchen Politik aus einem Guss." Wenn die CSU im Landkreis nicht nur die Mehrheit im Kreistag erreiche, sondern auch den Landrat stelle, folgerte Manfred Humbs, böten sich erst die Garantien für eine gesunde und solide Entwicklung der Heimat. Humbs Motto lautete dementsprechend: „Mit vollem Einsatz für unsere Heimat."

Der Landtagsabgeordnete hatte auch gleich einige Verbesserungsvorschläge parat. Was fehle, teilte Humbs mit, sei die leitende und führende Hand im Landkreis Schwandorf. Deshalb wolle er zunächst einmal die Verwaltung verbessern. Die Entscheidungen der Verwaltungen müssten für den Bürger verständlicher und durchschaubarer sein.

Zudem werde er eine enge Verbindung mit der Landesregierung halten, um so manche Maßnahmen besser organisieren zu können, erklärte der Landratskandidat. Seine Haltung zur WAA formulierte Humbs entsprechend dem Beschluss des Kreisverbandes der CSU: Man befürworte die Wiederaufarbeitung, „vorausgesetzt die Endlagerung ist gesichert".

Die Situation des Landratskandidaten der CSU war auch am 18./19. Juni 1983 einer hiesigen Tageszeitung einen Kommentar wert gewesen. Im Lokalteil der Wochenendausgabe hieß es: „Die Kommunalwahl vom Frühjahr 1984 wirft ihre Schatten voraus. Der CSU-Abgeordnete Manfred Humbs wurde von seinen Parteifreunden bestimmt, als Gegenkandidat den Versuch zu wagen, einen amtierenden Landrat, den SPD-Mann Hans Schuierer, aus dem Sattel zu heben – ein Auftrag, um den er von niemandem beneidet wird."

„Erst einmal Anstand beibringen"

Während der Wahlkampf zunächst tatsächlich in fairem und sachlichem Rahmen ablief, änderte sich dies schlagartig mit dem neuen Jahr 1984. Auf einem polit-internen Frühschoppen am 16. Januar 1984 äußerte der CSU-Landtagsabgeordnete Zeitler die Vermutung: „Ich bin nicht sicher, ob nicht eines der Kreiskrankenhäuser als Abtreibungsklinik herhalten müsste, wenn die SPD das Sagen hätte." Landrat Schuierer reagierte ungewöhnlich heftig. Man solle Zeitler, plädierte Schuierer an die Adresse der CSU, „erst einmal Anstand beibringen, bevor man ihn auf die Öffentlichkeit loslässt".

Auch den Vorwurf, er (Schuierer) befürworte Jugendzentren, welche die Familie ersetzen sollten, wies Schuierer empört zurück. Als Familienvater wisse er selbst am allerbesten, dass eine Familie durch nichts zu ersetzen sei, auch nicht durch einen kommunalen Jugendplan und Vereine. „Trotzdem sind natürlich Jugendverbände und Jugendtreffs notwendig und förderungswürdig," ergänzte Schuierer.

Ironische Bemerkungen des politischen Gegners musste sich Schuierer auch gefallen lassen, weil auf seinen weiß-blauen Wahlplakaten das SPD- Emblem nicht aufgedruckt war. Doch Schuierer wusste sich auch dieser Angriffe zu erwehren: „Es dürfte inzwischen im ganzen Landkreis bekannt sein, welcher Partei ich angehöre. Ich selbst habe jedenfalls als Landrat keinen Unterschied gemacht, ob einer bei der CSU, der SPD oder einer anderen Partei war."

„Mit der Parteizugehörigkeit auf den Wahlplakaten kann es jeder halten wie er will", fügte Schuierer hinzu. Hart ging Schuierer mit der neuen Bundesregierung in Bonn ins Gericht. Die „Große Wende" in Bonn nannte Schuierer unverantwortlich, da sie bisher auf dem Rücken der Normalbürger ausgetragen worden sei. Sie habe tiefe Einschnitte in das soziale Geschehen gebracht und den Bürger mit kleinem Geldbeutel über Gebühr zugesetzt. „Ich habe kein Verständnis, wenn das Geld den sozial Schwachen genommen und den Gutverdienenden in den Rachen geworfen wird", erklärte Schuierer bei einer Wahlveranstaltung Mitte Januar in Gögglbach.

Große Empörung löste bei Schuierer eine Wahlanzeige der CSU aus, die im Februar 1984 in einer örtlichen Tageszeitung abgedruckt war: „Die Leistung von Schuierer während der vergangenen 12 Jahre – eine beschämende Bilanz".

Schuierer wehrte sich sofort. Die Behauptung, dass in den letzten 12 Jahren nichts geschehen sei, wäre geradezu infam, erwiderte der Landrat.

Der Landkreis stehe in vielen Bereichen führend da, in ganz Bayern. Dieser Landkreis habe seine Bewährungsprobe bestanden und könne sich sehen lassen, berichtigte Schuierer. Der Landrat übersah allerdings auch das große

Schuierer: „Es dürfte im ganzen Landkreis bekannt sein, welcher Partei ich angehöre."

Problem der Arbeitslosigkeit nicht, welches schwer auf dem Landkreis lastete. Während einer Kundgebung in Burglengenfeld nahm Landrat Hans Schuierer zu diesem Problem Stellung: „Die große Sorge des Landkreises bleibt die Erhaltung der vorhandenen Arbeitsplätze und die Ansiedelung neuer Betriebe. Die steigende Arbeitslosigkeit vermochten auch die 44 Betriebsansiedlungen im Landkreis nicht aufhalten, die seit 1972 zustande kamen. Zwar konnten dadurch 1500 neue Arbeitsplätze gewonnen werden, doch der Massenabbau bei größeren Unternehmen war nicht aufzufangen." Die Frage der Neuansiedlung von Betrieben sei schließlich mit der Entscheidung für die WAA wie ein Kartenhaus zusammengebrochen, meinte Schuierer.

Er warf in diesem Zusammenhang auch die Frage auf, warum man das Automobilwerk BMW südlich von Regensburg ansiedelte, anstatt im Raum Schwandorf 4000 Arbeitsplätze zu schaffen. Ebenfalls kritisch nahm der Schwandorfer Landrat die Vorgänge um die Errichtung der WAA im Landkreis bzw. den seinerzeitigen „Turmabriss" unter die Lupe. Der Wähler könne erwarten, so Schuierer auf verschiedenen Wahlkampfveranstaltungen, dass die Politiker bei der Wahrheit blieben und nicht mit Falschdarstellungen und Unwahrheiten arbeiteten. Hierdurch leide nämlich die Glaubwürdigkeit der Politik ganz allgemein.

„Wenn es gilt Missstände anzuprangern, dann haben Sie mich auf Ihrer Seite. Ich lasse mir keinen Maulkorb umhängen, wenn das Recht auf freie Meinungsäußerung in Gefahr ist", erklärte der Landrat. So habe er sich verpflichtet gefühlt, aus der Verantwortung als Mandatsträger heraus, den Mund aufzumachen und die Wahrheit zu sagen, wofür er sich dann vom Regierungspräsidenten eine Rüge eingehandelt habe. Doch resignieren wolle er deshalb nicht.

Schuierer: „Wehret den Anfängen. Wir dürfen es nicht soweit kommen lassen, was nach 1932 zum Abbau von Freiheitsrechten geführt hat."

Als Zukunftschance bezeichnete Schuierer ein neues Energiekonzept mit der Nutzung von Alternativenergien, für das er sich seit Jahren einsetze. Mit der Bildung eines Zweckverbandes, zusammen mit den Landkreisen Neustadt an der Waldnaab und Tirschenreuth, der sich der alternativen und regenerativen Energieplanung annehme, habe man Neuland im Bundesgebiet betreten und hoffe für die Zukunft auf bedeutsame Ergebnisse.

CSU für friedliche Nutzung der Kernenergie
Als Befürworter der Kernenergie und der WAA präsentierte sich der CSU-Landratskandidat Manfred Humbs den Wählern. Die CSU sei für eine friedliche Nutzung der Kernenergie. Man wolle sich in dieser Hinsicht nicht um eine Aussage drücken, beschrieb Humbs die Haltung seiner Partei. Auch er selbst befürworte durchaus die friedliche Nutzung der Kernenergie, folglich auch den Bau der atomaren Wiederaufarbeitungsanlage. Voraussetzung sei allerdings, dass diese die Auflage des Raumordnungsverfahrens erfülle sowie das atomrechtliche Verfahren für die Errichtung einer WAA positiv ausfalle, und damit die „Sicherheit der Bevölkerung beim Betrieb dieser Anlage absolut gewährleistet ist".

Er sehe in solch einer Anlage, so Humbs bei einem politischen Frühschoppen der CSU Anfang Dezember 1983 in Wolfring, auch eine Möglichkeit zur Strukturverbesserung der Oberpfalz. Unabdingbare Voraussetzung für ein mögliches „Ja" zu dieser Anlage sei, seiner grundsätzlichen Einstellung nach, allerdings die gesicherte Endlagerung in Salzstöcken, neben der Einhaltung aller Bedingungen für die Sicherheitsmaßnahmen. Wahlkampfschützenhilfe erhielt der CSU-Landratskandidat aus

Schwandorf u. a. durch Staatssekretär Edmund Stoiber, der sich im Nabburger Jugendwerksaal auch zum Thema WAA äußerte. Stoiber bedauerte, dass es in den vergangenen Jahren überall in der Bundesrepublik Deutschland teilweise irrationale Auseinandersetzungen zur friedlichen Nutzung der Kernenergie gegeben habe, die sich auch auf den Bau von Anlagen bezogen hätten. Der Freistaat Bayern habe aber den Mut gezeigt, „Ja" zu einer Wiederaufarbeitungsanlage zu sagen und sie im Gegensatz zu Niedersachsen politisch durchzusetzen. Bedauerlich sei allerdings, wenn der Raum Schwandorf und damit auch der Freistaat Bayern das Rennen gegen Dragahn als ebenfalls geplantem Standort verlieren würde. „Wenn wir die WAA einmal haben, können wir uns mit jeder Industrieregion messen", gab sich Stoiber solidarisch-optimistisch. Der Staatssekretär stellte auch die rhetorische Frage, weshalb der Schwandorfer Landkreis immer wieder im Rampenlicht stehe, und gab gleich selbst die Antwort: „Weil es hier noch so ein Relikt sozialistischer Politik in der Person von Landrat Schuierer gibt."

Dem Schwandorfer CSU-Landratskandidat Humbs blieb es vorbehalten, ein kurzes Fazit zu ziehen: „Wie in Bund und Land bietet die CSU auch in der Kommunalpolitik die Garantie für eine gesunde und solide Entwicklung unserer Heimat."

Welche Wahlkampfanzeige würde nun zum Schluss rechtbehalten?

Das Motto Schuierers: „Menschlichkeit, Sachlichkeit, Glaubwürdigkeit schaffen Vertrauen, darum weiter mit Landrat Schuierer" oder der Slogan Humbs: „Der Landkreis Schwandorf braucht eine starke CSU und einen Landrat der CSU. Neuer Landrat: Manfred Humbs". Beide Kandidaten äußerten sich sehr zuversichtlich, am Ende des Wahlkampfrennens vorne zu sein. Hans Schuierer meinte, er habe nicht die geringste Sorge, dass es in der Führung des Landkreises zu einem Wechsel komme.

Manfred Humbs drückte sich mehr bildlich aus: „Die Chancen für die CSU in Schwandorf den Landrat zu stellen, sind auf jeden Fall größer als die Chance der SPD, in München den Sessel des Ministerpräsidenten zu übernehmen."

Am Sonntag, den 18. März 1984 waren 102.000 Wahlberechtigte im Landkreis Schwandorf aufgerufen, ihre Entscheidung zu fällen.

Schuierer stürzt „schwarze Regionen"

Wahlkampf 1984

Journalist Werner Grassl hatte für die März-Ausgabe von „schwandorf lokal" Landrat Hans Schuierer zum Interview gebeten.

Herr Schuierer, sind Sie eigentlich gerne Landrat?

SCHUIERER: Ja, ich bin gerne Landrat. Das ergibt sich einfach aus meiner langjährigen politischen Tätigkeit. Ich bin immerhin seit 28 Jahren im Gemeinderat und im Kreistag tätig und in diese Aufgabe hineingewachsen. Es macht mir Freude, den Leuten in ihren Anliegen helfen zu können; festzustellen, dass man etwas bewegen kann in diesem so vielfältigen Aufgabenbereich.

Ist es schwierig in diesem Landkreis Landrat zu sein? Ist Ihnen der Entschluss, wieder für dieses Amt zu kandidieren, leichtgefallen oder nur auf Drängen der eigenen Partei zustande gekommen?

SCHUIERER: Sicherlich ist die Aufgabe eines Landrats schwierig, vor allen Dingen ist ein enormer Zeitaufwand erforderlich. Wenn man gute Arbeit leisten will, bleibt fast keine Freizeit. Darunter leidet die Familie. Doch mir macht die Arbeit, die ich leiste, Freude. Sie ist sozusagen eine gewisse Entschädigung für die fehlende Freizeit. Die Frage, ob ich nun aus eigenem Entschluss wieder kandidiere, kann ich nur mit „Ja" beantworten. Ich würde mich von der Partei nie soweit drängen lassen.

Herr Schuierer, glauben Sie, dass dieser Wahlkampf bisher fair geführt wurde?

SCHUIERER: Dieser Wahlkampf bzw. diese Kandidatur ist ja nun die vierte und damit auch der vierte Wahlkampf als Landrat. Ich muss aber feststellen, dass ich noch keinen so unfairen Wahlkampf wie diesen erlebt habe. Ich bin der Meinung, in Übereinstimmung mit vielen Bürgern dieses Landkreises und selbst mit namhaften CSU-Leuten, dass hier die Grenzen der Fairness von meinem Gegenkandidaten und von Herrn Abgeordneten Zeitler weit überschritten worden sind. Hier wurde mit Unwahrheiten, Falschdarstellungen, Beleidigungen und auch Verleumdungen gearbeitet, die schon langsam unerträglich werden.

Ihre Einstellung zur WAA ist bekannt, Sie haben nie ein Hehl daraus gemacht. Wie schätzen Sie die Situation nach dem Erörteruntstermin in Neunburg ein?

SCHUIERER: Es ist damit zu rechnen, dass das Verfahren vom Ministerium her so schnell wie möglich abgewickelt und durchgezogen wird.

Mich haben Ergebnis und Umstände des Erörterungstermins nicht überrascht, da ich das bisherige Verfahren kenne. Es war von Anfang an meine Meinung, dass dieser Erörterungstermin eine Phrase ist, ebenso wie das Raumordnungsverfahren und das vorhergehende Verfahren.

Hat nach dem Ergebnis des Erörterungstermins die Bürgerinitiative weiterhin ihre Daseinsberechtigung?

SCHUIERER: Die Bürgerinitiative war bisher schon sehr notwendig, und sie hat auch in der Zukunft ihre Daseinsberechtigung. Ich meine sogar, dass es in Zukunft notwendiger ist denn je, sachbezogen weiterzuarbeiten.

Welche Möglichkeiten sehen Sie als Landrat, das weitere Verfahren in Sachen WAA zu beeinflussen?

SCHUIERER: Was das Verfahren anbelangt, werde ich selbstverständlich meiner Dienststellung gemäß korrekt handeln. Aber ich werde als Privatperson immer ganz offen meine Meinung dazu äußern.

Welche Aufgaben sehen Sie für Ihre zukünftige Arbeit im Landkreis?

SCHUIERER: Da habe ich vor allem die Arbeitsmarktsituation im Auge. Es wird Aufgabe aller politisch Verantwortlichen, aber auch der Wirtschaft sein, hier im Landkreis Ersatzarbeitsplätze zu schaffen. Das heißt konkret, Industriebetriebe hier anzusiedeln. Leider ist es uns nicht gelungen, die verlorengegangenen Arbeitsplätze der Maxhütte oder der BBI zu ersetzen. Aber wir haben deswegen nicht erfolglos gearbeitet. Eine ganze Reihe von Industriebetrieben konnte trotzdem angesiedelt werden. Ich

Interview mit den „Rennern der Saison".
Schuierer fuhr einen überzeugenden Sieg ein.

bin überzeugt davon, dass uns dies auch in Zukunft gelingen wird.

Das wäre also einer der Schwerpunkte, die Sie sich für Ihre zukünftige Arbeit setzen würden?

SCHUIERER: Sicherlich der Schwerpunkt Nummer eins. Ich sehe aber auch im Umwelt- und Naturschutz eine wichtige Aufgabe sowie in der gesamten Daseinsvorsorge- und Fürsorge mit allen ihren Bereichen. Da gibt es sicherlich noch viel zu tun. Alles hier aufzuzählen würde wahrscheinlich den Rahmen dieses Interviews sprengen, aber das fängt schon bei den Lehrstellen für Jugendliche an. Doch auch für die Senioren, für unsere älteren Mitbürger, gibt es noch viel zu tun. Ich meine, wir müssen hier die

Voraussetzungen so schaffen, dass für die älteren Mitbürger nicht das Altenheim letzte Station ist, sondern sie so lange wie möglich in ihren Familien verbleiben können. Dafür müssen die Voraussetzungen nun geschaffen werden. Aber auch der Freizeit- und Wohnwert in unserem Landkreis kann noch angehoben werden. Wir haben auch hier schon viel erreicht, aber sicher noch nicht genug. Meine Aufgabe sehe ich darin, unseren Landkreis lebens- und liebenswert zu gestalten. Das ist und bleibt eine Daueraufgabe.

Was würden Sie zurückblickend als großen Erfolg Ihrer Tätigkeit an der Spitze des Landkreises bezeichnen?

SCHUIERER: Ein großer Erfolg ist sicherlich, dass es gelungen ist, ein Kreisbewusstsein in unserem Landkreis zu schaffen, in einem Ausmaß, das eigentlich nicht vorhersehbar war. Der Landkreis Schwandorf ist zusammengewachsen, trotz seiner verschiedenartigen Strukturen.

Ein überwältigender Wahlerfolg

Als Landrat Hans Schuierer, zusammen mit seinen Gästen abends in seinem Amtszimmer auf den Wahlausgang wartete, stand ihm der Wahlkampfstress noch ins Gesicht geschrieben. Doch schon gegen 19.00 Uhr machte sich Optimismus breit. Die ersten Ergebnisse zeigten, dass Schuierer erneut auf einen Sieg zusteuern würde. So konnte Hans Schuierer in Nabburg, der Heimatstadt seines CSU-Gegenkandidaten von 1978, 69,2% der Stimmen für sich verbuchen. Vor vier Jahren hatte er dort knappe 40 % erreicht. Je mehr Wahlergebnisse

Ökologie und Ökonomie lagen Schuierer am Herzen. Der Landrat bei der Einweihung des Naturparks Höllohe in Teublitz.

im Landratsamt eintrafen, umso deutlicher zeichnete sich ein überragender Erfolg Schuierers ab. Stimmgewinne auf der ganzen Linie für den 53-jährigen SPD-Mann. In der Kreisstadt Schwandorf siegte Hans Schuierer in sämtlichen 46 Stimmbezirken. Fast überall hatte er einen 50%-Vorsprung vor seinem Konkurrenten um den Landratssessel Manfred Humbs. „Schuierer stürzte sämtliche schwarze Regionen im Landkreis", umschrieb nach der Wahl eine Tageszeitung den grandiosen Erfolg des Landrats. Tatsächlich votierten bei der Landratswahl 1984 die CSU-Wähler in einer im Landkreis Schwandorf noch nie dagewesenen Deutlichkeit für den SPD-Landrat Hans Schuierer.

70,5% bedeuteten einen großen persönlichen Erfolg Schuierers. 29,5% für Humbs, eine vernichtende Niederlage. Der CSU-Kandidat hatte sich nur in einer von 33 Gemeinden durchsetzen können und hier auch nur sehr knapp. Schuierer dagegen konnte sich in fast allen Gemeinden, Märkten und Städten des Landkreises Schwandorf (Wahlergebnis von 1978: 58,3%) deutlich verbessern. Noch etwas Überraschendes durfte vermerkt werden: Schuierers Zugewinn an Stimmen in den 12 Jahren seiner Amtszeit betrug fast genau so viel, wie CSU-Landratskandidat Manfred Humbs 1984 insgesamt an Stimmen erhielt.

Mit dem Wahlsieg Schuierers blieb der Landkreis Schwandorf der einzige oberpfälzische Landkreis, der von einem SPD-Mitglied geführt wurde. Während die Landratswahl die ohnehin schon solide Vertrauensbasis Schuierers stärkte, brachte das Ergebnis der Kreistagswahl einen Wechsel der Mehrheitsverhältnisse. Mit dem Verlust der absoluten CSU-Mehrheit im Schwandorfer Kreistag bestimmte wieder die SPD die Richtung der Kreispolitik.

Manfred Humbs, unterlegener Landratskandidat der CSU, zeigte sich in einem ersten Kommentar nach der Wahl enttäuscht über sein Abschneiden. 40% habe er sich wenigstens erhofft gegen Hans Schuierer, resümierte Humbs. Zugleich brachte er eine Vermutung für die Niederlage zur Sprache: „Vielleicht hat der Wähler auch deswegen gegen mich entschieden, weil man mich in München haben will." Landrat Hans Schuierer sprach von einer „Quittung für den unsauberen Wahlkampf der CSU". Der Bürger habe sehr wohl zwischen Wahrheit und Unwahrheit zu unterscheiden gewusst, meinte der Landrat.

Mit 70% der Stimmen zu gewinnen, das hatte sogar der Landrat selbst nicht zu träumen gewagt. Seine eindrucksvolle Bestätigung war auch ein Beweis für seine Volkstümlichkeit und seine gewissenhafte Amtsführung. Ob auch seine entscheidende Haltung gegen die geplante Wiederaufarbeitungsanlage WAA bei Wackersdorf zu dem Erfolg beigetragen hatte? Hans Schuierer mochte dies nicht ausschließen. Viele Bürger hätten erkannt, was auf ihre Heimat zukomme, erklärte Schuierer. Er selbst habe sich, nach gründlicher Überlegung, gegen das Projekt ausgesprochen und werde dies auch weiterhin tun.

Inzwischen war auch das WAA-kritische Buch „Schwandorf im Fadenkreuz. Die WAA und ihr Umfeld" von Heinrich Mayer, Redakteur des „Neuen Tag" erschienen, mit einem Vorwort von Landrat Hans Schuierer.

Die Weigerung ist gesetzeswidrig

„Lex Schuierer"

Mit dem machtvollen Vertrauensbeweis der Wähler als Rückhalt konnte Hans Schuierer den kommenden Auseinandersetzungen mit der Bayerischen Staatsregierung gelassen entgegensehen.

Im Mai 1984 waren aber zunächst einmal die Träger öffentlicher Belange, darunter die umliegenden Gemeinden, aufgefordert, ihre Stellungnahme zum Bebauungsplan abzugeben. Viele Gemeinden lehnten jedoch mit dem Hinweis auf unvollständige Unterlagen und der zu knapp bemessenen Frist eine Stellungnahme ab und verwiesen auf ihre Einwände im atomrechtlichen Verfahren.

Ende September 1984 rückte Landrat Hans Schuierer erneut in den Blickpunkt des öffentlichen Interesses, als er sich weigerte, die „Anordnungen zur Auslegung der Bebauungspläne" für die WAA zu unterzeichnen. Obwohl die Regierung der Oberpfalz auf Weisung des Bayerischen Innenministeriums die unverzügliche Auslegung angeordnet hatte, wollte Schuierer erst seine Bedenken gegen die Anlage geklärt wissen. Schuierer hielt den Bebauungsplan für rechtlich unzureichend, da seiner Ansicht nach gravierende Dinge, wie die mögliche Beeinträchtigung von Ostbayerns größtem Grundwasserreservoir, der „Bodenwöhrer Senke", nicht ausreichend geklärt waren. Das Innenministerium in München machte daraufhin klar, dass Schuierer als Chef des staatlichen Landratsamtes dem Fachweisungsrecht der Aufsichtsbehörde unterworfen sei. Wenn er die Pläne nicht unterschreibe, wäre dies eine Dienstpflichtverletzung, drohte man im Ministerium. Den Vorwurf des Landrats, das Umweltministerium habe seine Kontrollpflicht nicht mit der gebotenen Sorgfalt erfüllt, ließ Hillermeier nicht gelten. Als eine Weisung der Bezirksregierung folgte, in der dem Schwandorfer Landrat mit Disziplinarmaßnahmen gedroht wurde, wandte sich Schuierer in einem Schreiben an den Bayerischen Innenminister mit der Bitte, seine Beweggründe darlegen zu dürfen. Gleichzeitig ersuchte er darum, seine Bedenken sorgfältig zu prüfen. Die Antwort des Innenministeriums war eindeutig: „Die Weigerung des Landrats, die Auslegung des Bebauungsplanes ortsüblich bekanntzumachen, ist gesetzeswidrig."

Der Landrat sei, so hieß es, „zum ordnungsgemäßen Vollzug der Staatsaufgaben verpflichtet". Er unterstehe den Weisungen seiner Vorgesetzten Dienststellen, also der Regierung und der im Einzelfall zuständigen Ministerien. Er habe seine gesetzliche Verpflichtung als Organ der staatlichen Verwaltung zu erfüllen. Die Regierung der Oberpfalz setzte per Fernschrei-

„Lex Schuierer"

ben vom 28. September 1984 dem Landrat eine Frist.

Schuierer, der sich wochenlang gegen die Anordnungen der Bezirksregierung und des Innenministeriums pflichtgemäß zur Wehr gesetzt hatte, unterschrieb daraufhin schweren Herzens die Bekanntmachung über die Auslegung der Bebauungspläne.

Vor Journalisten offenbarte Schuierer seine Gewissenskonflikte: „Meine rechtlichen Bedenken sind in der Auseinandersetzung mit meinen vorgesetzten Behörden nicht ausgeräumt worden. Ich beuge mich aber jetzt den Anordnungen. Der SPD-Spitzenkandidat für die bayerischen Landtagswahlen 1986, Karl Heinz Hiersemann, zeigte sich von so viel Courage angetan und dankte Schuierer für seinen Einsatz. Der Landrat zeige, so Hiersemann, dass es ihm in erster Linie um die Bürger seiner Heimat gehe und er nicht bereit sei, für die Staatsregierung den Büttel zu spielen. Die SPD ihrerseits, ließ Hiersemann wissen, werde alles tun, um Schuierer vor den Einschüchterungsversuchen der Staatsregierung zu schützen. Aufgrund des Verhaltens von Landrat Hans Schuierer brachte die CSU in den folgenden Monaten eine Diskussion über die Einführung eines sogenannten Selbsteintrittsrechts des Staates in Gang.

Das Bayerische Innenministerium beabsichtigte eine gesetzliche Regelung, die den Selbsteintritt staatlicher Aufsichtsbehörden vorsah, falls die unterste staatliche Verwaltungsebene (Landratsamt) einer Weisung nicht Folge leisten sollte.

Dieses Gesetz, so befürchteten die Gegner, könne immer dann angewendet werden, wenn der Leiter einer staatlichen Behörde nicht jeweils auf „Knopfdruck nach Belieben der Aufsichtsbehörde spurt".

Der CSU-Landtagsabgeordnete und unterlegene Bewerber bei der Landratswahl 1984, Manfred Humbs, zeigte dagegen Verständnis für die Überlegungen der Bayerischen Staatsregierung. Humbs: „Es kann nicht angehen, dass ein weisungsgebundener Beamter, sei er auch Wahlbeamter, in seiner Eigenschaft als Staatsdiener durch sein Verhalten die Durchsetzung von Maßnahmen verhindert, die auf gesetzesmäßige Art und Weise zustande gekommen sind."

Von einer Verletzung des demokratischen Grundgedankens bei einer Verwirklichung des Selbsteintrittsrechts des Staates könne nicht die Rede sein, bemerkte der CSU-Landtagsabgeordnete.

Umstrittene Gesetzesänderung

Weitaus kritischer zeigte sich ein junger Parteikollege des Abgeordneten. In einem Schreiben an den Bayerischen Ministerpräsidenten Franz Josef Strauß äußerte sich Michael Probst, Vorsitzender des Ortsverbandes der Jungen Union Neunburg, zu der beabsichtigten, umstrittenen Gesetzesänderung: „Mit Sorge betrachten wir die Gesetzesinitiative zum Selbsteintrittsrecht des Staates. Eine Ausweitung dieses Rechts halten wir für unnötig. Wir sind vielmehr der Auffassung, dass die im vierten Teil der Landkreisordnung gefassten Vorschriften ausreichen, um einen ordnungsgemäßen Verwaltungsbetrieb, auch in einem Landkreis mit anderen politischen Vorzeichen, aufrechtzuerhalten. Immer mehr und alles abdeckende staatliche Reglementierungen sind der Demokratie nicht förderlich, sondern gehen in Richtung totalitärer Staaten. Wir fürchten auch, dass in diesem Zusammenhang das viel propagierte Selbstverwaltungsrecht der Gemeinden noch mehr beschnitten wird und die Kommunen dadurch nur mehr ein Erfüllungsinstrument staatlicher Obrigkeiten sind. Da dieses sogenannte Selbsteintrittsrecht des Staates ja in unmittelbarem Zusammenhang mit der Er-

„Lex Schuierer"

richtung einer atomaren Wiederaufarbeitungsanlage im Landkreis Schwandorf gesehen werden muss, ist es nach unserer Meinung unabhängig davon, wie man zu einem solchen Projekt eingestellt ist, nicht erforderlich, gewählte Vertreter nur dann entscheiden zu lassen, wenn sie in ihrer Anschauung mit der Bayerischen Staatsregierung übereinstimmen. Dabei verkennen wir nicht, dass in einer Demokratie die Mehrheit entscheidet. Es sollten aber bei dieser Mehrheitsentscheidung zumindest die Bedenken der Minderheit berücksichtigt werden; und wer sollte dies denn mehr berücksichtigen als die unmittelbar gewählten Volksvertreter?"

Landrat Schuierer, der mit über 70% der Stimmen gewählte Vertreter des Volkes, sah dies ähnlich: „Das von der CSU vorgesehene Eintrittsrecht, das die gewählten Landräte zum Teil entmündigt, ist ein Zeichen der Schwäche der CSU-Regierung. Man kann Argumente nicht durch Gesetze ersetzen." Da die Planungen zum Selbsteintrittsrecht im Bayerischen Staatsministerium immer konkretere Formen annahmen, meldete sich schließlich auch der Verband der bayerischen Landräte zu Wort.

Die bayerischen Landkreischefs protestierten gemeinsam gegen derartige Pläne des Innenministeriums und der CSU-Landtagsfraktion, die ihrer Meinung nach einen erheblichen Verlust an Demokratie auf Kreisebene bewirkten. Schließlich sei man doch stolz darauf, so teilten die Landräte mit, als einziges Land in der Bundesrepublik Deutschland die Volkswahl des Landrats zu haben. Damit wäre nach den zentralistischen Erfahrungen im 3. Reich auch ein Stück Demokratie verwirklicht worden. Doch unter den bayerischen Landräten, die vorwiegend der CSU angehörten, machte sich bald die Furcht breit, ebenfalls „geschuiergelt" zu werden. So entschloss man sich zu einem Kompromiss, der dem Anliegen der Bayerischen Staatsregierung weitgehend entgegenkam. Eine solche Selbsteintrittsregelung dürfe allenfalls bei Großprojekten gelten, erklärten die Landkreischefs auf ihrer außerordentlichen Sitzung. Am 9. Juli 1985 beschloss der Bayerische Landtag mit seiner CSU-Mehrheit das „Selbsteintrittsrecht" des Staates.

Das Selbsteintrittsrecht des Staates, anstelle von Landräten zu handeln, begründete der Bayerische Ministerpräsident mit dem „Sabotageversuch" von Landrat Hans Schuierer. Mit seiner anfänglichen Weigerung, WAA-Baupläne öffentlich auszulegen, habe Schuierer als „Parteipolitiker und nicht als Staatsbeamter gehandelt".

Schuierer reagierte sofort auf diesen Vorwurf und bezeichnete die Äußerung des Ministerpräsidenten mehr als gewagt.

Schuierer: „Strauß weiß offenbar nicht mehr, was er sagt. Es gibt keine rechtlich haltbaren Gründe, von Sabotage zu sprechen. Ich habe alle staatlichen Weisungen befolgt, allerdings dabei auch meine Bedenken mitgeteilt. Im Gegenzug könnte man die Äußerungen von Strauß als Sabotageakt gegen die freie Meinungsäußerung bezeichnen."

Keine atomaren Versuchskaninchen

Das Ringen um die WAA

Schon zu Beginn des Jahres 1985 wallten die Emotionen im Landkreis Schwandorf auf, wenn von der geplanten WAA die Rede war. Die Unsicherheit, ob oder ob nicht, wo und wohin gebaut werden sollte, nach Dragahn oder Wackersdorf, zerrte an den Nerven von Befürwortern und Gegnern einer WAA.

Bereits Ende November 1983 hatte ein DWK-Sprecher angekündigt, die Standortentscheidung werde spätestens im Herbst 1984 fallen. Diese Zusage konnte aber nicht eingehalten werden. So war der 4. Februar 1985 als neuer Termin anberaumt worden.

Gegen 16.30 Uhr teilte ein Sprecher des Aufsichtsrates der DWK in Frankfurt-Hoechst der Presse mit: „Die Mehrheit der Gesellschafter hat sich für den bayerischen Standort entschieden: die kleine Gemeinde Wackersdorf in der Oberpfalz." Nun war der 3700 Einwohner zählende Ort Wackersdorf plötzlich in aller Munde. Dorthin sollten bald die ausgedienten Brennstäbe aller deutschen Kernkraftwerke zur Wiederaufarbeitung gebracht werden und die erste deutsche Wiederaufarbeitungsanlage für Atommüll entstehen.

Umweltminister Alfred Dick zeigte sich hocherfreut: „Wackersdorf macht Schluss mit der Energieverschwendung." Auch Ministerpräsident F. J. Strauß begrüßte die Entscheidung der DWK. In der Erklärung der Staatskanzlei hieß es: „Die Staatsregierung hält eine zügige Errichtung und Inbetriebnahme der WAA für die Entsorgung der Kernkraftwerke für dringend geboten. Die Staatsregierung wird in den erforderlichen Verfahren alle anstehenden Fragen, unter anderem auch die Frage der Sicherheit der Bevölkerung und des Betriebspersonals, mit großer Gründlichkeit und peinlicher Sorgfalt prüfen und entscheiden."

Der Schwandorfer Landrat Hans Schuierer zeigte sich von der Standortwahl nicht überrascht. Die politische Weichenstellung habe schon seit längerem auf Wackersdorf hingewiesen, teilte Schuierer mit. Gleichzeitig stellte er aber klar:

„Diese Entscheidung ist unsinnig und folgenschwer. Der 4. Februar 1985 ist ein schwarzer Tag für den Landkreis Schwandorf und für die gesamte Oberpfalz, dem rabenschwarze Monate und Jahre folgen werden."

Sofort nach der Standortentscheidung der DWK hatte der 1. Bürgermeister von Wackersdorf, Josef Ebner (SPD), eine Sondersitzung des Gemeinderats einberufen. Dabei äußerte er sich erfreut über die zu erwartenden Arbeitsplätze und bezeichnete den 4. Februar als „historischen Tag für die Gemeinde Wackersdorf".

Das Ringen um die WAA

Ebner erklärte, mit der WAA sehe die Gemeinde Wackersdorf langfristig einer wirtschaftlichen und beschäftigungspolitischen Belebung entgegen. Mit Blick in die Zukunft sprach Ebner auch die Hoffnung aus, dass die anstehenden Proteste der WAA-Gegner nicht in Gewaltaktionen ausarten mögen.

Zum Schluss seiner Ansprache kam der Wackersdorfer Bürgermeister nochmals auf die harte Wirklichkeit zurück: „Hoffentlich stellt sich die wirtschaftliche und beschäftigungspolitische Belebung bald ein, damit unsere arbeitslosen Bergarbeiter schnell wieder Arbeit und Brot finden." Klaus Sagemühl, Standortrepräsentant der DWK im hiesigen Raum, der ebenfalls der Sondersitzung im Wackersdorfer Gemeinderat beiwohnte, ließ anklingen, was viele vermuteten: „Die eindeutige Stellung der Gemeinde Wackersdorf hat mit dazu beigetragen den WAA-Standort nach hier zu verlegen."

Mit Fackeln auf den Schwandorfer Marktplatz

Rund 2000 Bürger aus der gesamten Oberpfalz taten sich noch am selben Tag in einer Spontanprotestkundgebung auf dem Schwandorfer Marktplatz zusammen.

Hunderte von Fackeln erhellten die Nacht, aus den Lautsprecherboxen erklang Trauermusik. Eine seltsame Stille lag in der Luft. Alle warteten gespannt auf den Mann, der in den nächsten Monaten und Jahren ihre Symbolfigur werden sollte und auf den sie ihre Hoffnung setzten: Landrat Hans Schuierer.

Unter tosendem Applaus betrat Schuierer an diesem spätabendlichen Wintertag die Rednerbühne. Seine Worte klangen klar und deutlich: „Wir werden diesen Beschluss zu Fall bringen. Die Oberpfalz gehört mit Truppenübungs- und Standortübungsplätzen, mit Garnisonen, ihrer Industrie und dem Müllkraftwerk jetzt schon zu den am meisten belasteten

Trotz eisiger Kälte protestierten am 16. Februar 1985 Tausende in Schwandorf gegen den Bau einer Wiederaufarbeitungsanlage in Wackersdorf

Gebieten, und nun soll sie auch noch die WAA aufnehmen. Wir dürfen uns nicht auf die Hilfe anderer verlassen, sondern müssen noch enger zusammenrücken. Wir werden alle legalen und friedlichen Mittel ausschöpfen, und die Entscheidung nicht hinnehmen", versicherte Landrat Schuierer. „Der Kampf beginnt erst, helfen Sie mit, dass wir ihn erfolgreich bestehen", appellierte Schuierer an die Zuhörer.

Bereits drei Tage später ging ein Schreiben der Regierung der Oberpfalz im Landratsamt ein: „Äußerungen im Zusammenhang mit der Errichtung einer Wiederaufarbeitungsanlage im Landkreis Schwandorf". Darin wurde Schuierer aufgefordert, sich zu äußern.

Sehr geehrter Herr Landrat!
In der Ausgabe der Süddeutschen Zeitung vom 07.02.1985 sind auf Seite 17 unter der Überschrift „Schwandorfer Landrat gibt Strauß kräftig heraus" Äußerungen von Ihnen abgedruckt (vgl. beiliegende Ablichtung).

In der Ausgabe der Mittelbayerischen Zeitung vom 07.02.1985 werden Sie auf den Seiten 1 und 6 nahezu gleichlautend zitiert. Darüber hinaus finden sich in dieser Ausgabe noch folgende Ausführungen:

Seite 1: Der Schwandorfer Landrat Hans Schuierer (SPD) hielt Bayerns Ministerpräsidenten Franz Josef Strauß „Zynismus und brutale Durchsetzungsmethoden" vor, die bayerische SPD stellte sich hinter ihren Landrat und verurteilte die „Brachialsprache" von Strauß.

Seite 6: Ehe er von einer möglichen „Volksrepublik Bayern" spreche, sollte Strauß dem Willen des Volkes, von dem auch er sein Amt herleite, mehr Respekt entgegenbringen, sei doch die von der WAA unmittelbar betroffene Bevölkerung der Oberpfalz mit großer Mehrheit gegen eine „solche gefährliche Atomfabrik".

Ich bitte um Äußerung, ob die zitierten Aussagen in dieser Form von Ihnen gemacht worden sind. Gegebenenfalls bitte ich Sie um unverzügliche Stellungnahme, wie Sie diese Äußerungen im Hinblick auf Art. 34 und 35 des Gesetzes über kommunale Wahlbeamte beurteilen.

Außerdem bitte ich mitzuteilen, ob die Meldungen richtig sind, wonach Sie inzwischen der Bürgerinitiative gegen die Wiederaufarbeitungsanlage beigetreten sind.

Mit vorzüglicher Hochachtung
Krampol
Regierungspräsident

Eine Woche später antwortete der Landrat von Schwandorf dem Regierungspräsidenten:

Sehr geehrter Herr Regierungspräsident,
die mitgeteilten Presseveröffentlichungen sind mir bekannt.

Unbekannt ist mir jedoch, und diese Begründung vermisse ich in Ihrer Anfrage, warum Sie von mir hierzu eine Stellungnahme verlangen. Der pauschale Hinweis auf die gesetzlichen Bestimmungen der Art. 34 und 35 KWBG ist hier wohl nicht ausreichend, zumal mir diese Bestimmungen ebenfalls hinreichend bekannt sind. Sollten Sie mich allerdings eines Verstoßes gegen diese allgemeinen Beamtenpflichten verdächtigen, so würde ich Sie bitten, dies mir konkret mitzuteilen, was im Übrigen auch allgemeiner Rechtsübung entspricht.

Desweiteren fehlt zu der im Schlussabsatz gestellten Frage, ob Meldungen richtig sind, wonach ich inzwischen der Bürgerinitiative gegen die Wiederaufarbeitungsanlage beigetreten bin, meines Erachtens jeglicher Rechtsgrund. Sollte meine Auffassung hier unzutreffend sein, bitte ich Sie um entsprechende Aufklärung.

Mit vorzüglicher Hochachtung
Hans Schuierer
Landrat

Entschlossenheit, die WAA zu verhindern

Der Vorsitzende des Bundes Naturschutz, Hubert Weinzierl, hatte sich auf derselben Veranstaltung ebenfalls zu Wort gemeldet. Auch er kündigte seine Entschlossenheit an, die WAA zu verhindern. Die Staatsregierung werde sich noch wundern, teilte Weinzierl mit. Die Oberpfalz werde nämlich zum Schauplatz des größten friedlichen Widerstandes, den das Land je erlebt habe.

Eine Woche nach der Standortentscheidung reichten die Bürgerinitiativen der Oberpfalz, die bayerischen Grünen, Naturschützer und kirchliche Jugendorganisationen beim Innenministerium 28.000 Unterschriften ein. Ziel des Antrags war die Zulassung eines Volksbegehrens, mit dem die „Bodenwöhrer Senke" zum Nationalpark erklärt werden sollte. Die Initiatoren wollten damit der 1. Teilerrichtungsgenehmigung für die WAA zuvorkommen.

Zur größten Protestveranstaltung gegen ein Atomprojekt in Bayern kam es wiederum vier Tage später. Am 16. Februar 1985, einem Faschingssamstag, fanden sich, trotz Temperaturen zwischen -10 und -20 °C, rund 30.000 Teilnehmer zur Protestkundgebung gegen die WAA auf dem Schwandorfer Marktplatz ein.

Aufgerufen hatten zu dieser Großveranstaltung der Bund Naturschutz, SPD, Grüne, katholische Landjugend sowie mehrere Bürgerinitiativen. Zum ersten Mal bekamen die Demonstrationsteilnehmer einen Vorgeschmack auf künftige Polizeieinsätze. Auf sämtlichen Zufahrtsstraßen nach Schwandorf waren Straßenkontrollen errichtet. Schwer bewaffnete Polizisten durchsuchten im Laufe des Tages 1000 Pkws und 65 Busse. Auf dem Bahnhof in Schwandorf erwartete die Demonstrationsteilnehmer, die unter anderem mit fünf Sonderzügen der Bundesbahn angereist waren, schon ein Trupp der Bereitschaftspolizei. Straftäter konnten freilich nicht dingfest gemacht werden und außer einem hölzernen Schießgewehr fanden die Polizeibeamten kaum bedrohlich erscheinende Gegenstände.

Während die beiden Ministerpräsidenten von Bayern und Niedersachsen, Franz Josef Strauß und Ernst Albrecht, noch bis zuletzt um das Projekt WAA gerungen hatten, machten die Sprecher in Schwandorf deutlich, dass außer Strauß und Albrecht scheinbar kaum jemand in der Bevölkerung die WAA wolle.

Herbert Kühnel, einem Mitglied der örtlichen Bürgerinitiative gegen die WAA, blieb es vorbehalten, die 30.000 Teilnehmer in Schwandorf zu begrüßen. Kühnel rekapitulierte noch einmal kurz die Vorgeschichte der Standortentscheidung. Er zeigte sich überzeugt, dass man dort in Bayern die WAA durchsetzen wolle, wo man den geringsten politischen Schaden erwarte. Zu den Chancen, eine WAA im Landkreis Schwandorf zu verhindern, meinte Kühnel: „Wir haben keinen Polizeiapparat im Rücken mit Kampfgas, Wurfgeschossen und Gummiknüppeln, aber wir haben die besseren Argumente."

Der Kandidat der SPD für das Amt des Bayerischen Ministerpräsidenten bei den Landtagswahlen 1986, Karl Heinz Hiersemann, nannte es unverständlich, dass zwei Ministerpräsidenten sich wie „Teppichhändler um ein ökonomisch und ökologisch unsinniges Projekt" stritten.

Bayerns Ministerpräsident Franz Josef Strauß hatte genau einen Monat zuvor in einem Schreiben an den Vorstand der DWK in Hannover nochmals die politischen, verfahrensmäßigen und finanziellen Aspekte hervorgehoben, die den bayerischen Standort als vorzugswürdig erscheinen lassen sollten.

Gefeiert wie ein Volksheld

Karl Heinz Hiersemann verurteilte indessen die dem Schwandorfer Landrat angedrohte Amtsenthebung auf das Schärfste. Schuierer habe nichts Anderes getan, als die Interessen der Bürger zu vertreten, meinte Hiersemann und fügte hinzu: „Wenn dieses Gesetz (Selbsteintrittsrecht) erst einmal durch ist, dann ist es auch nicht mehr weit, bis man die Wahl der Landräte abschafft und sie durch Staatskommissare ersetzt".

Nach Karl Heinz Hiersemann betrat an diesem 16. Februar 1985 der Schwandorfer Landrat Hans Schuierer das Podium, von den Kundgebungsteilnehmern gefeiert wie ein Volksheld.

Nach einem langanhaltenden Beifall und „Schuierer – Schuierer"-Rufen, konnte der Landrat mit seiner kämpferischen Rede beginnen: (Auszug)

„Lassen Sie sich auch meinerseits herzlich begrüßen. Ich danke Ihnen, dass sie aus der ganzen BRD gekommen sind, um mit uns gemeinsam, friedlich in einer machtvollen Demonstration gegen ein Wahnsinnsprojekt zu protestieren.

Vor 12 Tagen, am 4. Februar 1985, sprach ich von einem Schwarzen Tag für unser Land. An diesem Tag, dem schwarzen Montag, hat die Atomallianz, Regierung und DWK ihr seit fünf Jahren betriebenes Falsch- und Versteckspiel aufgegeben. Nach einem beispiellosen Kuhhandel zwischen den EVU der süddeutschen Gruppe und der RWE wurde eine politische Entscheidung getroffen, die nur als unsinnig, unmoralisch und unverantwortlich bezeichnet werden kann.

Ich kann es mir ersparen, auf die Gefährlichkeit einer WAA einzugehen. Wir wissen, dass bei Durchsetzung dieser Ziele nicht nur unsere Heimat, sondern weit darüber hinaus die Natur und die Lebensgrundlagen der künftigen Generationen gefährdet sind.

Die Regierung und die DWK fordern von uns Vertrauen. Wie aber sollen wir zu diesen Leuten Vertrauen haben, die uns jahrelang die Unwahrheit gesagt haben? Ich erinnere an die Regionalkonferenz von Ministerpräsident Strauß am 10. Juli 1979 in Regensburg, als auf meine Anfrage hin sowohl von Strauß als auch von Wirtschaftsminister Jaumann jede Art von Plänen über eine Nuklearanlage in Bayern verneint wurde.

Was sollen wir halten von einem Umweltminister, der es zulässt, dass die Natur und die Gesundheit der Bevölkerung gefährdet wird, der sogar auf Staatskosten Werbebroschüren für die DWK herausgibt?

Was soll man von einem Justizminister halten, der den Kernkraftgegnern unter den Richtern mit Disziplinarverfahren droht?

Was soll man von einem Innenminister halten, der entgegen einer richterlichen Anordnung durch eine Hundertschaft der Polizei bei Nacht und Nebel einen Holzturm abbrechen lässt?

Was soll man von Strauß, Tandler, Stoiber und ihren CSU-Gefolgsleuten, aber auch den örtlichen CSU-Abgeordneten halten, die unbescholtene Bürger als Saboteure, Volksverhetzer und dergleichen bezeichnen?

Die ein Gesetz beschließen, nur um einen vom Volk gewählten, unbequemen und kritischen Landrat zu entmachten, weil er auf Gefahren aufmerksam macht, Bedenken vorbringt und die Wahrheit sagt!

Was soll man von dieser Regierung halten, die die Not der mittleren Oberpfalz, die Arbeitslosigkeit unserer Bevölkerung brutal ausnützt? Liebe Freunde, wenn man uns Oberpfälzer für duldsamer, industriegewohnter – sprich dümmer – hält, dann ist das Maß voll …

Wir lehnen unabhängig von der Endlagerung und unabhängig vom Standort die WAA ab. Wir beteiligen uns nicht an diesen Mauscheleien, Falschspielertricks und dieser St. Florianspolitik.

Wir sehen unsere Verantwortung für unsere Heimat, für die Erhaltung der Lebensgrundlagen unserer Kinder, der Jugend und der nachfolgenden Generationen.

Wir werden mit allen legalen Mitteln dafür sorgen, dass diese Entscheidung zu Fall kommt. Wir appellieren aber auch an die Vernunft der Regierung und der Verantwortlichen der Energiewirtschaft, ihre verhängnisvollen Pläne aufzugeben und für gesunde und zukunftsorientierte Arbeitsplätze zu sorgen.

Liebe Freunde, ich appelliere aber auch an uns alle durchzuhalten. Wir werden schwere Monate vor uns haben. Anfeindungen, Beschimpfungen und Bedrohungen werden wir ertragen müssen, lassen wir uns aber nicht provozieren!

Wir lassen uns auch nicht auseinanderdividieren in einheimische Oberpfälzer, die anständig sind und in Auswärtige, die Chaoten sind.

Wir wollen keine Gewaltanwendung, keine Ausschreitungen. Wir wissen, dass auch die Polizei nur ihre Pflicht tut. Die Sympathien der Mehrheit der Polizisten ist bei uns.

Orientieren wir uns an den großen Friedens- und Freiheitskämpfern, die gewaltlos und friedlich ihre Ziele verfolgt und auch erreicht haben …

Beweisen wir für die Zukunft: Wachsamkeit, Durchhaltevermögen, Opferbereitschaft, Einigkeit und Solidarität!"

Otto Schily gegen „Plutoniumpest"
In der zweistündigen Kundgebung kamen auch Hubert Weinzierl und der Bundestagsabgeordnete der Grünen, Otto Schily, noch zu Wort, der den Schlusspunkt setzte. Für ihn stehe fest, erklärte Schily, dass eine WAA kein Segen, sondern ein Fluch sei. Er appellierte an die Zuhörer: „Lassen Sie die Plutoniumpest nicht in Ihr Land, nicht in Ihre schöne Oberpfalz kommen."

Nach der Veranstaltung, die vollkommen friedlich verlief, zogen ca. 1000 Demonstrationsteilnehmer, begleitet von den Einsatzkräften der Polizei, zum WAA-Baugelände in den Taxöldener Forst – ein zwischen Altenschwand und Wackersdorf gelegenes 120 Hektar großes Gelände. Auch hier kam es zu keinerlei gewalttätigen Auseinandersetzungen. Polizisten hielten sich hinter Bäumen versteckt. WAA-Gegner lieferten sich eine Schneeballschlacht. Während die Demonstrationsteilnehmer im Nachhinein von der machtvollen Größe der friedlichen Anti-WAA-Veranstaltung schwärmten, zogen Politiker im Bayerischen Staatsministerium ihre eigenen Schlüsse.

So ließ Justizminister August Lang öffentlich wissen, es störe ihn nicht, ob in Wackersdorf 10.000, 20.000 oder 40.000 Menschen demonstrierten; im Rheinland seien am Rosenmontag 2,5 Millionen Menschen auf die Straße gegangen.

Auch Georg von Waldenfels, Staatssekretär im Bayerischen Wirtschaftsministerium, konnte der Großkundgebung in Schwandorf nur eine negative Seite abgewinnen. Die Demonstration sei von weither angereisten Berufsdemonstranten bestimmt gewesen, stellte von Waldenfels fest, die nicht das Wohl der Oberpfälzer im Auge gehabt, sondern allein ihren ideologischen und von Technikangst bestimmten Kampf gegen die Kernenergie im Sinn geführt hätten.

In Sachen Volksbegehren bahnte sich im März 1985 eine Entscheidung an. Das Bayerische Innenministerium erklärte, es halte das Volksbegehren für unzulässig und legte den Antrag dem Bayerischen Verwaltungsgerichtshof zur Entscheidung vor.

Dieser entschied am 14. Juni 1985, dass die gesetzlichen Voraussetzungen für die Zulassung des beantragten Volksbegehrens „Nationalpark Taxöldener Forst" nicht gegeben seien. Damit war dieses Volksbegehren gescheitert.

Hohe Schornsteine – todsicheres Geschäft

Pro und Contra WAA

Während die Politiker sich in ihren Debatten um Fluch oder Segen der WAA in immer heftigere Streitigkeiten verwickelten, versuchten die Wissenschaftler in zahlreichen Informationsveranstaltungen den Blick für sachlichere Argumente freizuhalten.

Wertfrei konnte diese Diskussion der Wissenschaftler natürlich nicht verlaufen, dafür war der Gegenstand doch zu kontrovers. Aus der Vielzahl von Veranstaltungen bedeutender Spezialisten seien hier nur zwei herausgegriffen, die die Problematik aufzeigen sollten.

Aus einer Position der Skepsis gegenüber einer WAA argumentierte am 29. Juni 1985 in Neunburg v. Wald der Regensburger Physik-Professor Dr. Gustav Obermair.

Dabei blendete Prof. Obermair auf die Anfänge der Erforschung der Kernenergie zurück. Er stellte fest, dass die entscheidenden Probleme schon seit jeher weniger in der Beherrschbarkeit der Reaktortechnik, als vielmehr in der Beherrschbarkeit der Langzeitfolgen gelegen hätten. Bis heute habe man diese Probleme nicht vollständig unter Kontrolle bekommen. Was die Wiederaufarbeitung angehe, so müsse man sagen, dass sie einfach zu teuer und zu unsicher sei. Dies hätten, so der Referent, inzwischen auch die meisten Länder begriffen. Lediglich aus militärischen Gründen, zur Plutoniumgewinnung für Atomwaffen, werde noch an der Wiederaufarbeitung festgehalten.

Ein Kernkraftwerk könne man heute überall auf der Welt bauen, eine WAA dagegen erfordere einen besonderen Standort. Wegen der erhöhten Abgabe von Radioaktivität sollte eine WAA nur in einem Raum mit einer geringeren Bevölkerungsdichte angesiedelt werden. Einen solchen Raum habe man offenbar mit der Oberpfalz gefunden. Um die Schadstoffe im Normalbetrieb erträglich zu machen, hätten sich die Betreiber zu einer „Politik der hohen Schornsteine" entschlossen. Diese Maßnahme habe aber schon bei der Schadstoff-Verteilung aus Kohlekraftwerken katastrophale Folgen in Form des Waldsterbens gezeigt. Die Gesamtmenge der abgegebenen Radioaktivität bleibe aber, trotz des 200 Meter hohen Kamins, unverändert und damit auch ein erhöhtes biologisches Risiko, erklärte Prof. Obermair.

Wenn die Pläne für eine WAA trotzdem in der Bundesrepublik hartnäckig weiterverfolgt würden, meinte der Professor, dann nur wegen eines „todsicheren Geschäfts". Die Gelder für das 6 bis 10 Milliarden teure Projekt, das die Stromkunden zu bezahlen hätten, käme im Wesentlichen nur den Energiegroßkonzernen zugute. Die Bürger dieses Landes sollten deshalb alles tun, schloss Professor Obermair seinen Vortrag, um den Bau der WAA zu verhindern.

Erfahrungen mit Wiederaufarbeitung sammeln

Franz Baumgärtner, Professor für Radiochemie an der Technischen Universität München, sah in seinem Referat am 23. März 1985 in Schwandorf eher die positiven Aspekte einer WAA.

Mit der Anwendung der Kernenergie und der Wiederaufarbeitung von abgebrannten Brennelementen sei man für die nächsten 100 Jahre alle Energiesorgen los, betonte Prof. Baumgärtner. Die Wissenschaft in der Bundesrepublik könne es sich daher nicht leisten weiterhin mit Kohle, Wasser und Öl zu operieren. Auch müssten Erfahrungen mit der Wiederaufarbeitung gesammelt werden, um anschließend in das Schneller-Brüter-Verfahren einsteigen zu können. Zu den Unfallrisiken einer WAA meinte Prof. Baumgärtner, dass hier die Verdampfer-Explosion am gefährlichsten sei. Eine solche Explosion habe die Sprengkraft einer Artilleriegranate. Die Unfallrisiken in einer WAA seien jedoch, verglichen mit anderen Betrieben, gering. So liege die Zahl der Betriebsunfälle in Wiederaufarbeitungsanlagen um 55% niedriger als in vergleichbaren chemischen Fabriken. Hinsichtlich des Strahlenrisikos wies der Professor daraufhin hin, dass der Mensch schon von Anbeginn seiner Tage der natürlichen Strahlung ausgesetzt sei. Arbeiter und Bevölkerung würden durch die Immissionen einer WAA nur ganz unwesentlich belastet. So stelle die Luftverschmutzung in den Städten ein viel höheres Gesundheitsrisiko dar als das Leben in der Nähe einer Wiederaufarbeitungsanlage. Die Wahrscheinlichkeit organischer Spätfolgen, erklärte Professor Baumgärtner abschließend, „ist selbst bei einer Dauerbelastung bis zu den Grenzwerten der Strahlenschutzverordnung so niedrig, wie das Risiko, von der Bahn überfahren zu werden".

„Politik der hohen Schornsteine", um Schadstoffe im Normalbetrieb erträglich zu machen.

Der Beginn der Konfrontation

Verstöße gegen die öffentliche Sicherheit

Platzbesetzung und Sondereinsatzkommando

Beide Seiten, sowohl WAA-Gegner als auch die Befürworter des Projekts, begannen sich indessen auf eine härtere Gangart der Gegenseite gefasst zu machen.

Am 10. Juli 1985 teilte der Bayerische Umweltminister Dick mit, „die materielle Prüfung des Antrages auf Genehmigung einer WAA" sei abgeschlossen. Es wären hierbei keine Fakten gegen eine WAA erkennbar geworden. Zwei Tage später begann die Bayerische Staatsregierung mit der Suche nach Räumlichkeiten, um zusätzliche Polizeieinheiten im Raum Schwandorf unterzubringen. Die Bürgerinitiativen verstärkten ihre Vorbereitungen für den Tag X.

Nach Bekanntgabe der 1. Teilerrichtungsgenehmigung und noch vor Rodungsbeginn wollte man auf vielfache Weise Protest kundtun.

Am 15. August 1985 bahnte sich die erste Konfrontation zwischen WAA-Gegnern und der Polizei an. Rund 200 Demonstranten, die an einem WAA-Sommerlager teilgenommen hatten, besetzten einen Teil des Baugeländes im Taxöldener Forst – eine Waldlichtung, zwei Kilometer von Altenschwand entfernt. Als Symbol ihres Widerstandes errichteten sie eine Blockhütte, die jeder nur das „Freundschaftshaus" nannte. Die Besetzer bereiteten sich auf einen längeren Aufenthalt vor. Diese Aktion, so ließen sie verlauten, solle eine neue Dimension des friedlichen Protestes gegen die gefährlichste Industrieanlage aller Zeiten sein. Dafür waren die WAA-Gegner bereit, so lange wie möglich auszuharren. Um eine schnelle Räumung der Polizei zu verhindern, wurden sämtliche Zufahrtswege zum Camp mit mannshohen Baumsperren blockiert. Noch am selben Abend bezogen starke Polizeikräfte auf dem Gelände Stellung, ohne jedoch schon einzugreifen.

Eine Räumaktion durch die Polizei hatte Bayerns Innenminister Hillermeier sofort nach der Besetzung angekündigt. Seine Begründung: „Verstöße gegen öffentliche Sicherheit und Ordnung." Am nächsten Tag gegen 13 Uhr war es dann soweit. Nach drei vergeblichen Aufforderungen an die WAA-Gegner, das Gelände zu verlassen, rückten die rund 300 Polizeibeamten, darunter ein Sondereinsatzkommando (SEK) aus Nürnberg, in geschlossener Formation vor. Viele Demonstranten hatten nach Aufforderung der Polizei ihre Vermummung in Form von Tüchern, Schals und Mützen abgelegt. Trotzdem sollten später die meisten Festnahmen wegen des „Verstoßes gegen das Vermummungsverbot" erfolgen. In Bayern war es das erste Mal, dass Demonstranten wegen eines Vergehens gegen das Vermummungsverbot festgenommen wurden.

Räumungsaktion

Als die Polizisten einen immer enger werdenden Ring um das besetzte Gelände bildeten, brach bei einigen Besetzern Panik aus. Verzweifelt suchten sie eine Fluchtmöglichkeit, doch die Reihen der Polizei waren dicht geschlossen. Es blieb ihnen nichts anderes übrig, als sich wieder in den eigenen Ring einzufügen. Die WAA-Gegner hatten um den Platz in 2er- und 3er Reihen eine feste Kette gebildet. Kaum jemand leistete Gegenwehr, als die Polizisten den Ring sprengten. Man hielt sich lediglich aneinander fest. Einige Demonstranten hatten sich an den Armen eingehakt. Jeweils zwei Mann der Bereitschaftspolizei oder des Sondereinsatzkommandos führten einen WAA-Gegner ab. Diejenigen, die sich weigerten mitzugehen, wurden weggetragen. Nach Demonstranten-Aussagen und verschiedenen Augenzeugenberichten sollen Beamte des SEK jedoch auch mit Gummiknüppel vorgegangen sein, vereinzelt sogar Platzbesetzer an den Haaren weggeschleift haben. Knapp eine Stunde dauerte es, bis der Platz im Wald geräumt und Spezialeinheiten der Polizei das 30 Quadratmeter große Blockhaus beseitigt hatten.

Nach Einschätzung der Polizeiführung war diese Aktion „ein erster Schritt". Mit ähnlichen Ausschweifungen meinte der Polizeipräsident von Niederbayern/Oberpfalz, Hermann Friker, müsse in Zukunft des Öfteren gerechnet werden und kündigte an, auf dem betroffenen Gelände nunmehr ständig Bereitschaftspolizei patrouillieren zu lassen.

Nach der Räumung war es am Donnerstagabend in Wackersdorf noch zu einer Spontandemonstration gekommen, bei der rund 400 Personen lautstark ihrem Unmut Luft machten.

Am Sonntag, den 17. August, machten sich ca. 1000 Kernkraftgegner auf den Weg, um den Taxöldener Forst in einem vierstündigen Demonstrationsmarsch und Waldspaziergang zu durchstreifen. Mehrere hundert Polizisten und ein ständig über dem Gelände kreisender Hubschrauber begleiteten die Spaziergänger, unter denen sich auch Landrat Hans Schuierer befand. Bei einer kurzen Ansprache bezeichnete Schuierer die starke Polizeipräsenz als Provokation. Allwöchentliche Waldspaziergänge im Taxöldener Forst sollten nunmehr zu einem festen Bestandteil des WAA-Widerstands werden.

Demonstranten, die sich weigerten mitzugehen, wurden mit Gewalt weggeschleift.

Wichtige Gründe des öffentlichen Wohls

Streit um die 1. Teilerrichtungsgenehmigung

Kaum hatten sich die ersten Widerstands-Wellen gelegt, stand schon der nächste Höhepunkt bevor. Am 27. September 1985 erteilte das Bayerische Umweltministerium die 1. Teilerrichtungsgenehmigung für die WAA, welche die Umzäunung des Baugeländes, die Errichtung eines Eingangslagers für ausgediente Brennelemente, und den Aushub der Baugrube für das Hauptprozessgebäude umfasste.

Umweltminister Alfred Dick verkündete stolz: „Damit kann mit dem Bau der ersten atomaren Wiederaufarbeitungsanlage in der Bundesrepublik Deutschland begonnen werden". Wegen der Notwendigkeit der Entsorgung der deutschen Atomkraftwerke, wurde die 1. Teilerrichtungsgenehmigung für sofort vollziehbar erklärt. Auf 238 Seiten waren alle Gesichtspunkte der ersten atomrechtlichen Genehmigung niedergeschrieben.

Das Landratsamt Schwandorf kündigte in einer Presseverlautbarung an, man werde den Bescheid genau studieren nach baurechtlichen und wasserrechtlichen Aspekten.

Landrat Hans Schuierer fügte hinzu, er selbst werde Zeile für Zeile genau lesen. Er hoffe nur, dass beim atomrechtlichen Verfahren sorgfältiger geprüft worden sei als beim Raumordnungsverfahren und beim Bebauungsplan.

Bereits am 26. September war ein fünfseitiges Schreiben des Bayerischen Staatsministers für Landesentwicklung und Umweltfragen bei Landrat Schuierer eingegangen, in dem Umweltminister Dick die Baugenehmigungen für die Wiederaufarbeitungsanlage im Taxöldener Forst begründete.

Darin hieß es abschließend: „Im Hinblick auf die Entsorgung der beantragten Wiederaufarbeitungsanlage habe ich die Endlagerfähigkeit der bei der Wiederaufarbeitungsanlage anfallenden radioaktiven Abfälle geprüft. Hierbei ergab sich, dass alle in den Antragsunterlagen spezifizierten Abfallarten als grundsätzlich endlagerfähig angesehen werden können."

Auf dem Schwandorfer Marktplatz fanden sich gegen Abend erneut einige hundert Bürger zusammen, um gegen die Teilerrichtungsgenehmigung für die WAA zu demonstrieren. Zwar zeigten sich die Kundgebungsteilnehmer nicht überrascht von der Entscheidung des Umweltministeriums in München, dafür umso mehr enttäuscht. Dieter Kersting, Mitglied der „Bürgerinitiative gegen die WAA Schwandorf", machte als erster seinem Unmut Luft: „Ich glaube nicht an die Neutralität der Genehmigungsbehörde, wenn ein führender Vertreter von ihr zuvor unverhohlen und kritiklos für die WAA eintritt."

Streit um die 1. Teilerrichtungsgenehmigung

"Grundstücksumschließung und großräumiger Erdbau" sollten schnell vonstatten gehen.

Zudem seien manche Gutachten noch nicht abgeschlossen und enthielten unzureichende Unterlagen, verkündete Kersting. Alle Redner betonten an diesem Abend auch die Notwendigkeit des gewaltfreien Widerstands gegen die WAA. Mit einem Fackelzug durch die Innenstadt endete die spontane Protestveranstaltung. Zur gleichen Zeit hatte ein Vorstandsmitglied der DWK im Rahmen eines Informationsabends in Bonn verkündet, das in Wackersdorf vorgesehene Projekt einer WAA könne wie geplant in Angriff genommen werden. „Wir haben uns fest vorgenommen", so der Sprecher, „im Dezember mit den Baumaßnahmen im Taxöldener Forst zu beginnen".

Der Streit spitzt sich zu

Fünf Tage nach der 1. Teilerrichtungsgenehmigung für die WAA in Wackersdorf spitzte sich der politische Streit um das Großprojekt auch im Bayerischen Landtag zu. Während die CSU dem Umweltminister große Sorgfalt, Fachkenntnis sowie Verantwortungsbewusstsein bescheinigte, warf die SPD der Genehmigungsbehörde Schludrigkeit und Nachlässigkeit bei der Beurteilung der Einwände gegen die WAA vor. Der umweltpolitische Sprecher der SPD-Fraktion im Bayerischen Landtag, Hans Kolo, nannte in der ersten Sitzung des Umweltausschusses nach der Sommerpause

den Sofortvollzug der Genehmigung sogar eine „Verhöhnung der Bürger und des Parlaments".

Im Landratsamt Schwandorf hatte sich unterdessen eine Veränderung vollzogen. Landrat Hans Schuierer war erkrankt und musste sich am 1. Oktober im Krankenhaus Burglengenfeld einer Operation unterziehen. Die Führung der Amtsgeschäfte übernahm daraufhin der stellvertretende Landrat und Landtagsabgeordnete Dietmar Zierer (SPD). Ihm blieb es damit vorbehalten, die Baugenehmigung für die WAA zu unterzeichnen, da das Landratsamt Schwandorf als staatliche Behörde für diese Genehmigung zuständig war.

Zierer prüfte und stellte schließlich fest, dass die ihm vorgelegten Genehmigungsentwürfe „materiell rechtlich keineswegs unterschriftsreif" seien. Die Genehmigungsbescheide könnten sowohl aus rechtlichen als auch aus inhaltlichen Gründen nicht erteilt werden.

In seinem Schreiben an die Regierung der Oberpfalz bat der stellvertretende Landrat die erteilte Weisung zu überprüfen und aufzuheben:

„Mit Rücksicht auf die angestrebte gerichtliche Klärung grundsätzlicher Fragen, die für den Fortgang des Baugenehmigungsverfahrens von zentraler Bedeutung sind, halte ich es für rechtlich unvertretbar, zum jetzigen Zeitpunkt wegen einer

Streit um die 1. Teilerrichtungsgenehmigung

vermeintlichen Eilbedürftigkeit des Projekts durch sofort vollziehbare Genehmigungen vollendete Tatsachen zu schaffen. Dies gilt insbesondere angesichts der eindeutigen Bitte der Landesanwaltschaft Bayern vom 27.9.1985, Sorge dafür zu tragen, dass vorerst keine Bau- oder Rodungsmaßnahmen durchgeführt werden. Ich habe vor allem größte rechtliche Bedenken, ob die Anträge betreffend die ‚Grundstücksumschließung' und den ‚Großräumigen Erdbau' genehmigungsfähig sind.

I. So ist zum Beispiel der Antrag der DWK auf Erteilung einer Baugenehmigung für die Grundstücksumschließung wegen der Genehmigungsfreiheit dieses Vorhabens unzulässig.

II. Auch der Antrag für den ‚Großräumigen Erdbau' ist abzulehnen, da das Vorhaben nicht genehmigungsfähig ist.

1. Nach meinen Feststellungen stimmt das Vorhaben mit den Festsetzungen des Bebauungsplanes ‚Westlicher Taxöldener Forst' nicht überein:

a) An der Nordgrenze des Sondergebietes wird diese nicht eingehalten. Nach den Bauplänen ist die Beseitigung von zusätzlichen 1,2 ha Wald und Feuchtbiotopen vorgesehen.

b) Im Bereich der Westzufahrt.

Auch hier werden die Festsetzungen des Bebauungsplanes nicht eingehalten; die Zufahrtsstraße sollte diesem entsprechend im 15 m Freiraum vor der Zaunanlage angelegt werden. Nach den Bauplänen hält sie diese Beschränkung nicht ein, so dass zusätzlich 0,88 ha Wald gerodet werden müssten.

c) Bereich Besucherparkplätze, Information

Auch hier ist eine über die Festsetzungen des Be-

In Schwandorf organisierten sich spontan einige hundert WAA-Gegner, um gegen die Teilerrichtungsgenehmigung für die WAA zu demonstrieren.

Streit um die 1. Teilerrichtungsgenehmigung

bauungsplanes hinausgehende Rodung im Umfang von 0,4 ha geplant.
d) Die Freifläche vor der Sicherungszaunanlage ist im Bebauungsplan mit einer Breite von 15 m dargestellt. Nach dem vorgelegten Bauantrag weist sie jedoch eine Gesamtbreite von 25 m auf. Dies bedeutet eine zusätzliche Rodung von ca. 5 ha Wald, der ursprünglich unverändert zu erhalten war.
e) Die Fläche für die Baustelleneinrichtung war während des Bebauungsplanverfahrens innerhalb des Sondergebietes vorgesehen. Die jetzt zusätzlich beabsichtigte Rodung von ca. 25 ha außerhalb des Geltungsbereiches des Bebauungsplanes wäre gleichwohl bei dessen Abwägung zu berücksichtigen gewesen.
Bei der Abwägung des Bebauungsplanes war die Schonung des Waldbestandes in der Fläche wichtigster Grundsatz. Dieser ist nunmehr durch die vier vorstehend aufgezeigten Überschreitungen in einem Maß verletzt, dass auch eine Befreiung nicht mehr möglich erscheint. Das Vorhaben wäre allein schon deshalb abzulehnen.
2. Das Vorhaben stimmt aber auch mit den Grundsätzen der Landesplanung und Landesentwicklung nicht überein, wie diese im Raumordnungsgutachten der Regierung der Oberpfalz vom 17. 9.1982 ihre Ausprägung gefunden haben:
a) Das Raumordnungsverfahren fordert den absoluten Schutz des tiefliegenden Grundwassers. Dieser ist jedoch bei einer Entnahme von mehr als 1,5 Millionen cbm pro Jahr nicht mehr gegeben.
b) Die Endlagerung des verbleibenden radioaktiven Materials an einem anderen Ort außerhalb der Oberpfalz ist nicht gesichert.
III. Angesichts dieser Rechtslage kann auch eine Genehmigung für weitergehende Vorhaben der DWK zum jetzigen Zeitpunkt nicht rechtens sein."

Pflichten nicht nachgekommen?

Die Bayerische Staatsregierung zeigte sich von dieser Entscheidung des Schuierer-Vertreters alles andere als angetan. So meinte der Generalsekretär der CSU-Fraktion im Bayerischen Landtag, Gerold Tandler, zur Weigerung Zierers, die Genehmigung für den ersten Bauabschnitt der Anlage zu unterzeichnen: „Zierer handelt damit nicht als verantwortungsbewusster Vorsteher des Landratsamtes, sondern als reiner SPD-Parteifunktionär. Er versucht auf örtlicher Ebene den Widerstand durch eine Verweigerung der Erfüllung seiner Amtspflichten mit kuriosen rechtlichen Begründungen fortzusetzen."

Der Bayerische Innenminister Karl Hillermeier kündigte an, er werde nunmehr von dem Selbsteintrittsrecht Gebrauch machen und die Bezirksregierung der Oberpfalz zu sofortigem Handeln anweisen. Hillermeier berief sich bei seiner Entscheidung auf „wichtige Gründe des öffentlichen Wohls". Die zeitgerechte Fertigstellung der WAA sei für die atomare Entsorgungssituation in der Bundesrepublik Deutschland von zentraler Bedeutung. Der Baubeginn könne jahreszeitlich nicht länger aufgeschoben werden, wenn man nicht ein ganzes Jahr versäumen wolle.

Am 8. November 1985 hatte Regierungspräsident Karl Krampol den Genehmigungsbescheid zu unterzeichnen. In der Hoffnung, den Regierungspräsidenten im letzten Augenblick doch noch umstimmen zu können, wurden 25 Bürger an diesem Freitagvormittag bei der Regierung der Oberpfalz vorstellig. Doch Karl Krampol weilte außer Haus. Schon vorher hatte eine Delegation von WAA-Gegnern den Regierungspräsidenten in einem offenen Brief aufgefordert, Zivilcourage zu zeigen. „Lösen Sie ihr Versprechen ein, das Sie im November 1983 vor dem Oberpfälzer Bezirkstag machten, als Sie sagten ‚Eine Baugenehmigung wird nur

Streit um die 1. Teilerrichtungsgenehmigung

Für den 12. Oktober 1985 war eine Großdemonstration in München angekündigt.

dann erteilt, wenn eine Gefährdung des Trinkwassers ausgeschlossen ist'", hieß es in dem Schreiben. Doch Regierungspräsident Karl Krampol ließ sich nicht beeindrucken. Er unterschrieb anstelle des Landrats die erforderlichen Genehmigungsbescheide.

Der amtierende Landrat Dietmar Zierer zeigte sich schockiert: „Für mich ist der Ablauf dieses Verfahrens ein Lehrstück für autoritäre und nicht für demokratische Strukturen."

In einem Brief an Regierungsvizepräsident Dr. Simon beklagte sich Zierer:

„Sehr geehrter Herr Regierungsvizepräsident Dr. Simon!
Durch Ihr Schreiben vom 28.10.1985 Nr. 220 – fühle ich mich in meinen Rechten als kommunaler Wahlbeamter verletzt. Ich erhebe daher Widerspruch gegen den mit Ihrem Schreiben ausgesprochenen Selbsteintritt des Staates in die Zuständigkeit des Landratsamtes in Bezug auf die wasserrechtlichen und baurechtlichen Genehmigungen für die geplante Wiederaufarbeitungsanlage im Taxöldener Forst. Eine ausführliche Begründung wird nachgereicht."

Ähnlich dachte wohl ein Bürger, der am 29. November im Leserbrief einer hiesigen Tageszeitung klagte: „So einfach ist das also. Der in Vertretung amtierende Schwandorfer Landrat wird kurzerhand ‚teilweise' amtsenthoben. Er hatte die Baugenehmigung für die WAA verweigert. Selbstverwaltung hin, gewählter Landrat her. Das Innenministerium glaubt, per Anordnung den Bürgerwillen – vertreten durch den Landrat – außer Kraft setzen zu können. Und es gibt ja neuerdings Gesetze, die dies möglich machen. So läuft also Demokratie, wenn es hart auf hart geht. Da entscheidet der, der oben sitzt – Punkt.

Streit um die 1. Teilerrichtungsgenehmigung

Oder Fragezeichen? Warten wir darauf, was möglicherweise die obersten Verfassungsrichter dazu sagen. Und warten wir darauf, wenn sich wieder einmal Politiker verzweifelt und stimmenringend fragen, warum nur so viele Leute in diesem unserem Lande auf die Straße gehen."

„Gesundheit vorrangig"

Für die Gemeinden, die Einwendungen gegen die WAA erhoben hatten, stellte sich die Frage, ob sie auch Klage gegen die 1. Teilerrichtungsgenehmigung stellen sollten. Drei Städte mit einer CSU-Mehrheit im Stadtrat machten einen Rückzieher: Regensburg, Schwandorf und Burglengenfeld. Nittenau, Bruck, Maxhütte-Haidhof, Teublitz und Schwarzenfeld sowie der Landkreis Schwandorf dagegen legten beim Bayerischen Verwaltungsgerichtshof in München Klage ein gegen die „Teilgenehmigung zur Errichtung der WAA im Taxöldener Forst". Sie stützten sich bei ihrer Klageschrift vor allem auf drei Hauptpunkte: Gefährdung der Trinkwasserversorgung, Problem der Endlagerung, Fehlen eines Gutachtens über die klimatischen Verhältnisse in besagtem Raum.

Auf die klageführenden Städte und Gemeinden kamen nicht unerhebliche finanzielle Belastungen zu, die auch zum Gegenstand von Debatten wurden. Doch viele sahen es so, wie ein Schwarzenfelder Marktrat, der auf einer Sitzung des Marktrates Ende November meinte: „Wenn auch die zu erwartenden Kosten schmerzen, so ist doch die Gesundheit unserer Bürger vorrangig."

Ein Kollege ging sogar noch weiter: Man wolle sich nicht von der nachfolgenden Generation den Vorwurf machen lassen, dass man vor den Kosten des Klageweges kapituliert habe.

Mittlerweile war auch Landrat Hans Schuierer, der sich im Krankenhaus laufend über den aktuellen Stand der Dinge hatte unterrichten lassen, wieder voll genesen. Bei der ersten Versammlung nach seiner krankheitsbedingten Pause, einem politischen Frühschoppen des SPD-Ortsvereins Neuenschwand, zeigte sich Schuierer bestens disponiert.

Sein Thema: „WAA – Gefahr für unsere Heimat."

Viel lieber hätte er über andere Themen gesprochen, die sich durch die „Wendepolitik" ergeben hätten, meinte der Landrat. Doch die Sorge um die Heimat gebiete ihm, das Thema WAA in den Mittelpunkt zu stellen. Schuierer: „Auch Befürworter sind der Meinung, dass die Anlage nicht ungefährlich ist. Wenn das geringste bei der WAA passiert, wird das gesamte Gebiet unbewohnbar. Die WAA wird aber 25, höchstens 30 Jahre in Betrieb sein. Doch auch nachher besteht Gefahr für die Bevölkerung. Die Arbeitsplatzkomponente zieht ebenfalls nicht, da andererseits im Fremdenverkehr wieder viele Plätze durch ausbleibende Feriengäste abgebaut werden müssen. Noch nie wurde so viel gelogen wie zur WAA. Die Kriterien für die Standortentscheidung sind zurechtgebogen worden, weil man im Taxöldener Forst eine entsprechend große Fläche Staatsgrund hatte.

Im Raumordnungsverfahren, das in sieben Monaten durchgepaukt wurde, gab man vor, dass erst mit dem Bau begonnen werden darf, wenn die Endlagerung gesichert ist. Man ist über mich hergefallen, wie ein Schwarm von Hornissen und hat mich der Sabotage, der Volksverhetzung und des Rechtsbruches bezichtigt. Aber wir müssen und werden Verantwortung für unseren Raum übernehmen. Ich hoffe, dass wir gemeinsam diese Anlage verhindern können."

Widerstand ein nationales Anliegen

Demonstration in der Landeshauptstadt

Zu einer machtvollen Demonstration gegen die WAA trafen sich am 12. Oktober 1985 rund 50.000 Menschen in der bayerischen Landeshauptstadt München. Mit zehn Sonderzügen, über 100 Bussen und Tausenden von Pkws waren die Kernkraftgegner und Umweltschützer aus allen Teilen der Bundesrepublik Deutschland an die Isar gereist, um friedlich ihre Ablehnung der Wiederaufarbeitungsanlage in Wackersdorf kundzutun. Auch eine größere Gruppe Österreicher hatte ihr Erscheinen angekündigt. Einige Oberpfälzer WAA-Gegner führten blumengeschmückte Madonnenbilder mit sich, andere wiederum zogen schwere Karren mit Henkerfiguren und Sensenmännern hinter sich her. Zahlreiche Spruchbänder wurden entrollt. „Stoppt den Todesmarsch in den Atomstaat", „Kein Atom in der Oberpfalz" oder „Pest, Pocken und Cholera – noch schlimmer ist die WAA", war da zu lesen.

Viele Eltern hatten ihre Kinder mitgebracht, schoben Kinderwägen voran. Während die Demonstrationsteilnehmer in drei kilometerlangen Sternmärschen zum Hauptkundgebungsplatz vor die Münchner Feldherrnhalle zogen, beobachteten die Polizeibeamten den Demonstrationszug aus der Distanz. Im Vorfeld der Veranstaltung hatte es Vorkontrollen bei Bussen und Sonderzügen gegeben.

Sorgen bereiteten der Polizei lediglich einige Punker, die die Beamten, laut Polizeibericht, mit Farbbeuteln bewarfen sowie Schaufenster zertrümmerten. Nachdem sich die 50.000 friedliebenden Kundgebungsteilnehmer vor der Feldherrnhalle versammelt hatten, traten die Redner ans Podest. Der Schwandorfer Landrat Hans Schuierer, dessen Auftreten viele Menschen mit Spannung erwartet hatten, musste wegen einer Erkrankung passen. Anstelle des Landrats verlas seine Frau Lilo dessen Protestrede gegen die WAA:

„Leider kann ich wegen einer plötzlichen schweren Erkrankung nicht bei der ‚Großen Anti-WAA-Demonstration' in München und bei Euch sein. So bin ich gezwungen, meine solidarischen Grüße und meinen Dank für Eure Teilnahme und Eure Arbeit durch meine Frau übermitteln zu lassen. Seit 16. Februar, dem Tag der großen machtvollen und friedlichen Protestdemonstration in Schwandorf sind fast acht Monate vergangen.

Wir haben in dieser Zeit viel an Aufklärungs- und Informationsarbeit geleistet. Jedoch liegt die schwerste Zeit noch vor uns. Die Atom-Allianz aus Regierung und DWK, hatte in den zurückliegenden Monaten in einer beispiellosen Hetz- und Verleumdungskampagne friedliche Bürger und dem Allgemeinwohl verpflichtete Idealisten beschimpft, eingeschüchtert, bedroht und krimina-

lisiert. Selbst vor Rufmord wurde nicht zurückgeschreckt.

Der Ministerpräsident, Minister und Staatssekretäre, ganz zu schweigen von einigen Abgeordneten und örtlichen Nachbetern, beteiligten sich an diesem unwürdigen Spiel. Mit Unwahrheiten, Falschaussagen und Tricks soll die Bevölkerung zur Akzeptanz dieser unmoralischen und unverantwortlichen Atompolitik gebracht werden. Gesundheit und Leben, das oberste schutzwürdige Rechtsgut der Bürger, wurden dem machtpolitischen Größenwahn, der Profitgier und der Gewinnsucht geopfert. Sie sprechen von Ethik und Moral und zerstören die natürliche Lebensordnung unter Umkehr der Werteskala.

Wie sollen wir Vertrauen haben zu Leuten, die seit Jahren mit den Zahlen von überhöhten Krebsraten und Sterbefällen jonglieren und die das Aussterben bzw. Ausrotten von Biotopen und Tiergattungen verharmlosen. Sowohl der Regierung als auch der Atom-Lobby muss jedes Verantwortungsgefühl abgesprochen werden. Wer heute Naturzerstörung zulässt, den Abbau von Demokratie und Freiheitsrechten betreibt, die Gesundheit der Mitmenschen gefährdet und die Lebensgrundlagen unserer Kinder und der nachkommenden Generationen gefährdet, hat keinen Anspruch auf Vertrauen. Im Gegenteil – sie sind eine Gefahr für unsere Heimat, eine Gefahr für unsere Demokratie.

Wir müssen mit allen legalen Mitteln dafür sorgen, dass diese verhängnisvollen Pläne aufgegeben werden.

Wir appellieren an die Vernunft der Regierung und an die Verantwortlichen der Energiewirtschaft, für gesunde und zukunftsorientierte Arbeitsplätze zu sorgen.

Ich appelliere aber auch an uns alle durchzuhalten, um die schweren Monate vor uns zu bestehen.

Anfeindungen, Beschimpfungen und Bedrohungen werden wir ertragen müssen, lassen wir uns aber nicht provozieren! Wir werden wie bisher gewaltlos und friedlich unsere Ziele verfolgen und auch erreichen.

Ich danke Euch allen und bitte um weitere solidarische Unterstützung für unseren gemeinsamen Kampf. Beweisen wir für die Zukunft Wachsamkeit, Durchhaltevermögen, Opferbereitschaft, Einigkeit und Solidarität."

Kampf mit allen rechtsstaatlichen Mitteln
Hubert Weinzierl, Vorsitzender des Bundes Naturschutz, ließ wissen, dass der Protest gegen die WAA sich auch gegen die Brutalität wende, mit der die Bundes- und Landesregierung

Die Polizei riegelte ganze Straßenzüge ab.

„diese verhängnisvolle Energie- und Atompolitik" durchpeitschen wolle. „Deshalb ist unser Widerstand kein regionales, sondern ein zentrales, nationales Anliegen", rief Weinzierl den Demonstrationsteilnehmern zu. Mit Blick auf den Bayerischen Ministerpräsidenten erklärte Weinzierl, es sei ein historischer Irrtum von Franz Josef Strauß, wenn er auf die leichte Durchsetzbarkeit seiner Atompolitik und auf die politische Stabilität seiner Bayern vertraue.

Eine negative Resonanz erlebte der Spitzenkandidat der bayerischen SPD für die Landtagswahlen 1986, Karl Heinz Hiersemann. Er musste zunächst das Rednerpult wegen eines stürmischen Pfeifkonzerts vorzeitig wieder verlassen. Später erklärte Hiersemann: „Radaubrüder und parteipolitisch motivierte Gruppen werden uns nicht daran hindern, den Kampf gegen die WAA mit allen rechtsstaatlichen Mitteln fortzusetzen." Die Kundgebung am Odeonsplatz bezeichnete der SPD-Spitzenkandidat als „machtvolle Kundgebung aller um die Zukunft besorgten Bürger".

Hiersemann weiter: „Hinter den 50.000 Kundgebungsteilnehmern stehen Millionen von Bürgern, die dieses umwelt- und lebensbedrohende Projekt nicht hinnehmen wollen."

Als sich die Schlusskundgebung gegen 17 Uhr auflöste, begann in der Pariser Straße im Stadtteil Haidhausen gerade ein Straßenfest. Unter dem starken Zulauf abgewanderter Demonstranten befanden sich rund 150 Punker und Angehörige „autonomer Gruppen". Das Fest verlief zunächst friedlich, bis gegen 21 Uhr ein Polizeifahrzeug auf der Rosenheimer Straße mit einer Flasche beworfen wurde, und dessen Besatzung sich akut bedroht fühlte. Daraufhin riegelte die Polizei sofort entsprechende Straßenabschnitte ab und ging gegen die Demonstranten vor. Am Ende dieser Aktion waren 112 Festnahmen zu verzeichnen. Unter den Festgenommenen befanden sich 27 Frauen. Sprecher der Grünen vertraten später die Ansicht, dass diese Krawalle von der Polizei „generalstabsmäßig vorbereitet und provoziert" gewesen wären. Anders sei es nicht zu erklären, dass nach dem Wurf einer einzelnen Bierflasche gegen ein Einsatzfahrzeug der gesamte Straßenzug in Minutenschnelle abgeriegelt werden konnte. Mit der eigentlichen Demonstration gegen die WAA Wackersdorf hatten die Krawalle in Haidhausen allerdings nichts zu tun.

Aufzug der Demonstrationsteilnehmer vor der Münchner Feldherrnhalle.

Niemals in Betrieb

Geheime Kommandosache „Rodungsbeginn"

Die Bürgerinitiativen im Raum Schwandorf diskutierten mittlerweile heftig untereinander, wie man auf den Beginn der Rodungsarbeiten im Taxöldener Forst reagieren könnte. Sollte eine Besetzung des Baugeländes durchgeführt werden?

Klaus Pöhler, Mitglied des Vorstandes der BI Schwandorf: „Wir dürfen uns auf keinen Fall entmutigen lassen."

Vorerst entschloss man sich dazu, die Mahnwache am „Roten Kreuz" als Zeichen der eigenen Entschlossenheit zu verstärken. Seit 5. Oktober führten dort Bürger rund um die Uhr eine symbolische Platzbesetzung durch.

Auch die Polizei verstärkte ihre Mannschaften im Landkreis Schwandorf. Im Hinblick auf die zu erwartenden Auseinandersetzungen bei Rodungsbeginn wurden mehrere Hundertschaften auf dem ehemaligen BBI-Gelände in Wackersdorf sowie in den umliegenden Kasernen untergebracht.

Am 11. Dezember 1985 fällte der 22. Senat des Bayerischen Verwaltungsgerichtshofs seine Entscheidung über die „Normenkontrolle gegen den Bebauungsplan". Der Antrag der Kläger, den Bebauungsplan „Westlicher Taxöldener Forst" durch eine einstweilige Anordnung vorläufig auszusetzen, wurde abgewiesen. Alle zur Erstellung des Bebauungsplans eingeholten behördlichen und gutachtlichen Stellungnahmen seien zu dem Ergebnis gekommen, meinte der Vorsitzende des 22. Senats, dass die von der Anlage zu erwartenden radiologischen Auswirkungen, einschließlich der Folgen für das Grundwasser, hinreichend begrenzbar und technisch beherrschbar seien. Damit stand dem Rodungsbeginn zumindest juristisch nichts mehr im Wege.

Geheime Kommandosache „Rodungsbeginn"

WAA-Gegner und Polizei standen sich Auge in Auge gegenüber.

Landrat Hans Schuierer hatte dieses Urteil erwartet, sprach jedoch die Hoffnung aus, dass die DWK erst nach Weihnachten mit der Rodung beginnen möge, um den Weihnachtsfrieden nicht zu stören. Mit Befriedigung nahm Staatssekretär von Waldenfels, Vorsitzender der „Koordinierungsgruppe WAA der Bayerischen Staatsregierung", die Entscheidung des Bayerischen Verwaltungsgerichtshofs auf. „Damit kann es in dieser für die Region so wichtigen Angelegenheit endlich losgehen", erklärte Waldenfels hoffnungsvoll.

Los ging es noch am selben Abend am weihnachtlich erleuchteten Schwandorfer Marktplatz. Dort versammelten sich mehrere hundert WAA-Gegner, um gegen das Urteil des Bayerischen Verwaltungsgerichts zu protestieren. Unter ihnen war auch Landrat Hans Schuierer. Er machte den anwesenden Oberpfälzer Bürgern Mut. Schuierer: „Auch wenn jetzt der Baubeginn der Anlage nicht mehr verhindert werden kann, bin ich doch optimistisch, dass die Anlage niemals in Betrieb genommen wird."

Auch Kreisrat Klaus Pöhler (Die Grünen) warnte alle Anwesenden davor, zu resignieren. Die WAA-Gegner dürften sich auf keinen Fall entmutigen lassen, sondern sie sollten als friedliche Bürger auch weiterhin gewaltfreien Widerstand vor Ort leisten, tat Pöhler kund. Dabei fügte er hinzu: „Wir Oberpfälzer müssen zeigen, dass wir mit dieser Anlage auf keinen Fall einverstanden sind. Wir haben noch gute Chancen, die WAA zu verhindern, wenn wir uns helfen und fest zusammenstehen."

Einige Abgeordnete der Grünen hatten schon vorher angekündigt, sie wollten sich an Bäume ketten und auf diese Weise die Rodung verhindern. Die Bürger-Mahnwache am „Roten Kreuz" erhielt in dieser kalten Dezembernacht noch starken Zulauf. 80 junge Leute waren bereit, trotz der eisigen Temperaturen, ihre bequeme Matratze im warmen Heim mit einem Ballen Stroh im frostigen Nachtlager des Taxöldener Forsts zu tauschen. Sie wollten mit eigenen Augen die Geschehnisse erleben, die, wie es ein älterer Mann am Schwandorfer Marktplatz formuliert hatte, „die Oberpfalz verändern werden".

Spät in der Nacht riegelten starke Polizeikräfte das gesamte Gelände hermetisch ab, sperrten sämtliche Zufahrtswege. Schon am frühen Morgen des nächsten Tages, gegen sechs Uhr, war die Mahnwache am „Roten

In der Nacht riegelten starke Polizeikräfte das Gelände hermetisch ab.

Geheime Kommandosache „Rodungsbeginn"

Die sanfte Hügellandschaft des Oberpfälzer Waldes mit der kleinen Ortschaft Kemnath bei Fuhrn und davor Polizei und Hubschrauber. Ein gänzlich ungewohntes Bild der Oberpfalz.

Kreuz" auf ca. 150 Menschen angewachsen. An Lagerfeuern wärmte man sich, schlürfte heißen Tee. Bald darauf rollte der erwartete Konvoi an: Fahrzeuge von Vermessungstrupps, der Rodungsmannschaft, der Behörden, der DWK-Mitarbeiter sowie Dutzende von Polizeifahrzeugen. In den nächsten Wochen und Monaten sollten die Waldarbeiter eine 30 bis 40 Meter breite und 5,3 Kilometer lange Waldschneise schlagen, damit der Sicherheitszaun errichtet werden konnte.

Die Lage spitzt sich zu

Beamte der Bereitschaftspolizei zogen sofort nach ihrem Eintreffen um die Rodungsstelle einen dichten Sperrgürtel. Um 10.35 Uhr fiel der erste Baum im Taxöldener Forst. 20 Rodungsarbeiter, ausgerüstet mit Motorsägen, arbeiteten sich zügig vorwärts.

Die WAA-Gegner, die anfangs Schwierigkeiten hatten, den Rodungsplatz in dem unwegsamen Gelände ausfindig zu machen, hielten sich an der Absperrung auf, diskutierten mit den Polizeibeamten. Der Rodungsbeginn war von den DWK-Verantwortlichen wie eine geheime Kommandosache behandelt worden. Auch Landrat Hans Schuierer, gewöhnlich bestens informiert, wusste nichts Näheres zu sagen. Ihm sei von der Polizei jede Auskunft über den Ort der Rodungsarbeiten verweigert worden, teilte der Landrat mit. Selbst die DWK hatte auf ihrer 10 Uhr Pressekonferenz vorgegeben, nicht mehr zu wissen.

So fuhr der Landrat kurz entschlossen zum „Roten-Kreuz" im Taxöldener Forst und bat um ein kurzes Gespräch mit dem Einsatzleiter der Polizei. Als der Einsatzleiter auch nach einer halben Stunde noch nicht erschienen war,

Geheime Kommandosache „Rodungsbeginn"

schlug sich Hans Schuierer selbst durch den dichten Wald, um auf Polizei und Demonstranten mäßigend einwirken zu können und eine brutale Räumung zu verhindern. Gerade rechtzeitig traf der Landrat am Ort des Geschehens ein. Gegen 11 Uhr überwanden rund 100 WAA-Gegner die Polizeiabsperrung und besetzten die Lichtung des Rodungsgeländes. Die Mehrzahl der Demonstranten setzte sich auf gefällte Baumstämme, hakte sich an den Armen ein.

Manche kletterten auf Bäume, um Transparente zu enthüllen. Unter den Besetzern befanden sich auch 20 Mitglieder der Bundestagsfraktion der Grünen, die ihre Solidarität mit den WAA-Gegnern vor Ort demonstrieren wollten. Schon kurze Zeit nach dieser überraschenden Aktion folgte die Aufforderung der Polizei an die Besetzer, das Rodungsgelände unverzüglich zu verlassen. Nur wenige WAA-Gegner kamen dieser mehrmaligen Durchsage nach. Daraufhin rückte ein 400 Mann starkes Polizeiaufgebot vor. Mit festen Griffen wurden Menschenketten getrennt. Bereitschaftspolizisten trugen die in dicke Jacken und Mäntel gehüllten Besetzer aus der Lichtung oder schleiften sie mit hängenden Füßen hinter die Absperrung zurück. Nur gelegentlich kam es zu Rempeleien. Größere Gewaltszenen blieben aus. Die Polizisten zogen nach der Räumung einen noch dichteren Schutzring um das Rodungsgelände. Dann wurden die Arbeiten unter den Protestrufen der Demonstranten fortgesetzt.

Von Journalisten nach der Strategie der Polizei auf dem WAA-Gelände befragt, meinte der Polizeiführer unter anderem: „Nichts ist beruhigender als ein paar Festnahmen."

Gerüchte, denen zufolge sogar Polizeieinheiten aus Niedersachsen und Hessen anwesend waren, verneinte er. Das stimme nicht, ließ der Polizeiführer die Reporter wissen und

Mehrere hundert WAA-Gegner versammeln sich am weihnachtlich erleuchteten Schwandorfer Marktplatz, um gegen das Urteil des Bayerischen Verwaltungsgerichts zu protestieren.

Geheime Kommandosache „Rodungsbeginn"

In kürzester Zeit waren tausende von Bäumen gefällt.

fügte hinzu: „Wir in Bayern sind selbst fähig, unsere Probleme zu lösen."

Im Laufe des Tages kam es allerdings wiederholt zu einzelnen Störaktionen. So warfen sich beispielsweise WAA-Gegner sogar Kettenbaggern in den Weg, um das Weiterfahren der tonnenschweren Gefährte zu verhindern. Doch auch diese Kamikazetaten konnten den Fortgang der Rodungsarbeiten nicht entscheidend behindern.

Karl Stankiewitz, ein aufmerksamer Beobachter, kommentierte das Geschehen im Taxöldener Forst vom 12. Dezember 1985 so:

„Gestern fuhren im Taxöldener Forst schwedische Spezialmaschinen auf, um mit umfangreichen Erd- und Rodungsarbeiten für die WAA zu beginnen. Zunächst sollen die Baugrube für das Hauptprozessgebäude ausgehoben, ein Sicherheitszaun errichtet und eine „Anlagenwache" gebaut werden. Besonders dringlich erscheint den Verantwortlichen die Umzäunung der Baustelle, nachdem es schon im Sommer zu ersten Besetzungen auf dem 125 Hektar großen Gelände und zu Zusammenstößen zwischen 500 WAA-Gegnern und ebenso vielen Polizisten gekommen war. Während Ministerpräsident Strauß auf dem jüngsten CSU-Parteitag mit einer Verstärkung der Bereitschaftspolizei gedroht hatte, rufen Flugblätter zu ‚gewaltfreien Behinderungsaktionen' nach dem Tag des Baubeginns auf. Empfohlen wird, die Zufahrt durch Umzingelung zu blockieren und sich an Bäume festzubinden. Arbeitskreise der Kirchen planen einen Pilgerzug. Für die von auswärts erwarteten Demonstranten wird ein Pendeldienst eingerichtet. Der ‚kreative Widerstand', wie ihn der BUND-Vorsitzende Weinzierl nach dem Münchner Urteilsspruch ausrief, soll langfristig angelegt sein. So will man den Kampf gegen die ‚Plutoniumfabrik' (Robert Jungk) zum zentralen Thema der Wahlkämpfe 1986 in Bayern und 1987 im Bund machen. Weinzierl möchte die WAA auch in Adventsfeiern, zu Silvester und bei einem ‚Schwandorfer Aschermittwoch', an Stammtischen, in Ferien- und Kulturprogrammen der betroffenen Region zum volkstümlichen Thema machen. Landrat Schuierer bat die DWK in letzter Minute, den Beschluss zum Baubeginn noch einmal zu überprüfen, ‚damit nicht der Weihnachtsfriede gestört und unser Wald sinnlos gemordet wird'. Die Bitte kam zu spät. Zwei Tage nach Rodungsbeginn waren alle für die Bundesrepublik bestimmten Kernkraftwerke installiert. Das Problem der Wiederaufarbeitung oder endgültigen Entsorgung nuklearer Asche war nun akut."

Moralische Unterstützung erhielten die WAA-Gegner in Wackersdorf von österreichischen Kernkraftgegnern und Umweltschützern. Auch Österreich habe radioaktive Auswirkungen zu befürchten, ließen sie verlauten. Mit einer Demonstration in der Innenstadt Wiens, teilten die Österreicher ihren deutschen Freunden mit, wolle man Solidarität beweisen.

Eine taktlose Provokation

Joschka Fischer im Taxöldener Forst

Drei Tage nach Rodungsbeginn stand der Taxöldener Forst bei Wackersdorf abermals im Blickpunkt der Öffentlichkeit. Angekündigt war eine Großdemonstration mit 10.000 bis 15.000 Teilnehmern am Rande des Baugeländes, unterhalb des Roten Kreuzes.

Trotz Kälte, Nebel und scharfer Polizeikontrollen hatten sich jedoch mehr als doppelt so viele Bürger auf den Weg gemacht, um ihrem Protest sichtbaren Ausdruck zu verleihen. Weiträumige Absperrungen hinderten Tausende von Demonstrationsteilnehmern, rechtzeitig am Kundgebungsort zu sein. Einstündige Anmarschwege waren keine Seltenheit. Umfangreiche Polizeikontrollen sorgten bei vielen Bürgern für Unmut.

Angereist war zu dieser Großdemonstration bei Wackersdorf auch der hessische Umweltminister Joschka Fischer (Die Grünen), was bei seinem bayerischen Amtskollegen Alfred Dick Empörung auslöste. Er empfinde die Teilnahme des Grünen-Ministers als „taktlose Provokation", ließ Dick öffentlich wissen. Die Retourkutsche Fischers folgte sofort. Offensichtlich glaube sein Amtskollege in München, dass an der hessisch-bayerischen Grenze, irgendwo bei Aschaffenburg, der Geltungsbereich des Grundgesetzes aufhöre, erwiderte der hessische Umweltminister. Er wolle sich jedoch sein Grundrecht auf Meinungsfreiheit nicht beschneiden lassen und werde als Mitglied der Grünen und als Atom-

Der hessische Umweltminister in Bayern. „Eine taktlose Provokation", meinte der Bayerische Umweltminister.

Joschka Fischer im Taxöldener Forst

Weihnachten 1985: „Brutale Zerstörung der Natur". Eine Region schreit auf.

gegner sich mit der Protestbewegung, „gegen dieses schlimme Großprojekt" solidarisieren.

Rund 1500 Polizeibeamte hielten sich zwar bereit für einen eventuellen Einsatz, blieben jedoch im Bereich des Kundgebungsgeländes weitgehend im Hintergrund. Die Wasserwerfer und Räumfahrzeuge waren ebenfalls nur schwer zu entdecken.

Während viele WAA-Gegner noch unterwegs waren, bestieg der erste Sprecher den zur Rednerbühne umfunktionierten Traktoranhänger. Uwe Dams, Sprecher des Dachverbandes der oberpfälzischen Bürgerinitiativen, bezeichnete den Rodungsbeginn im Taxöldener Forst als einen schwarzen Tag für die Region, in der eine Betonburg errichtet werden solle, „die durch einen DDR-Zaun geschützt wird."

Hubert Weinzierl, Vorsitzender des Bundes Naturschutz, sprach von einem Krieg gegen Bäume und Menschen in der Oberpfalz. „Wir sind friedlich und wollen in Ruhe gelassen werden vor Segnungen, die hier keiner will", kritisierte Weinzierl mit Blick auf die Bayerische Staatsregierung.

Kein Frieden vor dem Heiligen Abend

Den Höhepunkt dieser Protestveranstaltung bildete schließlich der Auftritt des Schwandorfer Landrats Hans Schuierer. Stürmisch bejubelt betrat er das Podest, um eine Rede zu halten, die noch lange in aller Munde sein sollte:

„Ein herzliches Grüß Gott, Ihnen allen, die Sie aus der ganzen BRD und Österreich gekommen sind, um mit uns gemeinsam friedlich gegen die Zerstörung der Natur und die Gefährdung der Menschen zu protestieren. Wenn durch die Anwesenheit des neuen hessischen Umweltministers das Verhältnis zwischen Bayern und Hessen nach Meinung des Herrn Dick belastet wird, so kann ich nur sagen: Herr Dick wäre gut beraten, wenn er anstelle der Einweihungen umweltbelastender Betriebe, wie Müllverbrennungsanlagen, Sammellager von radioaktivem Müll und dergleichen, zum Schutz der Natur, zur Erhaltung von 150 Hektar Wald und zur Demonstration gegen die Gefährdung der Gesundheit der Bevölkerung bei uns wäre. Er könnte sich zumindest Nachhilfeunterricht über ökologische und ökonomische Fragen sowie die Zusammenhänge der Natur und der Lebensgrundlagen geben lassen.

Liebe Freunde, liebe Bürger in Uniform. Weihnachten 1985 steht vor der Tür. Während man überall in der Welt sich auf das Fest der Liebe, das Fest der Hoffnung, das Fest des Friedens vorbereitet, erleben wir hier im Taxöldener Forst brutale Zerstörung der Natur, Angst der Bevölkerung, den Aufschrei einer Region, die heute, 10 Tage vor dem Heiligen Abend, in einer friedlichen Demonstration gegen die CSU-Staatsregierung sich wehrt, dass ihre Rechte, ihre Meinungen mit Füßen getreten und mit Polizeigewalt niedergehalten werden. Meine Hoffnungen und mein Wunsch, die Bauarbeiten vor Weihnachten nicht zu beginnen, den Weihnachtsfrieden nicht zu stören, wurden nicht beachtet. Was ist von dieser selbst als christlich bezeichneten Staatsregierung zu halten, die die Weihnachtsbotschaft aus dem Evangelium ‚Friede den Menschen auf Erden' missachtet? Die derartige Entscheidungen und Maßnahmen in der Weihnachtszeit zulässt und damit Unruhe, Demonstrationen und Ausschreitungen provoziert. Wir haben Bedauern und Mitleid mit den Polizeibeamten, die in Ausübung ihrer Dienstpflicht mit Knüppel, Schlagstöcken und Waffen gegen ihre eigenen Landsleute vorgehen müssen. Die meisten gegen ihre eigene Überzeugung. Kein Verständnis haben wir allerdings für die Polizeiführung, für die leitenden Beamten. Wir machen nur Gebrauch von Art. 8 GG und Art. 113 BV des Grundrechtes der Versammlungs- und Demonstrationsfreiheit. Ebenso vom Recht zur freien Meinungsäußerung nach Art. 5 GG und Art. 110 BV. Darf ich einmal die Polizeieinsatzleitung, vor allem die Verantwortlichen in München, fragen: Was soll hier eigentlich die Polizei vor wem schützen? Wo bleibt der Respekt vor dem Willen des Volkes? Wir wollen nicht mehr als unsere von der Staatsregierung verratene und verkaufte Heimat schützen; die geschundene Natur, uns selbst und vor allem unsere Kinder sowie die nach uns kommenden Generationen vor radioaktiver Verseuchung bewahren. Der Polizeieinsatz, der Millionen DM kostet, schützt dagegen nur die 1-Mann-Demokratie, den Regierungswillen Strauß'scher Prägung. Hier wird offenkundig, was Strauß bei den vielen Besuchen in Südafrika, Chi-

In wenigen Stunden war ein „Friedenshaus" erstellt. Junge Leute schleppten unentwegt Baumstämme heran.

Joschka Fischer im Taxöldener Forst

le und all den Militärdiktaturen und den kommunistischen Staaten gelernt hat. Der Unterschied zwischen der bayerischen harten Linie und den Besuchs- und Urlaubsländern von Strauß verringert sich immer weniger. Dort wie hier werden Grundrechte der Mehrheit des Volkes nicht beachtet, Kritiker zum Schweigen gebracht. Eingeschüchtert, verängstigt, bedroht und schikaniert.

Gesetze werden geändert, neu geschaffen. Verwaltungsnormen werden missachtet. Präzedenzfälle werden geschaffen; Richter argumentieren mit den Aussagen der Regierung. Angesehene Bürger, Wissenschaftler, Ärzte, Pfarrer, anders als die Staatsregierung denkende Politiker, werden als Chaoten, Traumtänzer, Aussteiger, Gegner des Fortschritts, aber auch als Volksverhetzer, Rechtsbrecher und Saboteure bezeichnet. An diesem Rufmord beteiligen sich neben dem Ministerpräsidenten fast alle bayerischen Minister und Staatssekretäre. Ganz zu schweigen von den örtlichen CSU-Politikern, die seit Jahren die Unwahrheit sagen, um die Akzeptanz der Bevölkerung für diese unsinnige und unverantwortliche Anlage einer WAA zu erreichen. Es ist heute nicht mehr die Zeit, über die Gefährlichkeit, über das tod- und verderbenbringende Monster zu reden. Heute geht es um die Methoden der Regierung, der Atomallianz, der Energiewirtschaft und deren Helfer und Helfershelfer. Es geht um die Verhinderung der Anlage selbst. Dazu bedarf es einer deutlichen Sprache. Wir werden die Hintergründe aufdecken, die Lügen, Unwahrheiten, Täuschungen und Tricks aufklären.

Wir mussten uns als Saboteure, Chaoten, Berufsdemonstranten und vieles mehr von Ministerpräsident Strauß und seinen Nachbetern bezeichnen lassen. Geltendes, bewährtes Recht, das im Wege stand, wurde durch das ‚Selbsteintrittsrecht des Staates' biegsam gemacht, den Bedürfnissen der CSU-Gewaltigen angepasst.

Man nannte das neue Gesetz, das zweifellos für das Milliardending hervorgezaubert wurde, eine ‚Lex Schuierer'. In Wirklichkeit lag aber die Gesetzesvorlage schon lange in der Schublade, um sogenannten unbotmäßigen Kommunalpolitikern Entscheidungen abzunehmen und diese zu entmachten. Die Ministerialbürokratie und der Innenminister ersetzen in Bayern künftig Gewissensentscheidungen von gewählten Mandatsträgern durch Befehl von oben. Eine Entwicklung, die unseren Bürgern im gesamten bayerischen Freistaat zu denken geben sollte. Der Großmannssucht der ‚CSU-Demokratur' müssen Grenzen gesetzt werden. Man hat in München, durch die jahrzehntelange Machtausübung übermütig geworden, wahrscheinlich vergessen, dass die

Joschka Fischer solidarisierte sich als Atomgegner mit der Protestbewegung gegen die WAA.

Staatsmacht nicht von einer Partei oder einem Mann, sondern immer noch vom Volke ausgeht.

Das bisherige Vorgehen in unserer Heimat Oberpfalz, ich nenne hier nur den Turmabriss, den Hüttenbau und jetzt den Baubeginn der Anlage, erinnern fatal an unselige Zeiten, die man durch solche Maßnahmen nicht mehr heraufbeschwören sollte.

Welche Motive bewegen die CSU-Staatsregierung, gegen den Willen der Mehrheit unserer Bürger eine Anlage von höchster Gefährlichkeit in unsere Heimat, in die Oberpfalz zu bringen?

Welche Motive bewegen die CSU-Mandatsträger unserer Heimat, entweder ihre Meinung wie das Hemd zu wechseln oder von Anfang an vehement als Stoßtrupp und potenzieller Werbeträger der DWK aufzutreten? Wurden sie von Volksvertretern mit eigener Gewissensentscheidung zu reinen Befehlsempfängern degradiert oder überlassen sie das Denken allein den Werbemanagern der Atomindustrie?

Natur und Leben sind unser kostbarstes Gut, das wir Menschen haben. Wir dürfen und können sie nicht opfern für Macht- oder sonstige Interessen. Wir haben eine Verpflichtung für künftige Generationen, deren Lebensgrundlagen wir, die heutige Generation, zerstören können.

Dies ist eine Verpflichtung für uns alle! Die Verantwortung dafür kann nicht nur von einer Minderheit getragen werden, die fundierte wissenschaftliche Bedenken kaltlächelnd und zynisch beiseiteschiebt.

Profitgier und Machtbesessenheit haben unser Leben und unsere Umwelt leichtfertig aufs Spiel gesetzt, sie haben die Zukunft gefährdet.

Wir, meine Damen und Herren, liebe Bürgerinnen und Bürger, erfüllen heute und hier eine staatsbürgerliche Pflicht und wir werden trotz aller zu erwartenden Maßnahmen nicht davon ablassen, diese unsere Pflicht zu erfüllen ...

Unseren Mitbürgern möchte ich noch sagen: Sie werden nicht sagen können, wenn Ihre Kinder

Landrat Hans Schuierer: „Natur und Leben sind unser kostbarstes Gut, das wir Menschen haben. Wir dürfen und können sie nicht opfern für Macht- oder sonstige Interessen. Wir haben eine Verpflichtung für künftige Generationen."

Sie fragen – das habe ich nicht gewusst, das habe ich nicht gewollt."

Nach dem offiziellen Teil der Veranstaltung zogen noch Tausende von Demonstrationsteilnehmern zum 15 Minuten Fußweg entfernten Rodungsplatz. Einige junge Leute begannen sofort damit, Hütten zu errichten. Unermüdlich wurden gefällte Baumstämme geschleppt. Bis zum Einbruch der Dunkelheit waren in wenigen Stunden zwei Dutzend Behausungen aus Baumstämmen und Ästen erstellt, darunter ein „Friedenshaus" mit acht Metern Länge und fünf Metern Breite.

Über 1000 Atomkraftgegner blieben an diesem 14. Dezember im Camp. Viele arbeiteten im Flackerschein der Lagerfeuer die ganze Nacht hindurch weiter an ihren Hütten. Die Demonstranten waren entschlossen, den Platz so lange wie möglich zu halten.

Das neue Gorleben der Republik

Räumungsbefehl!

Kaum hatten sich die Platzbesetzer gegen Morgengrauen schlafengelegt – an den abgebrannten Lagerfeuern stieg noch der Rauch auf – da zogen auch schon starke Polizeikräfte im Taxöldener Forst auf.

Die Räumung des Hüttendorfes stand scheinbar kurz bevor. Doch bis Mittag tat sich, entgegen allen Vermutungen der Demonstranten, nichts. Erst kurz nach zwölf setzten sich die Polizeibeamten in Bewegung, allerdings nicht vorwärts, sondern rückwärts. Die Polizei hatte ihre ursprüngliche Absicht, das Dorf am dritten Adventssonntag zu räumen, wieder aufgegeben, nachdem Landrat Hans Schuierer sich als Vermittler zwischen den WAA-Gegnern und dem oberpfälzisch-niederbayerischen Polizeipräsidenten Hermann Friker eingeschaltet hatte.

Dagegen blieb die Bitte des Landrats an die DWK, sie möge doch die Rodungen in nächster Zeit einstellen, damit der Weihnachtsfriede im Landkreis gewahrt bleibe, unerfüllt.

Ein Sprecher der DWK kündigte statt dessen an, die Rodungen würden auf jeden Fall weitergeführt. Doch zumindest für diesen Tag war die große Konfrontation verhindert worden.

Nachmittags setzte ein nicht enden wollender Besucherstrom zum Hüttendorf ein. Wie auf dem Ho-Chi-Minh-Pfad wurden Lebensmittel, Getränke, Kleidung und Werkzeug von der Bevölkerung in das Lager eingeschleust. Ein Bäcker hatte am Sonntag extra 500 frische Brötchen für die WAA-Gegner gebacken. Alte Menschen kamen zu Besuch ins Lager und ermunterten die jungen Leute durchzuhalten. Platzbesetzer und Besucher bauten das Dorf weiter aus, errichteten zum Teil gemeinsam Barrikaden an den Zufahrtswegen zum Rodungsgelände.

In der Nacht vom 15. zum 16. Dezember 1985 hatten nur wenige WAA-Gegner einen guten Schlaf. Schuld daran war sicherlich nicht nur die Kälte. Was würde der nächste Tag bringen? Diese Ungewissheit lastete auf vielen.

Frühmorgens um 5 Uhr waren auf den bayerischen Autobahnen Polizeikolonnen in einem bisher nicht gekannten Ausmaß unterwegs. Ihr Ziel: Wackersdorf – „das neue Gorleben der Republik" – wie eine Wochenzeitung drei Tage später formulierte.

Gegen 4 Uhr hatten mehr als 3000 Polizeibeamte begonnen das Hüttendorf zu umstellen. Bereitschaftspolizisten zogen einen immer dichter werdenden Kordon um das Rodungsgelände. Anschließend rückten Einheiten des Bundesgrenzschutzes nach und räumten mit Motorsägen die ersten Barrikaden beiseite, damit der Fahrzeugkonvoi aufschließen konnte.

Räumungsbefehl!

Demonstranten wurden durch den knöcheltiefen Schlamm vom Rodungsplatz gezogen.

Zwei Stunden später war das gesamte Gelände hermetisch abgeriegelt. Herbeigeeilte Eltern, die zu ihren Kindern ins Hüttendorf kommen wollten, wurden von den Polizisten zurückgehalten.

Landrat Hans Schuierer musste am „Roten Kreuz" seinen Wagen stoppen, da ihm Polizeibeamte die Anfahrt zum Rodungsplatz untersagten. Zu Fuß eilte er weiter bis vor die Absperrung des Rodungsplatzes, kletterte mit Zustimmung der Polizisten über die Barrikaden und begab sich ins Lager. Einige Menschen riefen ihm nach, wünschten ihm noch alles Gute für seine Vermittlungsversuche. Im Hüttendorf versuchte Landrat Schuierer noch einmal mäßigend auf die Demonstranten einzuwirken, bat sie, sich nicht provozieren zu lassen, keine Gewalt anzuwenden. Besorgte Mitbürger, die außerhalb der Absperrung standen, versuchten die Polizisten zu überzeugen, dass die Hüttendorfbewohner ein Recht hätten, da zu sein.

Fertigmachen zur Räumung!
Dann folgte die erste Aufforderung der Polizei an die Besetzer, den Platz zu verlassen. Nur wenige mochten diesem Aufruf nachkommen.

Gespanntes Warten drinnen und draußen. Nochmals eine Durchsage der Polizei. Laute „Haut ab, haut ab!"-Rufe tönten den Polizisten entgegen. Schließlich die letzte Warnung aus dem Polizei-Megaphon: „Wer den Platz nicht verlässt, muss nach der Räumung mit einer Anzeige wegen versuchter Nötigung rechnen." Daraufhin verließ unter anderem Landrat Hans Schuierer das Camp. Kurz danach das Kommando: „Fertigmachen zur Räumung!" Die Polizisten zogen ihr Helmvisier herunter, mit Schutzschild und Schlagstöcken bewaffnet ging es auf die Lichtung zu. Etwa 1500 Demonstranten im Hüttendorf hatten Menschenketten gebildet und zogen sich eng um das „Freundschaftshaus" zusammen. Eine Gruppe von Autonomen setzte Barrikaden in Brand. Beamte eines Sondereinsatzkommandos trennten die Kette der Demonstranten und griffen immer wieder einzelne WAA-Gegner heraus.

Zwei andere Polizisten hakten die Herausgegriffenen unter und führten sie sofort ab. Demonstranten, die nicht freiwillig mitgehen wollten, wurden entweder vom Platz getragen oder durch den knöcheltiefen Schlamm vom

Räumungsbefehl!

Landrat Schuierer zeigte Präsenz und machte die Polizeiführer immer wieder auf vermeidbare Gewaltmaßnahmen aufmerksam.

Rodungsplatz gezogen. Kaum jemand leistete bis dahin den Polizisten aktiven Widerstand. Kurz vor 12 Uhr rissen Beamte des Bundesgrenzschutzes bereits die ersten Hütten ab. Außerhalb der Absperrung spielten sich erschütternde Szenen ab. Männer und Frauen unterschiedlichen Alters standen am Wegrand und weinten hemmungslos.

Eine ältere Frau kletterte auf eine brennende Barrikade und schrie minutenlang verzweifelt nach ihren Kindern, bevor sie von Polizisten heruntergeholt wurde.

Landrat Hans Schuierer war indessen ständig unterwegs, machte immer wieder auf vermeidbare Gewaltmaßnahmen aufmerksam. Nutzte das nichts, nahm er den Fotoapparat zur Hand und hielt einzelne Szenen als Beweismaterial auf Film fest. Mehr als drei Stunden blieb der Landrat, ebenso wie eine Reihe von Bürgermeistern und Kreisräten des Landkreises. Während die Räumung noch in vollem Gange war, wurde im Auftrag der DWK an einer anderen Stelle im Taxöldener Forst bereits wieder gerodet. Im „Freundschaftshaus" hatte zwischenzeitlich die Polizei Quartier bezogen, während ringsum mit Äxten und Sägen Hütte für Hütte geschleift wurde. Am frühen Nachmittag fiel auch dieses zentrale Gebäude der Besetzer dem Räumkommando zum Opfer. Übrig blieb nur ein rund sechs Meter hohes Holzkreuz.

Die Spezialeinheit für Terrorbekämpfung GSG 9 griff an diesem Tag nicht ein. Das Bayerische Innenministerium hatte das Spezialeinsatzkommando angefordert, weil „die militante Entwicklung befürchten ließ, dass Gewalttäter im Hüttendorf bei der Räumung massiven Widerstand leisten würden". Außerdem verfügten, so das Bayerische Innenministerium, die GSG-9-Beamten über einen „entsprechenden Ausbildungsstand und besondere körperliche Fähigkeiten" für eine Räumung.

Rechtswidrige Aktionen?

Da sich etliche Platzbesetzer auf Baumhäusern und Holztürmen verschanzt hatten, und nicht genug Fahrzeuge bereitstanden, um die vielen fest genommenen Demonstranten zur erkennungsdienstlichen Behandlung in verschiedene Polizeidienststellen zu bringen, zog sich die Räumung bis kurz vor Mitternacht hin. Von jedem der 869 Festgenommenen wurden drei Polaroid-Fotos gemacht, die Personalien aufgenommen und ein Protokoll angefertigt. 170 Personen hatten wegen Nötigung und Widerstand eine Anzeige zu erwarten. Die Grundlage war rechtens, denn seit Beginn der Rodung existierte im WAA-Gelände eine Baustelle. „Mit Wirksamkeit des Bebauungsplanes", so hatte es Klaus Sagemühl von der DWK formuliert, „ist der Wald juristisch kein Wald mehr".

Bayerns Innenminister Karl Hillermeier, der die Geschehnisse vor Ort verfolgt hatte, zog ein positives Fazit der Polizeiaktion. Die Räumung habe bewiesen, meinte Hillermeier, dass in Bayern nach Recht und Gesetz gehandelt werde. Rechtswidrige Aktionen finden im Freistaat keine Duldung.

Der Schwandorfer Landrat Hans Schuierer hingegen mochte diese Ansicht des Innenmi-

Räumungsbefehl!

Bereitschaftspolizisten zogen einen immer dichter werdenden Kordon um das Rodungsgelände. Herbeigeeilte Eltern wurden von den Polizisten zurückgehalten.

nisters ganz und gar nicht teilen. Er bezeichnete die Räumung als „Terror in Vollendung". Die Verhältnismäßigkeit im Sinne des Polizeiaufgabengesetzes sei auf keinen Fall gewahrt worden. Schuierer weiter: „Ich finde es sehr bedauerlich, wenn BGS und Bereitschaftspolizei wie bei kriegsähnlichen Zuständen mit Gewehren und Schlagstöcken ausgerüstet, auf den Platz kommen. Der Höhepunkt an Brutalität aber ist der Einsatz von Polizeihunden gewesen."

Auch kritisierte der Schwandorfer Landrat, dass Personen mit oberpfälzischem Dialekt nicht registriert worden seien. „Hier lagen Willkürakte vor, eindeutige Verstöße gegen den Gleichbehandlungsgrundsatz", meinte der Landrat. Auf diese Weise wolle man wohl die Statistik zurechtbiegen.

Nur einen Tag nach der gewaltsamen Räumung des Hüttendorfes im Taxöldener Forst schickte die Regierung der Oberpfalz, kurz vor Dienstschluss der Behörde, eine Telex-Nachricht an das Landratsamt Schwandorf ab. Empfänger des Schreibens: Landrat Hans Schuierer.

Darin wurde dem Landrat mit Hilfe einer Liste von Presseauszügen vorgeworfen, er habe anlässlich der Demonstrationen gegen den Bau der WAA in Wackersdorf am 14. Dezember 1985 sowie in Reden vor Demonstranten schwere und grob verunglimpfende Vorwürfe unter anderem gegen Innenminister Hillermeier und gegen die Bayerische Staatsregierung erhoben.

Innenminister Karl Hillermeier hatte den Regierungspräsidenten der Oberpfalz, Karl Krampol, zuvor in einem Fernschreiben gebeten, den Landrat von Schwandorf zu einer dienstlichen Äußerung aufzufordern und seine Stellungnahme einer disziplinarrechtlichen Würdigung zu unterziehen.

Der Vorwurf: Schuierer sei als Staatsbeamter zur Zurückhaltung verpflichtet. Schuierers Kommentar: „Ich habe als Politiker gesprochen."

In einem Antwortschreiben an den Regierungspräsidenten der Oberpfalz, am Tag vor dem Heiligen Abend, stellte Schuierer klar: „Ich bin weder in der Lage noch bereit, im Einzelnen nachzuprüfen, ob ich in den vielfältigen Meldungen der Medien jeweils richtig wiedergegeben und zitiert wurde. Angesichts der erkennbar großen Zahl von Zuhörern aus dem Kreis der Sicherheitsbehörden am 14. und 15. Dezember 1985 bin ich auch verwundert, dass Sie eine dienstliche Äußerung meinerseits benötigen, um sich über den Inhalt meiner Rede am 14. Dezember zu informieren. Zu ihrer Unterstützung erlaube ich mir deshalb, Ihnen einen Abdruck des Manuskripts der Rede zu übersenden."

Republik Wackerland

WAAldweihnacht 1985

Ob nun die Bitten Schuierers oder massive Proteste der Bürger die Verantwortlichen der DWK zur Einsicht gebracht hatten, vier Tage vor dem Heiligen Abend die Rodungsarbeiten einzustellen, blieb unergründet. Doch konnte wenigstens bis 7. Januar 1986 – solange sollte nicht mehr gerodet werden – wieder Friede einkehren im Taxöldener Forst und in der gesamten Oberpfalz.

Kaum waren die Polizisten abgezogen, begannen WAA-Gegner erneut mit der Errichtung eines Hüttendorfes. Binnen zweier Tage standen 15 neue Hütten auf dem Rodungsplatz. Laut Polizeibericht waren sie „in der Art von Indianerzelten" gebaut worden. Rund 400 Personen richteten sich für einen längeren Aufenthalt auf dem Gelände ein. Ein Schweigemarsch vom Wackersdorfer Rathausplatz zum WAA-Gelände, an dem sich über 1500 Bürger beteiligten, sollte die stille Zeit ankündigen. Ein Sprecher der jungen christlichen Veranstalter äußerte die Hoffnung, die verantwortlichen Politiker vielleicht durch das Schweigen aufrütteln zu können, „da die lauten Proteste ja anscheinend überhört wurden". Landrat Hans Schuierer, der ebenfalls dabei war, konnte damit wohl kaum gemeint sein. Das Motto der Veranstaltung „Das Leben wählen – WAA nein" hätte hingegen auch von ihm stammen können.

Zwei Tage später: Heilig Abend im Taxöldener Forst, für die Hüttendorfbewohner und die Besucher ein unvergessliches Erlebnis. Mehr als 1500 Menschen aus Schwandorf und Umgebung fanden sich zur WAAldweihnacht auf dem WAA-Gelände ein. Viele brachten nützliche Geschenke wie Essenspakete und Decken mit. Weihnachtsgebäck wurde gereicht, am Lagerfeuer Tee und Glühwein zubereitet. Ein Fichtenbaum war mit Kerzen und Kugeln geschmückt.

Weihnachten in der „Republik Freies Wackerland"

WAAldweihnacht 1985

Auch Landrat Hans Schuierer und seine Frau Lilo besuchten täglich die Hüttendorf-Bewohner.

Eine Gruppe von jungen Leuten spielte und sang Weihnachtslieder. Trotz der Kälte froren an diesem Abend die wenigsten. Vielen wurde eher warm ums Herz. Eltern besuchten ihre Kinder, feierten gemeinsam Christi Geburt in den Hütten. Die offizielle Weihnachtsfeier der Kernkraftgegner hatten zuvor bereits zwei katholische und drei evangelische Priester aus der Oberpfalz zelebriert, ohne Wissen ihrer Kirchenleitungen. Auf dem Gelände war weit und breit kein einziger uniformierter Polizist an diesem Abend zu sehen. Die Bereitschaftspolizei feierte in ihrer Unterkunft am Ortsrand von Wackersdorf bei kaltem Buffet, Christstollen und Kaffee eine „Männerweihnacht".

Die Besetzer richteten sich in den folgenden Tagen fürs Überwintern ein, in 66 Hütten und Behausungen. Bürger aus der Umgebung ga-

Ein einsamer Christbaum im abgeholzten Gelände war mit Kerzen und Kugeln geschmückt.

WAAldweihnacht 1985

Geschickte Baumeister schufen Hütten in den Baumwipfeln der hohen Kiefern.

ben den Besetzern die Möglichkeit, sich zu duschen und Kleidung zu waschen. Die Zahl der Hüttenbewohner war mittlerweile auf 800 Personen angewachsen. Ein kleines Dorf hatte sich gebildet, von den Bewohnern „Freies Wackerland" genannt. Inmitten der dörflichen Idylle, ragte ein sechs Meter hohes Kreuz mit einer lebensgroßen Christusfigur in den Himmel. Tag für Tag ergoss sich nunmehr ein regelrechter Pilgerzug zum Rodungsplatz im Taxöldener Forst. Viele Menschen brachten Proviant mit oder boten bei Arbeiten am Hüttendorf ihre Hilfe an. Beobachtungstürme entstanden. Über die Hauptzufahrtswege wurden Baumstamm-Barrikaden gelegt. Abends saß man in Grüppchen bis tief in die Nacht am Lagerfeuer und diskutierte.

Anti-WAA-Jahr

Am Sonntag, den 29. Dezember, luden die Bewohner von „Wackerland" die Bevölkerung der Oberpfalz zu einem großen Bürgerfest ein. Damit wollten die Platzbesetzer der Bevölkerung die Möglichkeit geben, die Protestsiedlung auf dem Rodungsgelände zu besichtigen. Der Zuspruch war überwältigend. Rund 3000 Menschen, darunter viele ältere Leute, nahmen den beschwerlichen Weg auf sich, um die nun perfekt ausgebaute Protestsiedlung auf dem Rodungsgelände zu besichtigen und die Bewohner in ihrem Durchhaltevermögen zu bestärken.

Den Anbruch des Jahres 1986, gleichzeitig der 100. Jahrestag der Atomphysik, die 1886 mit der Entdeckung der radioaktiven Strahlung begonnen hatte, wollten mehr als 2000 Men-

WAAldweihnacht 1985

Kabarettist Gerhard Polt und die Biermösl Blos'n begeisterten mit satirischen Einlagen.

Den Höhepunkt seines Bestehens erlebte die „Freie Republik Wackerland" am Sonntag, den 5. Januar 1986. Zu dem angekündigten Hüttenfest mitten im Wald strömte eine wahre Flut von Besuchern. Obwohl die Polizei das WAA-Gelände schon vormittags weiträumig abgesperrt hatte, kamen 10.000 bis 15.000 Menschen ins Hüttendorf. Auch vereiste Wege und meterhohe Baumsperren konnten den Ansturm nicht bremsen. Angesagt hatten sich unter anderem der Kabarettist Gerhard Polt sowie die Musikgruppe „Biermösl Blosn", beide Exponenten kritischer Texte. Eine einstündige Show mit satirischen Einlagen begeisterte Bewohner und Gäste. Für die Kinder hatten die Dorfbewohner nachmittags ein großes Spielfest organisiert mit Auftritten eines Clowns sowie Kasperltheater und Ballonsteigen. Während Besucher und Platzbesetzer friedlich feierten, erhielten die Räumungspläne der Polizei langsam ihren letzten Schliff. Für Dienstag, den 7. Januar 1986, hatte die DWK die Wiederaufnahme der Rodungsarbeiten angekündigt.

schen bewusst im Rodungsgelände „Taxöldener Forst" erleben.

Bei Sekt, Musik und Feuerwerk feierten die Gegner der Wiederaufarbeitungsanlage das Neue Jahr, das sie spontan zum „Anti-WAA-Jahr" erklärten. Doch jeder der Anwesenden war sich darüber im Klaren, dass bald massive Polizeikräfte den Widerstand im Hüttendorf brechen würden.

Am Tag zuvor hatten bereits die „Nussgackln" aufgespielt und am Sonntag waren auch noch die „Mehlprimeln" im Wackerland.

Da waren alle Mittel recht

Kein Friede den Hütten

Die bayerische Bereitschaftspolizei und der Bundesgrenzschutz bereiteten sich auf einen Großeinsatz vor. Mehrere Hundertschaften waren zusätzlich angefordert worden für die Räumung von „Wackerland".

Bereits gegen sechs Uhr morgens stießen Autofahrer in Wackersdorf und Altenschwand auf schwerbewaffnete Polizeikontrollen. Die Zufahrtswege zum Rodungsgelände waren hermetisch abgeriegelt. Nicht einmal einheimische Landwirte wurden durchgelassen.

Wer jetzt noch ins Hüttendorf wollte, musste schon Schleichwege finden oder sich gut auskennen in dem tiefen Waldgebiet. Unter den Frühaufstehern befanden sich an diesem Morgen auch Landrat Hans Schuierer und seine Frau Lilo. Auf verschlungenen Pfaden waren sie gegen 5.30 Uhr ins Hüttendorf gekommen, das zu dieser Zeit auf weit mehr als das Doppelte seiner ursprünglichen Bewohnerzahl angewachsen war. Schon am Abend und in der Nacht vor der Räumung hatten sich, im Schutz der Dunkelheit, Hunderte von WAA-Gegnern im Lager eingefunden. Sie wollten trotz der grimmigen Kälte und einer möglichen strafrechtlichen Verfolgung ausharren.

Viele Menschen im Hüttendorf waren schon wach, als kurz nach 6 Uhr die Polizei ihre erste großangelegte Aktion startete. Bewaffnete Einsatzkräfte stürmten den Schafstall eines Bauernhofes ganz in der Nähe des Hüttendorfes. Dort hatten sich WAA-Gegner häuslich niedergelassen. Da die Polizei den Stall als eine Art Stützpunkt des Widerstandes betrachtete, wurde die Räumung angeordnet und 29 Personen festgenommen. Unterdessen begannen im Taxöldener Forst Tausende von Polizisten das Dorf weiträumig zu umstellen. Räumfahrzeuge beseitigten die massiven Baumsperren. Die Mannschaftsfahrzeuge von Bereitschaftspolizei und Bundesgrenzschutz rückten nach. Einige Fahrzeuge der Polizei mussten jedoch unfreiwillig Stopps einlegen. Sie waren auf Nagelbretter oder Krähenfüße gefahren, welche Demonstranten in der Nacht ausgelegt hatten. Während sich der Ring um das Hüttendorf immer enger zusammenzog, musste auch die Mahnwache der WAA-Gegner am „Roten Kreuz" ihre Stellung räumen. Nunmehr konzentrierte sich alles auf das Hüttendorf „Wackerland" und seine Bewohner. Junge und alte Leute drängten sich um wärmende Lagerfeuer und warteten auf das, was da kommen werde. Tausende von Polizisten, die inzwischen eng an das Camp herangerückt waren, warteten auf den Einsatzbefehl. Videokameras fingen das Geschehen ein.

Kein Friede den Hütten

Auch Landrat Hans Schuierer entging nur knapp dem Angriff eines Polizeihundes.

Noch einmal entspannte sich für kurze Zeit die Situation. Außerhalb der großen Absperrung wurde eine Andacht gehalten. Viele der Demonstranten sangen und beteten mit. Zwei Pfarrer appellierten an Polizisten und Demonstranten, keine Gewalt auszuüben.

Menschen außerhalb der Absperrung drängten nach innen; die Platzbesetzer ihrerseits versuchten, die dazwischenstehenden Polizisten möglichst weit vom Hüttendorf fernzuhalten. Sie bildeten Menschenketten, hakten sich zum Teil untereinander an den Armen ein. An den Baumhäusern wurden die Strickleitern hochgezogen. Eine oberpfälzische Blaskapelle spielte, aller Tragik zum Trotz, lautstark auf. „Lasst Euch nicht zu Werkzeugen der Politiker machen" riefen die Demonstranten den Polizisten entgegen. Dann folgte die erste Aufforderung, den besetzten Rodungsplatz unverzüglich zu verlassen. Erst mit der dritten und letzten Warnung verließ Landrat Hans Schuierer unter tosendem Beifall den Platz. Noch einmal mahnte er die Besetzer: „Bleibt friedlich, lasst Euch nicht provozieren." Dann wurde der Landrat durch eine Schleuse im Polizeikorridor hinausgelassen. Der Presse erläuterte Landrat Schuierer, er wolle den ganzen Tag im Wald bleiben, die Räumung beobachten und falls nötig schlichtend eingreifen. Wenige Minuten danach, gegen 9.30 Uhr, ertönte der Befehl: „Vorrücken!" Im Gegensatz zur Räumung des ersten Hüttendorfes war die Polizei dieses Mal gezwungen, kleinräumig zu operieren, da wesentlich mehr Hütten auf dem Gelände standen.

Von Polizeihund angefallen

Nur mit Mühe gelang es den Polizisten Demonstranten aus der dichten Menschenkette zu lösen. Gelang es doch, die Kette an einzelnen Stellen zu sprengen, so schlossen die anderen Menschen sofort wieder den Kreis. Die Platzbesetzer bemühten sich, der Polizei keinen Vorwand zum Einsatz von Gewalt zu liefern. Sie beschränkten sich weitgehend auf passiven Widerstand, ließen sich abführen

Die Polizei war auch mit Hunden vor Ort. Die Folge waren Demonstranten mit Bissverletzungen.

oder wegtragen. Nur vereinzelt kam es zu Tumulten und Schlagstockeinsätzen. Ein schwerwiegender Zwischenfall ereignete sich allerdings außerhalb des abgesperrten Geländes. Eine Frau wurde von einem Polizeihund angefallen und schwer verletzt. Auch Landrat Schuierer hatte nur mit Mühe einem solchen Angriff während der Räumung entgehen können. 20 Zentimeter vor seinem Gesicht riss der Hundeführer das Tier zurück.

Österreichische Sicht

Im „Österreichischen Pressedienst Nr. 1/86" war über die Ereignisse im Taxöldener Forst unter der Überschrift „Wackersdorf am 7. Jänner 86: Kampf einer Regierung gegen das eigene Volk?" zu lesen:

„Der Polizeiring wird enger. Menschen werden mit Schildern ins Hüttendorf gedrängt, gestoßen oder aus der Kette gezerrt und verhaftet. Ein äußerer Ring wird gebildet, um Unterstützung von außen und Journalisten abzuhalten. Fassungslos beobachten die vielen Einheimischen das Vorgehen der Staatsmacht gegen das eigene Volk. Viele Ältere äußern Erinnerungen an jene Zeit in der durch Staatsterror hunderttausende Menschen unterdrückt und getötet wurden. Die geräumten Hütten werden sofort von Polizeitrupps niedergerissen. Wiederholt erteiltes Presseverbot erschwert die Dokumentation der oft ziemlich brutalen Festnahmeszenen. Am späten Nachmittag können sich nur mehr die Menschen in den Baumhäusern halten. Ein Haus nach dem anderen wird vom Sondereinsatzkommando erobert; anschließend werden die Bewohner aus schwindelerregenden Höhen abgeseilt. Das höchste Baumhaus des Platzes wird besonders dramatisch geräumt: Von einem tieffliegenden Helikopter seilen sich vier SEKler ab und dringen vom Dach in das Haus ein …

In der verschneiten Republik Freies Wackerland harren 2000 Bewohner des Hüttendorfes der Dinge die da kommen werden. ‚Sie kommen!' tönt es aus vielen Kehlen. Es ist 6 Uhr 30. Der Lärm schwerer Polizeifahrzeuge erfüllt den bislang ruhigen Taxöldener Forst. Riesige Konvois dringen von allen Seiten zum Hüttendorf vor. Barrikaden werden von Räumkommandos beseitigt. Eine Situation, die fast an Bürgerkrieg erinnert: Bundesgrenzschutz, Sondereinsatzkommando (SEK; Anti-Terror-Kommando) und Bereitschaftspolizei aus ganz Deutschland werden rund um das Hüttendorf in Stellung gebracht. Noch in der Morgendämmerung wird mit der Umstellung begonnen. Um 9 Uhr ist der Ring fest geschlossen: Schwer bewaffnete Polizisten mit Vollvisierhelm und Plastikschild stehen Aug in Aug mit der Menschenkette, die zum Schutze des Dorfes gebildet wird …"

In den Abendstunden machte eine riesige Planierraupe die letzten Reste der 2. Freien Republik Wackerland dem Erdboden gleich. Das

Spezialkommandos rissen Hütte um Hütte ab.

Kein Friede den Hütten

traurige Resultat: 762 Festnahmen, viele Bissverletzungen durch Polizeihunde, Schulterverletzungen, Schlagstockverletzungen …

Sogleich nach der Räumung machte Polizeipräsident Hermann Friker deutlich, dass man den Bau neuer Hütten im Taxöldener Forst nicht mehr dulden werde. „Wir werden, da künftig keine Rodungspausen mehr geplant sind, alles was im Entstehen ist, sofort abräumen", kündigte Friker an.

Innenminister Karl Hillermeier, der die zweite Räumung des Hüttendorfes aus der Luft beobachtet hatte, warnte die Bevölkerung, sich künftig nicht zu „materieller oder moralischer Unterstützung der Demonstranten missbrauchen zu lassen". Und Landrat Hans Schuierer? Er zeigte sich überzeugt, dass der Widerstand der einheimischen Bevölkerung auch künftig nicht so leicht zu brechen sein werde.

Oberpfälzische Bürger, die zum ersten Mal in ihrem Leben derartige Szenen miterlebt hatten, zeigten sich noch nach Wochen schockiert von den Geschehnissen am 7. Januar im Taxöldener Forst.

Ein Leserbrief, erschienen am 1. Februar 1986 in einer örtlichen Tageszeitung, machte dies auf geradezu drastische Weise deutlich:

„Als Angrenzer erinnerte mich die Vorgehensweise der Polizei an Methoden in Militärdiktaturen. Nach meiner Meinung ist es primitiv, mit einem solchen Polizeiaufgebot, noch dazu derart ausgerüstet, auf friedliche Menschen loszugehen, sie wie eine Viehherde zusammenzudrängen und dann abzuführen.

Eine solche Machtausübung beweist, wie unsicher die Machthaber selbst sind. Zur Durchsetzung einer WAA sind anscheinend alle Mittel recht."

Auch der selbsternannte „Zirkusdirektor" Alois Cazore konnte der geballten Polizeimacht nicht widerstehen und ging zu Boden.

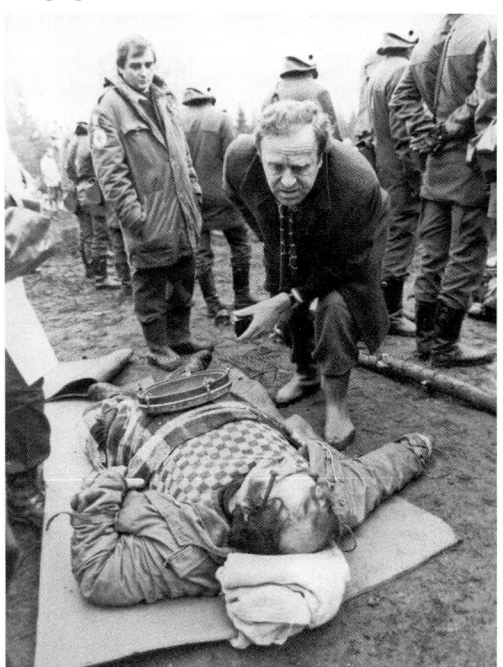

Tausende von Polizisten, aufgerüstet mit Gewehren, auf denen Abschussbecher für Gasgranaten montiert waren, warteten auf den Einsatzbefehl.

Machtvolle Demonstrationen

Mit Vorermittlungen Widerstand brechen

Erste Disziplinierungsversuche

Am 13. Januar 1986 schickte die Regierung der Oberpfalz ein brisantes Schreiben an den Schwandorfer Landrat Hans Schuierer ab.

Sein Inhalt: Vorermittlungen nach Art. 27 der Bayerischen Disziplinarordnung.

„Ihre Äußerungen bei der Demonstration gegen die Wiederaufarbeitungsanlage bei Wackersdorf am 14. Dezember 1985 haben mich veranlasst", formulierte Regierungspräsident Karl Krampol, „gegen Sie Vorermittlungen gemäß Art. 27 Abs.1 BayDO wegen des Verdachts von Dienstvergehen einzuleiten".
Dazu wurde in dem Schreiben angeführt:
Vorermittlungen nach Art. 27 BayDO
„Am 14.12.1985 haben Sie während der Demonstration gegen die Wiederaufarbeitungsanlage unter anderem folgendes gesagt:

Was soll hier eigentlich die Polizei vor wem schützen? Wo bleibt der Respekt vor dem Willen des Volkes? Wir wollen nicht mehr als unsere von der Staatsregierung verratene und verkaufte Heimat schützen …

Der Polizeieinsatz, der Millionen DM kostet, schützt dagegen nur die 1-Mann-Demokratie, den Regierungswillen Strauß'scher Prägung. Hier wird offenkundig, was Strauß bei den vielen Besuchen in Südafrika, Chile und all den Militärdiktaturen und den kommunistischen Staaten erlernt hat. Der Unterschied zwischen der bayerischen harten Linie und den Besuchs- und Urlaubsländern von Strauß verringert sich immer weniger. Dort wie hier werden Grundrechte der Mehrheit des Volkes nicht beachtet, Kritiker zum Schweigen gebracht, eingeschüchtert, verängstigt, bedroht und schikaniert.

Heute geht es um die Methoden der Regierung, der Atomallianz, der Energiewirtschaft und deren Helfer und Helfershelfer. Es geht um die Verhinderung der Anlage selbst. Dazu bedarf es einer deutlichen Sprache. Wir werden die Hintergründe aufdecken, die Lügen, Unwahrheiten, Täuschungen und Tricks aufklären.

Die Ministerialbürokratie und der Innenminister ersetzen in Bayern künftig Gewissensentscheidungen von gewählten Mandatsträgern durch Befehl von oben. Eine Entwicklung, die unseren Bürgern im gesamten bayerischen Freistaat zu denken geben sollte.

Ist es heute die WAA, die Oberpfalz, die man befehlsmäßig verurteilt, so kann es morgen einen anderen Landesteil betreffen. Der Großmannssucht der ‚CSU-Demokratur' müssen Grenzen gesetzt werden,

Wir fordern die DWK, die Landes- und Bundesregierung nochmals nachdrücklich auf: Stoppen Sie dieses gesundheits- und lebensbedrohende Milliardenmachwerk WAA.

Erste Disziplinierungsversuche

Wir haben Angst vor Innenminister Zimmermann, dass er sich gegebenenfalls wieder auf § 51 beruft, vor Verteidigungsminister Wörner in seinem Drang nach Atomwaffen, vor Ministerpräsident Strauß, der nicht erkannt hat, dass seine WAA gefährlicher ist als eine Fahrradspeichenfabrik, vor Innenminister Hillermeier besonders wegen seines Vorgehens beim Turmabriss im WAA-Gebiet.

Die inhaltliche Richtigkeit dieser Äußerungen wird durch das mit Ihrem Schreiben vom 23.12.1985 übersandte Manuskript Ihrer Rede bestätigt.

Durch ihre Äußerungen werden die angegriffenen Politiker überwiegend als Repräsentanten des Staates grob verunglimpft. Die Äußerungen überschreiten nach Form und Inhalt nicht nur die Grenzen einer unparteiischen Amtsführung, sondern werden auch der Achtung und dem Vertrauen nicht gerecht, die das Amt eines Leiters einer staatlichen Verwaltungsbehörde erfordern.

Das Verhalten ist nicht durch den Einwand gerechtfertigt, Sie seien selbst persönlich verunglimpft worden. Erst recht können Sie für solche Äußerungen nicht die Rücksichtnahme auf das Wohl der Allgemeinheit in Anspruch nehmen.

Es wird Ihnen hiermit Gelegenheit gegeben, sich zu dem Ergebnis der Ermittlungen zu äußern. Es steht Ihnen frei, sich mündlich oder schriftlich zu äußern oder nicht zur Sache auszusagen und sich jederzeit des Beistands eines Verteidigers zu bedienen. Für die Abgabe einer schriftlichen Äußerung wird Ihnen eine Frist von einem Monat nach Zugang dieses Schreibens gesetzt."

Schuierer stellte daraufhin klar, dass er nichts von alledem zurücknehmen werde und betonte nochmals, er habe seine Aussagen nur im politischen und privaten Bereich getroffen, nicht jedoch als Landrat.

Scheinbar suchte man krampfhaft eine Methode, dem politisch unbequemen Landrat Schuierer disziplinarisch etwas am Zeug zu flicken.

Zum weiteren Verlauf des Disziplinarverfahrens meinte Schuierer: „Ich sehe dem weiteren Verlauf dieses rechtlich obskuren Verfahrens mit Gelassenheit entgegen und werde nicht versäumen, auch in Zukunft im Interesse unserer Bürger und unserer Heimat die Wahrheit zu sagen. Daran kann mich weder die DWK noch die CSU-Staatsregierung oder der von ihr eingesetzte und beauftragte Regierungspräsident Karl Krampol hindern."

Unterstützung erhielt Schuierer vom SPD-Bewerber um das Amt des Bayerischen Ministerpräsidenten, Karl Heinz Hiersemann. Er erklärte öffentlich, Hillermeier missachte in grober Weise die Grundregeln der Verfassung, wenn er versuche, „einen vom Volk gewählten Landrat zu zensieren, zu kneten und zu entmündigen".

Dienstrechtliche Maßnahmen gegenüber bayerischen Landräten wurden bis zu jenem Zeitpunkt nur eingeleitet, wenn es beispielsweise um Subventionsbetrug ging. Äußerungen eines Politikers dagegen waren bis dahin noch nie Gegenstand eines Vorermittlungsverfahrens gewesen, wie es jetzt von der Bezirksregierung auf höhere Weisung angestrebt wurde.

Das Problem: Die Väter der Bayerischen Verfassung hatten es so gewollt, dass der Leiter der untersten staatlichen Behörde gleichzeitig Kommunalpolitiker ist – und auch als solcher reden kann. Es lag nun im Ermessensspielraum des Regensburger Verwaltungsgerichts, ob ein förmliches Disziplinarverfahren gegen den Schwandorfer Landrat Hans Schuierer eingeleitet werden sollte.

Zum Schutz der Heimat

Eine Armbrust für Schuierer

Indirekte Unterstützung in seinem Kampf gegen die WAA erhielt der Schwandorfer Landrat Hans Schuierer sogar aus dem Land der Eidgenossen. Der Bund Naturschutz verlieh Hans Schuierer am 22. Januar 1986 im Schwandorfer Landratsamt feierlich den „Wilhelm-Tell-Gedächtnispreis", in Erinnerung an den sagenhaften Freiheits-Nationalhelden der Schweiz.

„Wir oberpfälzischen Naturschützer wollen Ihnen zeigen, wie sehr wir zu Ihnen stehen und wie sehr wir Sie brauchen. Sie haben als Politiker den Kampf gegen das Wahnsinnsprojekt aufgenommen. Wir danken Ihnen dafür, wissen aber auch, wie sehr Sie dieser Kampf mitnimmt." Mit diesen Worten überreichte Dr. Eberhard Klein, Ortsvorsitzender des Bundes Naturschutz in Brennberg, den ersten „Wilhelm-Tell-Gedächtnispreis" an Landrat Schuierer. Das sichtbare Symbol: eine blumengeschmückte Armbrust und eine Urkunde mit dem Rütli-Schwur.

Klein appellierte nochmals an Schuierer, so wie bisher weiter zu kämpfen. Der Landrat sei, so betonte Klein, für die Naturschützer zur Zeit der wichtigste Politiker, „weil er unsere Heimat unversehrt halten will".

Landrat Hans Schuierer zeigte sich sichtlich gerührt von dieser Auszeichnung. Er gab zu verstehen, dass er noch nie etwas mit Waffen zu tun haben wollte, er jedoch bei der Armbrust die sportliche und vor allem die symbolische Bedeutung im Vordergrund sehe. Schuierer erinnerte dabei an das Entstehen historischer Figuren, „die immer da auftauchten, wo nicht auf das Volk gehört wurde". Auf das Thema WAA eingehend meinte Hans Schuierer, er sehe in dem Kampf gegen die atomare Wiederaufarbeitungsanlage nicht nur die Verteidigung von Umwelt und Natur; es gehe dabei auch um elementare Forderungen wie die Meinungsfreiheit. „Wir haben ein anderes Verständnis vom Staat als die Mächtigen in Bayern", erklärte Schuierer.

Er versicherte den Naturschützern, dass sie sich weiterhin auf ihn verlassen könnten, äußerte aber zugleich die Hoffnung, dass auch er sich auf sie und die gesamte Bevölkerung verlassen könne. Es gelte jetzt noch näher zusammenzurücken und die nächsten Jahre zu überstehen.

In die Rolle des Volkshelden, ließ Schuierer wissen, wolle er allerdings nicht schlüpfen. Er sehe sich lieber als Mitstreiter an vorderster Front gegen die Umweltzerstörung.

Am 28. Januar sprach der Schwandorfer Landrat Hans Schuierer an der Ludwig-Maximilian-Universität München vor Studenten über „Wackersdorf und die Demokratie". Der Veranstaltung war ein heftiger Streit vorausgegangen. Der Präsident der Universität, Professor Wulf Steinmann, hatte es Schuierer zuvor untersagt, bei der Veranstaltung aufzutreten. Steinmann begründete die Maßnahme mit der Behauptung, bei der Veranstaltung bestünde die „Gefahr des parteipolitischen Missbrauchs", während die SPD darauf hinwies, dass die Universitätsleitung diese „Gefahr" bei Auftritten der Unionspolitiker Geißler, Stoiber und Todenhöfer offenbar nicht gesehen habe.

Von Studenten gefeiert

Der Bayerische Rundfunk informierte am 29. Januar in den 6-Uhr-Nachrichten seine Hörer, dass der „Widerstand gegen Wackersdorf" inzwischen sogar auf die Münchener Universität übergegriffen habe. Schuierer, der nach seinen Worten, nur von den Studenten über das Hausverbot informiert worden war, erklärte, ihm sei es egal, wo er rede, wenn es gewünscht werde sogar in der Staatskanzlei. Schuierer, der von den Studenten als eine Art „Michael Kohlhaas der Oberpfalz" gefeiert wurde, forderte die Jugend auf, den Anfängen zu wehren, die in Bayern längst überschritten seien. Die DWK, Betreibergesellschaft der atomaren Wiederaufarbeitungsanlage, beschuldigte Schuierer, Umfragen, die sie selbst in Auftrag gegeben habe, unter Verschluss zu halten, weil darin bestätigt werde, dass die Mehrheit der Oberpfälzer gegen die WAA sei. Der Staatsregierung warf Schuierer vor, ihn mit „Psychoterror" weich klopfen zu wollen. Das Münchener Innenministerium habe sogar angedroht, ihn seines Amtes zu entheben. Doch Schuierer zeigte sich vor den Studenten kämpferisch: „Ich trete allenfalls dann zurück, wenn Justizminister August Lang, Innenminister Karl Hillermeier, Umweltweltminister Alfred Dick und Ministerpräsident Strauß zurückgetreten sind."

Anspielend auf das zunächst ausgesprochene Hausverbot erklärte Schuierer unter dem Gelächter der Zuhörer: „Ich werde von hier aus weder die Revolution in Bayern ausrufen, noch den Landtagswahlkampf eröffnen, sondern einfach über die WAA und die Gefahren für die Demokratie sprechen."

Eine Armbrust für Schuierer, „weil er unsere Heimat unversehrt erhalten will".

Das CSU-Sprachrohr „Bayernkurier" konnte das alles nicht fassen und kommentierte in seinem Politik-Magazin:

„SPD-Landrat Schuierer – Rechtsbruch egal? Im Wettlauf zwischen SPD und Grünen um die Radikalität des Widerstands gegen die Wiederaufarbeitungsanlage, die bei Wackersdorf entstehen wird, hat Genosse Landrat Schuierer eine neue Marke gesetzt. Bewusst fegte er die Anordnung des Münchner Universitätspräsidenten Wulf Steinmann hinweg und zog trotz ausdrücklichen Verbotes eine Propagandashow gegen die WAA in den Gebäuden der Ludwig-Maximilians-Universität ab. Hausfriedensbruch, so nennt man ein solches Verhalten gemeinhin. Doch Rechtsbrüche scheinen für SPD-Mann Schuierer keine Bedeutung mehr zu haben ... „Legal, illegal, scheißegal" heute für die SPD-Genossen? ... Wo dieser Weg endet, das haben die Krawalle der WAA-Gegner im Taxöldener Forst ebenso gezeigt wie der jüngste Versuch von Demonstranten in Regensburg, Veranstaltungen, die sich sachlich mit den Fragen der Wiederaufarbeitung befassen sollen, zu verhindern. Der Wirtschaftsbeirat der Union hatte in Regensburg zu einer solchen Diskussion Bayerns Umweltminister Alfred Dick ebenso eingeladen wie SPD-Landrat Schuierer. Doch der sonst so wortgewaltige Schuierer wollte sich dieser Sachdiskussion nicht stellen. Er gab den Veranstaltern eine Absage."

Druck der Staatsanwaltschaft

Auch die Staatsanwaltschaft machte weiter Druck. Am 3. November 1986 sollte Schuierers Auftritt an der Münchener Uni Teil ihres Anklageschreibens „Disziplinaruntersuchung gegen Landrat Hans Schuierer" sein. Darin hieß es, dass Landrat Hans Schuierer am 28.1.1986 im Hörsaal Nr. 331 der Münchener Ludwig-Maximilians-Universität an einer von der Studentenvertretung angeregten Veranstaltung mitgewirkt habe, obwohl ihm bekannt gewesen sei, dass diese Veranstaltung vom Präsidenten der Universität, Prof. Wulf Steinmann, untersagt worden war.

Am 14. April 1986 war der „Rebell wider die Staatsmacht" mit dem SPD-Umweltpreis in München ausgezeichnet worden. SPD-Landesvorsitzender Rudolf Schöfberger lobte Schuierer als einen „bedächtigen, auf Ausgleich wirkenden, in sich ruhenden Sozialdemokraten und rechtschaffenen Demokraten", dessen Schaffen sich dadurch auszeichne, dem in der Verfassung verankerten Umweltschutz zu praktischer Verfassungswirklichkeit verholfen zu haben. Schöfberger kritisierte scharf, dass der Staatsregierung „jedes Mittel" recht sei, um Schuierer als WAA-Gegner mit Verfassungsbrechern in einen Topf zu werfen. Schuierers Widerstand gegen die „ökonomisch sinnlose, ökologisch zerstörerische, beschäftigungspolitisch unsinnige und technologisch fragwürdige Wiederaufarbeitung" sah Schöfberger von einem „Hauch von Heldentum" umweht. Schuierers Kampf gegen die WAA sei ein „Stück bayerischer Freiheitsgeschichte".

Schuierer spendete den mit 5000 Mark dotierten SPD-Umweltpreis sogleich dem Rechtshilfefond der Interessensgemeinschaft der Gegner der geplanten atomaren Wiederaufarbeitungsanlage. Schuierer begründete die Spende damit, dass er ohne die Solidargemeinschaft dem „psychischen Druck einer allmächtigen Staatsregierung bis hin zum politischen Rufmord" nicht standgehalten hätte.

Die Auszeichnung mit dem Umweltpreis seiner Partei gelte auch für seine Freunde und Gleichgesinnte, so Schuierer in seiner Dankesrede. Selbst eingesetztes CN- und CS-Gas hätten den „Aufschrei einer ganzen Region" für Natur und Heimat nicht verhindern können. Schuierer kündigte in München an, mit allen legalen Mitteln gewaltlos gegen den Bau der WAA weiterzukämpfen. Politik müsse gerecht und glaubwürdig bleiben.

Öffentliche Sicherheit und Ordnung

Rodungsarbeiten am Sonntag

Schon am Wochenende nach der Räumung des Hüttendorfes „Freies Wackerland" waren wieder Tausende von WAA-Gegnern auf das Baugelände gekommen und hatten versucht, die Rodungsarbeiten zu behindern. Ein Grund mehr für die DWK, die Rodung des Geländes möglichst schnell voranzutreiben. Sofort nach der Frostperiode sollte mit dem Zaun-Bau begonnen werden. Um dieses Ziel zu erreichen, wurde sogar sonntags gearbeitet im Taxöldener Forst, was eine ältere Bäuerin aus der Umgebung Schwandorfs zu der Aussage veranlasste: „Früher hat es der Pfarrer von der Kanzel verkündet, wenn einer am Sonntag Holz heimgefahren hat. Heut mag offenbar nicht einmal der Bischof mehr was dagegen sagen."

Beschwerden von Bürgern hagelte es auf einer Pressekonferenz in Schwandorf am 14. Januar 1986, da sich die Anwesenden nicht mit diesem Zustand im Taxöldener Forst abfinden wollten. Kritik gab es auch am Landrat von Schwandorf, der für die Genehmigung der Arbeiten zuständig war. Doch Landrat Hans Schuierer stellte die Sachlage sofort klar. Die Rodungsarbeiten am Sonntag, so teilte Schuierer mit, seien keineswegs vom Landratsamt als Genehmigungsbehörde erlaubt worden. Es läge auch kein Genehmigungsantrag dafür vor, teilte Schuierer mit. Die illegale Sonntagsarbeit werde, so der Landrat weiter, unter dem Schutz der Polizei ausgeführt. Das Landratsamt werde aber unverzüglich auf eine Einstellung der ungenehmigten Sonntagsarbeit dringen. Schuierer räumte jedoch gleichzeitig eine weitgehende Ohnmacht des Landratsamtes gegenüber den Aktionen der Polizei ein. Den Maßnahmen nach dem Polizeiaufgabengesetz sei nur schwer beizukommen.

Sollten allerdings die Rodungsarbeiten am Sonntag weitergeführt werden, deutete Schuierer an, könne die kuriose Situation entstehen, dass von Bereitschaftspolizisten beschützte Waldarbeiter von anderen Polizeibeamten in Gewahrsam genommen würden. Proteste von oberpfälzischen Bürgern im Schwandorfer Informationsbüro des Bayerischen Wirtschaftsministeriums, wo Staatssekretär von Waldenfels eine Sprechstunde abhielt, bewirkten die baldige Wiederherstellung der Sonntagsruhe. Doch der sonntägliche Frieden währte nicht lange. Schon am 19. März hob die Bayerische Staatsregierung das vom Landratsamt Schwandorf erlassene Verbot der Sonntagsarbeit erneut auf. Regierungssprecher Joachim Merk begründete die Entscheidung: „Im Gegensatz zum Landratsamt Schwandorf hält die Staatsregierung die Arbeiten auch an Sonn- und Feiertagen für zulässig, da eine Unterbrechung eine Beeinträchtigung der öffentlichen Sicherheit und Ordnung auf dem Baugelände bedeuten würde."

Zum Schutz vor gewalttätigen Übergriffen auf den Bauzaun, während der erwarteten Osterdemonstration, sollte die Rodung eines 450 Meter langen und 15 Meter breiten Waldstreifens entlang des Bauzauns erfolgen; eine Maßnahme, welche die Polizei mit Nachdruck gefordert hatte.

Hiersemann zeigt Flagge

Doch soweit war es noch nicht. Am 15. Januar hielt die SPD-Landtagsfraktion eine Sitzung demonstrativ in Schwandorf ab, als „Zeichen der Unterstützung für SPD-Landrat Hans Schuierer", wie Karl Heinz Hiersemann meinte. Während der Besichtigung des WAA-Geländes stellte der SPD-Spitzenkandidat klar:

„Ein SPD-Wahlsieg bei der Bundestagswahl 1987 wird auch das Ende der umstrittenen atomaren Wiederaufarbeitungsanlage bei Wackersdorf in der Oberpfalz bedeuten. Es gibt einen klaren Parteitagsbeschluss mit einem ‚Nein' zur WAA. Auch im Parteirat ist in Anwesenheit von Kanzlerkandidat Johannes Rau mit dessen Stimme ein klarer Beschluss gefasst worden." Die Oberpfälzer und der Schwandorfer Landrat Hans Schuierer, erklärte Hiersemann während der Sitzung im Landratsamt, könnten sich in ihrem Kampf gegen die WAA im Taxöldener Forst voll auf die Unterstützung die SPD-Landtagsfraktion verlassen. Seine Partei habe kein Verständnis dafür, dass ein frei gewählter Landrat wegen einer anderen Meinung abgesetzt werden solle.

Als üble Diffamierung wies Hiersemann den CSU-Vorwurf zurück, die SPD solidarisiere sich mit Gesetzesbrechern in Wackersdorf. Dem könne er nur entgegnen: „Wir unterstützen die Bürger in der Oberpfalz, die in Ruhe leben wollen."

Tief beunruhigt fühlten sich auch viele Bürger aus dem Nachbarland Österreich. Dort wurde intensiv über die geplante WAA bei Wackersdorf und ihre möglichen Folgewirkungen diskutiert. Die Landesregierung von Salzburg und die Stadt Linz brachten sogar völkerrechtliche Einwendungen gegen den Bau der WAA bei der Bayerischen Staatsregierung vor. Während sich der Fasching seinem Höhepunkt zuneigte, prallten die Standpunkte „Pro und Contra WAA" in der Oberpfalz noch einmal kräftig aufeinander, wenn auch nicht unmittelbar.

Auf einer Veranstaltung des Wirtschaftsbeirates der Union in Regensburg am 1. Februar äußerten sich Vertreter der Bayerischen Staatsregierung, Wissenschaftler und Wirtschaftsvertreter zum Thema „Bedeutung der WAA Wackersdorf für die deutsche Wirtschaft" – allerdings mit zeitlicher Verspätung. Rund 300 Demonstranten hatten über eine Stunde lang die Eingänge zum Tagungslokal blockiert, bevor eine Hundertschaft der Bereitschaftspolizei den Weg freimachte.

Umweltminister Alfred Dick brachte in seinem Referat zum Ausdruck, dass die Energieversorgung in den kommenden Jahrzehnten nicht auf den Beitrag der Kernenergie verzichten könne. Nicht nur aus energie- und wirtschaftspolitischen Erwägungen heraus, wie der Minister meinte, sondern auch aus ökologischer Sicht. Gegenüber der Verstromung von Kohle sei die Kernenergie ökologisch erheblich günstiger zu bewerten. Außerdem reduziere sich, im Vergleich zur direkten Endlagerung, nach einer Wiederaufarbeitung der Platzbedarf für die hochradioaktiven Abfälle in einem Bundesendlager ganz erheblich.

Georg von Waldenfels, Staatssekretär im Bayerischen Wirtschaftsministerium, stellte die volkswirtschaftlichen Gründe besonders heraus, die seiner Meinung nach eine WAA rechtfertigten. So könnten mit der Wiederaufarbeitung wertvolle Energierohstoffe zurückgewonnen werden, ließ von Waldenfels die Besucher wissen. Eine direkte Endlagerung dagegen bedeute eine gigantische Energieverschwendung. Mit der Wiederaufarbeitung ließen sich, so der Staatssekretär, die Uranimporte um 40 % senken; mit dem Brütereinsatz könne die Bundesrepublik eines Tages sogar unabhängig werden vom Uranimport.

DWK-Sprecher Günther Scheuten bezeichnete die WAA als unverrückbaren Bestandteil des Entsorgungskonzepts der Bundesregierung und nannte sie einen wichtigen Beitrag zur wirtschaftlichen Gestaltung der Stromkosten.

Sicherheitsbedenken für den Umgang mit Kernenergie und insbesondere für die Wiederaufarbeitung hegten weder Umweltminister Alfred Dick noch Adolf Birkhofer, Professor für Reaktorsicherheit an der Technischen Universität München. Mediziner Karl Niklas, von der Gesellschaft für Strahlen- und Umweltforschung in München, hielt sogar jegliche gesundheitliche Gefährdung der Menschen durch die Wiederaufarbeitungsanlage für ausgeschlossen.

Keine Chaoten am Werk
Nur einen Tag später breitete der Schwandorfer Landrat Hans Schuierer seine Gedanken zum Thema WAA aus, allerdings in wesentlich bescheidenerem Rahmen.

Anlässlich einer Vorführung des Films „18 Tage Freies Wackerland", zog der Schwandorfer Landrat ein kurzes Fazit: „Das Interesse der einheimischen Bevölkerung und die ablehnende Haltung sind gerade während des Bestandes des Hüttendorfes stark gewachsen. Die Oberpfälzer haben erkannt, dass hier keine Chaoten am Werk waren, sondern Menschen wie wir auch. Nach dem Kriterienkatalog des Bayerischen Umweltministeriums hätte diese Anlage aus verschiedenen Gründen in Wackersdorf nie gebaut werden dürfen. Deshalb ist dieser Katalog ganz einfach vergessen worden.

Eigentlich sagt auch niemand, dass eine WAA ungefährlich ist, nur wäre nach den Argumenten der Befürworter die deutsche Technik so gut, dass nichts passieren kann. Der schreckliche Unfall der Challenger-Raumfähre vom 28. Januar 1986 hat viele davon überzeugt, dass es eine hundertprozentig sichere Technik nicht geben kann. Dabei ist die Sicherheit in der Nuklearindustrie weit geringer ausgelegt als in der Raumfahrt. Wenn etwas passiert, dann wird unser Gebiet auf Jahrtausende hinaus unbewohnbar sein, ganz zu schweigen von den Hunderttausenden von Toten, die zu beklagen wären. Doch soweit braucht es gar nicht zu kommen, denn die WAA ist schon im Normalbetrieb eine äußerst gefährliche Anlage. Sie zu verhindern, muss unser aller gemeinsames Ziel sein."

Ein wilder Tanz

Maskenball am Bauzaun

Für Gaudi und närrisches Treiben sorgten im Oberpfälzer Fasching 1986 nicht nur Büttenredner, Prinzengarden oder Blaskapellen. Auch die WAA-Gegner bewiesen Humor und erklärten spontan den Taxöldener Forst bei Wackersdorf zur alternativen deutschen Faschingshochburg. Eine „närrische Protestaktion" und „Buntes Treiben im Walde" sollten für faschingsgemäße Stimmung direkt am Gitterzaun sorgen. Das Bayerische Innenministerium ahnte weniger Spaßiges und drohte mit einem Verbot, falls die Teilnehmer maskiert sein sollten. Das Schminken der Gesichter, erklärte man im Innenministerium hochoffiziell, falle unter das Vermummungsverbot. Nun reagierten auch die Antragsteller der Veranstaltung verbissener und brachten den faschingsmäßigen Streitpunkt vor das Verwaltungsgericht. Zwar hatten die Richter ihre Robe bei der Urteilsverkündigung nicht mit Robin Hoods Waldeskleidung vertauscht, doch die vom Innenministerium ausgesprochene Beschränkung der „Narrenfreiheit" mochten sie nicht teilen. Das Faschingstreiben im Wald konnte stattfinden. Schon am Altweiberfasching hatten Anti-WAA-Hexen in Schwandorf für Furore gesorgt. Sie stürmten in einem wilden Tanz das Informationsbüro des Bayerischen Staatsministeriums für Wirtschaft und Verkehr, beschlagnahmten das greifbare Werbematerial für Wiederaufarbeitungs- und Atomanlagen und verbrannten die Prospekte auf einem Scheiterhaufen am Marktplatz. Die Betroffenen nahmen es mit Humor.

Am Faschingssamstag kamen trotz grimmiger Kälte, das Thermometer zeigte -17°C, rund 5000 WAA-Gegner zum „Maskenball" in den Taxöldener Forst. 2000–3000 Polizisten sowie rund 200 Polizeifahrzeuge und Mannschaftswagen bildeten die Kulisse.

Nach einer Kundgebung am „Roten Kreuz" zogen die Demonstranten zum inzwischen provisorisch umzäunten Teil des WAA-Geländes. Die Demonstranten drängten an den meterhohen Stahlgitterzaun mit Stacheldrahtkrone, um einen Blick durch die Eisenstäbe zu

Hexenzauber gegen eine Hundertschaft

Maskenball am Bauzaun

Keine WAA in Wackersdorf! Helmut Kohl in Faschingslaune.

werfen oder verzweifelt daran zu rütteln. Einige „Indianer" versuchten vergeblich das eiserne Ungetüm in Stücke zu sägen. Die Polizisten verfolgten die Geschehnisse am und um den Bauzaun mit einiger Distanz.

So gelang es im Laufe des Nachmittags einer Gruppe von WAA-Gegnern, den Stacheldraht über dem massiven Bauzaun aufzuschneiden und ungehindert auf den umzäunten Platz zu gelangen. Daraufhin versammelten sich immer mehr Menschen am Eingangstor des Baumaschinenparks. Durch dauerndes Rütteln gelang es schließlich, das Tor aufzubrechen, worauf sofort 200 WAA-Gegner den leeren Platz erstürmten. Die Bereitschaftspolizisten erhielten daraufhin den Befehl einzugreifen. Um den Zaun zu schützen, mussten sich die Polizeibeamten den Weg durch die Menschenmenge bahnen. Während die Polizisten vorwärts drängten, versuchten die Demonstranten einen dichten Wall zu bilden. Sie stemmten sich verzweifelt gegen die Polizisten. Beide Seiten erhielten ständig Zulauf. Immer wieder kam es zu Rangeleien, vor denen auch ältere Menschen nicht zurückschreckten, obwohl es so schien, als würden sie förmlich zerdrückt. Das laute Dröhnen zweier Polizeihubschrauber, die dicht über dem Gelände kreisten, heizte die gespannte Lage offenbar noch mehr an, denn so mancher streckte die geballte Faust gegen den Himmel. Rund 20 Minuten dauerte es, bis die Polizisten zum Bauzaun vorgedrungen waren. Dort bildeten sie sofort eine geschlossene Kette und ließen niemanden mehr direkt an den Zaun herantreten. Dafür versuchten nun zahlreiche Menschen die Polizeibeamten zur Diskussion herauszufordern, sie von der Sinnlosigkeit ihres Tuns zu überzeugen.

Keine weiteren Hütten dulden

Unterdessen hatten WAA-Gegner in einem nebengelegenen Waldstück damit begonnen, Hütten zu errichten. In Windeseile waren Baumstämme zusammengefügt, Türme errichtet. Außerhalb des Waldes wärmten sich Bürger, angesichts der grimmigen Kälte, an lodernden Lagerfeuern.

Ab 16 Uhr rückten ständig neue Trupps der Bereitschaftspolizei im Taxöldener Forst ein. Die Räumung des neu errichteten Hüttendorfes sollte noch vor Einbruch der Dämmerung über die Bühne gehen, entsprechend der Vorgabe des Innenministeriums, keine weiteren Hüttendörfer im Taxöldener Forst zu dulden.

Maskenball am Bauzaun

Kräftemessen am Bauzaun: 200 WAA-Gegner rüttelten am Tor und erstürmten den leeren Platz.

Neue Hundertschaften der Bereitschaftspolizei zogen etappenweise einen immer engeren Ring um das Hüttendorf. Gegen 17 Uhr traf ein Sondereinsatzkommando auf dem Kundgebungsgelände ein. Die WAA-Gegner bildeten am Rande des Waldes eine dichte Menschenkette, um die Polizisten am Zugang zum Hüttendorf zu hindern. Wieder standen sich Polizei und Demonstranten Auge in Auge gegenüber. Oberpfälzer, die noch vor gar nicht allzu langer Zeit verschämt zur Seite getreten wären, stemmten sich nun bedenkenlos den Ordnungskräften entgegen. Trotzdem konnten die Polizisten schnell die äußere Absperrung durchbrechen und ins Hüttendorf eindringen. Nachdem die Demonstranten im inneren Ring des Lagers abgeführt waren, begannen Spezialtrupps der Polizei mit Motorsägen die Hütten und Baumhäuser zu zersägen, welche die WAA-Gegner innerhalb weniger Stunden errichtet hatten. Gellende Pfiffe und Schmäh-Rufe begleiteten diese Aktion.

Beeindruckt von den Vorgängen um die erste Wiederaufarbeitungsanlage in der Bundesrepublik Deutschland zeigte sich eine Gruppe amerikanischer Studenten aus Colorado. Insbesondere die große Zahl der Polizisten hatte die Gäste überrascht, von denen einer erstaunt wissen wollte, wieso es denn „eines derartigen Heeresaufmarsches gegen waffenlose Gegner" bedürfe.

Auch die Tatsache, dass die demonstrierenden Bürger von der Polizei ständig gefilmt wurden, könne, so meinten die jungen Amerikaner, doch wohl nicht den Vorstellungen von demokratischer Freiheit entsprechen.

Ja zum Naturschutz – Nein zur WAA

Ökologischer Aschermittwoch

Mit diesem Slogan lud der Bund Naturschutz die Bevölkerung der Oberpfalz zum „Ökologischen Aschermittwoch 1986" in die Oberpfalzhalle der Kreisstadt Schwandorf ein. Mehr als 1500 Besucher folgten der Einladung, weit mehr, als Sitzplätze vorhanden waren. Sie erwartete in den sechs Stunden bis Mitternacht ein umfangreiches Programm mit viel Musik, literarischen Beiträgen, Filmvorführungen, kurzen Theaterstücken, improvisierten Darbietungen und kernigen, politischen Reden.

Im Kreuzfeuer der Kritik standen die DWK, die Bayerische Staatsregierung sowie der „technokratische Größenwahn". Gleich der Auftakt bildete einen Höhepunkt. Landrat Hans Schuierer trat als erster Redner unter dem stürmischen Beifall der 1500 Besucher ans Mikrofon. Der Aschermittwoch sei zwar der traditionelle Großkampftag der Parteien, aber er hoffe, so Schuierer einleitend, dass auch der Bund Naturschutz an diesem Tag den „Kampf zum Schutz unserer Natur und Umwelt, auch im Interesse der Gesundheit unserer Bevölkerung verstärkt aufnimmt".

Die Veranstaltung „Ökologischer Schwandorfer Aschermittwoch" bezeichnete der Landrat als ein „Stück politischer Kultur" und Gegenbeispiel zum politischen Aschermittwoch mit Strauß in Passau, wo man „Meinungseinfalt" praktiziere. Er hoffe, dass die Veranstaltung des Bundes Naturschutz zu einer Tradition werden möge. Schuierer: „Denn hier wird Meinungsvielfalt praktiziert."

Hart ging Hans Schuierer mit F. J. Strauß und der CSU ins Gericht. Die CSU hätte Bayern nicht in Erbpacht, betonte der Landrat. Dieses Bayern gehöre seinen Bürgern und den nachfolgenden Generationen und Bayern werde es auch noch geben, wenn keiner von der CSU mehr regiere. Schuierer weiter: „Wir haben das Recht auf Leben und Unversehrtheit der Bürger, auf die Erhaltung der Natur, und wir haben das Recht auf ein demokratisches Verhalten dieser Staatsregierung".

Dabei wandte sich der Landrat gegen die „Großmannsucht und Arroganz der Parteigewaltigen der CSU" und verurteilte den „kriegsmäßigen Mammuteinsatz" von Polizeistreitkräften gegen friedliche Bürger, die nur von ihren demokratischen Rechten Gebrauch machen".

Schuierer appellierte an seine Zuhörer, auch weiterhin Solidarität zu üben: „Wir haben in den letzten Wochen gezeigt, dass Einigkeit stark macht und zwar in einem größeren Maße als es sich die CSU vorstellen konnte."

Scharf protestierte der Landrat auch gegen Versuche, ihn über ein Disziplinarverfahren

Ökologischer Aschermittwoch

1500 Besucher folgten der Einladung des Bundes Naturschutz zum „Ökologischen Aschermittwoch".

einschüchtern zu wollen. Was er bisher gesagt habe, bekräftigte Schuierer, halte er aufrecht und nehme auch kein Wort davon zurück. Landrat Schuierer trug eine kleine Auswahl von Ausdrücken vor, mit denen er von Mitgliedern des bayerischen Kabinetts bedacht worden war. Die Wortpalette reichte von „Volksverhetzer" über „Lügner" und „Rädelsführer" bis zu „Saboteur".

Abschließend gab sich Landrat Schuierer optimistisch: „Wir sind auf dem richtigen Weg und werden weiterhin kreativen, friedlichen Widerstand leisten, auch wenn wir noch harte Jahre vor uns haben. Für diesen Kampf brauchen wir Einigkeit und Glaubwürdigkeit, welche die CSU schon lange verloren hat."

Erhard Eppler, ehemaliger Bundesminister und SPD-Bundestagsmitglied, plädierte dafür, „phantasievolle Zeichen friedlichen Widerstandes" gegen die WAA zu setzen. Am Beispiel des Reaktorunglücks von Harrisburg stellte Eppler den Aspekt der menschlichen Fehlbarkeit heraus. „Entweder sind wir die falschen Menschen für diese Technik oder diese Technik ist falsch für uns Menschen", meinte der Abgeordnete nachdenklich.

Menschliche Unzulänglichkeit und WAA

Professor Robert Jungk, Publizist und allgemein anerkannter Zukunftsforscher, erinnerte an den Unfall der Raumfähre Challenger, welchen er als das „zweite große Mahnzeichen nach Hiroshima" bezeichnete. Dieses Unglück zeige, meinte Jungk, dass man der technischen Perfektion nicht trauen könne. Wissenschaft und Technik dürften nicht länger Synonym für Leichtsinn und Selbstüberschätzung technischer Möglichkeiten sein; die menschliche Unzuverlässigkeit erlaube keine WAA.

Hubert Weinzierl, Vorsitzender des Bundes Naturschutz, kritisierte die hohen Kosten für den Bau der WAA. Man brauche diese Milliarden viel dringender zur Sanierung der Atemluft, zur Verhinderung des Waldsterbens, zur Reinerhaltung der Gewässer und zum Schutz der Böden, ließ Weinzierl die Besucher wissen. „Mit tausend lebensgefährlichen Arbeitsplätzen für Atomspezialisten hingegen", meinte der Naturschützer, „ist unserer Heimat nicht gedient".

Professor Eberhard Stüber, Vorsitzender des österreichischen Natur-Schutzbundes, wies darauf hin, dass auch in Österreich, besonders in Grenznähe, das Solidaritätsbewusstsein für die deutschen WAA-Gegner erwache. Stüber: „So wie Sie sich hier für ihre Heimat einsetzen, so gibt es in Österreich eine immer größer werdende Gruppe von Menschen, die sich über die Wiederaufarbeitungsanlage Gedanken machen".

Die Wackersdorfer Anlage könne schon im Normalbetrieb eine Gefahr für das Nachbarland darstellen, befürchtete der Salzburger. Bei Katastrophen seien die Auswirkungen schlichtweg nicht absehbar.

Eine große Zukunft sprach Prof. Stüber der WAA ab. Die Anlage werde vielleicht gebaut, meinte der Vorsitzende des österreichischen Naturschutzbundes, jedoch nicht in Betrieb gehen. „Und dann werden Sie in Wackersdorf sicher das teuerste Museum der Welt haben", fügte Stüber mit Blick auf das stillgelegte österreichische Kernkraftwerk Zwentendorf lächelnd hinzu.

Sarkastisch äußerte sich Schriftsteller Carl Amery über den Standort der ersten deutschen Wiederaufarbeitungsanlage. Was die Oberpfalz betreffe, erklärte Amery ironisch, so zeige sich jetzt, dass die Treue zur konservativen und katholischen Staatspartei nun mit der WAA belohnt worden sei.

Doch nicht nur politische Reden und kulturelle Darbietungen innerhalb der Halle prägten den „Ökologischen Schwandorfer Aschermittwoch". Auch außerhalb tat sich einiges: Etliche Streifenwagen der Polizei hatten sich in unmittelbarer Nähe des Veranstaltungsortes postiert und beobachteten aufmerksam Fahrzeuge und Besucher.

Schon Mittwochvormittag hatte der Bayerische Ministerpräsident F. J. Strauß vor 8000 Zuhörern und großem Polizeiaufgebot in der Passauer Nibelungenhalle für Stimmung gesorgt. In seiner rund dreistündigen Rede äußerte sich der CSU-Chef auch zur Kernenergie und zu „Wackersdorf".

Strauß: „Wir beziehen heute in Bayern 60 Prozent unserer Energie aus den Kernkraftwerken, weil sie die billigste ist. Und ich muss einmal mit aller Deutlichkeit sagen: Ich habe mich mit Wissenschaftlern aller Richtungen unterhalten. Ich habe, soweit ich es als Nicht-Physiker kann, die Literatur gelesen; die unschädlichste Energieart für die Erhaltung der Natur, für die Gesundheit der Menschen ist die Kernenergie. Viele schleudern heute mit Fachausdrücken um sich, die sie nicht einmal buchstabieren, geschweige denn schreiben können. Es gibt kein einziges ernsthaftes wissenschaftliches Zeugnis, das aus der Kernenergie eine Belastung der Wälder, der Natur oder eine Gefährdung der Gesundheit der Menschen herleitet.

Wir werden diese Arbeit fortsetzen, und man wird uns eines Tages dafür danken – vielleicht auch die Kinder derjenigen, die heute mit Steinen auf unsere Polizeibeamten werfen. Und hier verstehe ich die SPD nicht mehr. Jeder soll demonstrieren und protestieren können. Aber Stahldrähte, Taue über Eisenbahnschienen zu legen, Krähenfüße zu verteilen; 800 Bäume sind von den Chaoten geschlagen worden, und wir haben sie lange Zeit gewähren lassen, um nicht den Eindruck zu erwecken, dass man gleich mit letzter Härte vorgeht – das sind die Umweltschützer gewesen! 800 Bäume, die gar nicht zur Rodung vorgesehen waren, schwer verletzte Polizeibeamte, Beschädigung von Polizeifahrzeugen!

Nicht auf der Nase herumtanzen
Wir lassen uns in Bayern nicht auf der Nase herumtanzen. Dabei gibt es gewaltlose Demonstranten, aber auch einen harten, gewalttätigen Kern. Und alle bringen sie gleich ihre Feldpfarrer mit von der katholischen oder evangelischen Konfession, und da findet sich dann immer wieder einer, ich möchte ihn jetzt nicht nä-

her kennzeichnen, der also dann dieses Treiben noch absegnet.

Die Entscheidung für Wackersdorf hat ihre Vorgeschichte. Ursprünglich hatte sich Niedersachsen bereit erklärt, das zu machen. Leider hat Ministerpräsident Albrecht dann wegen der Stärke der SPD und FDP und der Grünen in Niedersachsen die Erklärung abgegeben, ich war ja dabei bei dieser dramatischen Sitzung in Bonn: technisch möglich, politisch jetzt nicht durchführbar. Ich hatte ihm geraten, es anders zu formulieren. Technisch möglich, politisch durchsetzbar, wenn die Bonner Regierungsparteien in Niedersachsen dahinterstehen. Das, was wir heute machen, ist das Energieprogramm einer sozialdemokratisch geführten Regierung! Und da tritt der Herr Hiersemann auf und verbündet sich mit den Chaoten! Dann hat Helmut Schmidt wütend bei dieser Sitzung gesagt, wenn Niedersachsen jetzt nicht kann, müssen andere Bundesländer ihre Pflicht erfüllen. Wer hat sich gemeldet? Als erster Börner von Hessen, der hat dann gleich wieder die Flucht ergriffen. Als zweiter Bernhard Vogel von Rheinland-Pfalz, aber der ist durch die Nachrüstung, die in der Hauptsache in Rheinland-Pfalz stattfindet, auch insoweit natürlich mit Problemen belastet. Und wir haben uns als letzte gemeldet.

Wir machen nichts anderes, als was aufgrund eines einstimmigen Beschlusses eines sozialistischen Kanzlers und der sozialistischen Ministerpräsidenten der rot regierten Länder vor zehn Jahren als gemeinsame Energiepolitik festgelegt worden ist.

Darum ist es so verantwortungslos, einfachen Menschen, die die schwierigen physikalisch-technischen Zusammenhänge nicht wissen können, jungen Leuten, die vor der Zukunft Angst haben, apokalyptische Schreckensvisionen einzuimpfen. Es ist verbrecherisch, die Menschen mit Angst zu erfüllen, wenn wir uns bemühen, ihre Zukunft sicherzustellen."

Landrat Hans Schuierer kam ebenfalls nicht ungeschoren davon. Allerdings nicht F. J. Strauß, sondern Staatssekretär Georg von Waldenfels, Vorsitzender der „Koordinierungsgruppe WAA der Bayerischen Staatsregierung", blieb es vorbehalten, Schuierer zu attackieren. Mit seiner totalen Verneinungshaltung gegen die WAA, meinte von Waldenfels in einem Statement zur Aschermittwochsveranstaltung in Schwandorf, sei Schuierer im Begriff, der Region nicht unerheblichen Schaden zuzufügen. Er werde zum „Blockade-Landrat", der den auch ihm zumutbaren Beitrag zur wirtschaftlichen Weiterentwicklung der Region wohl kaum mehr leisten könne.

Neun Tage später gab die Staatsregierung im Untersuchungsausschuss des Bayerischen Landtags zu, dass sie keine Untersuchungen zur Ansiedelung anderer Industriebetriebe als der WAA in der mittleren Oberpfalz angestellt hatte.

Klamauk: F. J. Strauß radelt zur „Fahrradspeichenfabrik".

Gewalt gegen die Schöpfung

Kirche und WAA

Wie sehr die Stimmung im Landkreis Schwandorf, vor allem seit der gewaltsamen Räumung der beiden Hüttendörfer im Taxöldener Forst umgeschlagen war, musste auch Bayerns Innenminister Karl Hillermeier bei seinem Besuch in der Kreisstadt Schwandorf Ende Februar 1986 erfahren. Als Hillermeiers Limousine an der Informationsstelle des Bayerischen Wirtschaftsministeriums vorfuhr, standen dort schon 150 WAA-Gegner samt Transparenten und brennenden Kerzen. Mit Sprechchören versuchten die Demonstranten ihren Unmut kund zu tun.

Sofort nach dem Verlassen des Dienstfahrzeuges umringten Bereitschaftspolizisten den Minister und schirmten ihn auf seinem Gang zur Informationsstelle gegen die WAA-Gegner ab, von denen Karl Hillermeier wenig Schmeichelhaftes zu hören bekam. Während der Innenminister im Informationsbüro Fragen angemeldeter Besucher beantwortete, spielten sich außerhalb des Gebäudes tumultartige Szenen ab. Ein WAA-Gegner hatte sich in voller Länge auf die Motorhaube des Ministerwagens geworfen. Sofort stürzten sich fünf Polizeibeamte auf ihn und versuchten ihn herunterzuzerren. Andere Demonstranten eilten zu Hilfe. Binnen Sekunden entstand ein Gemenge, das sich nur langsam wieder beruhigte. Im Informationsbüro versprach der Innenminister besorgten Bürgern, auch Beschwerden gegen ungerechtfertigt hohe und scharfe Polizeieinsätze zu prüfen. Nach der Bürgersprechstunde präsentierte sich Hillermeier den Journalisten als wahrer Naturfreund. So berichtete der Minister von einem Gespräch mit einem Ameisenschützer und meinte verständnisvoll: „Es ist sicherlich eine sehr löbliche und wichtige Aufgabe, den Lebensraum der Waldameise zu schützen."

Ähnliche Szenen wie am Vormittag in Schwandorf spielten sich abends in Wackersdorf ab. Als die CSU-Mandatsträger des Kreisverbandes Schwandorf und der Gast aus München, Karl Hillermeier, vor dem Versammlungslokal eintrafen, empfingen sie bereits 200 Gegner mit Buh-Rufen und Anti-WAA-Gesängen. Vor versammelter Mannschaft offenbarte Innenminister Hillermeier im Sitzungssaal seine Gedanken zu den Vorgängen rund um die WAA und zum Verhalten der WAA-Gegner.

Hillermeier: „Wackersdorf ist in diesen Tagen das bayerische Symbol, dass hier der Rechtsstaat Flagge zeigen muss und auch Flagge zeigt. Demokratie darf nicht staatliche Schwäche und Nachgiebigkeit bedeuten. Das Durchsetzen bestehender Rechte ist eine Grundvoraussetzung für das Bestehen und Funktionieren einer Demokratie."

Den Schwandorfer Landrat Hans Schuierer bedachte Hillermeier mit wenig schmeichelhaften Worten. Ein Mann wie der Landrat Hans Schuierer, teilte der Minister mit, entspreche sicher nicht dem Querschnitt der Bevölkerung. Die Handlungen des Landrats nannte Karl Hillermeier „Hetze" und „üble Machenschaften".

Um das gespannte Verhältnis zwischen dem Bayerischen Innenminister Karl Hillermeier und dem Schwandorfer Landrat Hans Schuierer zu lösen, regte die Evangelische Kirche in Nürnberg eine öffentliche Diskussion zwischen beiden Kontrahenten in der Lorenzkirche an; ein Ansinnen, das Karl Hillermeier kurze Zeit später strikt ablehnte. Der Minister begründete seine Aussage damit, dass der SPD-Landrat die WAA-Diskussion in den vergangenen Wochen und Monaten in einer „unverantwortlichen Weise emotionalisiert und die Atmosphäre nachhaltig vergiftet" habe.

Keine Bereitschaft zur Diskussion
Gleichzeitig erklärte Hillermeier in seinem Antwortschreiben an den Nürnberger Kreisdekan Hermann von Loewenich, er wolle nicht die unpolitische, wohl aber die politisch tolerante Kirche. Von Schuierer aber sei Toleranz nicht zu erwarten. Deshalb fehle ihm (Hillermeier) auch jegliches Verständnis für die Durchführung solcher Diskussionsveranstaltungen durch die Evangelische Kirche. Weiterhin machte Hillermeier klar, dass er – unabhängig von der Nürnberger Einladung – auf keinen Fall bereit sei, mit dem SPD-Landrat zu diskutieren, weshalb er auch keinen Vertreter zu der gewünschten Kirchendiskussion entsenden werde.

Landrat Hans Schuierer wollte diese Vorwürfe des Innenministers nicht unbeantwortet lassen. Er nannte die Weigerung Hillermeiers kennzeichnend für die derzeitige CSU-Politik. Genau der Minister, konterte Schuierer, der die Toleranz so vordergründig predige, praktiziere die Verhetzung Andersdenkender. „Wer frei ist von Hass und Emotionen, braucht keine öffentliche Diskussion zu scheuen", ließ Schuierer wissen. Der Schwandorfer Landrat hatte die Initiative der Evangelischen Kirche begrüßt, „weil sie ihren Mitgliedern die Möglichkeit einer zusätzlichen Information über das umstrittene Projekt geboten hätte". Als der Bund der Deutschen Katholischen Jugend" (BDKJ) am 23. März für Palmsonntag gar zu einem ökumenischen Kreuzweg am WAA-Gelände aufrief, konnte auch der Christlich-Soziale-Unionspolitiker Franz Josef Strauß nicht mehr umhin, selbst Stellung zu nehmen zur Problematik „Kirche und WAA".

In einem Brief an alle katholischen Diözesanbischöfe, den evangelischen Landesbischof Hanselmann sowie die übrigen Kreisdekane der evangelisch-lutherischen Kirche in Bayern, schrieb Strauß: (Auszug)

„Hier missbrauchen Funktionäre von Jugendverbänden ihre Stellung, sie vermischen Kirche und Politik, sie entmündigen die jungen Menschen, die in gutem Glauben einer kirchlichen Jugendgruppe angehören, nutzen deren religiöse Motivation für ihre persönlichen politischen Absichten aus und missbrauchen sie für die höchst durchsichtigen oder undurchsichtigen Ziele gewisser Gruppierungen.

Die Pfarrer Leo Feichtmeier, Richard Salzl und Matthias Kietz bei einer Andacht am Franziskus-Marterl.

Kirche und WAA

Katholische und evangelische Pfarrer beteten und feierten mit den WAA-Gegnern am Marterl Andachten.

„Missbrauch von Kirche und Religion"
Welcher Unterschied zwischen den nur noch als scheinheilig zu bezeichnenden Ankündigungen kirchlicher Aktionen und der Wirklichkeit bei den Demonstrationen besteht, zeigt eine Pressemeldung vom 17.3.1986: Im Anschluss an einen ökumenischen Gottesdienst begaben sich rund 1000 Personen an den Bauzaun der WAA und griffen die Polizisten mit Steinen, Flaschen, Eisenteilen und Leuchtmunition an. 17 Polizeibeamte wurden verletzt, bei mehreren mussten Platz- und Schnittwunden genäht werden.

Gerade vor diesem Hintergrund mutet es als Hohn an, wenn die Veranstalter des Kreuzweges ankündigen, sie wollten ohne Hass und Streit, ohne blinden Eifer und Resignation' einen Ausweg aus ihrer beängstigenden und hoffnungslos scheinenden Situation suchen und über Situationen des Unfriedens, der Gewalt und der Unsicherheit sowie über das Gefangensein in der eigenen Umgebung und in den eigenen Denkstrukturen nachdenken.

Angesichts dieses beängstigenden Missbrauchs von Kirche und Religion für demagogische Zwecke ist es eine besonders dringende Aufgabe, der Verwirrung der Geister, dem diabolus in ecclesia, entgegenzutreten und die Beziehungen zwischen Christentum und Politik nicht nur in Worten zu beschreiben, sondern auch in der kirchlichen Wirklichkeit zu klären.

Unser christlicher Glaube verpflichtet uns zu besonderer Verantwortung in unserem Handeln, aber er gibt uns keinen Vorsprung an Wissen. Ob die WAA errichtet werden sollte oder nicht, ist eine Frage der Naturwissenschaften und der Politik. Es ist bewusster und grober Missbrauch des Christentums, wenn der Anschein erweckt wird, als ob ein Christ, der seinen Glauben und die sich daraus ergebende Verantwortung ernst nimmt, Gegner der WAA sein müsse.

Ein gläubiger und verantwortungsbewusster Christ kann mit guten Gründen der Überzeugung sein, dass auch ein Kraftwerk ein Teil des göttlichen Auftrags ist: ‚Macht euch die Erde untertan!' Gerade die Fortschritte der Technik geben einer großen Zahl von Menschen die Möglichkeiten zu einem menschenwürdigen Leben.

Die Achtung vor den Regeln, die in der parlamentarischen Demokratie und dem freiheitlichen Rechtsstaat gelten, ist die Voraussetzung für ein menschenwürdiges Zusammenleben im Staat und daher gerade auch die Pflicht eines bewussten Christen.

Die Denkschrift der Evangelischen Kirche in Deutschland ‚Evangelische Kirche und freiheitliche Demokratie. Der Staat des Grundgesetzes als Angebot und Aufgabe' hat in dankenswerter Weise klargestellt, dass in der Demokratie politische Gegensätze sachlich und fair ausgetragen werden müssen und dass die Beachtung der Regeln, denen im demokratischen Staat politische Auseinandersetzungen unterliegen, für den Christen eine Form der Nächstenliebe ist. Die Gemeinsamkeit im Glauben sei nicht identisch mit politischem Konsens. Christen müssten dafür Sorge tragen, dass in umstrittenen Fragen politischer Einschätzung die Gemeinschaft des Glaubens nicht Schaden nimmt. Deshalb dürfen kirchliche Amtsträger die Kirche nicht für ihre persönlichen Entscheidungen in Anspruch nehmen.

Ich begrüße diese Erklärung und bitte sie, im Sinne dieser Feststellungen geeignete Maßnahmen zu ergreifen, damit diese Worte befolgt werden. Der Verwirrung und Verunsicherung der Ihnen und vor allem der kirchentreuen Christen muss auch um der Bewahrung der Volkskirche willen – Einhalt geboten werden."

Zu einer äußerst schändlichen Tat war es Mitte Februar im Taxöldener Forst gekommen.

Obwohl weder Polizisten noch Demonstranten für Furore gesorgt hatten, ging ein Aufschrei der Entrüstung durch die Bevölkerung. Der Grund: Eine Christusfigur wurde von Unbekannten vom Kreuz gehackt und in einer Nacht- und Nebelaktion abtransportiert. Nur mehr die Hände blieben zurück. Nach der Räumung des Hüttendorfes „Freies Wackerland" am 7. Januar 1986 war das 6 m hohe Kreuz samt Christusfigur von der Polizei abgebaut und von Demonstranten am Rande des Baugeländes für die WAA wieder aufgebaut worden. Für alle friedlichen WAA-Gegner bedeutete dieser Corpus Christi ein Stück Hoffnung. Hunderte, ja Tausende von Menschen pilgerten Woche für Woche zu diesem Ort des Herrn. Oftmals hatte das Kreuz im Taxöldener Forst heftige Diskussion hervorgerufen. Kritiker äußerten die Auffassung, dass mit diesem Symbol Christentum und Politik in unzulässiger Weise vermischt würden. Befürworter meinten, dass gerade an einen solch konfliktträchtigen Ort das Bild des Erlösers gehöre, der selbst keinem Konflikt ausgewichen sei. Doch beide Parteien mochten nicht glauben, dass es notwendig wäre, die sakrale Figur im Wald zu schützen. Auch die Polizei konnte es kaum fassen. Sie hatte trotz ständiger Präsenz im Taxöldener Forst angeblich nichts von der Kreuzschändung bemerkt.

Die Christus-Figur wurde von unbekannten vom Kreuz gehackt. Nur die Hände blieben übrig. Für alle friedlichen WAA-Gegner bedeutete der Corpus Christi ein Stück Hoffnung.

„Wir sind bereit, einiges einzustecken"

Eine machtvolle Osterdemonstration

Seit Anfang März liefen die Vorbereitungen für die große Osterdemonstration im Taxöldener Forst bei Wackersdorf auf vollen Touren. Sowohl die Veranstalter als auch die Polizeiführung rechneten mit mehr als 10.000 Besuchern, die während der Osterfeiertage zum Standort der geplanten WAA kommen würden.

Als sie dann kamen, die WAA-Gegner aus der ganzen Bundesrepublik und Teilen Österreichs, reichte ihre Zahl schon eher an die 100.000. Dabei hatten die Bayerische Staatsregierung, CSU und Polizeiführung schon Wochen vor dem Ereignis vor einer Teilnahme an der Anti-WAA-Demonstration im Wald bei Wackersdorf gewarnt.

Auf dieser Linie lagen wiederholte Aufforderungen des Bundestagsabgeordneten Dionys Jobst aus Teublitz an die oberpfälzische Bevölkerung sich nicht an der Osterdemonstration zu beteiligen. Wer friedlich demonstrieren wolle, solle dies an einem anderen Ort tun, verkündete Jobst. Die Bayerische Staatsregierung warnte am 25. März 1986 in einer großformatigen Zeitungsanzeige die Oberpfälzer beschwörend: „Seien sie vorsichtig im Umgang mit den Wölfen im Schafspelz." Zwei Tage zuvor hatte die Staatsregierung die Bevölkerung gebeten: „Lassen sie sich nicht weiter von Wissenschaftlern verunsichern, die als falsche Propheten durchs Land ziehen und mit Schreckensmeldungen über die WAA Angst verbreiten. Wir versichern ihnen: Die WAA ist für Menschen und Natur ebenso wenig eine Gefahr wie ein Kernkraftwerk selbst. In den fast 400 Kernkraftwerken, die es in der Welt gibt, ist kein einziger Fall nachgewiesen, wo Mensch oder Natur in der Umgebung durch radioaktive Strahlung zu Schaden gekommen sind . . ."

Die Polizei vermerkte unterdessen eine zunehmend aggressive Stimmung im Umfeld der WAA. Gleichzeitig forderte sie massiv Einsatzgruppen und Geräte aus verschiedenen Bundesländern an.

Wankelmut zeigte die bayerische SPD, nachdem der Sozialdemokrat Axel Wernitz seine Parteigenossen gewarnt hatte: „Die Auseinandersetzungen in Wackersdorf können schlimmer werden als in Brokdorf oder an der Frankfurter Startbahn West."

Erst auf einer außerordentlichen Sitzung des SPD-Landesvorstandes in Nürnberg beschlossen die Genossen offiziell die Teilnahme der SPD an der Großdemonstration am Ostermontag, allerdings unter der Bedingung, dass der Kundgebungsplatz weiter vom Zaun wegverlegt würde.

Bei dieser Gelegenheit wandten sich die Sozialdemokraten auch mit Nachdruck gegen die

Eine machtvolle Osterdemonstration

Nach der Rodung eines zehn Meter breiten Streifens standen sich Demonstranten und Polizei nicht mehr Auge in Auge gegenüber. Dennoch flogen Steine über den Zaun, die Polizei antwortete mit CS-Gas.

„haltlose Diffamierung tausender friedlicher Demonstranten".

Um den fünf Kilometer langen Zaun aus Stahl und Stacheldraht um das Baugelände ausreichend schützen zu können, hatte die Polizei die zusätzliche Rodung eines 450 Meter langen und 10 Meter breiten Waldstreifens durchgesetzt. Nach dem Bau des Schutzzaunes standen sich erstmals bei einer Anti-WAA-Demonstration Polizei und Demonstranten nicht mehr Auge in Auge gegenüber.

Abgabe radioaktiver Stoffe

Auch der Salzburger Landesanwalt Prof. Stüber hatte im Vorfeld der Osterdemonstration bei Wackersdorf, in einem Gutachten nochmals seine Bedenken gegen den Bau der WAA vorgetragen:

„Die wenigen und sehr teuren Anlagen arbeiten nur dann rationell, wenn möglichst aus vielen Reaktoren (und damit sind weite Wege verbunden) Brennstoffelemente angeliefert werden. In diesem Abschnitt der Atomtechnik wird die Umwelt durch Abwasser und Abluft um ein Vielfaches höher belastet als beim Betrieb von Atomkraftwerken.

Die Abgabe radioaktiver Stoffe im Normalbetrieb aus der WAA an die Umwelt übertrifft die eines einzelnen Atomkraftwerkes um ein Vielfaches. Da diese hohen Radioaktivitätsmengen

Eine machtvolle Osterdemonstration

Radioaktiver Stoff	Halbwertszeit	Freisetzungsrate in Curie pro Jahr	
		WAA	AKW
Tritium	12,3 Jahre	1.000.000	20
Kohlenstoff 14	5736 Jahre	500	10
Krypton 85	10,76 Jahre	10.000.000	700
Strontium 90	28,5 Jahre	0,1	0,0001
Jod 131	8,04 Tage	1,8	0,05
Jod 129	15.700.000 Jahre	0,4	
Plutonium	zumeist lange Halbwertszeiten	0,2	0,000001
Americium			
Durium			

über einen weiten Raum verteilt werden sollen, sind von dieser radioaktiven Belastung auch sehr viel mehr Menschen betroffen. Die folgende Tabelle gibt die Freisetzung von einigen radioaktiven Stoffen aus einem heute üblichen Atomkraftwerk und theoretische Werte aus der Wiederaufarbeitungsanlage über den Schornstein an."

In seiner „Beschreibung wichtiger Emissionen" ging der Salzburger Landesanwalt detailliert auf die Risiken durch die Freisetzung radioaktiver Gase ein. Dabei stellte er klar, dass eine Rückhaltung derzeit praktisch nicht möglich erscheint:

„In der WAA fallen in jedem Verarbeitungsgang und bei der Lagerung flüchtige radioaktive Stoffe an, und zwar in je nach Art verschiedenen Formen und Mengen, was ihre (Zu)rückhaltung kompliziert. Das Tritium, fällt zu 85 Prozent im Abwasser, zu 5 Prozent im Prozessabgas und zu 10 Prozent in den anderen Abfällen der Anlage an. Da sich das Tritium, das vor allem in Form von Wasser auftritt, chemisch fast wie normaler Wasserstoff verhält, ist eine Abtrennung schwierig bzw. in dem erforderlichen großtechnischen Rahmen wahrscheinlich unmöglich. Die pro Jahr anfallenden riesigen Mengen kann man zum anderen auch nicht einfach – wie bei Atomkraftwerken üblich – in einen Fluss ableiten. Um die sogenannten ‚maximal zulässigen Konzentrationen' für Tritium im Flusswasser bei einfacher Ableitung nicht zu überschreiten, die Abwasser also genügend zu verdünnen, wäre eine Wassermenge von mehr als der doppelten Niederschlagsmenge pro Jahr der ganzen Bundesrepublik nötig! Da diese beiden Möglichkeiten also wahrscheinlich ausscheiden, plant man, das Wasser mit dem darin enthaltenen Tritium zu verdampfen und über den Schornstein an die Umwelt abzugeben. Die Freisetzung wird dabei zwischen 25 und 100 Prozent liegen, realistisch sind 100 Prozent.

Kohlenstoff 14 (C14) wird heute als eines der gefährlichsten Nuklide betrachtet, die die Nutzung der Atomenergie mit sich bringt. C14 wird wie normaler Kohlenstoff überall im Körper eingebaut und auf Grund seiner langen Halbwertszeit von 5736 Jahren die Menschen noch sehr lange belasten. Die Freisetzung wird zwischen 10 und 100 Prozent liegen, wobei es wohl realistisch ist, von 100 Prozent auszugehen.

Schuierer: „Stoppt den sofortigen Weiterbau! Stoppt Zwietracht und Hass!"

Krypton 85 und Xenon 133-radioaktive Edelgase werden bei dem Zerschneiden und Auflösen der Brennelemente zu 99 Prozent freigesetzt. Sie lassen sich nur schwer zurückhalten, da im Falle der Edelgase chemische Rückhalteverfahren ausscheiden. Die physikalischen Verfahren sind aber sehr aufwendig und teuer. Die Edelgase werden zu 10 bis 100 Prozent an die Umgebung über den Schornstein abgegeben werden.

Dem radioaktiven Jod kommt durch seine Eigenschaft, sich im Menschen vor allem in der Schilddrüse anzureichern, eine besondere Bedeutung zu. Da es vor allem über die Nahrungskette ‚Gras – Kuh – Milch' zum Menschen gelangt und sich hierbei anreichert, muss man bei Emissionen von weniger als 1 Prozent aus der Anlage mit einer Einschränkung bzw. einem totalen Verbot der Milchwirtschaft in der weiteren Umgebung rechnen.

Schon für den Normalbetrieb wurden hohe radioaktive Abgaben genehmigt. Für Österreich ist dies deshalb von hoher Bedeutung, weil durch die Fließgewässer (Naab-Donau) andererseits ein Großteil auf unser Bundesgebiet gedriftet wird. Darin sehen wir eine Gefährdung unseres Staates und einen Verstoß gegen das Völkerrecht.

Die biologisch-medizinische Gefährdung bei Normalbetrieb ist vor allem deshalb schon bedenklich, weil die WAA eine vielfache Radioaktivität eines einzelnen Atomkraftwerks freisetzt. Die Alternative zur WAA, die zur direkten, allerdings auch sehr umstrittenen Endlagerung führende Konditionierungsanlage, gibt nach einer Studie des Kernforschungsinstitutes Karlsruhe 3000-mal weniger Radioaktivität an die Umgebung ab als eine WAA. Überdies entsteht in der Folge auch bei der WAA die Notwendigkeit eines Endlagers, das kommende Generationen mit weit größeren Mengen belasten wird als bei einer sofortigen Endlagerung. Das Risiko wird vervielfacht!

Auch wenn Österreich sich aus Konflikten heraushalten kann, die die WAA zum Ziel von Sabotage oder militärischen Aktionen im Kriegsfall machen, sind die Folgen auch von uns mitzutragen. Universitäts-Professor Dr. Gofmann, USA, schreibt zur Problematik der WAA: ‚Jede WAA ist eine doppelte Bombe – nach vorne kann sie losgehen als Spaltmaterial – Lieferant für Atombomben (in Wackersdorf werden bei Vollbetrieb 5,7 Tonnen Plutonium/Jahr anfallen) – nach hinten als mögliche Verseuchungsquelle mit einem Radioaktivitätsinhalt von mehreren zehntausend gezündeten Hiroshima-Nagasaki-Bomben.'"

„Nicht verantwortbares Verseuchungspotenzial"

„Abschließend sei festzustellen", meinte Prof. Stüber, „dass mit der WAA Wackersdorf die radioaktive Belastung bei Normalbetrieb stark steigen wird sowie bei Unfällen oder Sabota-

Eine machtvolle Osterdemonstration

Beeindruckender Ostermarsch zum WAA-Bauzaun.

geakten ein nicht verantwortliches Verseuchungspotenzial freigesetzt werden kann".

„Wir bitten deshalb die Salzburger Landesregierung, alles in ihrer Macht Stehende zu tun, um die österreichnahe Atomanlage mit den gewaltigen Risiken für die Gesundheit unserer Bevölkerung zu verhindern."

Bayerns Ministerpräsident F. J. Strauß mochte diese Bedenken nicht gelten lassen. Es könne nicht angehen, meinte Strauß in seinem Antwortschreiben vom 24. März, dass völkerrechtliche Einwendungen von „unzuständiger Stelle mit unzutreffenden Argumenten gegen eine ungefährliche Anlage" in 180 Kilometer Entfernung erhoben würden. Selbst die Tschechoslowakei, in deren Nähe die Anlage errichtet werde, erklärte der Ministerpräsident ergänzend, habe keine Einwendungen erhoben. Dem Salzburger Landesanwalt für Ökologie und Landesschutz, Prof. Eberhard Stüber, auf dessen Gutachten sich die Salzburger Regierung gestützt hatte, warf F. J. Strauß einen „erschreckenden Mangel an Sachkenntnis" und ein „enormes Informationsdefizit" vor.

Der erbitterte Streit darüber, ob die Großdemonstration an Ostern friedlich verlaufen werde, hing inzwischen wie ein Damoklesschwert über dem Taxöldener Forst.

Am Karsamstag ging die Polizei erstmals gegen Demonstranten vor. In der Nähe des Baugeländes wurde ein Zelt-Lager der WAA-Gegner mit einem riesigen Polizeiaufgebot geräumt. Das Camp diente, nach Ansicht der Polizei, als Basis für gewalttätige Ausschreitungen am Bauzaun. 285 Personen wurden vorübergehend festgenommen, von denen ein Mann letztlich in Gewahrsam blieb, weil er wegen anderer Delikte auf der Fahndungsliste stand. Während der Räumung kreiste ein Polizeihubschrauber über dem Camp, gelegentlich nur wenige Meter über dem Boden.

Einen Tag später bildete der WAA-Bauzaun den Schauplatz der Auseinandersetzungen zwischen Polizei und Kernkraftgegnern. Dabei kamen erstmals Wasserwerfer und Gasgranaten zum Einsatz. Polizeipräsident Hermann Friker bat nachträglich um Verständnis für diese Maßnahme: „Unsere Aufgabe war es, Demonstranten am Zerstören oder Überklettern des

Eine machtvolle Osterdemonstration

Zaunes zu hindern; das war mit einfachem Wasser nicht möglich."

Für den Ostermontag hatten Polizeiführung und Innenministerium die „große Schlacht" prophezeit. In einem Wirtshaus am Wackersdorfer Markt ging unter morgendlichen Schafkopfspielern die Kunde, man habe vor lauter Polizei die Straße nicht mehr sehen können. In der Tat traf in aller Frühe ein Polizeiaufgebot nach dem anderen in der unmittelbaren Umgebung von Wackersdorf ein.

43 Wasserwerfer und 3000 Polizisten waren hinter dem Bauzaun aufgezogen, um sich mit einigen hundert militanten Demonstranten am stacheldrahtverschlagenen Bauzaun wilde Gefechte zu liefern. Die einen warfen mit Dreck und Steinen und schossen Stahlkugeln; die anderen antworteten mit Wasserfontänen, Reiz- und Tränengas.

Plädoyer für gewaltlosen Widerstand

Zuvor hatte im Rahmen der Osterkundgebung Landrat Hans Schuierer vor 100.000 Zuhörern nochmals für einen friedlichen, gewaltlosen Widerstand plädiert. Schuierer machte in seiner Rede aber auch deutlich, wer seiner Meinung nach für diese Unruhen in der Oberpfalz die Verantwortung trage:

„Meine sehr verehrten Damen und Herren, Freunde im friedlichen, gewaltlosen Widerstand gegen die WAA hier in Wackersdorf und auch sonstwo in unserem Land, liebe Friedensfreunde!

Ein herzliches Grüß Gott Ihnen allen, von einem, der es nach wie vor als sein Recht empfindet, die Wahrheit gegenüber jedermann zu sagen und der trotz persönlicher Diffamierungen, Beleidigungen und Disziplinierungsversuchen von Seiten der CSU-Staatsregierung seinem Eid, für Bürger und Heimat einzustehen, treu geblieben ist.

Es wurde von dieser Seite auch einiges versucht, die heutige Demonstration zu spalten, zu diffamieren, zu dämonisieren und anzuheizen. Ein Versuch, der nicht gelungen ist, was ich hier und heute feststellen kann. Wir brauchen auch in Zukunft keine Verhaltensvorschläge, ganz gleich,

Der Einsatz des Reizgases CS rief bei Demonstranten massive Atembeschwerden hervor. Sanitäter waren im Laufe des Nachmittags ständig im Einsatz.

Eine machtvolle Osterdemonstration

von wem auch immer. Wir erwarten allerdings, dass sich alle vernünftig verhalten, auch in Zukunft.

Unsere friedliche, gewaltfreie Demonstration findet statt – wie geplant. Und wir alle, die für diesen friedlichen, gewaltfreien Widerstand seit Jahren mit Wort und Tat einstehen, werden alles tun, damit Friedlichkeit und Gewaltfreiheit bei unseren Veranstaltungen erhalten bleiben.

Wir erfüllen nicht die geheimen Hoffnungen von denjenigen, die uns gerne in einer bestimmten Ecke haben wollen, um dann die sogenannte harte bayerische Linie rechtfertigen zu können.

Ich begrüße und appelliere zugleich an unsere Polizei, die diese Demonstration begleiten muss, Besonnenheit zu bewahren, menschliches Handeln unter Beweis zu stellen. Die „Saat der Gewalt" soll und darf Ostern 1986 hier im Taxöldener Forst nicht aufgehen. Wir haben kein Verständnis für Provokateure, Einpeitscher und Panikmacher …

Es ist an der Zeit, in München und Bonn darüber nachzudenken, anstatt die Zeit zu verschwenden mit haltlosen Parolen, Beleidigungen und Verleumdungen, Handlungen, die Bürger, Verbände, Vereinigungen einschüchtern sollen, damit die von Staat und Atomlobby gefällten Entscheidungen unwiderruflich werden.

In diesem widersinnigen Bestreben werden auch unsere Konfessionen nicht ausgenommen. Man bemüht sich sogar längst vergessen geglaubter Werkzeuge der Inquisition, wenn man kirchliche Veranstaltungen auf oder am WAA-Gelände als ‚solche des Teufels' brandmarkt.

Kein Geringerer als Franz Josef Strauß, der sich ja gerne mit dem Geruch der Allzuständigkeit umgibt, fühlte sich hier berufen zu urteilen, ‚was Gottes oder des Teufels ist'.

Im gleichen Fahrwasser befinden sich Innenminister Hillermeier, Justizminister Lang und andere Kabinettsmitglieder …

Das unselige ‚Herrendenken' von Machtträgern der CSU und DWK muss ein Ende haben. Sie haben sich schon einmal getäuscht, als sie meinten, die sogenannte politische Akzeptanz der Oberpfälzer missbrauchen zu können.

Sie werden sich wieder und wieder täuschen, wenn sie meinen, uns austricksen zu können. Der so oft zitierte, aber anscheinend so wenig gewünschte ‚mündige Bürger' ist wach geworden und ist auch bereit, seine Meinung offen zu sagen und in demokratischer Art und Weise kund zu tun.

Es würde den Verantwortlichen, vor allem in München, gut anstehen, sich einmal auf demokratische Grundwerte zurückzubesinnen und bereit zu sein, auch einmal gefasste Entscheidungen selbst in Frage zu stellen, neu zu überdenken und auch zu revidieren, wenn das öffentliche Wohl dies erfordert.

Karl-Heinz Hiersemann unterstützte Landrat Schuierer auch vor Ort.

Meine Forderung und Feststellung an die DWK, die Bayerische Staatsregierung und an die jetzige Bundesregierung: Die WAA hat uns in der Oberpfalz und auch anderswo bereits viel an Leid, Zwietracht und Hass gebracht.

– Stoppt den sofortigen Weiterbau!
– Stoppt die Auseinandersetzungen!
– Stoppt Hass und Zwietracht!
– Löscht den Brand, den ihr selbst gelegt habt!
– Setzt auf Vernunft, auf eine unbedrohte Zukunft, auf Leben und Natur! Setzt auf demokratisches Handeln zum Wohle unserer Bürger und baut nicht nur auf Pro-Wissenschaftler, denn deren Mehrheit ist weltweit auf der Gegenseite.

Dann wird es auch gelingen, die notwendigen und vor allem richtigen Entscheidungen für die Zukunft zu treffen.

Lassen Sie mich schließen mit einem Zitat von Blaise Pascal, das die bestehende Situation, glaube ich, am besten beschreibt:

‚Das Recht ohne Macht ist machtlos; die Macht ohne Recht ist tyrannisch. Also muss man dafür sorgen, dass das, was Recht ist mächtig und das, was mächtig ist, gerecht sei.'

Arbeiten wir gemeinsam für unsere Heimat, für Frieden, für Recht und Demokratie."

Marsch zum Bauzaun

Nach der Kundgebung marschierten noch Zehntausende von Menschen um Bauzaun.

Dicht gedrängt standen die Menschen in etwa 30–40 Meter Entfernung vor dem massiven Stahlgitter. Hunderte von Transparenten ragten in die Höhe.

Immer wieder lösten sich Demonstranten aus dem Menschenpulk, um am Bauzaun rhythmisch gegen die Eisenstäbe zu klopfen. Eine Sambagruppe trommelte, militante Kernkraftgegner versuchten, an anderer Stelle den Eisenzaun aufzusägen.

Beide Male endeten die Versuche in einem Schwall von Wasser und Gas. Bei ihren Angriffen beschränkte sich die Polizei aber nicht nur auf die Aktivisten direkt am Bauzaun, sondern sie versprühte ihre Kampfmittel in hohen Fontänen weit in die Menschenmenge unterhalb des Erdwalls. Krankenwagen und Sanitäter waren im Laufe des Nachmittags ständig im Einsatz. Wasserspülungen für gereizte Augen waren am meisten gefragt, da stets ein dichter Tränengas-Nebel über dem Baugelände schwebte.

„Wir wollen denen beweisen, dass wir bereit sind einiges einzustecken, um die WAA zu verhindern", erklärte eine Rentnerin einem nebenstehenden Reporter sichtlich aufgebracht.

Dass es trotz der geladenen Atmosphäre zu keinen größeren Gewalttätigkeiten kam, war vor allem dem beherzten Einsatz christlicher Jugendgruppen und engagierten Mitgliedern der Bürger- und Friedensinitiativen zu verdanken, die immer wieder Menschenketten gegen Steinwerfer bildeten oder mäßigend auf militante Kernkraftgegner einzuwirken versuchten.

Allerdings gab es am Ostermontag im Taxöldener Forst einen Toten zu beklagen. Ein 38-jähriger Maschinenbauingenieur aus der Nähe von München starb an einem schweren Asthmaanfall. Polizei und Innenministerium stritten einen Zusammenhang zwischen dem CS-Reizgas-Einsatz und dem Asthmaanfall des Ingenieurs sofort ab: „Wir halten es für unmöglich, dass eine CS-Gaswolke die Atembeschwerden ausgelöst haben könnte." Kaum hatten die letzten Demonstrationsteilnehmer das WAA-Baugelände verlassen, entbrannte auch schon der politische Streit wieder in voller Schärfe.

Die WAA-Befürworter sahen sich bestätigt in ihren pessimistischen Prognosen; die WAA-Gegner sprachen von „überzogenen Einsätzen" der Polizei. Auch Landrat Hans Schuierer schloss sich dieser Meinung an. Trotz einer ver-

Eine machtvolle Osterdemonstration

hältnismäßig geringen Anzahl von Störern seien von der Polizei massiv Wasserwerfer sowie die Giftgase CS und CN eingesetzt worden, kritisierte Schuierer. Er machte jedoch ebenfalls klar, dass er gewaltsamen Widerstand und Ausschreitungen auf das Schärfste verurteile. Auch in seiner Eigenschaft als Behördenleiter habe er nachweisbar geeignete Maßnahmen ergriffen, um solche Ausschreitungen zu verhindern, erklärte Schuierer. Der Landrat hatte wiederholt zur Besonnenheit und Gewaltfreiheit aufgerufen.

„Dass trotzdem Angriffe gegen die Anlage erfolgt sind, war freilich von mir persönlich nicht zu verhindern", fügte Schuierer klärend hinzu. Er werde weiterhin für einen „legalen Kampf gegen das atomare Mammutprojekt" eintreten.

Der Landrat zeigte in seinem Rückblick auf die Ereignisse im Taxöldener Forst an Ostern auch gleich Lösungsmöglichkeiten auf, wie derartige Konfrontationen in Zukunft verhindert werden könnten. So bestünde weiterhin die Möglichkeit, erklärte der Landrat, einer sofortigen Endlagerung atomarer Kernbrennstoffe zuzustimmen. Schuierer: „Das ist eine Entsorgungstechnik, die ich für wesentlich unproblematischer erachte." Für die Zukunft müsse man eben versuchen, daran ließ Schuierer keinen Zweifel, „sobald wie möglich einen Ausstieg aus der Kernenergie zu erreichen".

„Giftiger Lungenreizstoff"

SPD und Grüne übten vor allem harte Kritik am Einsatz des umstrittenen Reizgases CS, nach Aussage des Münchner Toxikologen Dr. Max Dauderer, „ein giftiger Lungenreizstoff, dessen Wirkung von Augenschleimhaut- und Hautreizungen über Kopfbeschwerden, Reizhusten bis hin zur Atemnot und allgemeiner Verwirrung reicht." Die Auswirkungen dieses auch im Vietnamkrieg verwendeten Giftgases machten sich bei manchen Demonstrationsteilnehmern bald bemerkbar. Das ärztliche Attest einer 57-jährigen Oberpfälzerin bestätigte dies:

„Nach Angaben der Patientin besteht bei ihr, seit der Teilnahme am Ostermontag an einer Demonstration in Wackersdorf, ein quälender, trockener Reizhusten.

Ärztlicher Befund: Lunge zeigt deutlich verschärftes Atemgeräusch mit diskretem exspiratorischen Stridor. Die Lungenfunktion ist kombiniert eingeschränkt und bessert sich nach Gabe von antitoxischen Medikamenten deutlich.

Diagnose: Verdacht auf toxische Lungenparenchymschädigung nach Kontakt mit Reizgasen."

Zahlreiche Demonstranten waren an Ostern regelrecht tropfnass geduscht worden. Gerold Tandler zeigte wegen des Einsatzes von CS-Gas gegen die WAA-Gegner kaum Bedenken. In einem Pressegespräch, eine Woche nach Ostern, gab er sich gelassen: „Das hat denen allen nicht geschadet."

Die Einführung dieses Gases bei der Polizei, erklärte Tandler, Generalsekretär der CSU, sei überhaupt erst nach langer Prüfung erfolgt. Deshalb bestünden auch keine Bedenken gegen dessen Verwendung.

Schließlich ergriff sogar F. J. Strauß das Wort, um seine Meinung zu den Vorgängen an Ostern im Taxöldener Forst kundzutun. Auf einer CSU-Kundgebung in München am 2. Juni 1986 verkündete der Bayerische Ministerpräsident mit energischen Worten: „Die Bayerische Staatsregierung ist fest entschlossen, in Bayern der Autorität des Staates auch Geltung zu verschaffen. Wir haben das an Ostern bewiesen und wir werden das nächste Mal vielleicht noch deutlicher."

Ein Umdenken setzt ein

Tschernobyl und Wackersdorf

Der 26. April 1986 war ein außergewöhnlicher Tag sowohl für die Sowjetunion als auch für einen großen Teil der übrigen Welt. Im ukrainischen Tschernobyl hatte sich etwas ereignet, was Fachleute bis dahin kaum für möglich gehalten hatten: der Super-Gau, größter anzunehmender Unfall in einem Atomkraftwerk. Unkontrolliert entwich hochradioaktive Strahlung aus dem Atomkraftwerk in die Atmosphäre und zog mit wechselnden Luftströmungen über weite Teile Europas.

Die weltweiten Auswirkungen atomarer Unglücksfälle wurden jäh vor Augen geführt, das Unfehlbarkeitsdogma technisch-hochgestylter Atomanlagen mit einem Schlag zerstört.

Kaum ein Ereignis löste in den letzten Jahrzehnten bei der Bevölkerung der Bundesrepublik einen ähnlichen Sinneswandel aus wie die atomare Katastrophe von Tschernobyl. Viele Bundesbürger überdachten von heute auf morgen ihre Einstellung zur Kernenergie. Aus einer stabilen Mehrheit von Befürwortern war binnen weniger Tage eine Minderheit geworden.

Der Gau von Tschernobyl heizte die Diskussionen um die Kernenergie, und damit auch um die WAA, von neuem an.

Schlug sich der bundesweite Sinneswandel auch in den Positionen der beiden großen Parteien nieder?

Der Kanzlerkandidat der SPD, Johannes Rau, erklärte zwei Wochen nach dem Reaktorunglück auf dem wirtschaftspolitischen Kongress der SPD in Hamburg: „Tschernobyl – das ist eine Zäsur. Ein weiterer Ausbau der Kernenergie kommt für uns nicht in Frage. Der Einstieg in die kommerzielle Plutoniumwirtschaft wäre ein Irrweg. Sollte die SPD im Frühjahr 1987 die Bundesregierung übernehmen, wird der ‚Schnelle Brüter' nicht Betrieb gehen. Auch wird eine SPD-Bundesregierung bei ihrem ‚Nein' zur WAA Wackersdorf bleiben. Die künftige Energiepolitik muss neue Ansatzpunkte finden. So darf beispielsweise nicht derjenige belohnt werden, der möglichst viel Strom abnimmt. Das Risiko der Kernenergie ist auf die Dauer zu groß", beschrieb Rau seine Haltung. Karl Heinz Hiersemann brachte auf einer Sondersitzung des Bayerischen Landtags am 15. Mai die Position der bayerischen Sozialdemokraten zum Ausdruck:

„Ich betrachte den schrittweisen Ausstieg aus der Kernenergie in einem Zeitraum von ca. 10 Jahren für unbedingt notwendig." Begonnen werden müsse, gab Hiersemann zu erkennen, sofort mit dem „Einstieg in den Ausstieg" und zwar durch einen Baustopp für das Kernkraftwerk Ohu II, für die WAA und den Schnellen Brüter. Wer die WAA gegen den Widerstand der Mehrheit der Bürger durchsetzen wolle, könne einen geistigen Bürgerkrieg entfachen, befürchtete Hiersemann.

Bundeskanzler Helmut Kohl ließ sich trotz Tschernobyl nicht beeindrucken: „Ich halte die zivile Kernkraft nach wie vor für unverzichtbar. Atomkraft ist sicher, preiswert und umweltschonend." Auch die bayerische Union zeigte sich, bis auf vereinzelte Ausnahmen, nach der Atomkatastrophe fest entschlossen, an ihrer Kernenergiepolitik sowie am Bau der atomaren Wiederaufarbeitungsanlage in der Oberpfalz festzuhalten. CSU-Chef F. J. Strauß verwies auf der Sondersitzung des Bayerischen Landtags einen sofortigen Ausstieg aus der Atomtechnologie ins Reich der Utopie. Der Ministerpräsident warnte vor einem „Hexenprozess" gegen die Kernenergie und nannte ausreichende Alternativen „die Musik von übermorgen".

Angst um die Sicherheit

Eine abweichende Meinung in den Reihen der Christlich-Sozialen Union vertrat Erich Kiesl. In einem Brief an F. J. Strauß schrieb der ehemalige Oberbürgermeister von München:

„Die Tragödie von Tschernobyl hat die Menschen in ganz Bayern aufgeschreckt und ihnen eine tiefe Angst über die Zuverlässigkeit von Hochtechnologien und die Sicherheit wissenschaftlicher Entwicklungen eingeflößt. Das Vertrauen der Bürger in die Kernenergie ist jetzt allgemein erschüttert. Über Wackersdorf muss neu nachgedacht werden."

Während sich die Sozialdemokraten und Unionsmitglieder noch mit theoretischen Gedankenspielen befassten, stellte der hessische Umweltminister Joschka Fischer (Die Grünen) ein 130 Seiten starkes, ausführliches Ausstiegsszenario zur Diskussion. Aus der Studie ließ sich entnehmen, dass alle bundesdeutschen Atomkraftwerke sofort abgeschaltet werden könnten, ohne Gefährdung der Stromversorgung.

Joschka Fischer: „Was jetzt zählt, ist allein der politische Wille." Interessiert wartete man nach der Atomkatastrophe von Tschernobyl auch

Der Gau von Tschernobyl heizte auch die Diskussion um die WAA neu an.

auf die Haltung der der Deutschen Gesellschaft zur Wiederaufarbeitung von Kernbrennstoffen (DWK).

Genau einen Monat nach dem Super-Gau in der Sowjetunion äußerte sich der Vorstandsvorsitzende der DWK, Günther Scheuten, ausführlich in einer Konferenz im Wackersdorfer DWK-Gebäude.

Das Reaktorunglück in der Ukraine habe seine Gesellschaft tief betroffen gemacht. Sie werde nach Tschernobyl über das Sicherheitskonzept der atomaren Wiederaufarbeitungsanlage neu nachdenken, ließ Scheuten die Besucher wissen. Allerdings sei dieses Unglück, daran ließ der Vorstandsvorsitzende keinen Zweifel aufkommen, „weder vom Hergang noch von den Folgen her in einer deutschen WAA denkbar, nicht einmal mit aller Phantasie".

„Der Betrieb der WAA ist", so Scheuten weiter, „sicherheitstechnisch verantwortbar und für eine Industrienation unverzichtbar". Die Elektrizitätswirtschaft und die DWK folgten einem Gesetzesaufruf. Es bestehe eine strikte Befehlslage für seine Gesellschaft. Eine Industriegesellschaft könne und dürfe nicht anders handeln, als eine WAA „so schnell wie möglich zu bauen", teilte Günther Scheuten mit. Dabei fügte er drohend hinzu: „Die DWK wird Schadensersatzansprüche in Milliardenhöhe an den Staat stellen, sollte das WAA-Projekt nach einem Regierungswechsel gestoppt werden."

Mitte Juli erstellte eine Arbeitsgruppe der Deutschen Gesellschaft für Wiederaufbereitung von Kernbrennstoffen (DWK) und der Kraftwerk Union (KWU) ein neunseitiges Schreiben zur „Sicherheit der Wiederaufbereitungsanlage Wackersdorf im Lichte des Reaktorunfalles in Tschernobyl", in dem die DWK den Bau der WAA trotz der aufgeheizten Stimmung in der Bevölkerung zu rechtfertigen suchte.

Darin war zu lesen:

„Als Folge des Unfalles in Tschernobyl wird in der Öffentlichkeit lebhaft die Frage diskutiert, ob ein Unfall mit vergleichbaren Auswirkungen sich auch in einer deutschen kerntechnischen Anlage ereignen könne. Neben den deutschen Kernkraftwerken, deren im internationalen Vergleich hoher Sicherheitsstandard allgemein anerkannt ist, wird auch die geplante Wiederaufarbeitungsanlage Wackersdorf (WAA) angesprochen, deren vorgebliche Gefährlichkeit schon vor Tschernobyl Gegenstand breitgestreuter Meinungsäußerungen war. So wurde u. a. behauptet, dass die WAA ein höheres und gefährlicheres Radioaktivitätsinventar aufweisen würde als ein Kernkraftwerk, und dass Unfälle mit katastrophalen Folgen zu befürchten seien, die die Umgebung auf große Entfernungen und lange Zeiten unbewohnbar machen würden. Diese und ähnliche Behauptungen entbehren jeder Grundlage …

Ein quantitativer Vergleich mit Zustandsgrößen, die für ein Kernkraftwerk auslegungsbestimmend sind, zeigt, dass eine Wiederaufarbeitungsanlage durch eine Reihe von Eigenschaften gekennzeichnet ist, die bereits ein Eintreten von Störfällen technisch ausschließen oder zumindest den zeitlichen Ablauf von Störungen in der Weise günstig beeinflussen, dass von der Betriebsmannschaft noch vor einer eventuellen Freisetzung von Aktivität ohne Zeitdruck Gegenmaßnahmen ergriffen werden können…

Vor diesem Hintergrund ist festzustellen, dass die sicherheitstechnische Auslegung der WAA dem Schadensvorsorgegebot des Atomgesetzes in allen Belangen entspricht … Ungeachtet dessen, dass Unfälle und Unfallfolgen wie beim Reaktor in Tschernobyl bei der WAA mit Sicherheit ausgeschlossen werden können, wird die Diskussion um die Folgen des Reaktorunfalls in Tschernobyl weiterhin aufmerksam beobachtet und hinsichtlich möglicher Einflüsse auf Planung, Errichtung und den Betrieb der WAA sorgfältig ausgewertet."

Warnung vor gefährlicher Energiewirtschaft

Was meinte der Schwandorfer Landrat Hans Schuierer, Symbolfigur des friedlichen WAA-Widerstands, zu Tschernobyl und seinen Folgen?

Schuierer zeigte sich erschüttert von den Auswirkungen des Reaktorunfalls in der Sowjetunion auf die Bundesrepublik Deutschland. Den Unfall von Tschernobyl betrachte er, so Schuierer auf einer Informationsveranstaltung in Burglengenfeld, als ernste Warnung vor einer gefährlichen Energiewirtschaft, deren Folgen unabsehbar und weltweit gefährdend sein könnten. Schuierer: „Tschernobyl hat in aller Deutlichkeit gezeigt, dass die WAA nicht nur das Problem Schwandorfs und der Oberpfalz ist. Die österreichischen Nachbarn haben sich zu recht Sorgen gemacht, sind aber von Ministerpräsident Strauß mit Beschimpfungen und Häme bedacht worden." Der Landrat wies insbesondere auf die gegebene Störanfälligkeit von technisch hochkomplizierten Anlagen hin, die nicht immer von Menschen vollständig beherrschbar gemacht werden könnten. Doch das verbleibende Restrisiko sei, meinte Schuierer, bei „solchen gigantischen und gefährlichen Atomanlagen nicht mehr verantwortbar und tragbar". Schuierer weiter: „Unsere Aufgabe ist es, im friedlichen Protest vor solchen Irrwegen zu warnen. Dabei kommt es auf uns alle an! Denn nur dann, wenn möglichst viele Bürger ihre Meinung kundtun, ihren Willen geltend machen, ist es uns möglich, einen Stopp für die WAA und einen mittelfristigen Ausstieg aus der Atomwirtschaft zu erreichen."

Später erklärte Schuierer, die Menschen hätten schlagartig die Gefährlichkeit dieser angeblich so harmlosen und beherrschbaren Energie erlebt. Obwohl die Warnungen und Weisungen aus dem Innenministerium kamen, habe ein heilloses Durcheinander geherrscht. Es sei alles verharmlost und heruntergespielt worden. Deshalb hätten die Menschen auch nichts mehr geglaubt und seien total verunsichert gewesen.

Wie tief die Strahlenangst nach Tschernobyl bei vielen Bürgern der Oberpfalz saß, bekamen prominente Unionsmitglieder bei ihren Besuchen im Raum Schwandorf am eigenen Leibe zu spüren.

Nachdem sich die Regierungsparteien CDU/CSU auch nach der Atomkatastrophe noch für den Weiterbau der WAA Wackersdorf ausgesprochen hatten, konnte kaum mehr eine Veranstaltung der einst so mächtigen Schwandorfer CSU ohne starken Polizeischutz durchgeführt werden. Den Unmut der Bevölkerung konnte schon Bundesforschungsminister Heinz Riesenhuber (CSU) bei seiner Visite Anfang Mai, als Gastredner einer CSU-Kreisdelegiertenversammlung, miterleben.

200 bis 300 Demonstranten, darunter viele Gartenbesitzer und Landwirte, hatten sich vor der Veranstaltungsstätte postiert, jeden einzelnen Konferenzbesucher beschimpft und mit Grasbüscheln, Salatköpfen oder Eiern bombardiert. Einige Büschel waren sogar mit Jauche getränkt. Bei seiner Ansprache im Inneren des Saales zeigte sich der Forschungsminister unbeeindruckt. Die WAA werde aus Verantwortung für Umwelt und Zukunft gebaut. Leider habe man zu Beginn der 70er Jahre versäumt, dem Bürger klarzumachen, wo die Gefahren der Kernenergie lägen; andererseits aber auch, was sie für die Entlastung der Umwelt bedeute, ließ Riesenhuber verlauten. Draußen trommelten die Bürger mit aller Macht gegen die Mauer des Saales.

Warnung vor Strahlenbelastung

Bereits am 14. Mai war um 14.29 Uhr eine „telex-nachricht" des Bayerischen Innenministeriums im Landratsamt eingetroffen mit „Hinweisen für Haus- und Kleingärtner":

Tschernobyl und Wackersdorf

Die Strahlenangst der Oberpfälzer bekamen die hiesigen Politiker zu spüren.

„hinweise fuer haus- und kleingaertner
die Strahlenbelastung bei gemuese ist inzwischen erheblich zurueckgegangen. aufgrund der neuesten messergebnisse aus proben, die bis zum 12. mai in allen teilen bayerns gezogen wurden, kann den haus- und kleingaertnern folgendes empfohlen werden:

blattsalate (feldsalat, eichenblattsalat usw.) sollten noch nicht geerntet werden, soweit moeglich, ist die ernte hinauszuzoegern. nach etwa drei wochen koennen diese salate geerntet und nach gruendlicher kuechenfertiger Zubereitung verzehrt werden, soweit spinat und Lauch geerntet werden muessen, ist zu empfehlen, diese gemuese kuechenfertig zuzubereiten und tiefgefroren haltbar zu machen, nach vier wochen ist die Strahlenbelastung im unbedenklichen bereich und der verzehr moeglich. die messwerte fuer rhabarber, rettiche, radies und gruenspargel liegen so niedrig, dass der verzehr dieser gemuese ohne einschraenkung moeglich ist, wenn die uebliche behandlung vorgenommen wird, gleiches gilt fuer kohlrabi ohne Laub. Bleichspargel war von anfang an so gering belastet, dass er unbedenklich genossen werden kann.

alles, was bereits ausgesaet oder ausgepflanzt ist, bzw. noch ausgesaet oder ausgepflanzt wird, ist zum zeitpunkt der ernte mit jod 131 nicht belastet, dies gilt auch fuer erdbeeren, fuer alles andere beerenobst und fuer baumobst.

alle abfaelle der jetzt geernteten bzw. der in den naechsten wochen noch erntenden gemuese sowie der erste rasenschnitte sollten gesondert kompostiert und der kompost spaeter unter bluetenstraeucher, hecken usw. gebracht werden."

Nur wenige Tage später fand eine Sitzung des Bezirksvorstandes der Oberpfälzer CSU in Dachelhofen statt. Oberpfälzische Bürger warteten vor dem Haupteingang des Veranstaltungslokals mit einer Sitzblockade auf. Wieder wurden Büschel von Gras, Salat und Gemüse geworfen. Der Bayerische Justizminister Gustl Lang, der mit Gebrüll und Beschimpfungen empfangen wurde, konnte nach der Veranstaltung, nur durch die Schutzschilder der Polizei abgedeckt, in sein Dienstfahrzeug gebracht werden. Hunderte von grünen „Vitamin-Bomben" hagelten auf ihn hernieder. Danach räumte ein Einsatzzug der Bereitschaftspolizei den Platz vor dem Gebäude.

Auch bei einem in Cham stattfindenden Informationsabend der CSU über die WAA bot sich dem Betrachter, eine Woche später, ein ähnliches Bild. Als „Saalschmuck" hatten die Oberpfälzischen Atomkraft-Gegner verstrahltes Gemüse mitgebracht.

Als Demonstranten versuchten, im Saal ein Transparent zu entrollen mit der Aufschrift „DWK und CSU dreh'n der Oberpfalz die Gurgel zu", schritt die Polizei ein. Es kam zu tumultartigen Szenen im Versammlungsraum.

Nachdem die lautstarken Unmutsäußerungen der WAA-Gegner sich gelegt hatten, referierte Staatssekretär Max Fischer. Angesichts fehlender Alternativen sei in Bayern, bei einem Anteil der Kernenergie von über 60 % an der Stromversorgung, ein Verzicht auf diese gar nicht möglich, erklärte Fischer. Dabei räumte der Staatsminister im Ministerium für Landesentwicklung und Umweltfragen ein, dass er Atomkraft nicht für die Technik der Zukunft halte.

Seit dem Reaktorunglück von Tschernobyl wurden Gastredner der CSU im Raum Schwandorf immer wieder niedergepfiffen. Die Türen der Versammlungslokale mussten bei CSU-Veranstaltungen nicht selten von innen verriegelt werden.

Bundesforschungsminister Riesenhuber wurde bei seiner Visite mit Grasbüscheln, Salatköpfen und Eiern bombardiert.

Pfingsten 1986

Die Schlacht am Bauzaun

Zu den schwersten Ausschreitungen seit Baubeginn der WAA kam es während der Pfingstfeiertage im Taxöldener Forst. „Widerstand ist der beste Strahlenschutz" war auf einem überdimensionalen Plakat zu lesen, das in unmittelbarer Nähe des Bauzauns schon halb zerrissen zwischen den Bäumen hing. Die Atomkatastrophe von Tschernobyl schien dem gewaltsamen Widerstand gegen die WAA in Wackersdorf eine neue Dimension verliehen zu haben.

Die Polizei setzte pausenlos Wasserwerfer ein, um die Aktivisten vom Bauzaun fernzuhalten.

Die Schlacht am Bauzaun

Im Taxöldener Forst tobte eine brutale Schlacht zwischen Polizeieinheiten und militanten Kernkraftgegnern aus der gesamten Republik. Bereits am Pfingstsamstag hatten einige hundert militante Demonstranten mit Baumbarrikaden einen Güterzug auf der am WAA-Gelände vorbeiführenden Bahnlinie Schwandorf – Furth i. W. gestoppt. Der Lokführer musste unter einem Hagel von Steinen die Flucht ergreifen. Die abgekoppelten Waggons blieben zurück. Nach Angaben der Polizei wurden sogar Schienen aus dem Boden gerissen, so dass der Zugverkehr für drei Stunden lahmgelegt war.

Am Pfingstsonntag verlagerten sich die gewalttätigen Auseinandersetzungen direkt an den Bauzaun. Vermummte Chaoten warfen Molotow-Cocktails, schossen Stahlkugeln auf die Polizisten im WAA-Areal, schnitten meterhohe Löcher in den Eisenzaun und versuchten sogar, mit einem Bagger das Haupttor des WAA-Zauns aus der Verankerung zu reißen. Niedergerissener Stacheldraht und zersägte Stahlpfosten verliehen dem Bauzaun an den umkämpften Stellen ein chaotisches Aussehen.

Die Polizei setzte ihrerseits pausenlos Wasserwerfer ein, um die Aktivisten vom Bauzaun fernzuhalten. Die CS- und CN-Gas-Kampfstoffe bedrohten jedoch auch die Menschenmenge, die sich in deutlicher Entfernung vom Zaun aufhielt. Die Konzentration der Gase erreichte teilweise eine äußerst bedenkliche Stärke. Reines Tränengas wurde kaum mehr verwendet. Stattdessen verschoss die Polizei immer häufiger CS-Gas-Granaten. Noch in einigen hundert Metern Entfernung spürten Besucher des WAA-Geländes die schmerzende Wirkung des Gases. Einige Personen ohne Atemschutz mussten in Krankenhäuser gebracht werden.

Regelmäßige Besucher des Taxöldener Forstes hatten sich schon vorsorglich mit Tüchern, Taucherbrillen, Gesichts- und Gasmasken ausgerüstet. Trotz des permanenten Gasbeschusses flogen weiterhin Steine, Holzprügel und vereinzelt auch Leuchtraketen und Molotow-Cocktails gegen die Wasserwerfer der Polizei. Aufgebrachte Bürger schütteten Plastiksäcke mit strahlengeschädigtem Gemüse auf das umzäunte WAA-Gelände. Der Versuch der Polizei, die Rädelsführer militanter Kernkraftgegner außerhalb des Zauns festzunehmen, endete mit einem Fiasko. Als zwei Hundertschaften der Bereitschaftspolizei auf Befehl des verantwortlichen Einsatzleiters Wolf Peter Hartmann

Demonstranten versuchten den WAA-Bauzaun zu stürmen.

Die Schlacht am Bauzaun

Die Konzentration der CS-Gas-Kampfstoffe erreichte eine bedenkliche Stärke. Sanitäter spülten Augen aus, um Schlimmeres zu verhindern.

die Umzäunung verließen, fielen Hunderte von Autonomen mit Wurfgeschossen über sie her. Über 120 Polizeibeamte sollen zu Schaden gekommen sein.

Wie später ein Beamter schilderte, saßen die sonst so harten Jungs vom SEK danach weinend im Zelt. Rund 20 Polizisten mussten, laut Aussage eines Polizeisprechers, nach diesem Einsatz mit schweren Verletzungen in umliegende Krankenhäuser gebracht werden. Noch bis weit in die Nacht hinein dauerten an diesem Sonntag die bürgerkriegsähnlichen Krawalle an.

Rauchbomben und Reizstoffgranaten

Während die Gottesdienstbesucher in Schwandorf und Umgebung in ihren Kirchen am Montagvormittag den Lärm von Hubschraubern über sich ergehen lassen durften, herrschte auf dem Baugelände der WAA noch Ruhe. Doch schon gegen Mittag wieder das gewohnte Bild: Wasserwerfer der Polizei im Einsatz. Dann gegen 15 Uhr die Eskalation der Gewalt. Ein 30-köpfiger Zug junger Bereitschaftspolizisten wurde von der Polizeiführung mitten in das Demonstrationsgelände geschickt. Es kam zu Provokationen und schließlich zur Konfrontation, in welcher die Polizisten um ihr Leben bangen mussten. Vermummte Kernkraftgegner schleuderten faustgroße Steinbrocken gegen die Polizisten und warfen einen Mannschaftswagen um; die Polizisten wiederum reagierten mit verzweifelten Stockschlägen. Kurz darauf erschienen Hubschrauber des Bundesgrenzschutzes über dem umkämpften Gebiet, um einen Befreiungsschlag durchzuführen. Rauchbomben und Reizstoffgranaten wurden in schneller Folge über dem mit Men-

Die Schlacht am Bauzaun

Nachdem aus einem BGS-Hubschrauber Reizgasgranaten in die Menge geworfen wurden, setzten Autonome zwei Polizeiautos in Brand. Chaos herrschte.

schen überfüllten Versammlungsplatz abgeworfen. Dabei flogen die Hubschrauber derart nieder, dass der Rotordruck die Baumgipfel mit aller Wucht zur Seite drückte. Der Staub am Boden wirbelte meterhoch auf; Würstchenbuden kippten zusammen. Unter den Besuchern des WAA-Geländes entstand Panik. Kinder und Frauen flüchteten verzweifelt in den angrenzenden Wald. Ein Mann wurde von einer Gas-Granate getroffen und blieb regungslos liegen. Pausenlos fuhren Rettungsfahrzeuge vor. Freiwillige Sanitäter versuchten, Menschen zu helfen, die über akute Atemnot oder starke Augenreizungen klagten.

„Da überkommen selbst einen friedlichen Demonstranten ohnmächtige Wut und Gedanken an härtere Mittel" erklärte ein 68-jähriger Schwandorfer seinem jungen Nebenmann, der sich ebenfalls sofort auf die Erde geworfen hatte. Viele friedliche oberpfälzische WAA-Gegner, die vorher die Aktionen der Autonomen noch verurteilt hatten, zeigten plötzlich eine unverhohlene Sympathie für den „Schwarzen Block".

Die misslungene Attacke der Polizei, die unversehens zu einer Bombardierung friedlicher Demonstrationsteilnehmer ausgeartet war, bezeichnete Einsatzleiter Wolf Peter Hartmann später in einem Pressegespräch als notwendig. Man habe vom Hubschrauber aus Reizwurfkörper abgeworfen, um größere Gewalttätigkeiten zu unterbinden, ließ Hartmann wissen.

Das Bayerische Innenministerium begründete die Polizeiaktion später folgendermaßen:
„Am 19. 5. 1986, gegen 15.07 Uhr attackierten zunächst ca. 50 vermummte Gewalttäter im Bereich der Industriestraße Einsatzkräfte, die zur Verkehrssperre eingesetzt waren. Hierbei wurde

ein Gruppenkraftwagen der Polizei von den Vermummten umgeworfen, deren Zahl sich in kürzester Zeit auf ca. 500 Gewalttäter erhöht hatte. Obgleich zwei weitere Einsatzzüge innerhalb kurzer Zeit bei den eingeschlossenen Verkehrskräften eintrafen, war ein Rückzug der Kräfte aufgrund der lebensgefährlichen Angriffe durch die Gewalttäter nicht möglich. Da es im Hinblick auf die inzwischen angewachsene Menschenmenge in diesem Bereich ausschied, Spezialeinsatzkommandos in die Reihen der Gewalttäter abzusetzen, wurden aus dem Hubschrauber Reizstoffwurfkörper abgeworfen. Dieser Reizstoffeinsatz bewirkte, dass die Gewalttäter von den Angriffen auf die Beamten abließen und die eingeschlossenen Einsatzkräfte sich zurückziehen konnten. Kurz darauf entzündeten zurückkehrende Chaoten den umgestürzten Gruppenkraftwagen und einen Dienst-PKW, der zurückgelassen werden musste. Die beiden Fahrzeuge brannten völlig aus. Der Reizstoffeinsatz vom Hubschrauber, der sich ausschließlich gegen die Gewalttäter richtete, war die einzige Möglichkeit, die eingekreisten Polizeibeamten aus einer lebensbedrohlichen Situation zu befreien."

Polizeirecht für Bäume

Politiker der verschiedenen Parteien werteten die Vorgänge im Taxöldener Forst am Pfingstwochenende unterschiedlich. Der Bayerische Ministerpräsident F. J. Strauß meinte, in Wackersdorf sei der Versuch gemacht worden, den Bürgerkrieg ins Land zu tragen, die gesellschaftliche und staatliche Ordnung zu zerstören. Die Bayerische Staatsregierung werde diesen Terror aber nicht länger hinnehmen.

Innenminister Karl Hillermeier machte auf einer Pressekonferenz in München deutlich, was Strauß nur andeutete: Rückkehr zum Strafbestand des Landfriedensbruchs; Einführung von Distanzwaffen, notfalls im Alleingang; verstärkte Rodungen vor dem Bauzaun der atomaren Wiederaufarbeitungsanlage in Wackersdorf.

Sollte das Landratsamt Schwandorf die Genehmigung zur Rodung nicht erteilen, machte der Innenminister gleich klar, würden die Bäume aus Polizeirecht heraus gefällt. Die Zielsetzungen der Bayerischen Staatsregierung waren damit fest umrissen.

Der Schwandorfer Landrat Hans Schuierer zeigt sich enttäuscht darüber, „dass selbst der Unfall von Tschernobyl nichts am Verhalten der CSU geändert hat, diese WAA mit allen Mitteln durchzusetzen".

Zu den schweren Krawallen an Pfingsten im Taxöldener Forst meinte Schuierer: „Die Gewalttäter haben uns friedlichen WAA-Gegnern den schlechtesten Dienst erwiesen, den man sich nur denken kann."

Der bayerische SPD-Landtagsabgordnete Dietmar Zierer sowie Sprecher der Grünen warfen der bayerischen Polizei vor, sie habe durch erhebliche Fehler bei der Einsatzleitung zur Eskalation der Gewalttätigkeiten beigetragen.

Kritische Stimmen gegen die WAA wurden eine Woche nach Pfingsten auch auf der Landesversammlung der Jungen Union in Garmisch-Partenkirchen laut. Dort warfen JU-Funktionäre aus der Oberpfalz der CSU und der Bayerischen Staatsregierung mangelndes Verständnis für die Bedenken der Bevölkerung gegen die geplante WAA vor.

Dadurch sei, so ein Sprecher, „sehr viel Unmut in der Oberpfalz entstanden". Am deutlichsten äußerte sich der Schwandorfer JU-Kreisvorsitzende Klaus Zeiser vor den 360 Delegierten: „Im Landkreis Schwandorf existiert der Rechtsstaat nur mehr auf dem Papier". Zuvor hatte die Junge Union Bayerns Innenminister Karl Hillermeier wegen des überzogenen Polizeieinsatzes am Pfingstwochenende in Wackersdorf scharf kritisiert.

Viele Menschen positiv beeinflusst

Aufmunternde Briefe an Hans Schuierer

Sehr geehrter Herr Landrat Schuierer!
Im Namen der BI Amberg, aber auch ganz persönlich möchte ich Ihnen und Ihrer Familie ein gesegnetes und erholsames Weihnachtsfest wünschen. Für das kommende Jahr wünschen wir Ihnen Gesundheit, Kraft und Ausdauer, all die Auseinandersetzungen aufrecht zu überstehen wie bisher, die da auf Sie zukommen.

Gleichzeitig möchten wir uns bei Ihnen bedanken für Ihre aufrechte Haltung, die sich nicht einschüchtern lässt von „Blitz und Donner", die vielmehr den Oberpfälzern Mut macht, der sich hoffentlich immer offener zeigt. Wir danken Ihnen, dass sie so Anteil nehmen am Widerstand, wie das Ihre Besuche am letzten Wochenende gezeigt haben.

Erholsame Feiertage und alles Gute!
M. K., 1985

Sehr geehrter Herr Landrat,
ein gesegnetes Weihnachtsfest und alles Gute für 1986!

Möge Ihnen der Herr die Kraft und den Mut geben für Ihre schwere Aufgabe! Und „Danke schön" für Ihren Kampf um Recht, Wahrheit und ein „besseres Bayern".
L. H., 1985

Sehr geehrter Herr Schuierer!
Vielen Dank, dass Sie sich mit all Ihrer Kraft dafür einsetzen, dass ein naturzerstörerisches Großprojekt niemals entstehen kann.

Der Widerstand geht weiter, auch 1986.
Von Herzen alle Kraft für das Kommende!
C. D., 1985

Sehr geehrter Lieber Landrat Schuierer,
direkt nach dem Interview mit Ihnen im SFB 2 (Jugendsendung) habe ich mir unsere alten Generalkarten von der Oberpfalz herausgesucht und – Wackersdorf im Zentrum – die 30 km-Zone nachgezeichnet, „angeregt" von dem Unfall in Gore, USA.

Da wurde mir endgültig schlecht. Seit 1970 fahre ich nämlich nach Atzenhof, einem kleinen Dorf bei Trausnitz, auch Tännesberg ist nicht weit; in Gleiritsch gehen wir meistens mittags essen und im Städtchen Pfreimd einkaufen.

Wir machen uns schon lange Sorgen wegen der WAA. Aber leider wurde das von den Menschen, mit denen wir im Landkreis SAD darüber diskutiert haben, als unnötige Panikmache abgetan.

Ich kenn Sie nicht, andere Leute im Landkreis, die politisch tätig sind, auch nicht.

Aufmunternde Briefe an Hans Schuierer

Nun freue ich mich mit Ihnen, die Sie Gegner der WAA sind, dass das Fest am Wochenende so gut besucht war. Hoffentlich ist es heute nicht das endgültige Aus fürs Wackerland gewesen!

Bitte bleiben Sie standhaft: Keine WAA in Wackersdorf und anderswo!
Mit solidarischem Gruß
B. K., Berlin, 1986

Sehr geehrter Herr Schuierer!
Mit wachsendem Unbehagen lese ich täglich in den Zeitungen, mit welchen Maßnahmen versucht wird, Sie zum Schweigen zu bringen. Sind das wirklich noch Methoden einer, UNSERER Demokratie? Was für eine starke Persönlichkeit müssen Sie wohl sein, um derartiger Konfrontation von Intrigen stand zu halten.

Unsere Hochachtung Ihnen gegenüber steigt ständig! Allmählich frage ich mich, wer ist der Staat? Besteht er hauptsächlich aus WAA-Befürwortern? Und die Bevölkerung bleibt damit auf der Strecke? Alle unsere Bekannten, Freunde, Nachbarn sind gegen die Wiederaufarbeitungsanlage, vielfach aus Angst vor der Zukunft. Warum nur kenne ich fast keine Befürworter? Als Mutter von vier kleinen Kindern, als ehemaliges „Schwammerl- und Schwarzbeeren-suchendes Kind" im Wald um das „Rote Kreuz" bitte ich Sie, nicht aufzugeben, weiter in Ihrem Sinne zu handeln, im Sinne der WAA-Gegner.
Mit freundlichen Grüßen
J. E., 1986

Sehr geehrter Herr Schuierer,
für Ihr Engagement im Widerstand gegen die atomare Wiederaufarbeitungsanlage in Ihrem Landkreis, das trotz aller dienstlichen Androhungen und persönlichen Diffamierungen ungeschwächt blieb, möchten wir Ihnen auf diesem Wege herzlich danken.

Es imponierte uns bei der Kundgebung vom letzten Montag vor allem auch, dass Sie diese Wahnsinnsanlage generell ablehnen und nicht nach dem Sankt-Florians-Prinzip nur aus Ihrem Landkreis verbannen möchten.

Wir wünschen Ihnen und allen natur- und menschenverbundenen Leuten, dass der „Kampf" gegen diese Anlage, respektive ihre Befürworter, nicht umsonst sein möge und sagen Ihnen unsere volle, wenn auch bescheidene Unterstützung zu.
Hochachtungsvoll
J. R-.F., 1986

Sehr geehrter Herr Landrat,
immer wieder tut man sich als einer, der die Ereignisse im 3. Reich nicht selbst erlebt hat, leicht, wenn man pauschal die Frage stellt, warum sich niemand rechtzeitig gegen die Herrschenden gewehrt habe, sodass es dann zu der bekannten schrecklichen Eskalation kam.

Wenn auch die jetzigen Zustände in unserem demokratischen Staat absolut (noch!) nicht vergleichbar sind mit den damaligen, so zeigen Sie doch, wieviel Mut selbst in einer Demokratie nötig ist, um seine im GG der BRD verbrieften Rechte zu vertreten.

Ich habe bisher noch nie einen Brief an einen Politiker geschrieben. Jetzt ist es mir aber ein Herzensanliegen, Ihnen zu sagen: Weiter so mit Ihrem Widerstand gegen die WAA, gegen die übermächtige bayerische Staatsbürokratie.

In Ihnen sehe ich das verkörpert, was J. F. Kennedy sinngemäß einmal sagte, man müsse mehr Zivilcourage zeigen.
Mit vorzüglicher Hochachtung
E.B., Hahnbach, 1986

Verehrter Herr Schuierer!
Für Ihren Kampf gegen die WAA Wackersdorf möchten ich Ihnen – endlich – danken, und all denen, die mit persönlichen Opfern und Mühen durch Verzögerungen oder Besetzungen versuchen, den Wahnsinn aufzuhalten!

Leider ist es mir (72 Jahre) zu weit und mühselig, persönlich vor Ort zu wirken, aber mit Gedanken und meinen Wünschen begleite ich – gewiss mit Millionen Gleichgesinnter – Sie in der lebenswichtigen Auseinandersetzung. Es muss verhindert werden!

Mit herzlichem Gruß
G. S., Hamburg, 1986

Chaoten auf zum Sturm

Ohne Rücksicht und Respekt

Sie Rote Ratte!
Haben Sie Drecklump schon erreicht, was Sie wollen?

Dass Tausende von den rot-grünen, deutschen Schweinen in Bayern einfallen, um Chaos und Terror zu verbreiten.

Oder wollt ihr Rotes Gezücht den Bürgerkrieg?

Wir Bayern warten nur auf eine Gelegenheit, um im allgemeinen Chaos Deutsche, Asylanten und sonstiges landfremdes Ungeziefer massakrieren zu können.

Deutsche und sonstige Ausländer raus!
Freiheit für Bayern!
Anonym

An den rot-grünen Landrat Schuierer!
„Chaoten auf zum Sturm und zur Vernichtung des bestehenden Rechts!" ruft Landrat Schuierer seiner fünften Kolonne zu und schwingt die Brandfackel.

Mit finanziellen Mitteln der DDR heuert er seine Chaoten an und lässt das Volksvermögen vernichten, das deutsche Steuerzahler finanziert haben. Seine Truppe (Chaoten), die keine andere Arbeit kennen als die der Vernichtung, und die brandschatzend durchs Land ziehen, verrichten seine Ideen; und die Grünen helfen bereitwillig die bestehende Ordnung zu untergraben.

Es ist unfassbar, dass ein Volksverräter wie Sie noch Landrat ist. In jüngster Vergangenheit hat man Volksschädlinge anders behandelt, samt ihren Horden.

Hüten Sie sich, Sie Statthalter des Ostens!

Bald wird Sie das Banner der Freiheit einholen und über Sie Gericht halten.

Korps freies Deutschland

Du warst am 9. April '86 in Beratzhausen.
Deine Wahlrede: Lüge, Lüge, Lüge. Früher war ein Landrat ein angesehener Mann.

Aber Du erzählst nur Lügen.

Wer „Nein" zur Atomenergie sagt, ist auch ein Freund der Flüchtlinge. Durch diese ist der Lebensraum in Deutschland eng geworden.

Du Lügner, Hetzer, UdSSR-Freund. Du gehörst in Berlin über die Mauer geworfen, dann bist Du bei den Russen. Du willst „Weimarer-Zeiten". Du zerstörst und unterminierst den Sozialstaat. 1,8 Millionen habt ja Ihr Sozis dem Kohl übergeben.

Du Sozi neuerer Ordnung!

Bahr, Brandt etc. werden dafür sorgen, dass Du und Deine Familie Euch trefft hinter dem Ural.

Sozi- Vorarbeiter zum Kommunismus!

Engels – Weimar

Sie Lügner, gleichzusetzen mit Terrorist!
Über 200 Polizisten haben Deine Freunde, Lumpen und Staatsverbrecher an Pfingsten teils schwer verletzt.

Du gehörst an den Pfahl gebunden, angespuckt und mit Fäkalien beworfen. Dein Stuhl wackelt. Du bekämpfst den Staat, der Dich für Deine staatszerstörende Tätigkeit noch bezahlt.

Du begibst Dich in Not und Gefahr. Gottes Mühlen mahlen langsam, aber trefflich fein.

Du Unruhestifter, Aufwiegler!

Von Hetzer

RADIOAKTIVITÄT KENNT KEINE GRENZEN

Grenzüberschreitende Solidarität

Der Landrat soll kriminalisiert werden

Der Fall Schuierer

Zu einem Zeitpunkt, da die Wackersdorfer Krawalle gerade in aller Munde waren, leitete der Oberpfälzische Regierungspräsident Karl Krampol ein förmliches Disziplinarverfahren gegen Schuierer ein. In dem Schreiben vom 20. Mai 1986, Aktenzeichen 230 -1425.1 SAD 1, hieß es: „Sie sind verdächtigt, durch verschiedene Handlungen und Aufgaben im Zusammenhang mit dem Bau der WAA bei Wackersdorf gegen ihre Pflichten als Landrat verstoßen zu haben."

Der Landrat habe, so die Verdachtsbegründung, „seine Pflichten zur neutralen, unparteilichen Amtsführung verletzt". Außerdem sei er der „Achtung und dem Vertrauen nicht gerecht geworden, die das Amt des Leiters einer Staatsbehörde erfordern".

Ergänzend war hinzugefügt: „Ein Behördenleiter verletzt schon dann seine Pflichten, wenn er sich in einem Verwaltungsverfahren, in dem auch seine Behörde Entscheidungen zu treffen hat, einseitig nach außen hin festlegt."

Auf den Seiten 1 und 2 des 11-seitigen Schreibens war zu lesen:

„Sie sind verdächtig, durch verschiedene Handlungen und Äußerungen im Zusammenhang mit dem Bau der Wiederaufarbeitungsanlage bei Wackersdorf gegen Ihre Pflichten als Landrat verstoßen zu haben.

Im einzelnen wird Ihnen folgendes vorgeworfen:

1. Am 22.04.1985 haben Sie anlässlich einer Informationsveranstaltung der Bürgerinitiative gegen die Wiederaufarbeitungsanlage – Ortsgruppe Pfreimd – zum aktiven Widerstand gegen die Wiederaufarbeitungsanlage aufgefordert und dabei auf Aktionen von Kernkraftwerksgegnern, insbesondere Platzbesetzungen, hingewiesen.

,Der neue Tag' hat am 24.04.1985 über die Veranstaltung in Pfreimd wie folgt berichtet:
Da die rechtlichen Möglichkeiten zur Verhinderung des Baus einer Wiederaufarbeitungsanlage (WAA) sehr begrenzt seien, müssten die Gegner dieses Projekts nun Mut und Engagement aufbringen und aktiven Widerstand leisten. Diese Forderung stellte Landrat Hans Schuierer bei der Informationsveranstaltung der Bürgerinitiative Pfreimd am Montagabend im kleinen Saal des Hotels ,Wilder Mann', zu der Stadt- und Kreisrat Arnold Kimmerl neben dem Landrat auch Dr. Ludwig Trautmann-Popp, den energiepolitischen Sprecher des Bundes Naturschutz, begrüßen konnte. ,Sicher werden wir uns dabei einmal als Rechtsbrecher bezeichnen lassen müssen', gab der Landkreischef zu verstehen, ,aber was wäre das für ein Rechtsbruch? Hier geht es um unsere Heimat.'

Die Frage, wie weit ein Beamter bei ‚Demos' gehen dürfe, ohne berufliche Schwierigkeiten befürchten zu müssen, beantwortete Schuierer mit dem Hinweis, dass man beispielsweise bei Platzbesetzungen ‚schon einmal mit dem Gesetz in Konflikt kommen könne'. Zum Schluss seiner Ausführungen nannte der Landrat den WAA-Bau als Kuhhandel, da Kabinettsmitglieder in den energiewirtschaftlichen Unternehmen sitzen! ‚Unser Auftrag ist es', so Schuierer, ‚die Heimat so weiterzugeben, wie wir sie von unseren Vätern bekommen haben. Es geht um die Lebensgrundlage unserer Kinder und nachfolgender Generationen. Gegen die WAA haben wir legalen Widerstand zu leisten …'"

Politischer Maulkorb?

Überraschen konnte diese Entscheidung der Bezirksregierung Landrat Hans Schuierer nicht mehr, denn bereits am 27. März hatte der Regierungspräsident dem Anwalt des Schwandorfer Landrats mitgeteilt, dass mit einer Einstellung des Verfahrens nicht zu rechnen sei. Karl Krampol zeigte sich in der Öffentlichkeit überzeugt davon, richtig gehandelt zu haben. Es dürfe nicht soweit kommen, rechtfertigte der Regierungspräsident seine Entscheidung, dass andere Landräte aufgerufen würden, sich ebenso wie der Schwandorfer Landrat zu verhalten, „da sie sonst alles erreichen könnten beim Staat".

Proteste der einheimischen Bevölkerung vor der Regierung der Oberpfalz für „ihren Landrat".

Landrat Hans Schuierer sah das natürlich ganz anders. In einer Stellungnahme meinte er: „Die Einleitung des Disziplinarverfahrens ist der Versuch, mich mundtot zu machen. Ich habe nichts Unrechtes getan und sehe deshalb dem Ergebnis der Recherchen des Untersuchungsverfahrens aus Regensburg ruhig und gelassen entgegen. Sollte Krampols Rechtsauffassung aber Gültigkeit erlangen, wäre dies gleichbedeutend mit einem politischen Maulkorb für alle kommunalen Wahlbeamten in Bayern. Ich habe nichts gesagt und getan, was gegen geltendes Recht verstoßen hätte."

Schuierer betonte in seiner Stellungnahme nochmals, er habe seine Äußerungen nicht als Landrat gemacht.

„Wenn diese Äußerungen für ein Disziplinarverfahren ausreichen, wer wird dann Disziplinarverfahren gegen eine ganze Reihe von Ministern einleiten?", fragte Schuierer. Die Empfindlichkeit der CSU-Staatsminister sei, äußerte sich der Landrat weiter, schon etwas unverständlich, wenn man bedenke, dass genau dieselben Minister „vor politischem Rufmord nicht zurückschreckten" und ihn im Zusammenhang mit der WAA als „Saboteur, Volksverhetzer, Rädelsführer und Rechtsbrecher" bezeichnet hätten. Im Unterschied zu ihm könnten sich „diese Herren jedoch hinter ihrer Immunität verstecken", ließ Schuierer wissen.

Rückendeckung hatte Landrat Schuierer Mitte April vom Schwandorfer Kreistag bekommen. Im Mittelpunkt der nicht öffentlichen Kreistagssitzung vom 11. April 1986 standen eine Reihe von Äußerungen, die der Schwandorfer Landrat bei Veranstaltungen gegen den Bau der WAA gemacht hatte und die zum Gegenstand des Vorermittlungsverfahrens geworden waren.

Mit 31:21 Stimmen, acht Kreisräte der CSU blieben der Abstimmung fern, forderte der Kreistag Schwandorf die unverzügliche Einstellung des Verfahrens. Der stellvertretende Landrat, Dietmar Zierer (SPD), sprach in der anschließenden Pressekonferenz deutliche Worte.

Seiner Meinung nach diene das Verfahren dazu, Landrat Schuierer zu kriminalisieren und ihn im Ansehen der Öffentlichkeit herabzusetzen, ließ Zierer verlauten. Er sei aber überzeugt, dass das Ansehen des Landrats eher noch gemehrt werde durch dieses Verfahren. Der Fraktionsvorsitzende der Freien Wähler (FW), Joachim Hanisch, bewertete die dem Landrat von Schwandorf vorgehaltenen Zitate als Wiedergabe dessen „was die Bürger unseres Raumes denken". Zudem habe Schuierer, so Hanisch, die ihm vorgeworfenen Aussagen nicht als Landrat, sondern als betroffener Bürger und SPD-Politiker gemacht. Nach der Einleitung des förmlichen Disziplinarverfahrens äußerte sich auch der ostbayerische SPD-Bezirksvorsitzende, Gerhard Schmid, zum „Fall Schuierer".

Der Oberpfälzer Regierungspräsident Karl Krampol, der die Verfügung erlassen habe, sei nur die „Stimme seines Herrn" und der heiße F. J. Strauß, meinte Gerhard Schmid.

Das Vorgehen gegen Schuierer zeige, dass die bayerische Regierung zur Durchsetzung der WAA immer mehr zu Methoden greife, „wie man sie von Diktaturen gewohnt ist".

Doch so sehr sich die einzelnen Politiker auch empörten, beeinflussen konnten sie die Entscheidung der Oberpfälzer Bezirksregierung nicht. Bis zur endgültigen Urteilsfindung des Verfahrens gegen Schuierer sollten noch Monate vergehen. Nur eines war jetzt schon klar. Würde das Verfahren gegen Landrat Hans Schuierer positiv ausfallen, musste der Landrat entweder mit einem Verweis, einer Geldbuße, einer Gehaltskürzung oder im schlimmsten Falle sogar mit der Entfernung aus dem Dienst rechnen.

„Wir haben Zwentendorf verhindert"

Deutsch-österreichisches Friedensnetz

Die Bahnhofsuhr zeigte 12.41 Uhr, als die zwei Sonderzüge aus Österreich im Schwandorfer Hauptbahnhof einliefen. An den offenen Fenstern der Züge drängten sich die Menschen und winkten freundlich lächelnd heraus. Auf dem gegenüberliegenden Bahnsteig fast dasselbe Bild. Trotz des Regens begeisterte Jubelrufe: „Herzlich willkommen!" Österreichische Fahnen wurden geschwenkt. Minutenlang spendeten sich WAA-Gegner aus Österreich und der Oberpfalz Beifall über die Bahngleise hinweg.

Ihr gemeinsames Ziel: gegen den Bau der WAA in Wackersdorf zu demonstrieren. Die Gäste aus Salzburg und Linz hatten sogar Blumen und weiße Binden mitgebracht, wodurch sie ihre Friedfertigkeit bekunden wollten.

Nach den schweren Krawallen zu Pfingsten in Wackersdorf waren beide Parteien sichtlich um einen friedlichen Verlauf dieser länderübergreifenden Anti-WAA-Kundgebung bemüht. Auch die Polizei lieferte keinen Grund für Provokationen und hielt sich beim Empfang diskret hinter Güterwaggons verborgen. Weitere Besucher aus Österreich trafen mit zahlreichen PKWs und 15 Omnibussen in Schwandorf ein.

Aufgerufen zu dieser Großdemonstration in der Kreisstadt hatte unter anderem die „Katholische Aktion Österreichs". So formierte sich schließlich am Bahnhofsplatz ein Protestzug von mehr als einem Kilometer Länge. Mitglieder des Funkclubs Salzburg übernahmen die Organisation und begleiteten den Demonstrationszug mit seinen rund 5000 Teilnehmern bis zum Kundgebungsort am Schwandorfer Volksfestplatz. Dort feierten Österreicher und Deutsche zunächst einen Gottesdienst, der von Geistlichen beider Konfessionen gestaltet wurde. Das Motto der Messe: „Atome kennen keine Grenzen – Für die Schöpfung Gottes". Nach einer Schweigeminute für die Opfer von Tschernobyl knüpften die Demonstranten weiße Tücher zu einem riesigen „Friedensnetz", das die Solidarität und die einheitliche Lebensgemeinschaft von deutschen und österreichischen WAA-Gegnern unterstreichen sollte.

Den politischen Teil der Kundgebung eröffnete der Salzburger Bürgermeister Josef Reschen. „Ich protestiere hier einerseits als Bürgermeister von Salzburg im Interesse meiner Bürger, andererseits als Normalbürger, angesichts der akuten Bedrohung durch eine solche Anlage", verkündete Reschen. Die grenzüberschreitende Gefahr, die von einer derartigen Anlage ausgehe, erfordere eine Internationalisierung der Entscheidung.

Josef Reschen protestierte dagegen, dass man in Bayern die radioaktive Belastung der

Deutsch-österreichisches Friedensnetz

In Schwandorf hatte sich eine große Gruppe von Oberpfälzern als Empfangskomitee eingefunden.

Luft mit einem 200 Meter hohen Schornstein gering halten wolle. „Durch eine solche provinzielle Politik werden die Umweltprobleme nur auf Österreich abgewälzt", meinte der Salzburger Bürgermeister.

Angebot einer Anti-Atom-Partnerschaft
Dem Schwandorfer Landrat Hans Schuierer bot Reschen den Abschluss einer „Anti-Atom-Partnerschaft" zwischen der Stadt Salzburg und dem Landkreis Schwandorf an.

Schon Mitte Dezember hatte das Gemeindeparlament von Salzburg einstimmig eine Resolution gegen das WAA-Vorhaben verabschiedet. In der Begründung hieß es, die geplante WAA bedrohe die Salzburger Bevölkerung trotz einer Entfernung von 180 Kilometern und würde bereits bei kleineren Unfällen Salzburg in eine Todeszone verwandeln. Hans Schuierer ging in seiner Rede sofort auf den Vorschlag Reschens zur Partnerschaftsbildung ein. Schuierer: „Die angebotene Partnerschaft will ich gerne annehmen. Ich bin zuversichtlich, dass der Kreistag des Landkreises Schwandorf das Angebot annehmen wird. Diese Partnerschaft ist eine entscheidende Hilfe im Kampf gegen die Atomlobby."

Schuierer kam auch auf die internationale Komponente der geplanten WAA zu sprechen.

Deutsch-österreichisches Friedensnetz

Gemeinsamer Protestzug mit den Salzburgern für den Frieden.

Solidarität von Österreichern und Deutschen: Atome kennen keine Grenzen!

Deutsch-österreichisches Friedensnetz

Nach Hiroshima, Nagasaki, Harrisburg, Sellafield und Tschernobyl sei Wackersdorf eine weitere „Station des Schreckens", die atomare Hochtechnologie verbreite, meinte der Landrat. Schuierer fordernd: „Wir wollen den Ausstieg."

Bei den Gästen aus dem Nachbarstaat Österreich entschuldigte sich der Schwandorfer Landrat für den Tonfall und die Beleidigungen, die diesen von Seiten der bundesdeutschen Regierungspolitiker in letzter Zeit entgegengeschlagen waren.

Die jüngste Vergangenheit habe gelehrt, so Schuierer, dass die Deutschen kein Recht mehr hätten, wie die Schulmeister aufzutreten. Den derzeit Regierenden warf der Landrat mangelndes Demokratieverständnis vor: „Wer Terror mit Gegenterror beantwortet, wer Steinwürfe mit Tränengasgranaten beantwortet, der zeigt Schwächen." Er hoffe auf den Sieg der Vernunft und Menschlichkeit zum Wohle aller Bürger.

„Auch Disziplinarverfahren können Demokraten nicht mundtot machen", rief Schuierer unter langanhaltendem Beifall aus.

Johannes Voggenhuber, Umweltexperte im Salzburger Stadtrat, bedankte sich für den freundlichen Empfang in Schwandorf: „Der tut gut nach den rüden Zurechtweisungen aus München und Bonn." Der Landtagsabgeordnete Johann Neumayer meinte, man wolle lieber den Fortschritt gefährden als die Gesundheit der Bürger. Sogar die bekannte österreichische Schauspielerin Barbara Rütting ergriff in Schwandorf das Wort: „Wir haben in Österreich Zwentendorf verhindert, jetzt sind wir gekommen, um Euch zu helfen. Wenn wir alle wollen, dass die Reaktoren abgeschaltet werden, dann werden sie es auch."

Im Anschluss an die Großkundgebung „Österreich gegen die WAA" auf dem Schwandorfer Volksfestplatz zogen Hunderte von WAA-Gegnern noch zum Baugelände, um den Protestgegenstand in seinen ersten Umrissen zu betrachten. Auf die zunächst geplante Sonderbusfahrt mit Pressevertretern und Politikern zum WAA-Standort wurde nach entsprechender „Empfehlung" des Bayerischen Innenministeriums allerdings verzichtet.

Verstoß gegen das Ausländergesetz

Demonstration trotz Verbot

Am 7. Juni 1986 sollte das WAA-Gelände bei Wackersdorf erneut Schauplatz einer Großdemonstration werden. Doch die Veranstalter „Bürgerforum gegen Atomkraftwerke Landshut" stießen bei der Anmeldung der Demonstration auf unerwartete Schwierigkeiten. Die Oberpfälzische Bezirksregierung hatte auf einer Fläche von 100 Quadratkilometern um das WAA-Gelände ein Demonstrationsverbot ausgesprochen und das Landratsamt Schwandorf einen 10-seitigen, sofort vollziehbaren Bescheid angeordnet. Der geplante Veranstaltungsort liege, so die ablehnende Begründung „in unmittelbarer Nähe der südwestlichen Ecke des Bauzaunes der geplanten WAA. Die Entfernung des ‚Roten Kreuzes' zum Bauzaun betrage Luftlinie cirka 50 Meter". Zudem sei die Rodungsfläche seit jeher „branddisponiertes Waldgebiet", weshalb ein „wirksamer Brandschutz bei Demonstrationen im Wald nicht aufrecht erhalten werden kann". Zudem sei „mit hoher Wahrscheinlichkeit mit Zusammenstößen zwischen militanten und gewalttätigen Störergruppen und den Sicherheitskräften zu rechnen".

Auch einer Klage der Veranstalter vor dem Bayerischen Verwaltungsgerichtshof in München blieb kein Erfolg beschieden. Trotzdem riefen die Veranstalter weiter zu einer Teilnahme auf. Der Vorsitzende des „Bürgerforum gegen Atomkraftwerke Landshut und Umgebung e.V.", Rechtsanwalt Thomas von Taeuffenbach, begründete diese Entscheidung: „Wir müssten ja dann in Schwandorf demonstrieren. Aber wir wollen doch nicht gegen die Schwandorfer, sondern gegen die WAA protestieren."

Taeuffenbach wies auch auf ein Urteil des Bundesverfassungsgerichtes hin, welches bestätigte, dass das Grundrecht der Demonstrationsfreiheit insbesondere das Recht einschließe, eine Kundgebung in unmittelbarer Nähe des Demonstrationsobjektes abzuhalten. Allerdings verlegten die Veranstalter den Kundgebungsort schließlich doch weg vom Bauzaun auf den Marktplatz von Wackersdorf. Waldspaziergänge zum Bauzaun könnten allerdings durchaus möglich sein, gaben die Veranstalter gleichzeitig zu verstehen.

Innenminister Karl Hillermeier dagegen forderte die Bevölkerung auf, das gerichtlich bestätigte Demonstrationsverbot zu beachten und dem Raum Wackersdorf, insbesondere dem Baugelände, fernzubleiben. Es lägen Hinweise vor, erklärte Hillermeier, dass sich am Wochenende militante Chaoten zumindest aus dem süddeutschen Raum in Wackersdorf einfinden würden und ähnlich kriminelle Gewalt-

Demonstration trotz Verbot

taten wie an den Pfingsttagen verüben wollten. Doch die Warnungen des Innenministers schienen nicht viel genutzt zu haben, ganz im Gegenteil. Auf der Bundesstraße 85 staute sich gegen Nachmittag von der Autobahnausfahrt Schwandorf- Wackersdorf bis zum Ortsbeginn eine Kolonne von PKWs und Bussen.

Ihr Ziel: das WAA-Baugelände im Taxöldener Forst. Dabei hatten viele österreichische WAA-Gegner erst gar nicht einreisen dürfen. So waren sieben Busse aus Österreich am Grenzpunkt Kufstein-Kiefersfelden von der bayerischen Grenzpolizei zurückgehalten worden. Nach Aussage des Grenzpolizeipräsidiums wegen des „Verstoßes gegen das Ausländergesetz". Innenminister Hillermeier erläuterte die einschlägigen Bestimmungen dieses Gesetzes später näher.

Leibesvisitation und Taschenkontrollen

Am Ortseingang von Wackersdorf ging es für die anreisenden Kundgebungsteilnehmer nur im Schritttempo vorwärts. Der Grund: Ein Trupp des Bundesgrenzschutzes, schwer bewaffnet, nahm Fahrzeugkontrollen vor.

Einige hundert Meter weiter, am Rathausplatz von Wackersdorf, bot sich dem Betrachter ein ähnliches Bild. Schwerbewaffnete Polizisten beäugten kritisch die anmarschierenden Demonstrationsteilnehmer. Nur mühsam schlängelten sich die motorisierten Fahrzeuge durch die mit Menschen vollgepfropften Seitenstraßen in Richtung Baugelände, bevor sie schließlich in eine der spärlichen Parklücken stoßen konnten. Am Haupteingang des WAA-Areals drängten Polizeibeamte aus dem Saarland die Demonstranten – freundlich, aber mit Nachdruck – Taschen und Rucksäcke zu öffnen. Vorwiegend junge Leute mussten sich einer Leibesvisitation unterziehen. Fotografieren war nicht gestattet. Ein Journalist, der die Polizeisperre auf Film bannen wollte, war sofort von mehreren Beamten umringt. Falls er dies nicht unterlassen würde, klärte man den Journalisten auf, werde der Film beschlagnahmt. „Portraits" seien nicht erlaubt, dafür könne er aber jederzeit die schöne oberpfälzische Landschaft verewigen, gab ein stämmiger Polizeibeamter zu verstehen. Zwei Schritte weiter rechts wurde ein junger Mann in schwarzer Le-

„Wir müssen den Kopf für eine Sache hinhalten, die wir selbst nicht wollen."

Demonstration trotz Verbot

derjacke am Ärmel festgehalten. Er könne nicht passieren, solange er eine Skibrille mit sich führe. Als er nach dem Grund für diese Anordnung fragte, teilte man ihm mit, dass laut Versammlungsverbot „Schutzwaffen" nicht erlaubt seien. Ein Polizeibeamter machte den jungen Mann auf einen nebenstehenden Transporter aufmerksam, wo er den Gegenstand bis zu seiner Rückkehr abgeben könne. Eine etwa 50-jährige Frau, elegante Erscheinung, führte einen kurzen Dialog mit einem blutjungen, schnauzbärtigen Grenzschutzpolizisten. „Wieso kommen Sie denn hierher?", fragte der Beamte interessiert. Worauf die Frau im Gegenzug antwortete: „Warum stehen Sie denn da?"

In einem Transportwagen des Bundesgrenzschutzes, älteres Modell, stapelten sich einstweilen die „Schutzwaffen" der Demonstranten: Hunderte von vollen und angetrunkenen Limoflaschen, Taucher- und Skibrillen, einige Gasmasken, Fahnenstangen, auch ein Springmesser war zu entdecken. Alles ordnungsgemäß abgegeben und registriert.

Obwohl der Verwaltungsgerichtshof die Demonstration verboten hatte und es in Strömen regnete, marschierten rund 20.000 Atomkraftgegner zum WAA-Bauzaun im Taxöldener Forst. Unentwegt landeten und starteten Hubschrauber des Bundesgrenzschutzes.

Einige hundert Meter vor dem Bauzaun präsentierte sich erneut ein großes Polizeiaufgebot. Die Bereitschaftspolizisten mit ihren weißen Helmen und dem Schutzschild vorne weg hielten sich jedoch am Waldrand in Deckung. Entgegenkommende Demonstranten berichteten bereits von neuen Auseinandersetzungen an der berüchtigten West-Ecke des WAA-

Wegen „Verstoß gegen das Ausländergesetz": Zurückgewiesen

Bauzauns. Zwei Polizeihubschrauber kreisen in geringer Höhe über dem Gelände. Am „Roten Kreuz" trommelte eine achtköpfige Sambagruppe beharrlich im gleichen Takt. Gleichzeitig klopften Dutzende von jungen Männern und Frauen mit Steinen rhythmisch gegen die Eisenstäbe des Bauzauns. Zwischendurch ertönten immer wieder die Durchsagen der Polizei, die im allgemeinen Lärm meist nur bruchstückhaft zu verstehen waren: „Achtung, Achtung! Hier spricht die Polizei. Bitte halten Sie sich vom Bauzaun fern!"

Am Haupttor des WAA-Areals hatte sich eine große Menschenmenge versammelt. Plötzlich fuhr ein Wasserwerfer heran. Die Spritzdüsen bewegten sich. Fluchtartig stürzten viele Demonstranten weg vom Zaun, hinein in den schützenden Wald. Doch es war nur ein Scheinangriff der Polizei. Der Wasserwerfer drehte ab und fuhr weiter zum West-Eck des Geländes, in Polizei-Kreisen auch „Chaoten-Eck" genannt. Von dort flogen wieder Steine, Prügel, Stahlkugeln und Leuchtraketen gegen die Fahrzeuge, obwohl sich einige hundert Bereitschaftspolizisten vor dem Zaun postiert hatten.

Insgesamt waren an diesem Samstag 3300 Polizeibeamte aus vier verschiedenen Bundesländern sowie 36 Beamte der Sondereinsatzgruppe GSG 9 anwesend.

Als Demonstranten versuchten, Folien am Bauzaun anzubringen und Anti-WAA-Parolen darauf zu schreiben, kam es zu handfesten Auseinandersetzungen zwischen Polizisten und Kernkraftgegnern. Zunächst fielen Schimpfwörter, dann folgte ein Gerangel und schließlich flogen die ersten Gegenstände. Vermummte WAA-Gegner schleuderten Steine und Prügel auf die Hundertschaften und zogen sich anschließend sofort zurück in die Masse der friedlichen Demonstranten. Die Bereitschaftspolizisten hatten sich mittlerweile in einem Waldstück eng zusammengeschlossen und bildeten mit ihren Schilden einen schützenden Wall gegen den Steinhagel, der minutenlang auf sie herniederprasselte. 35 Polizisten wurden, nach Angaben eines Polizeisprechers, an diesem Tag im Taxöldener Forst verletzt, 48 Demonstranten festgenommen. Doch nicht alle dieser Verhafteten hatten sich gewalttätig verhalten. So stürzten sich beispielsweise vier kräftige Polizeibeamte auf eine junge Frau, die offensichtlich keine Gewalttat begangen hatte, zufällig aber im Zugriffsbereich der Polizisten stand. Noch während sich diese Szene abspielte, geriet wenige Meter weiter ein Wasserwerfer der Polizei in Brand. Ein Molotow-Cocktail hatte ihn getroffen.

Vielen der Polizisten, die an diesem Tag im WAA-Areal Dienst taten, stand der Verdruss ins Gesicht geschrieben. Sie mussten ihren Kopf für eine Sache hinhalten, die sie, wie ein ca. 25-jähriger Bereitschaftspolizist formulierte, „selbst nicht wollen".

Der Bayerische Ministerpräsident F. J. Strauß kündigte kurz nach den Vorfällen in Wackersdorf eine baldige Verstärkung der bayerischen Polizei an, denn so Strauß, „die wird für die nächsten zehn Jahre nötig sein". Gleichzeitig forderte der Ministerpräsident die sofortige Verschärfung des Demonstrationsstrafrechtes.

Der Vorsitzende der SPD-Bundestagsfraktion, Hans-Jochen Vogel, appellierte an die Kernkraftgegner, vernünftig zu sein. Wer bei Demonstrationen Gewalt anwende, begehe nicht nur eine strafbare Handlung, mahnte Vogel, sondern beeinträchtigte zugleich das Grundrecht derer, die friedlich demonstrierten.

Stehende Ovationen

Solidarität für Landrat Hans Schuierer

Die Oberpfalzhalle in Schwandorf platzte schier aus allen Nähten, als der Landtagsabgeordnete Dietmar Zierer (SPD) zur Solidarität mit Landrat Hans Schuierer aufrief. Rund 2200 Oberpfälzer waren diesem Appell gefolgt und wollten am 14. Juni 1986 mit ihrer Anwesenheit ihrem „Helden" Hans Schuierer moralisch den Rücken stärken für die kommenden Auseinandersetzungen mit der Bayerischen Staatsregierung und der Regierung der Oberpfalz.

Der Grund für die Solidaritätskundgebung war das gegen Landrat Hans Schuierer eingeleitete Disziplinarverfahren. Doch die Anklage hatte Schuierer nur noch mehr Sympathien eingebracht. Täglich trafen stapelweise Briefe aus der gesamten Bundesrepublik im Landratsamt Schwandorf ein, in denen die Menschen Hans Schuierer Mut zusprachen. Ein Bürger aus Essenbach: „Es sei mir gestattet, Ihnen für Ihr mutiges und beharrliches Eintreten für Vernunft, Recht und Verantwortung meine Hochachtung auszusprechen. Möge Ihnen Gott die Kraft geben, durchzuhalten!" Zwei Münchner: „Gäbe es mehr Landräte wie Sie, wäre es besser um unsere Demokratie bestellt".

MdL Dietmar Zierer (SPD), Dieter Kersting (Sprecher der „Bürgerinitiative gegen die WAA Schwandorf") und Hubert Weinzierl (Vorsitzender des Bundes Naturschutz) gaben dem Landrat politische Hilfestellung und forderten den sofortigen Ausstieg aus der Kernenergie.

Fernseh-Kabarettist Dieter Hildebrandt bot als Zeichen echter Solidarität eine einstündige Gratisvorstellung seines vom Bayerischen Fernsehen abgesetzten „Scheibenwischers". Auch alle anderen Künstler traten an diesem Abend ohne Gage auf. Immer im Kreuzfeuer der Kritik: die WAA.

Dem stellvertretenden Landrat Dietmar Zierer blieb es vorbehalten, erste deutliche Akzente zu setzen. Das eingeleitete Disziplinarverfahren bezeichnete Zierer als „politischen Schauprozess". Anscheinend wolle man, so der Redner, nur „funktionierende Befehlsempfänger". Landrat Schuierer sei jedoch nicht in diese Kategorie einzuordnen. „Wer nicht spurt", meinte Zierer weiter, „der wird gefeuert". Bei Schuierer gehe dies, „Gott sei Dank, jedoch nicht auf Befehl der obersten Heeresleitung". Wenn allerdings Strauß jemanden feuern wolle, riet Zierer dem Ministerpräsidenten, dann solle er das doch mit Innenminister Hillermeier tun.

Weiterhin meinte Zierer, es gelte die „abenteuerliche Verkrustung von Politik und Energiewirtschaft aufzubrechen". Das Verfahren gegen Schuierer bezeichnete der Redner nur als

Solidarität für Landrat Hans Schuierer

Spitze eines Eisberges. Die Meinungsfreiheit und -vielfalt werde dadurch brutal unterdrückt. Der Landrat aber stehe als „Symbol für Freiheit und gegen Machtmissbrauch". Dietmar Zierer forderte die Zuhörer auf, sich in die Liste „Solidarität für Schuierer" einzutragen. An Landrat Schuierer appellierte der SPD-Landtagsabgeordnete: „Hans wir brauchen dich."

Auch Dieter Kersting, Vorstandssprecher der Bürgerinitiative, warnte die Bayerische Staatsregierung eindringlich vor weitgehenden Maßnahmen gegen den Schwandorfer Landrat. Schuierer habe im Grunde nichts Anderes getan, erklärte er, als Ungereimtheiten im Verwaltungsverfahren aufzuzeigen, was sein Recht und letztlich sogar seine Pflicht gewesen sei. Kersting: „Dafür aber muss er gelobt, statt gerügt werden."

Aus ernster Sorge um Heimat und Rechtsstaat, sei Schuierer, nach gewissenhafter Prüfung, zum entschiedenen Gegner einer WAA geworden, rief der Sprecher der Bürgerinitiative nochmals in Erinnerung. Nun wolle man ihn einschüchtern durch das Verfahren.

Die Bürgerinitiative fordere statt dessen einen Volksentscheid über den Bau der WAA, die Beendigung des überzogenen Polizeieinsatzes und Konsequenzen nach Tschernobyl. Kersting: „Es muss jetzt Schluss sein damit, den Willen des Volkes zu missachten. Hört auf gegen das Volk mit Polizei vorzugehen und lasst die Finger von unserem Landrat."

Freunde, auf die man sich verlassen kann
Hubert Weinzierl vom Bund Naturschutz forderte die Bayerische Staatsregierung auf, die

Eine symbolische Aktion: das „Freundschaftseck" am WAA-Gelände

Solidarität für Landrat Hans Schuierer

Fernseh-Kabarettist Dieter Hildebrandt gab eine Gratisvorstellung für Hans Schuierer.

von ihr erteilte 1. Teilerrichtungsgenehmigung für die WAA sofort zurückzunehmen. Eine Regierung, die keine Alternative zur Atompolitik habe, meinte Weinzierl, werde selbst zum Sicherheitsrisiko. Weinzierl: „Die Zeit der politischen Machtspiele ist abgelaufen und auch die Rede von der Durchsetzbarkeit der WAA in der Oberpfalz ist überholt." Tschernobyl müsse der Anfang vom Ende der Atompolitik sein. Den Schwandorfer Landrat Hans Schuierer bezeichnete Weinzierl als einen Exponenten des Bürgerprotestes.

Schuierer, frenetisch bejubelt, bedankte sich bei allen Teilnehmern und Gästen für diesen Abend, der ihm zum Erlebnis geworden sei. Er betrachtete die Veranstaltung auch als Solidaritätskundgebung für jene, „die in letzter Zeit unter Unrecht zu leiden gehabt und am Bauzaun gesundheitliche Schäden davongetragen haben".

Landrat Hans Schuierer zeigte sich überzeugt davon, dass der Widerstand gegen die WAA unüberwindlich sei. Der angedrohten härteren Linie werde man noch härteren Widerstand entgegensetzen, kündigte Schuierer an. Den Bürgern dankte der Landrat schließlich nochmals für die spontane Unterstützung: „Es tut gut zu wissen, dass man Freunde hinter sich hat, auf die man sich verlassen kann."

Mit im Saal war an diesem Samstagabend auch eine Abordnung der „Überparteilichen Plattform Österreichs gegen die WAA", ein Zusammenschluss 50 verschiedener Gruppen aus dem Land Salzburg.

Kabarettist Dieter Hildebrandt zeigte sich mit Hans Schuierer solidarisch.

Solidarität für Landrat Hans Schuierer

Schon am Nachmittag hatte die 20-köpfige Delegation zusammen mit Landrat Schuierer am WAA-Gelände, in unmittelbarer Nähe des „Roten Kreuzes" ein „Salzburger Freundschaftseck" eingerichtet. Mit dieser symbolischen Aktion wollte man den gemeinsamen Widerstand gegen die WAA demonstrieren. Landrat Schuierer begrüßte diese neue Form des Widerstandes nachdrücklich und versicherte den Gästen, dass ihre Unterstützung den Oberpfälzern besonders guttue. Der österreichische Politiker, Walter Mitterbauer (SPÖ), hob den umfassenden Widerstand gegen die WAA im Nachbarland hervor, der dort quer durch alle politischen Parteien gehe.

Doch das „Salzburger Freundschaftseck" stand nicht lange im Taxöldener Forst. Ebenso wie die Bäume ringsum, musste es bald den Rodungstrupps weichen. Ein öder, verstaubter Platz blieb zurück. Noch vor Jahren war Landrat Hans Schuierer in diesem Waldstück regelmäßig auf Schwammerl-Suche gegangen.

Nur wenige Monate, nachdem sich der erste Bürger in die Liste „Solidarität für Landrat Hans Schuierer" eingetragen hatte, waren die Blätter mit den Unterschriften zu einem dicken Bündel gewachsen.

Am 6. September 1986 konnte Helmut Hey, Fraktionsvorsitzender der SPD im Schwandorfer Stadtrat, zwei übervolle rote Ordner, umwickelt mit einem goldenen Schmuckband und einer Schleife obenauf, an Landrat Schuierer überreichen. 23.000 Bürger bekundeten darin ihre Solidarität zu dem unbeugsamen Schwandorfer Landrat.

Helmut Hey sprach vielen dieser Bürger aus dem Herzen, als er Hans Schuierer bat, so weiterzumachen wie gewohnt, „zum Wohle der Heimat".

Der Stadtrat teilte auch mit, dass nicht wenige Leute beim Eintrag in die Liste erklärt hätten, sie seien zwar CSU-Mitglieder, dennoch offen bekannten: „Wir stehen zu unserem Landrat und deshalb unterschreiben wir."

Landrat Schuierer wiederum bedankte sich bei allen, die ihren Namen in die Liste gesetzt hatten. Schuierer: „Die vielen Solidaritätsbezeugungen haben mir den Rücken gestärkt. Denn keiner ist so hart gesotten, dass er ständige Beschimpfungen einfach wegstecken könnte. Dem angestrebten Disziplinarverfahren sehe ich gelassen entgegen. Dennoch ist es von großer Bedeutung, weil es zeigen wird, ob man in Bayern noch die Wahrheit sagen kann."

Es wird aufgerüstet

Neue Reizstoff-Granaten

Um auf dem „WAA-Kampfplatz" im Taxöldener Forst die Oberhand zu behalten, hatte Innenminister Hillermeier zwischenzeitlich seine „Bedarfszusammenstellung" abgeschlossen.

Überwachung total auf dem WAA-Gelände.

Finanzminister Max Streibl durfte im Haushaltsausschuss des Bayerischen Landtags, am 25. Juni 1986, das Ergebnis bekanntgeben: „Bayern wird noch in diesem Jahr wegen der schweren Auseinandersetzungen um die WAA in Wackersdorf mit einem Aufwand von rund 21 Millionen Mark die Polizei im Freistaat verstärken."

Dem Bedarfsplan zufolge hatte man beschlossen, 400 Polizisten neu einzustellen, zusätzliche Einsatzausrüstung, Spezialfahrzeuge, Geräte und Hubschrauber anzuschaffen.

Auch die Justizbehörden in der Oberpfalz sollten mehr Richter und Staatsanwälte erhalten. Den naheliegenden Justizvollzugsanstalten (Gefängnissen) sagte der Finanzminister mehr Aufsichtspersonal zu. Eine Woche später gab der Innenminister bekannt, Bayern könne als erstes Bundesland künftig auch auf Gummigeschosse zurückgreifen. Hillermeier: „Der Einsatz der Distanzmittel kann stattfinden."

Mit im Etat war auch das Geld für 20.000 neue CS- und CN-Reizstoff-Granaten. Diese Zahl brachte der SPD-Haushaltsexperte Max von Heckel in eine überschaubare Relation. „Damit kann man ja die halbe Oberpfalz ausräuchern", zeigte sich der Münchner erstaunt.

In der Begründung für den Nachtragshaushalt hieß es: „Bis 31. Mai 1986 sind für durchge-

Neue Reizstoff-Granaten

Im Etat inclusive: Geld für 20.000 neue CS- und CN-Reizstoffgranaten.

führte bzw. in Auftrag gegebene Beschaffungen (überwiegend in Wackersdorf) Mittel in Höhe von 13.790.000 DM festgelegt worden.

Spätestens seit der Katastrophe von Tschernobyl muss mit einer Verschärfung der Einsatzlage auf nicht absehbare Zeit gerechnet werden. Hinzu kommt die in der Ministerratssitzung vom 13. Mai 1986 beschlossene offensivere Einsatzkonzeption, die nicht ohne erheblich stärkeren Kräfte- und Materialeinsatz durchzuführen ist. Es muss deshalb davon ausgegangen werden, dass künftig in noch höherem Maße Fremdkräfte des Bundes und der anderen Länder zur Unterstützung angefordert werden müssen. Auch die Landtagswahlen im Herbst 1986 und der noch 1986 beginnende Bundestagswahlkampf werden erheblich zur Verschärfung der Einsatzlage beitragen. Allein für die bis Pfingsten 1986 angefallenen Einsätze sind 290.000 Mehrarbeitsstunden zu vergüten, weil dafür Freizeitausgleich wegen der angespannten Personallage nicht gewährt werden kann. Für künftige Einsätze auf dem Gelände der WAA und zu den Landtagswahlen muss mit weiteren 400.000 DM zu vergütenden Mehrarbeitsstunden gerechnet werden. Wegen dieser zusätzlichen Belastungen im Jahr 1986 erhöhen sich deshalb die zusätzlichen Haushaltsmittel für überörtliche Übungen und Einsätze der Polizei um 20 Millionen DM auf insgesamt 50.745.400 DM. Die Aufstellung dreier weiterer Ausbildungshundertschaften erfordert auch die Beschäftigung von sechs Arbeitskräften je Hundertschaft. Die dafür erforderlichen Mittel sind in den bisherigen Anmeldungen nicht enthalten; sie müssen noch zusätzlich bereitgestellt werden."

Neue Reizstoff-Granaten

„Bedarfszusammenstellung" des Bayerischen Innenministeriums (Auszug)

Einsatzausrüstung

Foto- und kriminaltechnische Geräte

14 Ferngläser à 1100 DM	15.400 DM
14 Motorkameras à 2500 DM	35.000 DM
14 Restlichtverstärker à 22000 DM	308.000 DM
4 Farbvideoanlagen mit Teleobjektiv und Spezialstativ à 57.000 DM	228.000 DM
6 Farbvideoanlagen mit Teleobjektiv à 20.000 DM	120.000 DM
6 Video-Graphik-Drucker à 2500 DM	15.000 DM
4 Teleobjektive, 30fach, mit Spezialstativ à 60.000 DM	240.000 DM
10 Richtmikrofone à 1000 DM	100.000 DM
100 Polaroid Kameras à 200 DM	20.000 DM
100 Fotokameras à 500 DM	50.000 DM
13 Time-Code-Ausstattungen für Videoanlagen à 5000 DM	65.000 DM
Film- und sonstiges Verbrauchsmaterial	200.000 DM
120 Atemschutzmasken à 200 DM	24.000 DM

Waffen und Reizstoffe

40 Abschussgeräte für Gummikörper à 900 DM	36.000 DM
3000 Gummischrotpatronen à 20 DM	60.000 DM
3000 Treibpatronen à 1,50 DM	4.500 DM
3300 Reizstoffwurfkörper RW 70/2 CN à 32 DM	106.000 DM
6000 Reizstoffwurfkörper RW 70/2 und 70/3 à 35 DM	210.000 DM
5000 Reizstoffwurfkörper RW 515 à 110 DM	550.000 DM
5000 Reizstoffwurfkörper RW 519 à 110 DM	550.000 DM

Millionen für Waffen und neue Reizstoffe – wegen der WAA.

Polizeistaatsgesinnung

Bayern macht die Grenze dicht

Für den 28. Juni 1986 hatte die „Aktion Notwehr" ihren Demonstrationsmarsch nach Regensburg angekündigt. Die Ärzte, Geistlichen, Kranken- und Ordensschwestern aus Österreich, die diesem überparteilichen Komitee angehörten, wollten sogar, um „Betroffenheit und Verantwortung in aller Öffentlichkeit besser zuzuordnen", in ihrer Standes- und Ordenskleidung auftreten. 50 Busse sollten sie in die Metropole der Oberpfalz bringen, wo auf dem Bismarckplatz eine deutsch-österreichische Protestkundgebung gegen die WAA vorgesehen war. Doch das blieb alles nur ein frommer Wunsch, denn Innenminister Hillermeier hatte die bayerische Grenzpolizei angewiesen, am Wochenende keine österreichischen Demonstranten einreisen zu lassen.

So wartete das örtliche Empfangskomitee in Regensburg vergeblich auf die Österreicher. Während der Stadt Regensburg die Europafahne überreicht wurde, als Schritt in Richtung eines vereinten Europas, blockierte die Bayerische Staatsregierung die Grenzen zu Österreich. Ein Verbot der Veranstaltung in Regensburg existierte nicht. Trotzdem konnten nur vier von 2000 angekündigten österreichischen Gästen dem „Oberpfälzer Empfang" beiwohnen.

Zwar war schon Anfang Juni österreichischen Kernkraftgegnern, die an einer Großdemonstration gegen die WAA in Wackersdorf teilnehmen wollten, die Einreise verweigert worden, doch dieses Mal erreicht die Sperre eine neue Dimension.

Der Bayerische Innenminister betrachtete die Anordnung als „vorbeugende Maßnahme gegen eine Gefährdung der öffentlichen Sicherheit und Ordnung".

Hillermeier: „Wir können nicht zulassen, dass Ausländer durch ihre Teilnahme an Demonstrationen und anderen Aktionen sich in die inneren Angelegenheiten unseres Staates einmischen und auf diese Weise österreichische Probleme auf unserem Rücken ausgetragen werden." Innenminister Hillermeier betonte, kein Ausländer habe das Recht zur Einreise für eine Demonstration. Dies ergebe sich aus der allgemeinen Regel des Völkerrechts über die Souveränität der Bundesrepublik Deutschland in Verbindung mit dem Grundgesetz.

Ministerpräsident F. J. Strauß stellte sich deckend vor seinen Innenminister. Strauß erklärte, er sei überhaupt dagegen, dass Ausländer in der Bundesrepublik demonstrierten.

Österreichs Außenminister Jankowitsch mochte diesem Gedanken nicht so folgen.

Bayern macht die Grenze dicht

"In Zeiten eines offenen Europas ist diese Maßnahme ein Anachronismus", ließ Jankowitsch verlauten. Es sei sicher, dass sich österreichische Bedenken gegen den Bau der atomaren Wiederaufarbeitungsanlage Wackersdorf nicht so leicht beruhigen ließen.

Noch empörter reagierte der Fraktionschef der Freiheitlichen Partei Österreichs (FPÖ), Friedhelm Frischenschlager. Der ehemalige österreichische Verteidigungsminister meinte, Bayern habe mit dem Einreiseverbot eine "Polizeistaatsgesinnung an den Tag gelegt", wie man sie in den vergangenen Jahrzehnten nur an den Grenzen zum Ostblock erlebt habe. Frischenschlager: "Das ist ein Rückfall in die Zeiten der Kleinstaaterei."

Politische Übersicht verloren

Die bayerische SPD warf Karl Hillermeier vor, mit seinem Einreiseverbot für österreichische WAA-Gegner jedes Augenmaß und jede politische Übersicht verloren zu haben.

Auf dem Kundgebungsplatz vor dem Regensburger Stadttheater hatten sich trotz Grenzblockade und Bürgerfest einige hundert Demonstranten versammelt. Tosender Beifall kam auf, als eine kleine Abordnung mit Schildern österreichischer Provinzen aufmarschierte. Doch die vermeintlichen Österreicher entpuppten sich schnell als waschechte Regensburger.

Hauptredner dieser Kundgebung am Bismarckplatz war der Schwandorfer Landrat Hans Schuierer. Sein Plädoyer gegen die Atomkraft und für eine lebenswerte Heimat stieß bei Jung und Alt gleichermaßen auf Zustimmung. Schuierer nahm auch in Regensburg kein Blatt vor den Mund:

"Meine sehr verehrten Damen und Herren, liebe Mitstreiter für Gesundheit und Leben.

Eigentlich war heute und hier ein anderer als Hauptredner vorgesehen. Ich hätte mich gefreut, wenn Herr Missionsbischof Erwin Kräutler aus Vorarlberg die Möglichkeit bekommen hätte, zu uns zu sprechen. Ist er doch ein Vertreter der streitbaren Kirche in Brasilien, der für Demokratie, Leben und soziale Gerechtigkeit tagtäglich unter schwersten Bedingungen einzutreten hat.

Leider wurde dies unmöglich gemacht. Eine Entscheidung, die wir zu akzeptieren haben, die aber kein Verständnis finden kann, ebenso wenig wie die Grenzblockade des Innenministers Karl Hillermeier, die einer Verlegung des WAA-Bauzaunes an die deutsch-österreichische Grenze gleichkommt. Eine Maßnahme die gleichermaßen als dumm und lächerlich zu bezeichnen ist.

Es wurde uns in letzter Zeit immer schwerer gemacht als überzeugte Demokraten Verständnis zu haben dafür, was uns in den letzten Monaten und Jahren zugemutet wurde hier in der Oberpfalz, im Freistaat Bayern, in der Bundesrepublik Deutschland …

Die ständige akute Gefährlichkeit einer uns alle bedrohenden atomaren Mammutanlage ist durch Harrisburg und noch mehr durch Tschernobyl bewiesen.

Bayern hatte die Einreise für österreichische Demonstranten verboten, Für Schuierer eine "dumme und lächerliche Maßnahme".

Selbst bei störungsfreiem Verlauf werden durch den geplanten 200 Meter hohen Kamin Emissionen abgegeben, die über die Nahrungskette oder auch direkt vom Menschen aufgenommen werden, die dort weiterstrahlen und unsere Gesundheit ernsthaft gefährden – über Jahrzehnte hinweg.

Zynisch und menschenverachtend

Wenn man dies, wie auch einen möglichen Störfall, von Betreiber- und Befürworter-Seite als sogenanntes ‚hinnehmbares Restrisiko' abtut, ist dies unverantwortlich, zynisch und menschenverachtend.

So kann man nicht argumentieren – wenn es um die Gesundheit, die Sicherheit, um die Lebensmöglichkeiten künftiger Generationen geht. Leben, Gesundheit, Umwelt – gegenüber dubiosen Wirtschaftsgewinnen sollte und darf keine Abschätzungsfrage sein. Wir und auch unsere Kinder und Kindeskinder haben das verfassungsmäßig garantierte Recht auf Leben und Gesundheit, und niemand, auch die mächtige Atomlobby nicht, hat die Befugnis, an diesem Naturrecht zu rühren oder es zu beschneiden.

Es ist höchste Zeit umzudenken, wie dies viele einschlägige Wissenschaftler weltweit schon getan haben …

Dies ist kein Risiko mehr, das jemand guten Gewissens eingehen kann. Dies ist kein Risiko, das nur eine begrenzte Anzahl von Personen für uns alle übernehmen kann.

Dies ist eine Angelegenheit, die uns alle angeht und die nur wir alle mitentscheiden können.

Mit dem Volksentscheid in Österreich gegen die Atomkraft wurde uns allen eine brauchbare Richtschnur gegeben, wie in solch wichtigen zukunftsentscheidenden Projekten allen Bürgern ein Recht eingeräumt werden soll, mitzuentscheiden.

Der kurz-, mittel- oder langfristige Ausstieg aus der Kernkraft sollte eigentlich keine Frage mehr sein. Denn das wissen auch die eifrigsten Befürworter, mögen sie es nun zugeben oder nicht, spätestens seit Tschernobyl, dass ein unbegrenztes Arrangement mit dem Atomtod nicht möglich ist, nicht möglich sein kann.

Ich rufe unsere verantwortlichen Politiker auf, umzudenken und neuere Erkenntnisse zu verwerten. Dafür sind sie nicht zu schade, es ist ihre Pflicht und auch ihrem Eid gerecht, der sie verpflichtet Schaden vom Volke abzuwenden …

Jeder vernünftige und verantwortungsvolle Bürger wird dies verstehen und unterstützen.

‚Regiert nicht am Bürger vorbei, regiert für den Bürger!' Atomstrahlen in ihrer Gefährlichkeit sind grenzüberschreitend im räumlichen und zeitlichen Bereich und ein wirksamer Schutz davor, liegt nur im Verzicht. Auf dieser Erkenntnis, die immer mehr Bürger erreicht, fußt unser legaler und friedlicher Widerstand, der letztendlich auf dem von uns gewählten demokratischen Weg siegen wird. Es kommt auf uns alle an! Gemeinsamkeit macht stark.

Und ich bin sicher, dass auch die heutige Veranstaltung ein weiterer Markstein sein wird auf unserem gemeinsamen Weg in eine bessere Zukunft. Den Veranstaltungen in Regensburg und Schwandorf wünsche ich den geplanten friedvollen Verlauf."

Vermerk in den Pass gestempelt

An den bayerisch-österreichischen Grenzübergängen mussten deutsche Urlauber an diesem Tag längere Wartezeiten auf sich nehmen.

Einige hundert Österreicher blockierten nämlich auf österreichischer Seite aus Protest gegen ihre Zurückweisung verschiedene Grenzübergänge. Mehreren WAA-Gegnern war von bayerischen Grenzbeamten sogar der Vermerk „Zurückgewiesen" in den Pass gestempelt worden. Knapp zwei Stunden nach der Kundgebung in Regensburg trafen sich ca. 500 Menschen am Schwandorfer Marktplatz, um

Polizeiaufmarsch auf dem Bismarckplatz. Hauptredner war Landrat Hans Schuierer.

eine ökumenische Andacht zu feiern. Missionsbischof Erwin Kräutler aus Vorarlberg, der den Wortgottesdienst ursprünglich halten sollte, hatte allerdings auf Intervention des Bischöflichen Ordinariats Regensburg seine Teilnahme kurzfristig zurückgezogen. Generalvikar Fritz Morgenschweis: „Es ist nicht gut, wenn sich ein Bischof politisch betätigt. Bischof Kräutler ist Missionar. Er soll sich um Brasilien kümmern, nicht um Wackersdorf."

Knapp drei Wochen zuvor hatte der Regensburger Generalvikar in einem „privaten" Brief an „die Herren Pfarrer" Albert Köhler, Andreas Schlagenhaufer, Richard Salzl, Siegfried Felber sowie an OStR Leo Feichtmeier appelliert:
„Liebe Mitbrüder,
Tschernobyl ist nicht überall. Wackersdorf aber ist zumindest, was an den Pfingsttagen dort geschah, nicht nur überall im Gespräch, sondern fordert alle heraus sich selbst zu prüfen und eigene Standpunkte – so oder so – zu überprüfen. Die Hunderte von Verletzten, die es in den Pfingsttagen dort gab, machen uns nicht nur betroffen, sondern sind eine unausweichliche Anfrage an jeden, und dies nicht nur über Sinn oder Nicht-Sinn einer WAA, sondern, wie bei den schrecklichen Ausschreitungen deutlich wurde, nach dem Staat als solchem, nach dem Terror in unserem Lande und damit auch nach der Sendung unserer Kirche.

Daher erlaube ich mir in Abwesenheit des Hochwürdigsten Herrn Bischofs diese Zeilen an Euch zu richten:
1. Frage ich danach, wie Ihr unbeschadet der persönlichen Einstellung zu den Fragen, um die es hier geht, über die auch ungewollte Teilhabe an den Vorgängen zu Pfingsten denkt? ...
2. Ich stelle fest, dass Ihr nicht namens der Kirche von Regensburg auch zu noch so ehrlich und gutgemeinten religiösen Veranstaltungen öffentlich einladen oder auffordern könnt; dass Ihr nicht in öffentlichen Versammlungen als Priester der Di-

özese quasi ex officio zu Widerstandsmaßnahmen aufrufen könnt, auch wenn es nicht in Eurem Sinn und Eurer Absicht gelegen ist, sich hier mit Gegnern aus einer anderen Ideologie zu solidarisieren; dass Ihr nicht nur Leute Eurer persönlichen Einstellung zu den kritischen Fragen einseitig sammeln könnt, sondern dass Ihr Priester für alle und Pfarrer für Eure ganze Gemeinde seid.

3. ... Ferner muss ich in aller Form eine Eucharistiefeier im WAA-Gelände verbieten, ebenso religiöse Handlungen, die den Eindruck erwecken können, als würde hier Religion zum Mittel einer Politik gemacht. Ganz abgesehen davon ist es Euch aufgegeben, die Einheit mit Bischof und Presbyterium zu wahren.

Im Namen Christi
4. Ich darf auf die Erklärung der Kongregation des Klerus (Amtsblatt der Diözese Regensburg Seite 142 f.) verweisen, in der es unter II. heißt: ‚Die hl. Hierarchie hat es niemals erlaubt und kann es nicht erlauben, dass das Vereinsrecht der Kleriker, sei es innerhalb der kirchlichen Gemeinschaft, sei es im zivilen Bereich, durch die Beteiligung an Vereinigungen oder Bewegungen jeder beliebigen Art ausgeübt wird, deren Natur, Zielsetzungen und Vorgangsweisen entweder die hierarchische Gemeinschaft der Kirche behindern oder der priesterlichen Identität und der Erfüllung der Aufgaben, die diese im Namen Christi im Dienst am Gottesvolk ausüben, schaden.' Wie auf Ziff.III ...

In Ziff. V. dieser römischen Erklärung heißt es: ‚Es ist das Recht und die Pflicht der zuständigen kirchlichen Autorität dafür zu sorgen, dass Kleriker sich der Bildung oder der Beteiligung an irgendwelchen Vereinigungen oder Bewegungen enthalten, die mit dem Priesterstand unvereinbar sind,' was zweifellos in den oben unter III. und IV. beschriebenen Fällen klar zutage tritt. Ja, wer gegen das rechtmäßige Verbot dieser zuständigen Autorität handelt, kann mit einer gebührenden Strafe belegt werden, wobei ‚servatis de iure servandis' Zensuren nicht ausgeschlossen werden.

Bitte, betrachtet diese meine Feststellungen und Hinweise nicht als ein Reglement gegen Eure persönlichen Freiheiten und Überzeugungen, sondern als Ausdruck meiner eigenen Verantwortung und Sorge um die Kirche von Regensburg, wie auch um unseren Staat, dem wir als Bürger verpflichtet sind!"

Alle Angesprochenen hatten aktiv an ökumenischen Gottesdiensten in der Nähe des WAA-Bauplatzes teilgenommen und zum gewaltlosen Widerstand gegen das Atomprojekt aufgerufen. Generalvikar Fritz Morgenschweis wollte dieses Schreiben allerdings nicht als „Maulkorberlass" oder „Drohung" verstanden wissen, sondern vielmehr als „brüderliche Anfrage" beziehungsweise als „Richtlinie".

An Kräutlers Stelle gestalteten am 28. Juni in Schwandorf ein katholischer und ein evangelischer Geistlicher aus Österreich die Andacht. Beiden war es gelungen, trotz der Einreisebeschränkungen die Grenze zu passieren, ebenso wie einem Dutzend anderer junger Österreicher. Einer von ihnen berichtete in Schwandorf, dass ihm Zivilfahrzeuge von der deutschen Polizei erst nach etlichen Kilometern nach der Grenze vom Heck gewichen seien.

Wie sich der Bayerische Innenminister Karl Hillermeier die Lösung der deutsch-österreichischen Grenzübertrittsfrage für die nächste Zeit vorstellte, erläuterte er am 2. Juli vor dem Bayerischen Landtag bei einer von der SPD beantragte Dringlichkeitsdebatte. Hillermeier: „Bayern wird seine Grenzen für österreichische Kernkraftgegner in Zukunft, je nach Fall, zumachen."

Bei der Anti-WAA-Demonstration in Passau am 5. Juli standen Bayerns Grenzübergänge den österreichischen Kernkraftgegnern vorerst wieder offen.

Sechs Bäume blieben übrig

Kahlschlag für WAA

Die Empörung über die bayerische Grenzsperre für österreichische WAA-Gegner war noch nicht abgeklungen, da bahnte sich schon der nächste Konflikt an.

Am 1. Juli 1986 hatte die Regierung der Oberpfalz eine Verbreiterung des Sicherheitsstreifens um das Gelände der WAA in Wackersdorf genehmigt. Der Kahlschlag rund um den Bauzaun wurde auf 50 Meter ausgedehnt, gleichzeitig ein acht Meter hoher Hügel abgetragen. Laut Aussage der Bezirksregierung hatte es dieser Sandhügel den Demonstranten ermöglicht, ihre Wurfgeschosse gezielt über den Zaun auf Einsatzfahrzeuge und Polizeibeamte zu werfen.

Die Abriegelung des WAA-Geländes für diese Rodungsaktion stand in ihrer Lückenlosigkeit der bayerischen Grenzsperre in nichts nach. Ein Fahrzeugkonvoi der Polizei hatte schon früh den Beginn der Rodungsarbeiten angezeigt. Polizisten kontrollierten bald sämtliche Zufahrtswege. Vor der Rodungsstelle bildeten Polizisten einen dichten Abschirmschild. Man wollte in jedem Falle eine nochmalige Besetzung des Rodungsgeländes sowie eine Blockierung der Baumaschinen durch WAA-Gegner verhindern.

Selbst Pressevertreter wurden nicht vorgelassen. Dem Fällen vieler tausend Bäume war ein erbitterter Streit zwischen dem Bayerischen Innenministerium und dem Landratsamt Schwandorf vorausgegangen.

Die beiden Hauptkontrahenten: Bayerns Innenminister Karl Hillermeier und Schwandorfs Landrat Hans Schuierer.

Der Innenminister hatte sein Verlangen, weitere Rodungen von 27 Hektar Wald außerhalb

Die Abriegelung des WAA-Geländes für die Rodungsaktion war lückenlos.

Kahlschlag für WAA

Nach Abschluss der Arbeiten standen noch sechs Bäume rund um das „Rote Kreuz", Mahnmal der friedlichen WAA-Gegner im Taxöldener Forst.

des Bauzaunes und die Abgrabung eines Hügels mit 177.000 Quadratmetern Erde durchzuführen, mit den Sicherheitsbedürfnissen der Polizei am Bauzaun begründet.

Ein Polizeisprecher: „Wenn sich Gewalttäter nicht mehr in den Schutz des Waldes zurückziehen können, dann wird die Aufgabe der Sicherheitskräfte wesentlich erleichtert."

Der Schwandorfer Landrat Hans Schuierer wandte jedoch ein, dass durch diese Maßnahmen nur eine örtliche Verlagerung des Widerstands erreicht werde. Außerdem widerspräche das Vorhaben den Festsetzungen des rechtskräftigen Bebauungsplanes für den Taxöldener Forst. Dieser Bebauungsplan „Westlicher Taxöldener Forst" schreibe vor, darauf wies der Landrat mit allem Nachdruck hin, dass das Gelände auf den fraglichen Flächen unverändert zu erhalten sei.

Aus dem Bayerischen Innenministerium folgte postwendend die Antwort: „Die Abtragung des Hügels und die Rodung sind zwingend erforderlich." Auf welche Weise man das Problem im Innenministerium zu lösen gedachte, wurde ebenfalls deutlich. Es werde geprüft, welche rechtlichen Schritte erforderlich seien. Dazu gehöre auch ein möglicher neuer Selbsteintritt, hieß es in einer Erklärung des Innenministeriums.

Als Landrat Hans Schuierer sein „Placet" für die seiner Meinung nach unrechtmäßige Rodungsaktion verweigerte, trat die Regierung

Kahlschlag für WAA

Selbst Pressevertreter wurden nicht vorgelassen.

der Oberpfalz ein. Regierungspräsident Karl Krampol sah keinen Verstoß gegen den Bebauungsplan und ordnete auf Weisung des Bayerischen Innenministeriums am 1. Juli den sofortigen Vollzug an.

Nach Abschluss der Arbeiten standen noch sechs Bäume rund um das „Rote Kreuz", Mahnmal der friedlichen WAA-Gegner im Taxöldener Forst. Noch vor Monaten befand sich dort dichter Nadelwald. Obwohl die Weigerung von Landrat Schuierer die Rodung nicht aufhalten konnte, erzielte er doch einen wichtigen Teilerfolg.

Die Rodungsfläche war auf vorerst 11 Hektar Wald beschränkt worden und nicht wie von der DWK beantragt auf 27 Hektar.

Doch diese Schonfrist für die Natur mochte den Unmut vieler oberpfälzischer Bürger nur in bescheidenem Maße zu dämpfen, denn schon gab es neuen Ärger. Es war bekannt geworden, dass österreichische Holzfäller an der Rodungsaktion beteiligt waren. Sie hatten sich bei der Stadt Nittenau eigens für diese Rodung als selbständige Unternehmer angemeldet, einen Subauftrag erhalten und ausgeführt.

Ökonomisch sinnlos, ökologisch nicht verantwortbar

Aufruf zur Besonnenheit!

Um die Lage in der Oberpfalz zu entspannen, fanden sich die sieben Landräte des Regierungsbezirks, sechs CSU-Landräte und der einzige SPD-Landrat Hans Schuierer, Anfang Juli zusammen, um eine Erklärung auszuarbeiten. Ihr „Aufruf zur Besonnenheit" vom 8. Juli 1986 basierte auf einem gemeinsamen Anliegen der Kreisvorstände. In ihrer Entschließung zur Lage um die atomare Wiederaufarbeitungsanlage bei Wackersdorf riefen sie gemeinsam zur Besonnenheit und Abwehr von Gewalttätern aller Art auf:

Kreuzweg von der Kapelle Altenschwand zum Franziskus-Marterl, links: Hermann Meißner, daneben die Galionsfiguren der deutschen Friedensbewegung Petra Kelly und Gert Bastian.

„Mit großer Sorge um den inneren Frieden in unserer Heimat beobachten wir die Ereignisse um die WAA in Wackersdorf. Vor allem in den zunehmend gewalttätigen Auseinandersetzungen erkennen wir einen durch nichts gerechtfertigten Angriff auf unseren Rechtsstaat. Aber auch die zunehmend hohen Sachschäden infolge Zerstörung der eingesetzten Baumaschinen unserer Oberpfälzer Firmen erfüllen uns mit großer Sorge. Wir alle, auch wenn wir in der Frage der Errichtung der WAA unterschiedlicher Auffassung sind, bekennen uns zum hohen Gut unseres Rechtsstaates. Wir bitten daher die Bevölkerung der Oberpfalz, sich diese Haltung zu eigen zu machen. Gewalt ist in einer Demokratie kein zulässiges Mittel.

Wir kennen aber auch die verständliche Sorge unserer Bevölkerung um die möglicherweise von der WAA in Wackersdorf ausgehende Gefährdung. Deshalb muss dem Schutz der

Aufruf zur Besonnenheit!

Während der Bergfestwoche 1986 demonstrierten Mitglieder der Amberger BI und junge Christen vor der Kapelle auf dem Amberger Mariahilfberg mit einem Mahnfasten gegen die WAA. Der Guardian des Franziskusklosters ließ sie trotz Protesten von anderen Pfarrern gewähren.

Bevölkerung absoluter Vorrang vor Wirtschaftlichkeitsüberlegungen jedweder Art eingeräumt werden. Wir werden mit vereinten Kräften darauf achten, dass dieses Ziel am Ende der laufenden Verwaltungsverfahren erreicht wird.

Dazu benötigt die gesamte Oberpfalz aber Besonnenheit ebenso wie Standvermögen. Gewalt wird dabei jedoch der gesamten Oberpfalz schaden. Deshalb appellieren wir an die friedliebende und besonnene Mehrheit der Bevölkerung der Oberpfalz, sich von Gewalttätern deutlich zu distanzieren. Nur wenn es gelingt, diese kriminellen Elemente zu isolieren, wird es der Polizei möglich sein, ihrer schwierigen Aufgabe nachzukommen. Im Interesse unserer Heimat bitten wir daher abschließend unsere Bevölkerung, sich in der Abwehr von Gewalttätern aller Art zu solidarisieren."

Offener Brief der Anti-Atombewegung

Einen Tag später erschien bundesweit ein „offener Brief an die Anti-Atombewegung", initiiert von Petra K. Kelly und Gert Bastian, in dem ebenfalls zur Gewaltfreiheit bei Demonstrationen aufgerufen wurde. Zu den Mitunterzeichnern dieses offenen Briefes gehörte auch der Schwandorfer Landrat Hans Schuierer.

Nur zwei Tage nach dem gemeinsamen Appell der oberpfälzischen Landräte bedachte Bayerns Ministerpräsident Franz Josef Strauß den Bau der WAA mit einer neuen Akzentuierung. Strauß bezeichnete die WAA als ein Projekt des Bundes und nicht als ehrgeiziges Anliegen der Bayerischen Staatsregierung oder ihres Regierungschefs.

Die WAA sei nichts anderes als ein Projekt von Bund und Ländern auf bayerischem Boden. Bayern bekenne sich für die baurechtliche Genehmigung zuständig, die atomrechtliche Beurteilung aber liege beim Bund, erklärte der Bayerische Ministerpräsident.

Dabei ließ es sich Franz Josef Strauß nicht nehmen, konkret zu werden: „Der richtige Adressat sind einzig und allein die Bundesregierung und der Bundeskanzler."

Trotz dieser Aussage des Bayerischen Ministerpräsidenten betrachteten die oberpfälzischen und bayerischen WAA-Gegner auch wei-

Aufruf zur Besonnenheit!

terhin die Bayerische Staatsregierung als Zielpunkt ihrer Kritik. Dies wurde Mitte Juli erneut deutlich.

In einem offenen Brief an Ministerpräsident F. J. Strauß, den Bayerischen Innenminister Karl Hillermeier und Landesbischof Johannes Hanselmann bekundeten über 100 evangelische Pfarrer, Theologieprofessoren und Diakone ihre ganze Sympathie für den Einsatz des Schwandorfer Landrats Hans Schuierer gegen die WAA Wackersdorf.

„Ora pro nobis", bitte für uns.
Das Flehen an die Gottesmutter wurde am Bauzaun sichtbar zum Ausdruck gebracht.

Gerade der Schwandorfer Landrat sei ein Beamter, der seiner gesetzlichen Pflicht zur Neutralität nachkomme und deshalb der WAA kritisch gegenüberstehe, teilten die Verfasser in ihrer Erklärung mit.

Viele Äußerungen führender bayerischer Regierungspolitiker dagegen hätten in letzter Zeit den Eindruck erweckt, als sei die Regierung selbst „Betreiberin oder doch Interessentin an der Entstehung der WAA".

Grundsätzlich beurteilten die evangelischen Geistlichen in ihrem Brief die WAA Wackersdorf als „ökonomisch sinnlos sowie ökologisch und sicherheitspolitisch nicht verantwortbar".

Rund zwei Monate später, am 14. September, befürwortete der Vorsitzende der Deutschen Bischofskonferenz, Kardinal Joseph Höffner, ein baldiges Ende der Atomkraftnutzung. In einem Interview mit Radio Luxemburg erklärte der katholische Geistliche: „Solange die Atomwissenschaftler keine absolute Sicherheit garantieren, ist die Kernkraft die allergefährlichste Energie. Die Wissenschaftler sind verpflichtet, für andere Energiequellen zu sorgen."

Diese Aussage Höffners brachte den bayerischen Ministerpräsidenten Franz Josef Strauß offenbar derart in Rage, dass er auf einer CSU-Wahlveranstaltung in Freising dem Kardinal kurzerhand die Kompetenz zur Beurteilung des kerntechnischen Problems absprach. Strauß: „Theologische Ausbildung und moralischer Ernst genügen nicht, um komplizierte naturwissenschaftliche und technische Fragen zu lösen."

Die Retourkutsche folgte auf dem Fuß. Der Sprecher der Bischofskonferenz, Rudolf Hammerschmidt, erwiderte seinerseits, der Kardinal habe sehr wohl eine moralische Kompetenz. Hammerschmidt weiter: „Eine naturwissenschaftliche Kompetenz hat Bischof Höffner nicht für sich in Anspruch genommen. Die hat auch der Politiker Franz Josef Strauß nicht."

Im Fadenkreuz
von Politik und Polizei

Aufhebung der Bannmeile gefordert

Frauen und Motorradfahrer gegen die WAA

Welche Wirkung vom Appell des Schwandorfer Landrats Hans Schuierer und seiner oberpfälzischen Amtskollegen zur Besonnenheit und Gewaltfreiheit bei Anti-WAA-Demonstrationen ausgehen würde, sollte sich schon bald zeigen. Für Sonntag, den 20. Juli 1986, waren zwei Demonstrationen gegen die WAA angekündigt. Während die Motorradfahrer am Dachelhofener Rathausplatz ihre Ablehnung gegen die WAA kundtun wollten, hatten die bayerischen Frauenverbände den Wackersdorfer Marktplatz als Veranstaltungsort vorgesehen.

Die Genehmigung jedoch ließ auf sich warten. Der Schutz der öffentlichen Sicherheit sei gefährdet, argumentierte das Innenministerium in München hinhaltend. Die Polizei hatte zuvor die für diesen Schritt notwendigen „Gefahrenprognosen" geliefert.

Verboten werden sollte aber nicht die Demonstration der Motorradfahrer, sondern die Anti-WAA-Veranstaltung „Frauen gegen die WAA". Der Hintergrund: Wackersdorf lag im Bereich der 100 Quadratkilometer großen Zone um das WAA-Gelände, für das die oberpfälzi-

Richter hoben das Verbot der Frauen-Demonstration gegen die WAA wieder auf. Die Frauen bildeten, laut Richterspruch, „keine Gefahr für die öffentliche Sicherheit".

Frauen und Motorradfahrer gegen die WAA

Laufend wurde von polizeilicher Seite aus gefilmt und fotografiert. Doch die „harten Jungs" in ihrer schweren Motorradkluft blieben ruhig und gelassen.

sche Bezirksregierung ein Demonstrationsverbot ausgesprochen hatte. Um die Entscheidung zu untermauern, erklärte man im Bayerischen Innenministerium, gewalttätige Störer könnten sich unter die Demonstrantinnen mischen.

Mögliche Parallelen zu den Demonstrationen an Ostern und Pfingsten wurden gezogen.

Gleichzeitig ließ das Innenministerium aber verlauten, es sei unerheblich, ob die Veranstalter Friedlichkeit proklamierten und Bereitschaft zur Zusammenarbeit zeigten. Maßgeblich für das Verbot sei einzig und allein das „Vorliegen einer unmittelbaren Gefahr für die öffentliche Sicherheit".

Die Frauen zeigten sich empört und setzten ihre Hoffnung nun auf die Gerichte. Einen Tag vor der geplanten Frauendemonstration gegen die WAA sprachen die Richter das Urteil.

Aufhebung oder Bestätigung des Verbots? Die Juristen mochten dem Gedankenspiel der Bayerischen Staatsregierung nicht folgen und hoben das Verbot auf. So konnten 1500 Frauen, ohne jeden männlichen Beistand, doch noch mit scharfen Worten gegen die WAA protestieren. Die Sprecherinnen bekundeten, dass sie versuchen wollten, die WAA mit der 52%igen weiblichen Mehrheit an Wählerstimmen zu verhindern.

Von Gewalttätigkeiten, wie sie die Polizei vermutet hatte, konnte keine Rede sein. Die Polizisten hielten sich bei so viel geballter weiblicher Macht die ganze Zeit im Hintergrund.

Mit peniblen Kontrollen an allen Schwandorfer Anfahrtsstraßen sahen sich die Motorradfahrer an jenem Sonntag konfrontiert. Laufend wurde von polizeilicher Seite aus gefilmt und fotografiert. Doch die „harten Jungs" in ihrer schweren Motorradkluft blieben ruhig und gelassen. Selbst beim Besuch des WAA-Baugeländes im Taxöldener Forst flogen weder Faust noch Stein. Starke Kritik übten die Sprecher der Veranstaltung „Motorradfahrer gegen die WAA" allerdings an der „Kriminalisierung des Widerstands" und der „Aufrüstung der Polizei mit CN- und CS-Gas sowie mit Gummigeschossen".

Die Kundgebungsteilnehmer beider Anti-WAA-Demonstrationen in Dachelhofen und Wackersdorf erklärten sich solidarisch mit der Forderung nach einer sofortigen Aufhebung der Bannmeile um den Taxöldener Forst.

Das kulturelle Jahrhundertereignis

Das WAAhnsinns-Festival in Burglengenfeld

Die Ausweisung einer demonstrationsfreien Zone um das WAA-Gelände hatte auch den Veranstaltern des 5. Anti-WAAhnsinns-Festivals Probleme bereitet. Sie mussten ihre ursprüngliche Absicht, das Festival in unmittelbarer Nähe der WAA stattfinden zu lassen, vorzeitig aufgeben.

Obwohl schon Verträge mit zahlreichen bekannten Musik-Künstlern abgeschlossen waren und die Vorbereitungen auf Hochtouren liefen, stand lange Zeit kein geeigneter Veranstaltungsort zur Verfügung.

Elf Plätze waren schon von den Gemeinden abgelehnt worden oder hatten nicht den Anforderungen dieses Riesen-Spektakels genügt, da rückte die Stadt Burglengenfeld in den Blickpunkt aller Überlegungen. Mit einem 16 Hektar großen Wiesengelände am Rande der oberpfälzischen Kleinstadt, eingebettet zwischen der Naab im Nord-Westen und einem dichtbewaldeten Berg im Süd-Osten, bot Burglengenfeld die idealen Voraussetzungen für das Anti-WAAhnsinns-Festival.

Doch während die Jugendlichen dem großen Musik-Spektakel mit deutschen Rock-Größen wie BAP, Udo Lindenberg oder Herbert Grönemeyer entgegenfieberten, mochte sich Burglengenfelds Bürgermeister Stefan Bawidamann „im Interesse der Gesamtbevölkerung" nicht besonders mit der Veranstaltung anfreunden. Er befürchte Ausschreitungen am Rande des Festivals, erklärte der CSU-Bürgermeister.

Während die CSU/FW-Mehrheitsfraktion im Burglengenfelder Stadtrat sich auf eine klare „Anti-Festival-Linie" festlegte, sprachen sich die SPD/FWG-Oppositionsstadträte schon frühzeitig für die Überlassung des „Lanzenangers" und damit für das Open-Air-Konzert in Burglengenfeld aus. SPD-Fraktionsvorsitzender Heinz Karg forderte entschlossen zu mehr Toleranz gegenüber der Jugend auf.

Als es schließlich zur notwendigen Abstimmung im Stadtrat ging, bahnte sich eine faustdicke Überraschung an. Josef Bachfischer, CSU-Stadtrat und jugendpolitischer Sprecher der Burglengenfelder Union, hatte einige Stunden zuvor den Bürgermeister mündlich informiert, dass er für das Festival votieren werde. Bachfischer begründete seine Entscheidung für das Konzert und gegen die Stimmen seiner Fraktionskollegen mit den Worten: „Über das Motto, welches über der Veranstaltung steht, hat es für mich nie einen Zweifel gegeben, denn ein Gegner der WAA war ich nie und bin es bis heute nicht. Das ist meine politische Meinung. Aber eine politische Meinung sollte bei der Entscheidung über eine kulturelle Veranstal-

Das WAAhnsinns-Festival in Burglengenfeld

Die gesamte deutsche Rockelite zeigte sich solidarisch und kam zum 5. Anti-WAA-Festival nach Burglengenfeld, das ursprünglich in Wackersdorf stattfinden sollte.

tung nicht den Ausschlag geben. Für dieses Festival zu stimmen, fühle ich mich allein schon aufgrund meiner Eigenschaft als Jugendbeauftragter dieser Stadt verpflichtet."

Eine knappe Entscheidung
Mit 13:12 Stimmen bewilligte schließlich der Burglengenfelder Stadtrat den Antrag der Festival-Veranstalter, das Open-Air-Konzert auf dem vorgesehenen Gelände stattfinden zu lassen.

Der Abstimmung waren klare „Empfehlungen" des Bayerischen Innenministeriums vorausgegangen, die eine Ablehnung der Veranstaltung nahelegten. Mit gewalttätigen Ausschreitungen müsse gerechnet werden, hieß es warnend. Doch die Kommunalpolitiker hatten sich nicht beeindrucken lassen.

Die Veranstalter des Festivals, die angesichts der Mehrheitsverhältnisse (1-Mann-Mehrheit für die CSU/FW-Fraktion) zunächst kaum mit einer Genehmigung rechnen durften, atmeten sichtlich erleichtert auf. Doch die Freude währte nur kurz. Einige Tage später erklärte plötzlich der Bürgermeister, der gefasste Stadtratsbeschluss schließe nicht die Genehmigung der Stadt mit ein, dass das Festival auch stattfinden dürfe. In der ersten Abstimmung, meinte Bürgermeister Bawidamann, sei den Organisatoren lediglich die privatrechtliche Erlaubnis zum Benützen des Grundstücks erteilt worden. Laut Landes-, Straf- und Verordnungsrecht Art. 19 brauche der Veranstalter jedoch noch eine gesonderte Erlaubnisgenehmigung. Erteiler dieser Genehmigung sei wiederum die Stadt.

Die Reaktion der Opposition auf diese Vorgehensweise: „Kasperltheater". Noch einmal musste eine Stadtratssitzung zum gleichen Thema anberaumt werden. Dieses Mal zeigte das Bayerische Innenministerium offen, welche Maßnahmen es im Fall einer erneuten Mehrheit für das Festival zu treffen gedachte. Bürgermeister Bawidamann wurde vor der entscheidenden Stadtratssitzung zum Rapport nach München beordert. So sah es jedenfalls ein Stadtratsmitglied der Burglengenfelder SPD, zugleich Abgeordneter des Bayerischen Landtags.

Tatsächlich erklärte Bürgermeister Bawidamann schon einen Tag vor der Abstimmung: „In Anbetracht der Sicherheitsbedenken von Regierung und Polizei kann ich – ungeachtet des Abstimmungsergebnisses – die Verantwortung für die Aufrechterhaltung von Sicherheit und Ordnung nicht übernehmen. Für den Fall einer Genehmigung durch den Stadtrat werde ich den Beschluss für rechtswidrig erklären. Die Entscheidung liegt dann beim Landratsamt Schwandorf."

Das WAAhnsinns-Festival in Burglengenfeld

Die Bezirksregierung der Oberpfalz, als untergeordnete Stelle des Bayerischen Innenministeriums, hatte zuvor schon die notwendige Argumentationsgrundlage geliefert. Es sei zu erwarten, war aus Regensburg zu vernehmen, dass gewalttätige Demonstranten aus der Menge heraus sowohl im 20 Kilometer vom Bauzaun entfernten Burglengenfeld als auch am Bauzaun selbst Straftaten begehen könnten.

Nach Art. 19 des Landes-, Straf- und Verordnungsgesetzes müsse die Erlaubnis für Veranstaltungen versagt werden, wenn dies zur „Verhütung von Gefahren für Leben, Gesundheit oder Sachgüter oder zum Schutz vor erheblichen Belästigungen für die Allgemeinheit erforderlich scheint". Falls das Burglengenfelder Plenum erneut das Festival genehmigen würde, daran ließ die Bezirksregierung keinen Zweifel, dann werde sie aus sicherheitsrechtlichen Bedenken einschreiten.

Bedenken über Bedenken

In einer Stellungnahme führte die Oberpfälzer Bezirksregierung aus: (Auszug)

„Der Hauptveranstalter des Pop-Festivals, der ‚Verein zur Beratung und Förderung kultureller Jugendarbeit e. V. Burglengenfeld', ist laut Vereinsregister des Amtsgerichtes Schwandorf erst am 28. Mai 1986 gegründet worden. Nach § 2 Abs. 2 der Vereinssatzung richtet sich die Tätigkeit des Vereins bevorzugt auf solche Projekte, die in der Lage sind, gesellschaftliche und ökologische Zusammenhänge zu verdeutlichen und auf diese einzuwirken, sowie auf die Förderung und Unterstützung dahingehender Initiativen. Es besteht somit der dringende Verdacht, dass es sich bei der Vereinsgründung um eine ad hoc-Gründung zur Durchführung von Aktionen aller Art gegen die WAA handelt …

Nach den Erkenntnissen der Sicherheitsbehörden muss damit gerechnet werden, dass das Rock- und Popfestival gegen die WAA in Burglengenfeld nicht, wie von den Veranstaltern angegeben, von 30.000 bis 50.000, sondern von einer wesentlich höheren Zahl von Personen besucht werden wird. Nach den Erfahrungen der Polizei mit dem Zeltlager an Pfingsten in Wackersdorf, wo allein 187 Polizeibeamte verletzt wurden, und am 7. 6.1986 in Brokdorf und Kleve sowie aufgrund der sich in den letzten Tagen häufenden Erkenntnisse muss ferner davon ausgegangen werden, dass militante Gewalttäter autonomer Gruppen aus der ganzen Bundesrepublik in einer solch großen Menschenmenge mit einer eindeutigen Zielrichtung gegen die WAA ein geradezu ideales Aktionsfeld gegen alle mit der WAA in Zusammenhang stehenden Einrichtungen finden werden. Hierzu gehört in erster Linie der nur 20 km entfernte Bauzaun der WAA, der mit Kraftfahrzeugen aufgrund der guten Verkehrsverbindungen in weniger als einer halben Stunde zu erreichen ist und u. a. das Zementwerk Burglengenfeld der Heidelberger Zementindustrie unmittelbar gegenüber dem Festivalgelände auf der anderen Seite der Naab. So hat nach einem Sprengstoffanschlag am 22.6.1986 gegen das Verwaltungsgebäude der Heidelberger Zementwerke eine proletarische Aktionsgruppe den weiteren Kampf gegen die WAA in der Weise angedroht, dass der Kampf dorthin getragen werde, wo die ‚Betreiber, Unterstützer und Profiteure in Ruhe sitzen und planen.' Diese Drohung muss nach den zahlreichen Anschlägen gegen Baufirmen, die Aufträge am WAA-Baugelände ausführen, absolut ernst genommen werden. Gewalt gegen Sachen wird von den ‚Autonomen' ohnehin als legales Mittel des Widerstands gegen die WAA und den ‚Überwachungsstaat' angesehen. Gewalt gegen Personen (vor allem Polizisten) sei immer dann gerechtfertigt, wenn diese gewaltsam versuchten, die ‚Autonomen' von ihren Widerstandsaktionen gegen Sachen abzuhalten …

Das WAAhnsinns-Festival in Burglengenfeld

Ideale Kulisse für Straftäter?

Die Polizei ist nach ihrer Aufgabenstellung verpflichtet, die öffentliche Sicherheit und Ordnung aufrechtzuerhalten. Im Falle der Durchführung des Rock- und Popfestivals mit einer Besucherzahl von mehr als 50.000 müssten zum Schutz der Stadt Burglengenfeld, der gefährdeten Industrie- und Bauunternehmen und zur Sicherung des Bauzaunes der WAA Polizeikräfte in einem nicht mehr darstellbaren Umfang eingesetzt werden. Bei der geradezu idealen ‚Kulisse' für eventuelle Straftäter inmitten der wohl überwiegend friedlichen Festivalbesucher ist mit erheblichen konkreten Gefahren für Leib und Leben der eingesetzten Polizeibeamten, der Arbeitnehmer zu rechnen. Jeweils vor und nach den gewaltsamen Aktionen böten die große Zuhörerkulisse des Festivals und das Zeltlager für 5.000 bis 10.000 Besucher einen geradezu idealen Zufluchtsort für gewalttätige Straftäter. Polizeiliche Zugriffe gegen Straftäter sind in einer solchen Situation nahezu unmöglich, weil sofort mit einer Solidarisierung der bisher friedlichen Festivalbesucher mit den Straftätern gerechnet werden muss. Nach dem Ablauf der Ereignisse in Kleve und Brokdorf ist ferner davon auszugehen, dass im Falle des Scheiterns von Angriffen gegen ‚Symbole', wie das WAA-Gelände oder größere Industriebetriebe, die autonomen Gruppen wahllos gegen Kraftfahrzeuge, Schaufensterscheiben, öffentliche Einrichtungen und sonstige öffentliche Sachen massive Gewalt verüben werden. Es wird ausdrücklich – insbesondere im Hinblick auf die derzeitige Sicherheitslage – darauf hingewiesen, dass bei der vorgesehenen und darüber hinaus nicht abschätzbaren Massierung von friedlichen Festivalbesuchern einerseits und Gewalttätern andererseits der Polizeischutz für die Stadt Burglengenfeld und ihre Umgebung nicht mehr gewährleistet ist. Die Erlaubnisbehörde trifft damit eine außerordentliche Verantwortung für Leben, Gesundheit und Vermögen der Bürger ...

Nach Art. 19 Abs. LStVG ist die hier gemäß Abs. 3 Nr. 3 erforderliche Erlaubnis dann zu versagen, wenn es zur Verhütung von Gefahren für Leben, Gesundheit oder Sachgüter erforderlich ist. Dies ist hier angesichts der zu Ziff. 1 bis 4 aufgeführten Zusammenhänge aus zwingenden sicherheitsrechtlichen Gründen der Fall. Keine auch noch so einschneidenden Auflagen eines Erlaubnisbescheides und auch nicht die vom Veranstalter genannten 500 oder noch mehr Ordner könnten die zu erwartenden Aktionen von Gewalttätern außerhalb des Geländes, etwa in der Stadt Burglengenfeld den angrenzenden Gemeinden und am WAA-Bauzaun verhindern. Im Übrigen wäre der Veranstalter nicht in der Lage und auch nicht darauf vorbereitet, ein Anwachsen der Teilnehmerzahlen auf über 50.000 zu verhindern. In letzterem Falle sind ferner auch die zugrundeliegenden fachlichen Stellungnahmen hinfällig, die auf der Annahme einer Höchstzahl von 50.000 Teilnehmern basieren. Da schon für diesen Umfang bei der Fachstellenbesprechung am 9. 7. 1986 erhebliche Fragezeichen blieben, etwa auf dem Gebiet der Wasserversorgung, der Abwasserbeseitigung und der Verkehrsabwicklung, muss bei einem möglichen weiteren Anwachsen der Teilnehmer vom Entstehen chaotischer Verhältnisse mit allen schon daraus sich ergebenden Folgen für Leben, Gesundheit und Sachgüter ausgegangen werden – von dem dann ohnedies gegebenen weiteren Versagungstatbestand (Art. 19 Abs. 4 LStVG) der ‚erheblichen Nachteile oder erheblichen Belästigungen für die Allgemeinheit oder Nachbarschaft' einmal ganz abgesehen ...

Zusammenfassend wird keine andere Möglichkeit als die Versagung der Erlaubnis gesehen, um schweren Schaden von der Stadt Burglengenfeld und den angrenzenden Gemeinden abzuwenden. Dieselben Gesichtspunkte gelten für die Versagung der Erlaubnis zur Errichtung eines Campingplatzes (Art. 25 LStVG). Angesichts der zu erwartenden Belästigungen, Übergriffe und Zerstörungen ist die Untersagung einer Großveranstaltung auch verhältnismäßig; sie wäre es selbst dann, wenn das Festival völlig neutrale Zwecke verfolgte; Leben, Gesundheit und Sachgüter der Bürger sind in jedem Fall höher zu bewerten."

Popstar Herbert Grönemeyer mischt sich ein
Der Pressesprecher der Festival-Veranstalter, Michael Herl, bezeichnete derartige Aussagen als Panikmache. Festivals seien grundsätzlich eine friedliche Sache, erwiderte Herl.

Der SPD-Bundestagsabgeordnete Wolfgang Sieler aus Amberg warf auf einer Bezirksvorstandssitzung seiner Partei in Regensburg der Bayerischen Staatsregierung sogar ein „gestörtes Demokratieverständnis" vor. Es würde immer mehr die Absicht erkennbar, teilte Sieler seinen Zuhörern mit, „alle Demonstrationen gegen die WAA auch mit den fadenscheinigsten Argumenten selbst im weiten Umkreis zu verbieten und aus der Oberpfalz eine demonstrationsfreie Zone zu machen."

Popstar Herbert Grönemeyer („Flugzeuge im Bauch") forderte den Bayerischen Innenminister Karl Hillermeier telegrafisch auf, jugendliche Konzertbesucher nicht als gewalttätige Demonstranten zu diffamieren.

Laut Protokoll vom 6. Mai des Trägerkreises für das 5. Anti-WAAhnsinns-Festival hatten bis dahin folgende Künstler fest zugesagt: BAP, Biermösl Blos'n, Ina Deter, Ulla Meineke, Heinz-Rudolf Kunze, Klaus Hofmann, Rodgau Monotones, Fritz Brause Band, Haindling, Frankfurt City Blues Band sowie das Frankfurter Kurorchester.

Am 15. Mai sagte definitiv Herbert Grönemeyer zu.

Der Eintrittspreis wurde nach längerer Beratung für zwei Tage auf 28 DM im örtlichen Verkauf und auf 38 DM an der Tageskasse festgelegt. Auch wurde festgelegt, dass Leute vom aktiven Widerstand Karten zur Verfügung gestellt bekommen, falls sie das wünschen.

Die Gewinnverteilung waren folgendermaßen vorgesehen: 30% Prozesskostenhilfe, 20% Widerstand, 20% alternative Projekte in der Oberpfalz, 20% BIs und Jugendzentrum, 10% Vorfinanzierung für nächstes Anti-WAA-Festival.

Zur Entscheidung des Burglengenfelder Stadtrats am 15. Juli 1986 drängte sich eine ungewohnte Zahl von Presse-, Funk-, und Fernsehleuten im Sitzungssaal des hiesigen Rathauses. Mehr als hundert Zuhörer – die größte Kulisse, die jemals einer Burglengenfelder Ratssitzung beiwohnte – füllten die Besucherplätze im Saal und standen überdies in einer dicht geschlossenen Reihe bis zur Eingangstür des rund 10 Meter langen Korridors. Die meisten

Wolfgang Ambros mit Band waren nur einige der prominenten Musiker, die am 26. Juli 1986 beim Anti-WAAhnsinnsfestival, der bis dahin größten Rockveranstaltung Deutschlands im bayerischen Burglengenfeld auftraten.

von ihnen konnten den Sitzungsverlauf nur akustisch verfolgen. Trotzdem verließen nur wenige Zuhörer vor Ende der dreistündigen Debatte das Rathaus. Die Abstimmung wollten sie alle miterleben. In dem vorausgegangenen verbalen Schlagabtausch waren erneut die unterschiedlichen Vorstellungen der politischen Parteien und Fraktionen aufeinandergeprallt. Ein Mitglied des Veranstaltungskomitees hatte nochmals versichert, man werde alles daransetzen, dass das Festival stattfinden könne. Sein Versprechen: „Sämtliche Auflagen werden von uns erfüllt."

Bürgermeister: Entscheidung rechtswidrig!
Wieder sprach sich der Stadtrat von Burglengenfeld, begleitet von einer stürmischen Beifallskundgebung der Zuhörer, für das Festival auf dem Lanzenanger aus. Doch genehmigt war damit überhaupt nichts. Entgegen allen bisherigen Gepflogenheiten ergriff der Bürgermeister von Burglengenfeld zum Schluss der Sitzung das Wort, um die gefällte Entscheidung außer Kraft zu setzen.

Bürgermeister Bawidamann: „Ich halte die Entscheidung für rechtswidrig und beanstande sie. Ich setze den Vollzug aus und führe eine Entscheidung der Aufsichtsbehörde herbei."

Der Bürgermeister verwies dabei auf die seiner Meinung nach akute Gefährdung von Recht und Ordnung in der Stadt durch die Massenveranstaltung. Damit berief er sich auf einen entsprechenden Rat, der ihm von der Regierung der Oberpfalz schriftlich erteilt worden war:

Vollzug des Landesstraf- und Verordnungsgesetzes 5. Anti-WAA-Festival am 26./27.7.1986 in Burglengenfeld.

„Im Anschluss an die Fachstellenbesprechung am 9.7.1986 in Burglengenfeld hat eine abschließende sicherheitsrechtliche Würdigung ergeben, dass die noch ausstehenden Erlaubnisse für das 5. Anti-WAA-Festival versagt werden müssen. Die Gründe hierfür ergeben sich aus der anliegenden Stellungnahme, die als Unterlage für die Stadtratssitzung gedacht ist.

Die Regierung bittet, den Stadtrat vor der Entscheidung über die Erteilung der Erlaubnisse von der Beurteilung der Sicherheitsbehörden in Kenntnis zu setzen. Falls der Stadtrat gleichwohl durch Beschluss eine Erlaubniserteilung vorsehen sollte, so ist gemäß Art. 59 Abs. 2 GO dieser

Haindling begrüßte die 100.000 Besucher mit „Lang scho nimma g'sehn".

rechtswidrige Beschluss vom 1. Bürgermeister zu beanstanden und sein Vollzug auszusetzen; der Veranstalter ist von der Aussetzung unverzüglich zu unterrichten. Vorsorglich kündigt die Regierung als Obere Rechtsaufsichtsbehörde an, dass sie im Falle der Vollziehung eines rechtswidrigen Gemeinderatsbeschlusses unverzüglich aufsichtliche Maßnahmen einleiten wird."

SPD-Oppositionsführer Heinz Karg konnte es nicht fassen: „Es ist unerhört, wenn ein eventuell positiver Beschluss von vornherein als rechtswidrig bezeichnet wird. Ich halte ein solches Vorgehen für die Außerkraftsetzung der kommunalen Selbstverwaltung. Wir lassen uns nicht zu Marionetten degradieren. Die Politik, die von der CSU zum Durchsetzen der WAA angewandt wird, gefährdet unser aller Freiheit."

Der Landrat des Landkreises Schwandorf, Hans Schuierer, musste als Aufsichtsbehörde nun über den Vollzug des Burglengenfelder Stadtrats entscheiden. Schon vier Tage vor der Abstimmung im Burglengenfelder Stadtrat war im Landratsamt ein Schreiben der Regierung der Oberpfalz eingetroffen. Darin hieß es sinngemäß: Das Landratsamt habe einen positiven Beschluss des Burglengenfelder Stadtrats zur Abhaltung des Anti-WAA-Rockfestivals am 26./27. Juli als rechtswidrig zu behandeln, wegen der „dargelegten Gefährdungslage".

Landrat Schuierer erlaubt Anti-WAA-Festival
Doch Landrat Hans Schuierer kam nach Durchsicht der Sitzungsprotokolle zu einem ganz anderen Schluss. Schuierer: „Ich sehe überhaupt keine Möglichkeit diesen Stadtratsbeschluss für rechtswidrig zu erklären. Die Stadträte in Burglengenfeld haben in Kenntnis der Sachlage um die Sicherheit entschieden und sind zu einem positiven Beschluss und damit zur Erlaubnis für das Festival gelangt. Was soll daran rechtswidrig sein? Das war eine demokratische Entscheidung." Schuierer gab zu verstehen, dass ein derartiger Vorgang in Bayern, womöglich sogar im Bundesgebiet einmalig sein dürfte. Er selbst könne sich jedenfalls nicht daran erinnern, erklärte Schuierer, dass jemals schon ein demokratisch gefasster Beschluss, der durch ein vom Volk gewähltes Gremium gefasst wurde, bereits vor seinem Zustandekommen als rechtswidrig und damit ungültig bezeichnet worden sei. Gefahren für Sicherheit und Ordnung, wie von Polizei und Regierung angeführt, mochte Schuierer nicht erkennen.

Der Polizeiführungsstab Wackersdorf des Polizeipräsidiums Niederbayern/Oberpfalz hatte in einem vertraulichen Schreiben an Burglengenfelds Bürgermeister Bawidamann eine Gefährdung der öffentlichen Sicherheit und Ordnung anlässlich des „5. Anti-WAA-Open-Air-Festivals" am 26./27.7.1986 auf dem Lanzenanger in Burglengenfeld vorausgesagt.

Landrat Hans Schuierer erklärte dagegen: „Der Hinweis auf eine Gefährdung der Stadt und der Bevölkerung von Burglengenfeld, auf die sich der Bürgermeister bei seinem Einspruch beruft, ist unbegründet."

Er wies darauf hin, dass es stattdessen im Falle eines Verbots zu Gefahren für die Sicherheit kommen könnte. Sollte die Veranstaltung, aus welchen Gründen auch immer, tatsächlich ausfallen, meinte Schuierer in einer persönlichen Wertung, müsse mit einer ähnlich großen Menschenzahl gerechnet werden, wie man sie für das Rock-Spektakel erwarte. Es bleibe abzuwarten, „wohin diese Massen dann stürmen werden." In einem solchen Fall sei die Gefahr von Ausschreitungen am WAA-Zaun weitaus höher einzuschätzen. Schuierer: „Die Leute haben dann eine Wut im Bauch, und die Aggressivität könnte sich in Gewalttätigkeiten entladen."

Landrat Hans Schuierer bat die Regierung der Oberpfalz deshalb, die Weisung zur Aufhebung des Genehmigungsbeschlusses zu überprüfen. Indirekte Unterstützung erhielt Landrat

Das WAAhnsinns-Festival in Burglengenfeld

Schuierer von Bundesjustizminister Hans Engelhard (FDP), der vor der Presse in Bayreuth erklärte: „Ich halte ein Verbot des WAA-Festivals in Burglengenfeld für problematisch. Solche Verbote sind – ähnlich wie das Einreiseverbot für friedfertige österreichische Demonstranten – eine riesige politische Dummheit, auch wenn diese Maßnahmen vom Gesetz her gedeckt sind."

Verwaltungsgericht erlaubt Konzert unter Auflagen

Ob das zweitägige Konzert Ende Juli in Burglengenfeld stattfinden könne, verlautete indessen aus dem Landratsamt, werde voraussichtlich durch die Verwaltungsgerichte entschieden und nicht auf dem Behördenweg.

Der „Verein zur Beratung und Förderung kultureller Jugendarbeit" hatte schon vorsorglich beim Verwaltungsgericht in Regensburg den Erlass einer sofortigen Einstweiligen Verfügung gegen die Entscheidung des Regierungspräsidenten der Oberpfalz beantragt. Damit sollte der Beschluss des Burglengenfelder Stadtrates wiederhergestellt werden. Das Verwaltungsgericht gab der Klage der Organisatoren schließlich statt, wenngleich Auflagen in Kauf genommen werden mussten:

Doch das „kulturelle Jahrhundertereignis", wie ein Mitglied der Kölner Rockgruppe BAP das „Anti-WAAhnsinns-Festival" bezeichnete, konnte in Burglengenfeld stattfinden.

Der Streit um das Festival hatte eine ungeahnte Solidaritätswelle ausgelöst. Fast die gesamte deutsche Rockelite sagte ihr Kommen an; der Kartenvorverkauf schnellte empor. Als sie dann kamen, die Pop- und Rockfans aus dem gesamten Bundesgebiet und darüber hinaus, waren es an die 100.000. 1200 Helfer und 500 Ordner gewährleisteten den reibungslosen Verlauf des zweitägigen Mammutkonzerts. 130 Lautsprecher sorgten für den perfekten Sound und 7000 Polizisten für die totale Überwachung der anreisenden Festival-Besucher.

20.000 Autos wurden auf Landstraßen, Bundesstraßen und Autobahnen nach Waffen oder gefährlichen Gegenständen durchsucht. Autofahrern, die den Inhalt ihres Reservekanisters nicht in den Tank schütten wollten oder konnten, weil sie eben erst getankt hatten, wurden diese genauso abgenommen wie andere „sprengstoffgeeignete Flüssigkeiten" oder Werkzeugkästen. All diese Dinge fielen unter den Begriff der „gefährlichen Gegenstände". Dazu rechnete die Polizei auch „überdimensionale" Schraubenzieher oder lange Schraubenschlüssel.

Auf dem Festivalgelände blieb zwar nicht alles ruhig – das wäre bei den heißen Rhythmen für die Künstler schon eine Beleidigung gewesen – doch vollkommen friedlich.

Gastredner Günter Wallraff („Ganz unten") mahnte wie viele der Musik-Stars nachdrücklich zur Gewaltfreiheit. Wallraff: „Die Polizeiführung ist frustriert, weil hier alles so friedlich verläuft." Auch am WAA-Bauzaun in Wackersdorf blieben Ausschreitungen aus. Die Polizeibeamten genossen den strahlenden Sonnenschein.

Hartgummigeschosse nicht eingesetzt

Die erstmals bereitgestellten Distanzwaffen mit den Hartgummigeschossen kamen nicht zum Einsatz. Die Wirkung der Gummigeschosse hatte zuvor die Bürgerinitiative Nürnberg in ihrem Flugblatt „Bürger beobachten Polizei und Justiz" beschrieben:

„Gummigeschosse und Plastikgeschosse zählen in der offiziellen Propaganda zu den ‚nichttödlichen' Munitionsarten! Die Betäubungswirkung ist bis ca. 25 Meter Entfernung garantiert; bis 100 Meter bewirkt ein Treffer große Schmerzen; aus kurzer Entfernung besteht Lebensgefahr; zwischen 5 und 8 Metern kann es zu Organrissen (Leber, Blase, Darm) kommen."

Eine Schweizer Schriftstellerin äußerte sich in dem Flugblatt betont kritisch:

„… Staatsgewalt ist die einzige legitime Gewalt. Staatsgewalt soll dazu dienen, Sicherheit, Ordnung und die Freiheit des einzelnen Bürgers zu garantieren. Da ein Missbrauch dieser legitimen Gewalt den Rechtsstaat viel mehr gefährdet als jede chaotische Gewalt von unten (die sie ja eindämmen soll), sollte die Staatsgewalt so zurückhaltend wie nur möglich ausgeübt werden. Allzu leicht wird sie sonst zu einem Instrument, das nicht mehr die Freiheit des Einzelnen schützt, sondern zur Unterdrückung dieser Freiheit (auch der Meinungsfreiheit etc.) benützt werden kann.

Die Bewaffnung der Polizisten, die diese Staatsgewalt gewissermaßen anonym verkörpern, mit Hartgummigeschossen, die bei harten Auseinandersetzungen nicht nur als Disziplinierungsmittel gebraucht werden, leistet einer Ausartung von Demonstrationen in harte Verfolgungskämpfe Vorschub und gefährdet so eine rechtsstaatliche einwandfreie Ausübung der Staatsgewalt."

Das 5. Anti-WAAhnsinns-Festival begeisterte die Besucher durch seine mitreißende Stimmung und Musik. Die von der Polizei vorhergesagte „Schlacht um Wackersdorf und Burglengenfeld" fiel dagegen aus. Was blieb, war ein Stück deutscher Musikgeschichte und ein bedeutender Reinerlös für die Veranstalter des Festivals, die damit den friedlichen Widerstand gegen die WAA zu festigen versprachen. So floss der größte Teil des Geldes, welches das 5. Anti-WAAhnsinns-Festival in Burglengenfeld einbrachte, einem Prozesskostenhilfefond zu,

1200 Helfer und 500 Ordner gewährleisteten den reibungslosen Verlauf des zweitägigen Mammutkonzerts. 130 Lautsprecher sorgten für den perfekten Sound und 7000 Polizisten für die totale Überwachung der anreisenden Festival-Besucher.

Das WAAhnsinns-Festival in Burglengenfeld

der die bisher 2500 in Ermittlungen oder Verfahren verwickelten WAA-Gegner unterstützte. Obwohl die österreichischen Rock-Fans die Grenze ohne Schwierigkeiten passieren konnten, gab es erneut eine Störung im deutsch-österreichischen Verhältnis. Der damalige österreichische Vizekanzler Norbert Steger hatte seine Teilnahme als Redner am Anti-WAA-Festival in Burglengenfeld kurzfristig abgesagt, weil er bayerische Überlegungen über ein Einreiseverbot für ihn als Beleidigung empfand. Dieser politische Konflikt sorgte noch lange für Zündstoff diesseits und jenseits der Alpen. Eine Kuriosität am Rande des Festivals sollte nicht ohne Erwähnung bleiben. Der Hussitenkrieg war zwar schon lange vorbei, doch drei Mitglieder des Neunburger Festspielensembles, die dieses historische Stück alljährlich mit Leben erfüllten, mussten sich vermutlich wirklich in eine andere Welt versetzt vorkommen, als sie unversehens in Konflikt kamen mit der Bereitschaftspolizei.

Mit ihren „Kriegsgegenständen" im Kofferraum waren die „Hussiten" sofort suspekt. Kaum hatten die Polizisten das Hackebeil des Bogenschützen-Führers entdeckt, umringten ihn auch schon 30 schwerbewaffnete Uniformierte. Bei so viel Übermacht musste selbst der tapfere „Hussit" sich ergeben. Nur mit Mühe gelang es ihm, die zeitgemäß angezogenen und ausgestatteten Polizeibeamten zu überzeugen, dass er das Prachtstück für den abendlichen Theaterauftritt benötige.

Bei einem Musikanten der historischen Festspielgruppe kam den Sicherheitsbeamten sogar das Renaissance-Krummhorn verdächtig vor. Es bedurfte langer Erklärungen, bis die entscheidende Frage geklärt war, ob es sich hierbei um ein gefährliches Schlag- oder um ein harmloses Blasinstrument handle.

Dem Anführer der „Hussiten" vermasselte eine Polizeikontrolle sogar die sonntägliche Klettertour. Pickel, Haue, Steigeisen, Kletterhaken und sonstiges Zubehör wurden auf der Stelle beschlagnahmt. Da half selbst eine persönliche Vorsprache des sonst so furchterregenden „Hussiten" bei der Amberger Polizeidirektion nichts.

Bleibt der Vollständigkeit halber noch zu sagen, dass alle „Hussiten" keine Kostüme trugen und somit gar nichts Barbarisches an sich hatten.

Auch die Biermösl Blosn nahmen an dem kulturellen Jahrhundert-Ereignis in Burglengenfeld teil.

Brücke der Verständigung

Grenzüberschreitende Anti-Atom-Partnerschaft

Schon im Mai hatte sich der Salzburger Gemeinderat für eine „Anti-Atom-Partnerschaft" mit dem Landkreis Schwandorf ausgesprochen. Dieser Entschluss der Salzburger Politiker war die Reaktion auf eine zunehmende Abneigung ihrer Bürger gegen die Plutoniumfabrik in der Oberpfalz. Die kritischen und besorgten Stimmen, die die WAA als Bedrohung für Österreich empfanden, waren nach dem Unglück von Tschernobyl drastisch in die Höhe geschnellt.

Beim Besuch der österreichischen WAA-Gegner in Schwandorf am 1. Juni 1986 hatte Salzburgs Bürgermeister Josef Reschen deshalb dem Schwandorfer Landrat Hans Schuierer den Abschluss einer grenzüberschreitenden „Anti-Atom-Partnerschaft" angeboten. 23 Tage später stand das Thema im Mittelpunkt einer Kreistagssitzung im Schwandorfer Landratsamt.

Mit Atombomben habe dieser Zusammenschluss nichts zu tun, erklärte der Landrat. Viel eher schon sei die Partnerschaft als Grundlage für einen Erfahrungsaustausch gedacht. Die Partnerschaft mit Salzburg solle Symbolwirkung haben, meinte Schuierer, und hoffte auf einen einstimmigen Beschluss des Kreistages.

Diesem Wunsch mochten jedoch die CSU-Politiker nicht folgen. Man bezeichnete die Partnerschaft als „Schaufenstersache" und lehnte sie ab. Lediglich CSU-Kreisrat Jakob Scharf, Bürgermeister von Steinberg, war anderer Meinung als seine Parteikollegen. Scharf: „Ich bin froh, dass wir diese Unterstützung haben. Ich bin für diese Partnerschaft und es mehren sich die Zeichen dafür, dass es auch in meiner Partei Leute gibt, die so wie ich denken." Der Kreistag stimmte schließlich mit 27:23 Stimmen der „Anti-Atom- Partnerschaft" mit der Stadt Salzburg zu.

Am 27. Juli 1986, es war der Gedenktag der Schlacht bei Mühldorf zwischen Friedrich dem Schönen und Ludwig dem Bayern, fuhr Landrat Schuierer mit einer kleinen Abordnung nach Österreich, um gemeinsam mit dem Bürgermeister der Mozartstadt, Josef Reschen, die Partnerschaftsurkunde zu unterzeichnen. Beide Politiker bekräftigten mit ihrer Unterschrift den Willen zur grenzüberschreitenden und friedlichen Zusammenarbeit gegen die WAA.

Der Urkundentext: „Die Landeshauptstadt Salzburg und der Landkreis Schwandorf setzen mit ihrer ‚Anti-Atom-Partnerschaft' ein sichtbares Zeichen ihrer Ablehnung der WAA Wackersdorf. Mit dieser Partnerschaft soll ferner die Sorge der Bevölkerung vor den grenzüberschreitenden Gefahren der Atomenergie zum Ausdruck gebracht werden. Die Bevölkerung

Grenzüberschreitende Anti-Atom-Partnerschaft

Ihre Freundschaft und Eintracht gegen die WAA demonstrierten Hans Schuierer und Josef Reschen auch durch einen Händedruck über einem originalgetreu nachgebauten „WAA-Bauzaun" am historischen „Alten Markt" zu Salzburg.

der Landeshauptstadt Salzburg und des Landkreises Schwandorf will mit einer atomfreien Zukunft und mit gemeinsamen friedlichen und demokratischen Aktionen den Bau der WAA Wackersdorf verhindern helfen."

Ihre Freundschaft und Eintracht gegen die WAA demonstrierten Hans Schuierer und Josef Reschen auch durch einen Händedruck über einem originalgetreu nachgebauten „WAA-Bauzaun" am historischen „Alten Markt" zu Salzburg.

Die „Überparteiliche Salzburger Plattform gegen die WAA" hatte diesen symbolisch errichteten Sicherheitszaun, nebst einigen Tischen mit Informationsmaterial, mitten im Herzen Salzburgs aufgestellt.

Salzburger Ehre

Für die Zeit vom 25.–27. Juli 1986 waren „3-Tage-Aktionen zur Festspieleröffnung" geplant.

Bereits am Freitag hatte Landrat Hans Schuierer an der Premierenvorstellung der Salzburger Festspiele teilgenommen. Bayerns Ministerpräsident Strauß war ausgeladen worden, da er kurz zuvor den Österreichern die Einreise zu einer Demonstration in Wackersdorf verweigert hatte.

Schuierer erinnert sich: „Dafür durfte ich auf dem ursprünglich für Strauß vorgesehenen Platz sitzen. Links neben mir nahm Österreichs Bundespräsident Kurt Waldheim Platz und rechts Landeshauptmann Haslauer. Recht wohl habe ich mich nicht gefühlt in diesem erlauch-

Grenzüberschreitende Anti-Atom-Partnerschaft

ten Kreis, aber die Vorstellung, dass sich Franz Josef Strauß darüber ärgerte, gefiel mir."

Am Sonntagmorgen fand ein ökumenischer „Anti-WAA-Gottesdienst" auf der „Jedermann-Bühne" vor dem Dom statt, an dem neben Künstlern der Festspiele und der Sommerakademie auch mehrere hundert Schwandorfer Bürger teilnahmen.

Salzburg stand an diesem Wochenende ganz im Zeichen zweier Ereignisse: der Eröffnung der Festspiele und des friedlichen Protestes gegen die Atomenergie, insbesondere gegen die WAA.

Vor der feierlichen Unterzeichnung der Partnerschaftsurkunde betonten die Politiker Schuierer und Reschen sowie Sprecher der Bürgerinitiativen aus Schwandorf und Salzburg noch einmal die Bedeutung dieser deutsch-österreichischen Partnerschaft.

Der Schwandorfer Landrat Hans Schuierer äußerte die Hoffnung, dass sowohl Salzburg als auch der Landkreis Schwandorf in einer friedvollen und atomfreien Zukunft zu einer echten und dauerhaften Freundschaft finden mögen. Schuierer: „Die Aufgabe der ‚Anti-Atom-Partnerschaft' liegt darin, eine Brücke der Verständigung und der gegenseitigen Unterstützung über Landesgrenzen hinweg zu sein. Die Partnerschaft stellt eine Schutzgemeinschaft gegenüber einer weltweit über-

Am 27. Juli 1986 fuhr Landrat Schuierer mit einer kleinen Abordnung nach Österreich, um gemeinsam mit dem Bürgermeister der Mozartstadt, Josef Reschen, die Partnerschaftsurkunde zu unterzeichnen. Beide Politiker bekräftigten mit ihrer Unterschrift den Willen zur grenzüberschreitenden und friedlichen Zusammenarbeit gegen die WAA.

Grenzüberschreitende Anti-Atom-Partnerschaft

mächtig scheinenden Atomlobby dar, die in ihrem offenbar unabwendbaren Drang nach Gigantomanie Leben und Umwelt bedroht. Spätestens seit Tschernobyl sollte allen Verantwortlichen bewusst sein, dass es keine absolute Beherrschbarkeit der Atomtechnologie gibt.

Die ‚Anti-Atom-Partnerschaft', wie sie jetzt über Ländergrenzen hinweg zwischen Salzburg und dem Landkreis Schwandorf abgeschlossen wurde, hat Modellcharakter, die zukunftsweisend sein kann und soll. Ich bin zuversichtlich, dass zumindest im Fall der WAA bald Verantwortungsgefühl und Vernunft den Sieg davontragen werden."

Salzburgs Bürgermeister Josef Reschen wandte sich gegen eine „provinzielle Politik", die glauben machen wolle, dass durch einen 200 Meter hohen Kamin Gefahren gegenstandslos werden könnten.

Reschen: „Eine grenzüberschreitende Zusammenarbeit ist notwendig; es muss ein öffentliches Bewusstsein und eine Atmosphäre geschaffen werden, in der keine Entscheidung für die Atomindustrie mehr fällt. Gemeinsam werden wir mehr Aufsehen erregen, als das anlässlich der Festspieleröffnung bereits geschehen ist. Der Protest gegen die atomare Bedrohung für die Sicherheit hat eben erst begonnen.

Das sagen wir all denen, die keine Nachdenkpause wollen. Sie werden mit uns leben müssen."

Dieter Kersting, Sprecher der „Bürgerinitiative Schwandorf gegen die WAA", bezeichnete die Partnerschaft als „Koalition des Lebens", mit der eine Technologie verhindert werden solle, die die Nachkommen gefährde. Kersting: „Wir Oberpfälzer wissen, dass Eure Hilfe im politischen Bereich gar nicht hoch genug eingeschätzt werden kann."

Caroline Hochleitner, Sprecherin der „Überparteilichen Plattform Österreichs gegen die WAA" zeigte sich zuversichtlich, dass man aus der Gemeinsamkeit Kraft für den Widerstand gegen die Atomindustrie schöpfen werde.

Hochleitner: „Wir protestieren nicht etwa aus Lust am Protestieren, wie viele uns unterstellen, sondern aus echter Sorge um die Zukunft. Der Preis für die Kernenergie, den viele Menschen gerade nach Tschernobyl zahlen müssen, ist einfach zu hoch."

Bewunderung zollten die deutschen Gäste dem toleranten und souveränen Auftreten der Salzburger Polizisten, die sich durch ihre Hilfsbereitschaft und ihren Charme auszeichneten.

Oberpfälzer Bezirksregierung fordert Aufhebung

Gut einen Monat währte die Freude über die Besiegelung der „Anti-WAA-Partnerschaft", da traf am 29. August im Landratsamt Schwandorf ein Brief der Oberpfälzischen Bezirksregierung ein, der sofort für Wirbel sorgte. In dem Schreiben forderte die Oberpfalzregierung als Rechtsaufsichtsbehörde den Landkreis Schwandorf ultimativ auf, die Zusammenarbeit mit der österreichischen Stadt Salzburg zur Verhinderung der atomaren Wiederaufbeitungsanlage wieder aufzugeben. Für die Kündigung der „Anti-Atom-Partnerschaft" wurde eine Frist von drei Monaten gesetzt. In der Begründung hieß es: „Zweck und Ziel dieser Partnerschaft gehören nicht zu den Aufgaben eines Landkreises als Selbstverwaltungskörperschaft. Der Beschluss des Kreistages vom 23. Juni 1986 ist daher rechtswidrig und muss beanstandet werden."

Landrat Schuierer zeigte sich über diese Entscheidung der Regierung zunächst erstaunt, betonte jedoch sofort, er sei mittlerweile Weisungen der Rechtsaufsichtsbehörde gewöhnt. Er gehe aber davon aus, dass diese nicht immer richtig seien. Schuierer erinnerte in diesem Zusammenhang an die Verbote der Frau-

Grenzüberschreitende Anti-Atom-Partnerschaft

endemonstration in Wackersdorf und an das „Anti-WAAhnsinns-Festival" in Burglengenfeld. Beide Veranstaltungen hatten einer gerichtlichen Überprüfung nicht standgehalten.

Nach seinem weiteren Vorgehen in dieser Sache befragt, antwortete der Schwandorfer Landrat: „Ich werde die erneute Beanstandung nun auf ihre Berechtigung hin überprüfen lassen. Sollte sich herausstellen, dass der Partnerschaftsbeschluss tatsächlich rechtswidrig ist, werden wir ihn aufheben."

Falls dies jedoch nicht der Fall sein sollte, machte Schuierer deutlich, würden Rechtsmittel eingelegt und die Gerichte bemüht. Wen Schuierer für den eigentlichen Initiator dieser Weisung hielt, machte er ebenfalls deutlich: „Ich glaube nicht daran, dass die Beanstandung des Beschlusses der ‚Anti-Atom-Partnerschaft' mit Salzburg durch die Regierung selbst erfolgte. Man hat auf Weisung des Bayerischen Innenministeriums gehandelt."

Erstaunen und Kritik an der Aufforderung der Oberpfalz-Regierung kam auch in Salzburg auf. Gerhard Bacher, Vizebürgermeister der Stadt Salzburg, erklärte in Vertretung des verreisten Bürgermeisters Josef Reschen: „Das Ganze ist mir völlig unverständlich. Ein Partnerschaftsbeschluss ist noch kein rechtsverbindlicher Akt, sondern eine Erklärung, dass man die gleichen Ziele verfolgt."

Er stellte sich die Frage, ob eine Rechtsaufsichtsbehörde überhaupt das Recht habe, reine Freundschaftsbeziehungen zwischen zwei Kommunen zu verbieten.

Durch die Beanstandung werde der Landkreis Schwandorf „bevormundet wie ein kleines Kind", meinte Salzburgs 2. Bürgermeister.

Salzburgs Motto: Gemeinsam stark gegen die WAA.

Am 17. November hob der Schwandorfer Kreistag seinen Beschluss zur „Anti-Atom-Partnerschaft" mit Salzburg auf. Obwohl Landrat Hans Schuierer vor der nochmaligen Abstimmung im Kreistag darauf hinwies, dass der Landkreis mit dieser Partnerschaft gegen keine gesetzliche Vorschrift verstoßen habe, stimmten drei SPD-Kreisräte mit der CSU für die Annullierung des im Juni 1986 gefassten Beschlusses.

Da konnte auch der Hinweis Schuierers nichts mehr ändern, die Bezirksregierung der Oberpfalz habe seinerzeit die Partnerschaft in keiner Weise beanstandet, trotz Vorlage des Urkundentextes.

Die „Anti-Atom-Partnerschaft" zwischen dem Landkreis Schwandorf und der österreichischen Stadt Salzburg war geplatzt. Landrat Schuierer ließ jedoch keinen Zweifel daran, dass man den Kontakt zu Salzburg in keinem Falle abreißen lassen werde.

Der Kanzlerkandidat bei Schuierer

Klares Nein zu Wackersdorf

Prominenten Besuch bekam Landrat Hans Schuierer am 20. August 1986. Der Kanzlerkandidat der SPD und Ministerpräsident Nordrhein-Westfalens, Johannes Rau, machte sein Versprechen wahr und besuchte Schuierer in dessen Privathaus. Auf einen festlichen Empfang legte Rau keinen Wert. Stattdessen ließ er sich vom Schwandorfer Landrat die Situation im Taxöldener Forst schildern, interessierte sich für die Stimmung in der Bevölkerung und bestärkte Schuierer in seinem Durchhaltevermögen. Dabei bekräftigte Rau sein „Klares Nein zu Wackersdorf". Rau: „Wenn die Sozialdemokraten die Bundesregierung stellen, werden sie das Atomgesetz ändern, damit der Einstieg in die Plutoniumwirtschaft nicht stattfindet. Das bedeutet auch das ‚Aus' für die Wiederaufarbeitungsanlage Wackersdorf."

Sein Dank galt dem „bewundernswerten Einsatz", den Schuierer „mit Augenmaß für diese Region gegen die geplante Wiederaufarbeitungsanlage" bisher geführt habe. Dazu, so Rau, brauche man „eine gehörige Portion Zivilcourage".

Rau hatte zuvor unter einem wahren Beifallsorkan den 1500 Besuchern in der Regensburger RT-Halle versichert, er werde bald mit Karl-Heinz Hiersemann nach Schwandorf fahren, um Landrat Hans Schuierer den Rücken zu stärken.

Gegenüber Journalisten betonte Rau zudem, dass eine Wiederaufarbeitungsanlage im Atomgesetz nicht zwingend vorgeschrieben sei. Es sei nun, so Rau, nicht nur die Zeit des „Umdenkens", sondern auch des „Umsteuerns" gekommen". Die Forschungspolitik müsste umgestellt werden auf die Nutzung umweltfreundlicher Energien, die ohne Atomstrom auskämen. Das Restrisiko, das die Kernenergie in sich berge,

Auf einen spektakulären Empfang legte Kanzlerkandidat Johannes Rau keinen Wert.

Rau zu Journalisten: „Die Zeit des Umsteuerns ist gekommen!"

gelte es zu beseitigen. Deshalb plädierte Rau in Schwandorf für den sofortigen Ausstieg aus der Kernenergie und das, so Rau, bedeute „den Verzicht auf die Wiederaufarbeitungsanlage".

Bei seiner Pressekonferenz kritisierte der SPD-Kanzlerkandidat auch, dass in den Medien fast ausschließlich gewalttätige Handlungen gezeigt würden, der friedliche Massenprotest in der Berichterstattung zu wenig Raum einnehme. Bei der Pressekonferenz in Schwandorf war auch der bayerische SPD-Spitzenkandidat Karl-Heinz Hiersemann dabei. Er betonte, dass Ministerpräsident Franz Josef Strauß hinsichtlich der Akzeptanz der WAA „einer vollkommenen Fehleinschätzung" unterlegen sei. Er werde nicht zulassen, so Hiersemann, dass der Bayerische Ministerpräsident die Verantwortung nach Bonn abschiebe.

Später fuhren Rau, Hiersemann, Schuierer und MdL Schindler mit dem Journalistentross zum WAA-Baugelände. Dort versuchte sich Johannes Rau im Gespräch mit WAA-Gegnern, aber auch mit Polizisten ein Bild von der Lage rund um Wackersdorf zu machen. Obwohl Ministerpräsident Johannes Rau zunächst keinen Abstecher zum WAA-Gelände geplant hatte, ließ er sich schließlich doch dazu überreden, das umstrittene Atomprojekt in Augenschein zu nehmen. Lilo Schuierer hatte Rau zu diesem Abstecher ermuntert: „Ein Aufenthalt bei uns ohne Besichtigung des Bauzaunes ist doch wie ein Besuch in Berlin ohne Besichtigung der Mauer."

Wie ein Militärlager

Beim Anblick des kilometerlangen, mit Stacheldraht bewehrten WAA-Bauzaunes zeigte sich Ministerpräsident Johannes Rau betroffen: „Wie ein Militärlager." Man müsse doch für ein derartiges Projekt eine Akzeptanz in der Bevölkerung haben, sinnierte Rau. Diese zu erzwingen, halte er persönlich aber für unmöglich.

Nach der Besichtigung des WAA-Baugeländes stand der Kanzlerkandidat in Schwandorf den Journalisten Rede und Antwort. Johannes Rau (SPD) machte in diesem Gespräch deutlich, dass seine Partei in der Atompolitik nicht nur die Zeit des Umdenkens, sondern die des Umsteuerns für gekommen halte. Es gelte nun Konsequenzen aus der Tatsache zu ziehen,

Klares Nein zu Wackersdorf

dass die Kernenergie „mit ihren inzwischen erkennbar und spürbar gewordenen Restrisiken" keine sinnvolle Energieversorgung auf Dauer mehr darstelle.

Eine Verschärfung des Demonstrationsstrafrechts lehnte Rau kategorisch ab. Gewalttäter müssten selbstverständlich zur Rechenschaft gezogen werden, daran ließ der nordrhein-westfälische Ministerpräsident Johannes Rau keine Zweifel. Wer aber auf dem Umweg über Gewalttäter die Demonstrationsfreiheit treffen wolle, legte der Kanzlerkandidat dar, „trifft auf unseren entschiedenen Widerstand". Mit einer humorvollen Bemerkung äußerte sich Johannes Rau auch zum Verhältnis zwischen Bayern und Österreich. Rau: „Es ist doch ein Fortschritt, dass der Ministerpräsident von Nordrhein-Westfalen ungehindert nach Bayern einreisen kann." Der Kanzlerkandidat bedauerte, dass österreichischen Bürgern und sogar Regierungsmitgliedern im Zusammenhang mit Demonstrationen in Wackersdorf von der bayerischen Polizei die Einreise verweigert wurde. Außerdem sei, so Rau, durch eine Fülle unverantwortlicher Äußerungen im Zusammenhang mit der WAA das bisher gutnachbarliche Verhältnis mit Österreich in einer Art belastet worden, die weit über dem Erträglichen liege.

Mit dem Vorsatz, diese Differenzen auszuräumen, hatte am selben Tag der österreichische Bundeskanzler Franz Vranitzky seinen deutschen Amtskollegen Helmut Kohl an dessen Urlaubsort am Wolfgangsee besucht. Dabei bekräftigte Kohl erneut, dass die Bundesregierung am Bau der atomaren Wiederaufarbeitungsanlage Wackersdorf festhalten werde.

Beim Anblick des WAA-Bauzaunes zeigte sich SPD-Kanzlerkandidat Johannes Rau schockiert: „Wie ein Militärlager!"

„Wir kommen wieder"

Liebesgrüße aus Salzburg

Während sich die deutschen WAA-Gegner im Vorfeld der Wahlen zum Bayerischen Landtag in ihren Protestaktionen zurückhielten, starteten die österreichischen WAA-Gegner eine neue Offensive gegen das gefürchtete Atomprojekt.

Den Auftakt ihrer „Anti-WAA-Reise" durch ganz Bayern bildete ein Marsch auf die Zugspitze. Auf dem Gipfel des fast 3000 m hohen Berges wurde am 31. August die bislang ungewöhnlichste Kundgebung gegen die Atomkraft abgehalten. Mit dabei auf dieser höchsten grenzüberschreitenden Aktion gegen die WAA war die ehemalige österreichische Präsidentschaftskandidatin der Grünen, Freda Meissner-Blau. Als krönenden Abschluss der Klettertour übergab sie dem Vorsitzenden des Bundes Naturschutzes, Hubert Weinzierl, eine Grundsatzerklärung, worin sie den „Machbarkeitswahn" als Ursache der Umweltzerstörung bezeichnete.

Schon eine Woche vor der „Zugspitz-Ersteigung" waren 60 österreichische WAA-Gegner, zwischen 4 und 41 Jahren, zur ersten „Anti-WAAhnsinns-Radtour" von Salzburg nach Wackersdorf gestartet. Auf ihrer 300 km langen Fahrt versuchten die demonstrierenden Radler, der Bevölkerung die Gründe für ihre Ablehnung der WAA näherzubringen. Sie hatten eigens zu diesem Zweck eine kleine Ausstellung über Möglichkeiten zur Energieeinsparung und Alternativenergien mitgeführt, die sie auf ihren Einzeletappen aufstellten.

Der Grenzübertritt in Passau verlief für die österreichischen WAA-Gegner problemlos. In Schwandorf wurden die Teilnehmer der Radtour vom Sprecher der Bürgerinitiative gegen die WAA, Dieter Kersting, begrüßt, bevor es zum WAA-Gelände bei Wackersdorf weiterging.

Schieben war auf den letzten Kilometern angesagt, denn die Polizei hatte den Österreichern die Fahrt mit dem Rad auf der betonier-

„Salzburger Protestspiele" in Regensburg.

Liebesgrüße aus Salzburg

Österreichische Künstler unterstützten den Protest gegen die WAA: Wackersdorf darf nicht gebaut werden!

Gute nachbarschaftliche Beziehung

Hannes Augustin, einer der Sprecher der „Überparteilichen Plattform Österreichs gegen die WAA", hatte zuvor noch betont, Ziel der gesamten Aktion sei es, nicht zu demonstrieren, sondern zu informieren. Die Veranstaltung solle die guten nachbarschaftlichen Beziehungen und „unsere absolut friedlichen Absichten unterstreichen".

Dabei waren auch Salzburgs Bürgermeister Reschen und der stellvertretende Landeshauptmann Radlegger. Mit ihnen war eine Reihe Prominenter erschienen: Fritz Muliar, Helmut Lohner, Freda Meissner-Blau, Eberhard Stüber oder Heinz Stockinger.

Dabei war die Liste der Künstler, die die Forderung „Wackersdorf darf nicht gebaut werden", bereits ellenlang: darunter Gustl Bayrhammer, Lisa Fitz, Bruno Ganz und Rock-Idol Falco („Der Kommissar").

Die Künstler standen selbst voll hinter der Veranstaltung. Eine Stimme mochte dafür symptomatisch sein: „Kunst ist für uns immer auch politisch, weil Kunst Teile der alltäglichen Sehnsüchte aufarbeitet."

Der Vorsitzende des Bundes Naturschutz, Hubert Weinzierl, der die Gäste herzlich in Regensburg willkommen hieß, wertete die Informationsveranstaltung der Österreicher nicht als Einmischung in innerdeutsche Angelegenheiten, sondern als Beweis internationaler Solidarität. Vertreter der Stadt Regensburg waren nicht erschienen, um die österreichischen Gäste zu begrüßen. Dafür zeigten die Bürger an diesem langen Einkaufssamstag reges Interesse für die künstlerischen Darbietungen und kulinarischen Genüsse der Gäste aus dem Nachbarland.

Wenn auch nicht jeder wegen der WAA-kritischen Darbietungen stehenblieb, so machte sich doch so mancher tiefere Gedanken über das umstrittene Atomprojekt in der Oberpfalz.

ten Industriestraße untersagt. Ihren kurzen Aufenthalt in Schwandorf nutzten die Teilnehmer der „Anti-WAAhnsinns-Radtour" zu Gesprächen mit der einheimischen Bevölkerung. Vor ihrer Rückfahrt nach Salzburg versicherten die Österreicher nochmals den winkenden Schwandorfern: „Ihr könnt euch auf uns verlassen. Wir kommen wieder."

Schon am 6. September setzte die österreichische Anti-WAA-Organisation „1 vor 12" ihre Informationstournee durch Bayern mit den „Salzburger Protestspielen" in Regensburg fort. Am Kohlenmarkt, Haidplatz und im Thon-Dittmer-Hof boten rund 60 Künstler aus der Alpenrepublik ein buntes Kulturprogramm aus Dichterlesungen, Musik- und Theateraufführungen. Kritisch-Literarisches, wurde ebenso angeboten wie fetziger Jazz und herzhafte Salzburger Schmankerln. Mit den Künstlern waren rund 150 österreichische Kernkraftgegner am Samstagmorgen per Sonderzug für 200 Schilling nach Bayern eingereist. Probleme gab es dabei keine. Pünktlich um 11 Uhr waren die Österreicher in Regensburg eingetroffen.

Heute und in Zukunft sinnvoll?

Planmäßige Verzögerung statt Denkpause

Hoffnung bei den WAA-Gegnern weckte Anfang August die Ankündigung von Bayerns Umweltminister Alfred Dick, die 2. Teilerrichtungsgenehmigung für die atomare Wiederaufarbeitungsanlage Wackersdorf nicht wie ursprünglich geplant 1987, sondern voraussichtlich erst im späten Frühjahr 1988 zu erteilen.

Dick hatte am 5. August 1986 erklärt, sein Ministerium wolle vor dem 2. Genehmigungsschritt für die WAA erst das Reaktorunglück

Luftaufnahme der Baustelle der WAA vom Mai 1987.

Planmäßige Verzögerung statt Denkpause

von Tschernobyl auf seine „sicherheitsrelevanten Auswirkungen für das Atomprojekt in der Oberpfalz überprüfen".

Dabei würden strengste Maßstäbe angesetzt, damit „Sicherheit vor Wirtschaftlichkeit" gehe, meinte der Umweltminister. Als Denkpause mochte der Minister diese Entscheidung jedoch nicht betrachten. Mit Blick auf die SPD erklärte Alfred Dick, eine „neue Nachdenklichkeit" gebe es ebenso wenig wie bindende Zeitpläne für das Atomprojekt.

Auch der Vorstandsvorsitzende der WAA-Betreibergesellschaft DWK, Günther Scheuten, trat sofort Spekulationen entgegen, wonach der Zeitplan zum Bau der WAA durcheinandergeraten sei. Scheuten: „Von eingelegten Denkpausen kann keine Rede sein. Die zeitliche Planung behält ihre Gültigkeit." Mit der eigentlichen Genehmigung für den Bau der nuklearen Teile der Anlage rechne man im Laufe des Jahres 1988.

Doch ganz so problemlos wie die DWK sah der Bayerische Justizminister August Lang, gleichzeitig Chef der CSU-Oberpfalz, die Sache nicht. Schon vor der Ankündigung seines Ministerkollegen Alfred Dick, die 2. Teilerichtungsgenehmigung für die WAA zu verschieben, hatte August Lang die Energiewirtschaft aufgefordert, offen darzulegen, ob die WAA auch „heute und in Zukunft sinnvoll ist".

Wie Bürger in Bayern darüber dachten, hatte das „ZDF-Politbarometer" ermittelt. Dabei sprachen sich rund 30% der befragten Bayern für den Weiterbau in Wackersdorf aus; 33% wollten eine Unterbrechung und 36% forderten die sofortige Einstellung.

Während in der Öffentlichkeit schon die 2. Teilerrichtungsgenehmigung diskutiert wurde, stand das Ergebnis der Klage gegen die 1. Teilerrichtungsgenehmigung noch aus (u.a. der Bau des Eingangslagers für abgebrannte Brennelemente).

Die bayerischen Grünen sahen in dem erst für Herbst 1987 geplanten Baubeginn für dieses Bauelemente-Eingangslager einen „Termin-Trick". Damit werde das Verfahren, mit dem die Gegner den Bau der atomaren Wiederaufarbeitungsanlage vor dem Bayerischen Verwaltungsgerichtshof stoppen wollten, bis nach den Landtagswahlen verschoben.

Der DWK-Vorsitzende Günther Scheuten scheue sich nicht, seinen persönlichen Wunsch an die Wähler zu richten. Er könne für sich nur hoffen, teilte Scheuten mit, dass die CSU mit einem angemessenen Ergebnis aus dieser Landtagswahl 1986 hervorgehe. Am 25. August gab der DWK-Chef öffentlich bekannt, dass er dem CSU-Kreisverband Schwandorf eine „kleine Spende" habe zukommen lassen.

Auch Journalisten langen mal daneben

Fackelstreit war heißes Wachs

Mit der ersten Bauplatzbesetzung am 15. August 1985 hatten die WAA-Gegner ihre feste Entschlossenheit zur Verhinderung des Atomprojektes erstmals „vor Ort" demonstriert. Doch ihre Besetzungsaktion war schnell beendet. Ein massives Polizeiaufgebot räumte schon am nächsten Tag das provisorisch errichtete Hüttendorf und riss auch das „Freundschaftshaus" nieder. Die Fülle der Festnahmen dieser und der anschließenden Hüttendorfräumung machte sogar eine Erweiterung des Amtsgerichtes Schwandorf notwendig.

Genau ein Jahr nach der ersten Bauplatzbesetzung im Taxöldener Forst, am Abend des Mariä-Himmelfahrt-Tages, gedachten rund 2000 Menschen in Schwandorf dieser ersten größeren Konfrontation zwischen WAA-Gegnern und Ordnungskräften.

Mit brennenden Fackeln zogen die oberpfälzischen Bürger, darunter viele ältere Menschen, in einem 500 Meter langen Zug durch die Schwandorfer Innenstadt. An der Spitze marschierten Mitglieder der oberpfälzischen Bürgerinitiativen gegen die WAA, die zu dieser Veranstaltung aufgerufen hatten. Dass der Fackelzug ruhig und friedlich verlief, war nicht unbedingt abzusehen gewesen.

Bereits am späten Nachmittag hatte es eine Auseinandersetzung am oberen Marktplatz der Kreisstadt gegeben, als Mitglieder der Bürgerinitiativen eine Nachbildung des „Freundschaftshauses" errichteten.

Da die als Informationsstand deklarierte Hütte jedoch die Ausmaße der genehmigten acht Quadratmeter überschritt, ordneten die Behörden den Abriss an. Ein stattliches Polizeiaufgebot sorgte sofort für die Ausführung der Anordnung. 15 meist junge Leute, die beim Aufbau des Standes anwesend waren, wurden von der Polizei vorläufig festgenommen und nach Amberg gebracht. Es folgte eine erkennungsdienstliche Behandlung und ein kurzes Verhör.

Vor dem Fackelzug durch Schwandorfs Innenstadt hatten sich die Demonstranten am Marktplatz zu einer Kundgebung versammelt. Dort brachten zwei Sprecher der Bürgerinitiativen und ein katholischer Geistlicher ihren Unmut über die politischen Entscheidungen zum Ausdruck.

Karin Rostek, Vorstandsmitglied der Schwandorfer Bürgerinitiative gegen die WAA, meinte, die Zwischenbilanz nach einem Jahr verdeutliche, dass es den verantwortlichen Politikern offensichtlich nur um eine Demonstration ihrer Macht gehe.

Der Regensburger Rechtsanwalt Franz Schwinghammer erinnerte an den Abbruch des "Freundschaftshauses" und an die sich anschließenden Aktionen. Dabei habe man, den "Vollzug des perfekten Polizeistaates miterlebt".

Keinen brennenden Polizisten gesehen

Seitdem sei es zu den größten Massenverhaftungen seit Bestehen der Bundesrepublik gekommen, sagte der Redner. Die Zeit des Schießbefehles am Bauzaun sah Schwinghammer nicht mehr allzu weit entfernt. Pfarrer Leo Feichtmeier aus Nittenau, der den Arbeitskreis Theologie und Kernenergie vertrat, forderte ein Sich-loslösen von dem Sprichwort "Reden ist Silber, Schweigen ist Gold". Im Falle der WAA sei das Reden unbedingt notwendig. Auch die Kirche dürfe in dieser elementaren Angelegenheit nicht schweigen, erklärte der Geistliche.

Den absoluten Höhepunkt der Ereignisse an diesem "Jahrestag der ersten Bauplatzbesetzung" meldeten jedoch erst die örtlichen Tageszeitungen am nächsten Morgen.

"Bei Umzug Polizisten mit brennenden Fackeln angegriffen", stand da mit großen Lettern in einer Ausgabe geschrieben. Die Teilnehmer des Fackelzuges verstanden die Welt nicht mehr. Niemand hatte Ausschreitungen wahrgenommen, geschweige denn einen brennenden Polizisten gesehen. Empörte Anrufe gingen bei den Zeitungsredaktionen und Polizeistationen ein. Ein Polizeisprecher hatte der Presse mitgeteilt, das Hemd eines jungen Beamten sei von einem Teilnehmer des Umzuges mit einer Fackel in Brand gesteckt worden. Der Sprecher der Behörde schloss sogar aus, dass der Demonstrant versehentlich mit der Fackel

Im Arbeitskreis Theologie und Kernenergie hatten sich Priester beider Konfessionen und Laien zusammengeschlossen, um ihren Widerstand gegen die WAA aus Sorge um die Schöpfung zu zeigen.

Fackelstreit war heißes Wachs

Pfarrer Feichtmeier: „Die Kirche darf in dieser elementaren Angelegenheit nicht schweigen!"

an den Beamten geraten sein könnte. Es habe sich vielmehr aus seiner Sicht um einen „Angriff mit Vorbedacht" gehandelt.

Einen Tag nach der Falschmeldung folgte die Berichtigung: Dem Beamten war von einer Fackel heißes Wachs auf den Unterarm getropft.

Bayerns Ministerpräsident Franz Josef Strauß kündigte indessen in einem Schreiben an den Bundesvorsitzenden der Polizeigewerkschaft im Deutschen Beamtenbund, Benedikt Martin Gregg, an, die Bayerische Staatsregierung werde im September im Bundesrat einen Gesetzesentwurf zur Verschärfung des Demonstrationsstrafrechts einbringen. Strauß begründete diese Initiative mit der Notwendigkeit, angesichts der Vorgänge in Brokdorf und Wackersdorf, der „neuen Form von Terrorismus ein schnelles Ende bereiten zu können".

So wolle Bayern eine Erweiterung des Tatbestandes des Landfriedensbruchs erreichen, ein strafbewehrtes Verbot der Vermummung und der passiven Bewaffnung sowie die Strafbarkeit der Aufforderung zur Teilnahme an einer verbotenen Demonstration. Außerdem solle geprüft werden, meinte Ministerpräsident Strauß, ob die Landesgesetzgeber nicht ermächtigt werden könnten, eine Bannmeile um gefährdete Objekte zu schaffen.

Ein Durchbruch zu wirksameren Gesetzen sei erst zu erzielen, wenn der Bevölkerung der Ernst der Lage voll bewusst sei und dies auch in den Ergebnissen der kommenden Wahlen seinen Niederschlag finde.

WAA-Gegner und RAF

Aktenzeichen „WAA ungelöst"

„Eduard Zimmermann hat nun in sein ‚Gruselkabinett' neben den Tätern besonders scheußlicher Verbrechen auch militante Chaoten vom Wackersdorfer Bauzaun eingereiht. Damit hat er die WAA-Straftaten für die gesamte Fernsehnation in eine neue Dimension gehievt. Nun finden sich die ‚Steinewerfer' vom Bauzaun also in Gesellschaft eines mutmaßlichen Rentnerinnenmörders". So berichtete MZ-Redakteur Heinz Klein am 15. September 1986 über die Fernsehsendung „Aktenzeichen XY ungelöst", in der nun die WAA auch eine Rolle spielte: „Während für den mutmaßlichen Rentnerinnenmörder 6000 DM Belohnung ausgesetzt waren, betrug die Belohnung für jeden gefassten Steinewerfer 10.000 DM."

Gefahndet wurde nach fünf gewalttätigen Demonstranten, die an den schweren Krawallen an Pfingsten am Wackersdorfer Bauzaun beteiligt gewesen waren.

Zuvor hatte Wilhelm Fenzl, Leiter des Polizeipräsidiums Niederbayern-Oberpfalz, erklärt, die Polizei sei zunehmend weniger in der Lage, bei Großdemonstrationen wie in Gorleben oder Wackersdorf die Sicherheit und Ordnung zu garantieren. Die Gewalttätigkeiten, so Fenzl, hätten ein bisher nicht gekanntes Ausmaß angenommen. Die Zahl der gewalttätigen Störer steige ständig und ihre „Ausrüstung mit Präzisionsschleudern, Äxten, Molotowcocktails, Schweißbrennern, ABC-Schutzmasken, Knüppeln und Stahlkugeln", zeige deutlich, dass die kriminellen Handlungen von langer Hand vorbereitet seien. Außerdem werde die Arbeit der Polizei dadurch erschwert, dass friedliche Demonstranten „in erheblichem Umfang" mit den Gewalttätern sympathisierten und ihnen zum Teil Schutz böten.

Um fünf bis zehn Gewalttäter festzunehmen brauche man ungefähr 100 Beamte. Änderungen im Haftrecht seien nötig, da die derzeitige Regelung des Landfriedensrechtes nicht ausreiche.

Landrat Hans Schuierer, der die Sendung selbst nicht gesehen hatte, fand es schockierend, dass immer stärker versucht werde, Demonstranten mit Gewalttätern auf eine Stufe zu stellen. Wenn WAA-Gegner sogar in die Nähe von RAF-Mitgliedern gerückt würden, sei er sprachlos. Während eine ZDF-Sendung wie „Aktenzeichen" nach Steinewerfern vom Bauzaun fahnde, würde die Ausstrahlung von WAA-kritischen Filmen wie „Spaltprozesse" verboten.

Am Sonntag, 14. September gingen militante Kernkraftgegner mit Obst und Tomaten gegen die Polizeibeamten am Bauzaun der Wiederaufarbeitungsanlage vor. Die Demonstran-

Aktenzeichen „WAA ungelöst"

Mit Obst und Tomaten gegen die Polizeibeamten am Bauzaun. Aktion: „Wildtierfütterung".

ten nannten ihre Aktion „Wildtierfütterung". Nach Angaben der Einsatzleitung der Polizei waren insgesamt ca. 600 Personen am Bauzaun, darunter 30-50 „Chaoten". Eine 22-jährige Demonstrantin, die eine sogenannte Präzisionsschleuder und eine Gesichtsmaske mitführte, wurde festgenommen.

Harald Klein stellte in seinem Kommentar die entscheidende Frage: „Bekommt nicht jeder Angst, der in Wackersdorf friedlich demonstriert hat oder das noch tun will, sich bei Zimmermann als zufällige Randfigur oder Opfer einer tragischen Verwechslung wiederzufinden?"

Der Münchner Polizei-Psychologe Hansjörg Trumm empfahl mehr Aufklärung und mehr Öffentlichkeitsarbeit, auch am Bauzaun. Polizei und Politiker, so sein Rat, sollten Stil und Sprache ändern und mehr auf diejenigen eingehen, die friedlich demonstrierten. Werde Gewalt zur Dauerlage, steigere sich auch das Eskalationsniveau.

Landrat Hans Schuierer sieht die Sache heute so: „Das passte in jene Zeit. Demonstranten wurden gern als Verbrecher hingestellt, die Böses im Sinn haben. Aber die WAA-Gegner mit der RAF in Verbindung zu bringen, war schon ein starkes Stück."

Schuierer: „Da steckte meiner Meinung nach ganz klar eine politische Strategie dahinter."

Mögliche Zielperson für Angriffe

Ministerpräsident Strauß in der „Höhle des Löwen"

Tagelang war der Auftritt des CSU-Vorsitzenden mit Anzeigen in den regionalen Tageszeitungen angekündigt worden, von seiner Partei, aber auch von den Gegnern der Wiederaufarbeitungsanlage.

„Höchste Gefährdungsstufe" herrschte im Vorfeld des Besuches von Ministerpräsident Franz Josef Strauß in Schwandorf am 29. September 1986. Der Leitende Polizeidirektor Wilhelm Fenzl kündigte an, dass starke Polizeikräfte bereitstünden, um gewalttätigen Störern „die Ablehnung der Strauß'schen Politik in Sachen atomarer Wiederaufarbeitungsanlage unmöglich zu machen". Pkw-Fahrer müssten sich auf „Sichtkontrollen einstellen, Fußgänger auf Personenkontrollen bis hin zur Leibesvisitation". Gleichzeitig bat er alle Besucher um die „Einhaltung demokratischer Spielregeln". Da beim Bayerischen Ministerpräsidenten Störungen „schneller und intensiver vorhanden sind" als bei anderen Politikern, seien alle geplanten Maßnahmen gerechtfertigt, was auch das Konfiszieren jeglicher Pro- oder Contra-WAA-Transparente beinhalte.

Zum Glück, so der Leitende Polizeidirektor, gebe es keine Kenntnisse, dass Störer aus außerbayerischen Bundesländern anreisen könnten. Trotzdem stand das größte Polizeiaufgebot bereit, das je bei einer Wahlkampfveranstaltung zum Einsatz gekommen war, unterstützt von einem Massenaufgebot an Parteiordnern, die rund um das Sepp-Simon-Stadion Kontrollen vornahmen, nur fünf Kilometer vom WAA-Bauzaun entfernt.

Die Mittelbayerische Zeitung beschrieb die Stimmung so: „Spätsommerliche Temperaturen und Polizeikräfte, soweit das Auge reichte. Mannschaftstransporter rollten an, Streifenfahrzeuge aus ganz Bayern, drei große Busse, denen Polizeibeamte in Zivilkleidung entstiegen. Gut ein Drittel der etwa 350 Pkw-Stellplätze waren belegt von der Polizei. Weitere Fahrzeuge postierte man im nahe gelegenen Freibadgelände und oberhalb der Bahnlinie Schwandorf-Furth im Wald."

Gegen 17 Uhr begann der Zustrom zum Stadion. Wer ins Stadion wollte, musste sich 100 Meter vor dem Stadioneingang einer Personenkontrolle unterziehen, so auch der Regensburger Oberbürgermeister Friedrich Viehbacher.

Um 18.52 Uhr landete der Hubschrauber des Bayerischen Ministerpräsidenten, begleitet von lautstarken Pfiffen der rund 1000 WAA-Gegner, auf einem Rasenspielfeld direkt neben dem städtischen Stadion, das weiträumig von einem Polizeiriegel umstellt war.

Vor der Rednertribüne im Sportstadion ein 40 Meter freier Streifen, abgedeckt von Plastikplanen, dann doppelte Absperrgitter, bewacht von weißbehelmter Bereitschaftspolizei. In gebührender Entfernung von der Rednertribüne hatte man ein gesondertes Pressepodium errichtet, wo ein Heer von Journalisten auf den Auftritt des wortgewaltigen Bayerischen Ministerpräsidenten wartete, darunter auch Journalisten der Bild-Zeitung. Um die Wortgewalt von Franz Josef Strauß noch zu verstärken, waren über 20 Lautsprecher aufgebaut.

Geballte Staatsmacht
Pünktlich um 19 Uhr eröffnete Bayerns Justizminister Gustl Lang die Großkundgebung und begrüßte Franz Josef Strauß als „Schutzpatron der Oberpfalz". An seiner Seite die CSU-Prominenz der Region, unter ihnen Marianne Deml, Hans Kraus und Karl Trettenbach, sowie links neben Strauß Dionys Jobst, Gustl Lang, CSU-Generalsekretär Gerold Tandler, Max Fischer und Josef Spichtinger.

Strauß bezeichnete die Kundgebung in Schwandorf, begleitet von einem gellenden Pfeifkonzert, als eine der größten politischen Veranstaltungen, die je in der Oberpfalz stattgefunden hätten. Während er sich bei der Polizei bedankte, kritisierte er das „schiefe Demokratieverständnis von Feinden des Rechtsstaates". Den WAA-Gegnern im Stadion rief er zu: „Wir sind nicht schuld, dass die Auseinandersetzung in offener Feindseligkeit ausgetragen wird. Glaubt ja nicht, dass wir vor euch Anarchisten und Chaoten zurückweichen. Wenn Sie nur einen Funken Anstand hätten, würden Sie jetzt Ihr Maul halten! … Ihr seid die apokalyptischen Reiter eurer eigenen Dummheit!" Tosender Applaus und ein wütendes Pfeifkonzert setzten daraufhin ein.

Stoppt-Strauß-Plaketten und WAA-Nein-Plakate beherrschten das Bild im Sepp-Simon-Stadion, während die geballte Staatsmacht nervös in die Runde blickte. Rund 2000 Polizisten warteten auf ihren Einsatzbefehl.

Trotz der Ankündigung verschiedener Organisationen, dem Ministerpräsidenten einen „hautnahen Empfang" zu bereiten, kam es zum Ende der Kundgebung zu keinen Ausschreitungen. Im Vorfeld hatte man fünf Helme und eine Gartengabel sichergestellt. Nach gut einer Stunde Dauer hatte Franz Josef Strauß seinen Auftritt in der „Höhle des Löwen" absolviert und seine Vision einer „modernen Industrielandschaft" dargelegt. Die Region sei, resümierte Strauß, mit dem Bau der WAA auf dem besten Wege, die bedeutendste Rolle in der Energiepolitik der Bundesrepublik zu übernehmen. Für die WAA spreche, dass die Technik seit Jahren bekannt und beherrschbar sei, im Gegensatz zur Endlagerung.

Während Strauß in Schwandorf den Bau der WAA Wackersdorf vehement verteidigte und dessen Durchsetzung versprach, übte der stellvertretende Landrat Dietmar Zierer Tage später heftige Kritik an der Rede des Ministerpräsidenten: „In Wackersdorf ist der Rechtsstaat gefährdet. Er entwickelt sich immer mehr zu einem Obrigkeitsstaat!"

Am Freitag vor der Wahlkundgebung waren kurz vor 22 Uhr zehn Polizeibeamte ins Mögendorfer Wirtshaus bei Bruck i. d. Opf. eingedrungen, hatten Informationsmaterial einer dort tagenden Bürgerinitiative gegen die WAA durchsucht und 13 vermeintlich falsche Eintrittskarten für die Strauß-Kundgebung beschlagnahmt. Dieser Einsatz, so Zierer, habe bewiesen, dass die Polizeiführung jedes Augenmaß verloren habe. Ihr Ziel sei die Diskriminierung friedlicher WAA-Gegner. Polizeipräsident Fenzl hingegen rechtfertigte den Einsatz. Mit dem Bayerischen Ministerpräsidenten habe eine Persönlichkeit des öffentlichen Lebens an der Wahlveranstaltung in Schwandorf teilgenommen, die als maßgebender politischer Entscheidungsträger eine mögliche Zielperson für Angriffe aus dem terroristischen Bereich sei. Deshalb habe man Sicherheitsvorkehrungen treffen müssen, die über das sonst Übliche hinausgegangen seien.

Auf die Hühneraugen treten

Blockade-Tage im Oktober

Bereits im Vorfeld der „Blockade-Tage", zu denen verschiedene lokale und auswärtige Bürgerinitiativen von WAA-Gegnern aufgerufen hatten, sorgte die Polizei mit diversen Durchsuchungsaktionen für Aufregung. So wurde nach Flugblättern gesucht, auf denen „öffentlich zur Begehung von Straftaten" aufgefordert worden sei. Außerdem habe man, so ein Polizeisprecher, „konkrete Hinweise aus der Bevölkerung erhalten, wonach sich Terroristen in der Gegend aufhielten, die auf Fahndungsplakaten stünden. Bei Hinweisen auf Terroristen müsse man „überfallartig vorgehen". Hinweise, die sich im Nachhinein nicht bestätigten.

Eine zunächst nicht genehmigte, aber friedlich verlaufende Anti-WAA-Demonstration in der Schwandorfer Innenstadt endete am 15. Oktober 1986 gegen Mitternacht mit der Einkesselung 300 zum Teil militanter WAA-Gegner durch starke Polizeikräfte. Nach 20 Uhr hatte sich ein Protestzug formiert, der in der Wackersdorfer Straße aufgelöst wurde und mit Massenverhaftungen endete. Nach Polizeiangaben waren die Beamten in dessen Verlauf mit Stahlkugeln beschossen worden.

Nach Ansicht der Bürgerinitiative Schwandorf waren die Kundgebungsteilnehmer „völlig friedlich" bei ihrem Zug aus der Innenstadt hi-

Anti-WAA-Demonstration in der Schwandorfer Innenstadt.

Blockade-Tage im Oktober

Die Polizeiführung argumentierte: „Bei Hinweisen auf Terroristen müsste man überfallartig vorgehen."

naus auf die Wackersdorfer Straße von einem Polizeigroßaufgebot umringt worden. Als Teilnehmer versuchten, dem Ring zu entkommen, sei dies mit Schlagstöcken verhindert worden. Selbst Kinder und unbeteiligte Passanten seien abtransportiert worden. Im Zuge dieser Eskalation sei es dann zu vereinzelten Steinwürfen auf die Polizei gekommen.

Die betroffenen Kernkraftgegner werteten die Polizeiaktionen als „demonstrative Terroraktion", die völlig überzogen gewesen und die Kernkraftgegner in Misskredit bringen solle. Die Polizei hingegen sprach von 30 Sturmhauben, Reizstoffspraydosen und einer Machete, die sichergestellt worden seien.

Am zweiten Tag der Blockade-Tage war es rund um das Baugelände zu gewalttätigen Auseinandersetzungen gekommen, wobei nach Polizeiangaben sieben Strommasten umgesägt worden seien. Auch seien „bei Sabotageakten" Einrichtungen der Bundesbahn zerstört und Lkw-Reifen zerstochen worden. Der Bayerische Innenminister Karl Hillermeier meinte dazu, er lasse es nicht zu, dass eine kleine Minderheit den Staat vorführe und lächerlich mache. „Herumreisenden Chaoten" müsse man mit allen Mitteln „auf die Hühneraugen treten".

Die Zeitschrift „Die Woche" berichtete am 23. Oktober: „Terroristenjagd und Schwandorfer Kesseltreiben. 500 Festnahmen bei WAA-Blockadeaktionen".

Die Kreisstadt Schwandorf hatte den größten Polizeieinsatz ihrer Geschichte erlebt. Mehrere Polizei-Hundertschaften hatten einen Kessel gebildet, um die Demonstranten einzeln festzunehmen und zur Feststellung ihrer Personalien nach Regensburg und Amberg zu bringen. Der stellvertretende Landrat und SPD-Abgeordnete Dietmar Zierer beklagte sich in einem Brief an Innenminister Hillermeier scharf gegen die „Polizei-Großaktionen" im Vorfeld der „Blockade-Tage". Er, so Zierer, sehe das Gebot der Verhältnismäßigkeit verletzt.

Versuch eines Gesprächs

Regensburg im Belagerungszustand

Mehr als 1300 Oberpfälzer kamen am 9. Dezember 1986 zu einer Podiumsdiskussion nach Regensburg, bei der es um Antworten auf die Frage ging, ob die Oberpfalz durch ihren Widerstand gegen die geplante Wiederaufarbeitungsanlage WAA kriminalisiert werde. Auf einer vom evangelischen und katholischen Bildungswerk organisierten Podiumsdiskussion stellte sich Innenstaatssekretär Dr. Peter Gauweiler den Fragen der Bürger; eine Diskussion, die sehr hitzig werden sollte. Ebenfalls mit dabei: ein Vertreter der Polizei, ein Mitglied der Bürgerinitiativen, Polizeiseelsorger beider Konfessionen, der Politologe Peter Mayer-Tasch und der Münchener Rechtsanwalt Hartmut Wächtler.

„1200 Polizeibeamte bewachten Kernkraftgegner", titelte „Die Woche". Und weiter: „Zeitweise glich Regensburg einer Stadt im Belagerungszustand. Eiserner Steg und Steinerne Brücke waren abgeriegelt, Polizeieinsatzfahrzeuge soweit das Auge reichte." Während Regensburgs Oberbürgermeister Friedrich Viehbacher noch bei der Eröffnung des Christkindlmarktes weilte, kam es im Bereich des Donaumarktes zwischen den starken Polizeikräften und protestierenden Gruppen zu ersten Scharmützeln. Zuvor hatte die Stadt Regensburg bereits ein Veranstaltungsverbot der Bundeskonferenz der Atomgegner ausgesprochen, da während der Tagung in der RT-Halle „mit Diskussionen über Gewalt" zu rechnen sei. Demonstranten verstreuten sich; die Polizei jagte mit Blaulicht hinterher. Festnahmen erfolgten am Arnulfsplatz, als Fußgänger immer wieder nach Ansicht der Polizei in provozierender Weise über den Zebrastreifen marschierten. Ein Hase-und-Igel-Spiel in der Stadt und im Umland, das der Leiter des Polizeipräsidiums Wilhelm Fenzl als „massive und flexible Präsenz der Polizei" bezeichnete.

Demonstranten warfen Gauweiler vor: „Du sprichst doch nur durch Wasserwerfer!"

Die RT-Halle war indes in gleißendes Licht getaucht. Überall wo Demonstranten hätten auftauchen können, wurde verriegelt. Gleich zu Beginn der Veranstaltung forderte der Innenstaatssekretär die Bürgerinitiativen auf, ihre Haltung zu Anschlägen militanter Kernkraftgegner auf Strommasten und Bahnstrecken darzulegen. Gauweiler provozierend: „Distanzieren Sie sich von der Vorgehensweise, die im Kampf gegen die Wackersdorfer Anlage das Demontieren von Baumaschinen, das Beschmieren fremder Häuser, das Verstreuen von Stahlnägeln im Straßenverkehr billigt?"

Schwere Vorwürfe gegen Gauweiler
Pfiffe und Buhrufe schrillten daraufhin durch den Saal; „WAA-NEIN"-Schilder schnellten in die Höhe. „Du sprichst ja eh bloß durch Wasserwerfer!" tönte es Gauweiler entgegen.

Zu Wort kamen bei der Podiumsdiskussion auch 12 Teilnehmer aus dem Saal. Deren Fragen und Vorwürfe beschäftigten sich vor allem mit den Verhaftungen und Festnahmen friedlicher WAA-Gegner, dem Verbot der Bundeskonferenz oder der Frage, ob die Gehorsamspflicht gegenüber dem Staat höher anzusetzen sei als der Gehorsam gegenüber dem eigenen Gewissen.

Politologe Mayer-Tasch sprach sich für den gewaltfreien Protest aus, kritisierte jedoch auch, das jeder Staat, der auf Kernenergie setze, auf dem besten Wege sei, die rechtsstaatliche Ordnung zu beseitigen. Rechtsanwalt Wächtler hielt der Polizei vor, sie habe sich bei zahlreichen Einsätzen gegen Demonstranten der „Körperverletzung und Freiheitsberaubung" schuldig gemacht.

Gauweiler rief indes immer wieder dazu auf, alles zu tun, „damit Straftäter dem Richter zugeführt werden". Eine halbe Stunde vor Mitternacht, als die hitzige Diskussion endete, schienen alle Teilnehmer ziemlich erschöpft. Der Chefredakteur der Mittelbayerischen Zeitung und Moderator der Veranstaltung, Kurt Hofner, schloss die Podiumsdiskussion mit dem Dank „für den Versuch eines Gesprächs".

Am 19. Dezember vermeldete die Mittelbayerische Zeitung: „Ermittlungen gegen Polizisten wurden bisher alle eingestellt." Während die 174 Polizeibeamten, gegen die Anzeige erstattet worden war, freigesprochen wurden, wurden fast 400 Demonstranten vor Gericht bestraft.

Noch immer nicht abgeschlossen war indes die Untersuchung im Zusammenhang mit einer Polizeihund-Attacke gegen den Schwandorfer Landrat Hans Schuierer. Schuierer hatte nach der Hüttendorfräumung rechtliche Schritte gegen einen Polizisten eingeleitet, nachdem ihn, seiner Meinung nach, dessen Hund grundlos angegriffen hatte.

Pfiffe und Buhrufe schrillten durch den Saal. „WAA-NEIN"-Schilder schnellten in die Höhe.

Einsatzkommandos und Verbote

Kein Weihnachtsfriede am Bauzaun

Mit massiven Kontrollen und Überwachungsmaßnahmen wartete die Polizei auf die bevorstehenden Weihnachtsfeiertage am Baugelände der atomaren Wiederaufarbeitungsanlage. Polizei, Bundesgrenzschutz und Sondereinsatzkommandos standen bereit, um den erneuten Bau eines Hüttendorfes zu verhindern. Wieder einmal gab es Hinweise, dass Kernkraftgegner versuchen würden, ein sogenanntes „Freundschaftshaus" in der Nähe des Baugeländes zu erreichen und der Bauzaun gestürmt werden solle.

Die Oberpfälzer Bürgerinitiativen gegen die WAA hatten zu Weihnachts- und Silvesterfeiern am Baugelände aufgerufen. Am 19. Dezember 1986 hatte das Landratsamt Schwandorf bereits alle für die Weihnachtszeit geplanten Veranstaltungen in der Nähe des Baugeländes verboten: eine Weihnachtsfeier am 24. Dezember, eine Weihnachtsdemonstration zum „Roten Kreuz", die Umzingelung des WAA-Geländes am 26. Dezember und eine große Silvesterfeier am Franziskus-Marterl.

In der Begründung hieß es, ein Verbot sei zwingend erforderlich, um die „Öffentliche Sicherheit und Ordnung" zu gewährleisten. Das Verbot sei sofort vollziehbar.

Ein Sprecher des Bayerischen Innenministeriums betonte, man habe den Schwandorfer Landrat Hans Schuierer nicht angewiesen, ein

Polizeipräsident Fenzl: „Wir werden kleinste Störungen sofort beseitigen".

Veranstaltungsverbot zu erlassen. Allerdings hätten Vorgespräche stattgefunden, bei denen man zur übereinstimmenden Auffassung gekommen sei, die an Weihnachten und Silvester geplanten Demonstrationen nicht zu erlauben. Nicht betroffen von den Verboten war die ökumenische Andacht am 24. Dezember am Franziskus-Marterl.

Einen Tag vor Heilig Abend verbot der Bayerische Verwaltungsgerichtshof auch ein weihnachtliches Kulturprogramm in Wackersdorf, aufgrund des „erheblichen Sicherheitsrisikos und der Nähe zum Bauzaun. Dagegen bestätigten die Verfassungsrichter Bayerns, dass Kinder unter zwölf Jahren auf eine geplante Kundgebung auf dem Marktplatz des Ortes mitgehen dürfen. Die Teilnahme von Kindern an einem anschließenden Demonstrationszug wurde jedoch verboten. Für die veranstaltenden Bürgerinitiativen „ein Skandal". Jochen Dieckmann, Sprecher der Bürgerinitiative Schwandorf: „Es war uns klar, dass unsere Rechte mit dem zunehmenden Bau der WAA immer weiter abgebaut werden. Aber wir sind erschrocken, welche Ausmaße das bereits angenommen hat."

Nicht mehr viel Zeit zum Denken
Landrat Hans Schuierer zeigte sich ebenso empört, sprach bei der Kundgebung am 26. Dezember 1986 in Wackersdorf von der „Durchsetzungsmaschinerie der Atomlobby" und warnte: „Wir haben nicht mehr viel Zeit zum Denken!":
„Ein herzliches Grüß Gott,
meine sehr verehrten Damen und Herren, meine lieben Freunde und Mitstreiter im friedlichen Widerstand gegen die WAA hier in Wackersdorf. Ich möchte in meinem Gruß auch ausdrücklich jene miteinschließen, die heute wieder einmal außerhalb unseres Kreises stehen müssen, um uns zu ‚bewachen', die aber im Herzen auf unserer Seite sind.

Ich freue mich, dass so viele Bürgerinnen und Bürger dem Aufruf zur Ausübung ihres verfassungsmäßigen Rechts der freien Meinungsäußerung gefolgt sind.

Nicht mehr und nicht weniger wollen wir heute hier zum Ausdruck bringen. Daran kann uns niemand hindern, solange dieser unserer Staat sich zu den demokratischen Grundprinzipien bekennen will ...

Die Großdemonstration am 14.12.1985 beim Roten Kreuz zeigte den Verantwortlichen in Politik und Wirtschaft glasklar, dass sie mit der geplanten Aufzwingung der WAA in der Oberpfalz danebenlagen, dass sie die vom Staatsvolk erhaltene Macht missbrauchten, um ihre dubiosen Ziele zu verfolgen. Zeitlich fast zusammenhängend, machte auch der Gemeinderat der Landeshauptstadt Salzburg beschlussmäßig seine ersten Bedenken gegen die WAA geltend.

Es kam das 1. Hüttendorf und als Reaktion die 1. Hüttendorfräumung am 16.12.1985, die ich rückerinnernd nur als Schandmal für eine Demokratie bezeichnen kann.

Tausende von Polizisten in kriegsmäßiger Ausstattung trieben über 800 Bürger zusammen. Besorgte Eltern hatten keine Chance mehr, ihren eingepferchten Kindern zu helfen.

Dem BRK wurde die Zufahrt verwehrt. Erschütternde Szenen spielten sich ab, Bürger wurden durch den Schlamm geschleift, die Menschenwürde wurde der Staatsraison untergeordnet.

Das war sie also erstmals, ganz deutlich die sogenannte harte bayerische Linie, deren Auswirkung auf Demokratie und Rechtsstaat, einer Demontage gleichkommt.

Dem folgte auch der entsprechende und dazu passende Wortradikalismus der bayerischen CSU-Spitzenpolitiker, um uns einzuschüchtern.

Schon damals wurde mir eine disziplinarische Untersuchung vom inzwischen abgehalfterten Innenminister Hillermeier angedroht.

Dazu kann ich nur feststellen: Damals wie heute, wird mich niemand daran hindern können, die Wahrheit zu sagen und Missstände anzuprangern!

Kein Weihnachtsfriede am Bauzaun

Und ich weiß mich damals wie heute nicht allein im Kampf um unsere Heimat, der wir verpflichtet sind und die wir uns nicht über unsere Köpfe hinweg verkaufen lassen.

Man kann Mahnwachen beseitigen, man kann versuchen, jede Arte von Widerstand zu kriminalisieren, aber man kann nicht auf Dauer gegen den Willen der Bürger regieren.

Dies schafft selbst die dümmste Regierung nicht, auch wenn sie nicht gerade wählerisch in der Wahl ihrer Mittel ist.

Die maßlose Machtpolitik der CSU wird am besten durch das deutsche Sprichwort charakterisiert: ‚Kommt die Macht, so fällt das Recht in Acht'.

Aber die CSU sollte eins dabei bedenken, dass verbunden auch die Schwachen mächtig sein können. Und diese Verbundenheit musste die unheilige Atomallianz von CSU und DWK zu ihrem Verwundern beim zweiten Hüttendorf über Weihnachten und Neujahr miterleben, als unsere Bürger und die Hüttenbewohner sich im friedlichen Widerstand solidarisierten.

Daran änderte sich auch nichts bei der 2. Hüttendorfräumung mit 4000 Polizisten und ihren 2000 Gefangenen …

Ich frage mich, wie wohl viele andere Bürger auch, wie weit wollen die CSU-Gewaltigen noch gehen, um ihr Prestigeprojekt, die Zwingburg WAA durchzusetzen.

Sind diese Menschen wirklich bereit, noch mehr Demokratie und Rechtsstaat zu opfern, nur um recht zu behalten und sich durchzusetzen? Die Reaktionen der CSU-Demokratur zur eindrucksvollen Osterdemonstration und noch mehr zu den Demonstrationen zu Pfingsten beantworteten die Frage trotz Tschernobyl in eindrucksvoller Weise.

Statt Nachdenken und Besinnung, wie es sogar CSU-Politiker forderten, kam CS und CN-Gas, wurden Gummigeschosse angeschafft, wurden friedliche Demonstranten, darunter Kinder und ältere Mitbürger mit Gasgranaten aus Hubschraubern beworfen.

Dies, meine Damen und Herren, liebe Freunde, war die einzige Reaktion des absoluten Machtpolitikers F. J. Strauß, den ich nicht für so dumm halte, dass er die Gefahren seiner ‚um jeden Preis-Atompolitik' nicht erkennt. Vor seinem und seiner Freunde Drang nach offensiver Atomkraft kann und sollte man Angst haben …

Reiche Wirtschaftsgewinne rechtfertigen auf keinen Fall die drohende Vernichtung von Gesundheit, Leben und Umwelt, wie es uns in letzter Zeit durch die Chemieunfälle am Rhein oder auch atomar in Tschernobyl so deutlich bewiesen wurde.

Was soll eigentlich noch passieren?

Wir haben nicht mehr viel Zeit umzudenken!

Und es ist unser aller Pflicht, Unheil abzuwenden. Wir werden für dieses hohe Ziel im legalen Widerstand weiterhin unsere Heimat zu schützen versuchen.

Dass wir dabei auch letztendlich siegen werden, ist für mich unverrückbare Gewissheit, wenn auch der von uns gewählte Weg des friedlichen Widerstandes ein langer und dornenvoller sein wird.

Der Atomlobby sei aber noch zum Abschluss ins Stammbuch geschrieben, dass das von ihnen in Anspruch genommene Recht des wirtschaftlich Stärkeren, das stärkste Unrecht ist."

Die Polizeiführung gab zumindest zu verstehen, dass sie keine Hinweise darauf habe, dass über Weihnachten Gewalttäter oder autonome Gruppen anreisen würden. Trotzdem werde man Fahrzeug- und Personenkontrollen durchführen, um zu verhindern, dass Gegenstände zum Baugelände mitgebracht werden, die zu Gewalttaten oder zum Bau von Hütten oder Zelten geeignet seien. „Wir werden kleinste Störungen sofort beseitigen", kündigte Fenzl an.

Nach Tagen des friedlichen Protestes kam es am zweiten Weihnachtsfeiertag doch noch zu Auseinandersetzungen zwischen Polizei und

Kein Weihnachtsfriede am Bauzaun

Kernkraftgegnern am Bauzaun. Nach der Kundgebung in Wackersdorf am Freitagnachmittag, die ohne größere Zwischenfälle verlaufen war, hatten sich 2000 – 3000 Demonstranten, darunter laut Polizei 50 Vermummte, trotz des Verbots, durch den Wald zum Baugelände durchgeschlagen und dort mit Steinen geworfen und mit Schleudern auf Polizisten geschossen.

Weißwürste mit Hubschrauber eingeflogen

Bei der Kundgebung in Wackersdorf hatte der Schwandorfer Landrat Hans Schuierer an die Polizei appelliert, der Gewalt keine Chance zu lassen. Die Ereignisse rund um das Baugelände und die Reaktionen der Bayerischen Staatsregierung darauf nährten die Vermutung, Bayern wolle den anderen Bundesländern zeigen, wie man mit Atomkraftgegnern umgehe. Schuierer erinnerte an die Räumung des Hüttendorfes, bei der die Menschenwürde mit Füßen getreten worden sei. Der wachsende Widerstand, so erklärte Schuierer, zeige, „dass unsere Bürger nicht alles stillschweigend hinnehmen, trotz Einschüchterung und Disziplinierungsverfahren". Professor Dr. Robert Jungk räumte ein, dass es den Gegnern bisher nicht gelungen sei, die friedliche und militärische Nutzung der Atomkraft zu beenden. Doch seien die Pläne der Atomlobby stark erschüttert worden. Es sei lohnend, so der Zukunftsforscher, sich für ein menschlicheres Leben einzusetzen und gegen die Pläne „eines wahnsinnigen, altersschwachen Ministerpräsidenten".

Franz Josef Strauß hatte seinem Staatssekretär Peter Gauweiler, der am Heiligen Abend die in Wackersdorf Dienst tuenden Polizeibeamten besuchte, mit auf den Weg gegeben: „Unser Staat wird vor diesen kriminellen Gewalttätern nicht zurückweichen." Gleichzeitig versicherte er, dass sie die Bayerische Staatsregierung weiterhin für die Bekämpfung von Gewalttaten einsetzen werde, auch durch eine verbesserte

Der Bildhauer Stefan Preisl aus Burglengenfeld hatte einen neuen Christus geschnitzt, der an Ostern 1986 aufgestellt wurde.

Ausrüstung der Polizei und zusätzliche Planstellen. Mit vier Lastwagen voller Geschenke und 2000 per Hubschrauber eingeflogenen Weißwürsten hatte der Staatssekretär im Bayerischen Innenministerium die in Wackersdorf eingesetzten Polizei- und Grenzschutzbeamten überrascht. 10.000 Mark hatte Ministerpräsident Strauß dafür aus seiner Privatschatulle beigesteuert.

Am Heiligen Abend und am ersten Weihnachtsfeiertag waren jeweils 1200 Polizeibeamte im Taxöldener Forst im Einsatz. WAA-Gegner hatten am Heiligen Abend versucht, ein neues „Friedenshaus" zu bauen, dies war jedoch von den Polizeikräften schon im Ansatz verhindert worden.

In Sträflingskleidung auf der Zuschauerbank

Aufsehenerregende Gerichtsprozesse

In den Gerichten entwickelte sich die WAA-Prozesse zu einem wahren Publikumsrenner. Kaum eine Verhandlung, die noch Besucherplätze im Gerichtssaal freiließ. Von einer sterilen Atmosphäre war in den Gerichtssälen nichts mehr zu spüren.

Pfiffe für den Staatsanwalt, Beifallskundgebungen für den oder die Angeklagten, rhythmisches Klopfen auf den Zuschauerbänken, Drohungen der Richter, den Saal zu räumen.

Die WAA-Demonstrationen und ihre Folgen hatten den Justiz-Alltag in den Gerichten des Landkreises Schwandorf verändert. WAA-Gegner, die im Zuge von „Hüttendorf-Räumungen" im Taxöldener Forst festgenommen wurden, standen jetzt zu Tausenden vor den Gerichten in Schwandorf und Umgebung.

Die Ausgangssituation war fast immer dieselbe. „Hüttendorf-Bewohner" und Sympathisanten hatten Menschenketten um ihr Dorf gebildet. Nach und nach wurden sie von Greiftrupps der Polizei aus der Kette herausgezogen und in der Folge wegen Widerstands gegen Vollstreckungsbeamte und später, nach Baubeginn, wegen Nötigung angeklagt. WAA-Verhandlungen waren für manche Richter des Amtsbezirkes längst zum täglichen Brot geworden. Tausende Verfahren waren gegen WAA-Gegner anhängig. Die Sitzungssäle im Schwandorfer Amtsgericht reichten schon lange nicht mehr aus. Andere Verfahren wie Verkehrsdelikte mussten teilweise im benachbarten Arbeitsgericht verhandelt werden. Die Zahl der Richter und Staatsanwälte wurde vorübergehend auf 20 aufgestockt. Rechtsanwälte wie der Regensburger Franz Schwinghammer sprachen schon von einer „Kriminalisierung der Bevölkerung im großen Stil", wenn derart viele Richter und Staatsanwälte eingestellt werden, um regelrechte „Fließbandverfahren abzuhalten".

Schwinghammer warb bei den Richtern wiederholt um Verständnis: „Wie soll sich die einheimische Bevölkerung wehren, wenn der Landrat entmachtet wird und per Selbsteintritt Baugenehmigungen erteilt werden? Den Bürgern, die in verständlicher Sorge Natur und Gesundheit schützen wollen, wird langsam das Widerstandsrecht genommen."

Sitzungssäle verbarrikadiert

Die Richter waren um ihre Aufgabe nicht zu beneiden. Sie sollten Recht sprechen über Aktionen, die Monate zurücklagen und nur wenige Minuten dauerten. Polizisten waren als Zeugen gefordert, sich glaubhaft zu erinnern, ob sie den linken oder rechten Arm des Angeklagten gepackt hatten oder wie viele Sekunden ei-

Aufsehenerregende Gerichtsprozesse

ne etwaige Gegenwehr zu spüren war. Es galt auch die Frage zu klären, inwieweit der Angeklagte von seinen Nebenleuten festgehalten wurde. Vor dem Richtertisch wurden regelrechte physikalische Kalkulationen von Muskel- und Hebelkraft aufgestellt sowie Vermutungen geäußert, aus welcher Motivation die Gegenkraft kam. Dabei waren sich schon die Zeugen, zumeist Polizisten, nicht immer einig. Da schilderte der eine Polizeibeamte, dass der Beschuldigte sich bei der Festnahme loszureißen versuchte, während der andere davon sprach, das Herauslösen des Angeklagten aus der Menschenkette sei ohne größere Schwierigkeiten über die Bühne gegangen. Angeklagte WAA-Gegner betonten in stundenlangen Statements ihre Unschuld. Manche von ihnen sahen durch diese Prozesse die freiheitlich-demokratische Grundordnung gefährdet.

„Die Existenz der gesamten Zivilisation steht auf dem Spiel", schallt es den Richtern warnend entgegen. Gelegentlich brachten die Angeklagten auch ihre Mitdemonstranten mit in den Gerichtssaal. Dann saßen beispielsweise, wie im Amtsgericht Schwandorf geschehen, 50 junge Leute demonstrativ in Sträflings- und KZ-Kleidung auf den Zuschauerbänken.

Die Richter ließen sich jedoch nur selten beeindrucken von derart spektakulären Auftritten. Die meisten Verfahren gegen WAA-Gegner hatten mit Verurteilungen zu Geldstrafen geendet.

Während man einerseits Hunderte von Demonstranten wegen Beamtenbeleidigung, Nötigung oder Widerstands gegen die Staatsgewalt verurteilte, wurde andererseits kein einziges Strafverfahren gegen einen Polizisten wegen Körperverletzung oder dergleichen eingeleitet, obwohl ein riesiger Stapel von Strafanträgen bei den Gerichten vorlag. Seit in Schwandorf die Prozesswelle rollte, gab es für das Amtsgericht verschärfte Sicherheitsvorkehrungen. So wurde das Gerichtsgebäude nun nachts von außen beleuchtet. Die Fenster der Sitzungssäle im Erdgeschoss hatte man zur Vorbeugung vor Brandanschlägen mit Spanplatten verbarrikadiert.

WAA-Gegner wurden von Greiftrupps aus der Menschenmenge herausgezogen und in der Folge wegen Widerstandes gegen die Vollstreckungsbeamten angeklagt.

Szenen wie im Krieg

Tödliche Punkerjagd mit dem Polizeihubschrauber

Wilde Verfolgungsjagden zwischen Polizisten und WAA-Gegnern hatten sich im Taxöldener Forst schon des Öfteren abgespielt. Doch was sich am 7. September 1986 am WAA-Gelände ereignet hatte, stellte alles Bisherige in den Schatten. Rund 600 Personen absolvierten an jenem Sonntagnachmittag ihren obligatorischen WAAld-Spaziergang. Einen Blick durchs Gitter werfen, sich über den Fortschritt der Bauarbeiten empören, Polizisten vom Unsinn der Anlage zu überzeugen versuchen – ein gewohntes Bild.

Als gegen 17.40 Uhr jedoch in der Nähe des berüchtigten „West-Ecks" Feuer am Bauzaun gelegt wurde, bahnte sich ein verhängnisvolles Unglück an. Die Besatzung des Polizeihubschraubers „Edelweiß II" erhielt den Auftrag, mittels eines am Hubschrauber montierten Wassersackes das Feuer zu löschen. Bei dieser Löschaktion wurde, nach Polizeiversion, der Helikopter plötzlich von einem Steine werfenden Punker attackiert, woraufhin die Besatzung unverzüglich die Verfolgung des jungen Mannes aufnahm, der sogleich in Richtung Wald flüchtete. Andere Augenzeugen dagegen berichteten, am Bauzaun habe niemand Steine in Richtung des Hubschraubers geworfen. Auch sei die Maschine erst viel später, nämlich in Höhe der Bahnlinie, dem Punker nachgeflogen.

Die Rechtsgrundlage für die Verfolgung mit dem Hubschrauber war jedenfalls gegeben. Der Leiter des Polizeipräsidiums Niederbayern/Oberpfalz, Wilhelm Fenzl, stellte dies nachträglich heraus: „Das Werfen mit Steinen und Flaschen auf einen in niedriger Höhe fliegenden Hubschrauber erfüllt die Tatbestandsmerkmale
- eines Verbrechens gem. § 315/I/4/III StGB (gefährlicher. Eingriff in den Bahn-, Schiffs- und Luftverkehr)
- eines Verbrechens gem. §§ 212, 22 StGB (versuchter Totschlag)
- eines Vergehens gem. § 240 StGB (Nötigung)

Der Pilot erhielt von der Führungszentrale den Auftrag, mit weiteren aufgenommenen Beamten nach dem festgestellten Täter (eine Täterbeschreibung lag vor) aus der Luft zu fahnden und die am Boden eingesetzten Fahndungskräfte über den jeweiligen Standort zu unterrichten.

Gegen 17.45 Uhr wollte der Hubschrauber-Pilot nordwestlich des WAA-Bauplatzes offensichtlich zwei der Beamten absetzen. Sie sollten entweder den Punker suchen oder Baumstämme von den Bahngleisen entfernen.

Dabei übersah der Pilot offenbar den nur mit einem Lokführer besetzten Triebwagen der

Tödliche Punkerjagd mit dem Polizeihubschrauber

Deutschen Bundesbahn, der mit 80–90 Stundenkilometern auf einer Leerfahrt von Schwandorf in Richtung Cham unterwegs war.

Nun ging alles blitzschnell. Der Triebwagenführer konnte nicht mehr rechtzeitig abbremsen, der Hubschrauberpilot die Maschine nicht mehr schnell genug hochziehen. Schienenfahrzeug und Hubschrauber krachten aufeinander. Der Helikopter zerschellte neben den Geleisen. Über eine Strecke von mehreren hundert Metern waren die Trümmer nach dem Absturz auf dem Bahndamm verteilt. Der Triebwagen geriet ebenfalls in Brand. Ermittlungen ergaben später, dass sich der Hubschrauber zum Zeitpunkt des Zusammenstoßes in einer Höhe von 1 Meter bis 1,50 Meter über den Boden befand. Die Polizeibeamten und der Lokführer retteten sich mit Brandwunden aus den Flammen.

Drei Rettungshubschrauber starteten von ihren Standorten; ein Notarztwagen und zwei Krankenwagen mit insgesamt 17 BRK-Helfern und drei Ärzten rasten in den Taxöldener Forst. Weitere Mannschaften standen auf Abruf bereit. Die Feuerwehren rückten mit 12 Fahrzeugen aus, da man zunächst davon ausging, dass es sich um einen Zusammenstoß des Hubschraubers mit einem Personenzug gehandelt habe. In der Feuerwehrzentrale war zunächst die Mitteilung eingegangen, ein Waldbrand wäre dabei ausgebrochen. Gewisse Schwierigkeiten bereitete es den Rettungsfahrzeugen zum Unglücksort durchzukommen, da die Polizei alle Zufahrten – darunter auch die Waldwege – mit schweren Containern verstellt hatte, die so einfach nicht wegzuheben waren. Eine Methode, die im Grunde den WAA-Gegnern das Erreichen des WAA-Geländes hätte erschweren sollen.

Mit vorgehaltener Pistole

Gegen 18.30 Uhr traf auch Landrat Hans Schuierer am Unglücksort ein. Er konnte nur mehr die ausgeglühten Reste des Hubschraubers entdecken. Die schwerverletzten Polizisten waren schon auf dem Flug ins Schwerbrandverletztenzentrum München-Bogenhausen. Erste Meldungen der Polizei berichteten davon, dass WAA-Gegner vor dem Hubschrauberabsturz Baumsperren auf den Gleisen errichtet hätten. Diese Meldungen mussten aber noch am Sonntagabend zurückgenommen werden. Die Baumsperren waren nämlich von Polizeibeam-

Ein verhängnisvolles Unglück bahnt sich an: Polizeihubschrauber bereit zum Start!

Tödliche Punkerjagd mit dem Polizeihubschrauber

Der Triebwagen brannte völlig aus. Der Fahrer konnte sich in letzter Minute retten.

ten aufgebaut worden, um ein Wegrollen des brennenden Triebwagens zu verhindern.

Bei der Zwischenlandung eines Rettungshubschraubers der Bundeswehr im Regensburger Krankenhaus der „Barmherzigen Brüder" gab es fast den nächsten Knall. Als eine herbeigeeilte Ärztin nicht sofort mitfliegen wollte und erklärte, sie müsse schnell noch die Vertretung in ihrer Abteilung sichern, drehte ein Mann der Hubschrauberbesatzung durch. Ein als Sanitäter eingeteilter Hauptfeldwebel versuchte, mit vorgehaltener Pistole die Anästhesieärztin zum Einsteigen zu bewegen. Erst als die übrige Besatzung des Hubschraubers den Soldaten nachdrücklich aufgefordert hat-

te, den „Unsinn" zu lassen, beruhigte er sich und steckte die Waffe weg.

Daraufhin informierte die Ärztin den zuständigen Oberarzt und stieg freiwillig in den Helikopter ein, der mit einem Piloten, dem „Flugretter", dem Schwerverletzten und einem Allgemeinarzt besetzt war. Einige Tage später versuchte die Bundeswehr den Vorfall abzuschwächen. Man bestätigte zwar, dass der Hauptfeldwebel die Ärztin „in sehr dringlicher Form" gebeten habe mitzufliegen, betonte aber gleichzeitig, der Soldat habe die Waffe lediglich aus der Brusttasche seines Fliegerkombis herausgenommen, in der sich auch ärztliche Geräte befunden hätten. Die Ärztin widersprach dieser Version heftig und wiederholte erneut, dass sie bedroht worden sei.

Der Hubschrauberabsturz sorgte bei Politikern und Bürgern, nicht nur in der Oberpfalz, in den folgenden Tagen und Wochen für große Aufregung.

Der SPD-Sicherheitsexperte im Bayerischen Landtag, Peter Paul Gantzer, schrieb in seinem Brief an Innenminister Karl Hillermeier: „Selbst wenn die Beamten auf eigene Faust gehandelt haben sollten, geht daraus hervor, welches Klima inzwischen in Wackersdorf entstanden ist. Die Verfolgung von Menschen durch Polizeihubschrauber im Tiefflug erinnert schon an Hitchcock-Filme oder Einsätze in Vietnam." Staatssekretär Rosenbauer konterte, Gantzer verkenne Sinn und Zweck des Einsatzes von Polizeihubschraubern, die auch zur Fahndung eingesetzt würden.

Die bayerischen Grünen bezeichneten den Unfall „als ebenso trauriges wie vorhersehbares Ereignis völlig übertriebener Polizeimaßnahmen" am WAA-Gelände. Die Verletzten seien letztendlich „Opfer der von Hysterie und Blindwütigkeit gekennzeichneten Atompolitik der Bayerischen Staatsregierung".

Landrat Schuierer betonte, wiederholt die Polizeieinsatzleitung darauf hingewiesen zu haben, dass die Polizeihubschrauber bei ihren Tiefflügen und auch bei anderen „waghalsigen Manövern, dicht über den Köpfen der Leute", Gesundheit und Leben der Besatzungen und der Menschen darunter gefährdeten. Schuierer kündigte gleichzeitig an, offizielle Beschwerde beim Bayerischen Innenministerium einzureichen.

Eine Leserin schrieb vier Tage nach dem Hubschrauber-Absturz am Rande des Baugeländes der atomaren WAA Wackersdorf in einer hiesigen Tageszeitung: „Man muss sich doch an den Kopf greifen, wenn man sieht, dass die Verfolgung unter größter Gefahr für alle Beteiligten aus der Luft aufgenommen wird, obwohl an so vielen Stellen Mannschaftswagen der Polizei stehen."

Ein Redakteur derselben Zeitung stellte in seinem Kommentar zu diesem Thema die Frage: „Was geht in den Köpfen von Beamten vor, die sich zur Elite der Polizei zählen, wenn sie derart leichtfertig und unverantwortlich handeln? Wollten Sie es denen da unten einmal richtig zeigen, überkam sie eine Art Jägerinstinkt, der sie alle Vorsicht vergessen ließ?"

Den Steuerzahler kostete der Hubschrauber-Absturz im Taxöldener Forst sechs Millionen Mark; für den 31-jährigen Kriminalhauptkommissar Hans Hirschinger bedeutete er den Verlust seines jungen Lebens.

Wie später bekannt wurde, war ein Polizeihubschrauber am selben Tag schon auf der „Jagd" nach einem mit vier Personen besetzten PKW in der Regensburger Benzstraße beteiligt gewesen. Als man die vier jungen Burschen fasste, stellte sich heraus, dass es Schwarzfahrer waren. Von „schweren Jungs" oder militanten Kernkraftgegnern – keine Spur.

WAAhnsinnige Spekulationen

WAA als Wahlhelfer

Erdrutschsieg im Landkreis Schwandorf

Bei den am 12. Oktober 1986 stattfindenden Landtags- und Bezirkstagswahlen kam es zu einem deutlichen Votum gegen die bei Wackersdorf geplante Wiederaufarbeitungsanlage. Erstmals nach 32 Jahren vertrat mit Dietmar Zierer wieder ein sozialdemokratischer Direktkandidat den Wahlkreis Schwandorf. Mit rund 53 % überflügelte er den Direktkandidaten der CSU Manfred Humbs mit knapp 20 % um Längen. Noch triumphaler fiel der Erfolg für Landrat Hans Schuierer aus. Seinen konsequenten Anti-WAA-Kurs belohnten die Oberpfälzer mit über 120.000 Stimmen. Damit überflügelte er sogar den populären Bezirkstagspräsidenten Alfred Spitzner.

Im restlichen Bayern konnte sich die CSU dagegen erneut als Sieger fühlen. Zwar hatte sie knapp über zwei Prozent verloren gegenüber der Landtagswahl 1982, aber 55,78 % bedeuteten immer noch ein stattliches Ergebnis für den Triumphator Strauß. Dadurch fühlte sich auch die DWK bestätigt. Vorstandsvorsitzender Günther Scheuten wertete das Landtagswahlergebnis in Bayern als „eindeutiges Votum für den Weiterbau der atomaren Anlage im Landkreis Schwandorf". Die Schwandorfer Bevölkerung hingegen als Hauptbetroffene hatte ein anderes Urteil gefällt.

Gespräch mit Landrat Hans Schuierer nach der Bayerischen Landtagswahl und Oberpfälzer Bezirkstags Wahl vom 12. Oktober 1986:

DUSCHINGER: Dietmar Zierer, überzeugter WAA-Gegner und stellvertretender Landrat, konnte dem bisherigen Stimmkreisabgeordneten der CSU, Manfred Humbs, mehr als 10.000 Stimmen abnehmen bei der Wahl der Direktkandidaten zum Bayerischen Landtag. Während die bayerische SPD landesweit erhebliche Stimmeinbußen zu verzeichnen hatte, legte die SPD im Landkreis Schwandorf rund 15 % zu. Ein WAAhl-Sieg der SPD und ihres Direktkandidaten?

SCHUIERER: Dies möchte ich mit Einschränkungen bejahen. Sicherlich hat die WAA im Stimmkreis Schwandorf, aber auch im Regierungsbezirk Oberpfalz, beim Abstimmungsverhalten der Bürger eine große Rolle gespielt.

Dies kommt davon, dass die Kandidaten der SPD vor Ort in glaubwürdiger Weise und vor allem auch rechtzeitig Stellung zur WAA bezogen haben. Aber neben der WAA gab es und gibt es noch viele Punkte, z. B. die Strukturpolitik, die den Oberpfälzer Wähler veranlassten, der CSU einen Denkzettel zu verpassen.

DUSCHINGER: Sie selbst kandidierten für den Oberpfälzer Bezirkstag und stellten mit über

Erdrutschsieg im Landkreis Schwandorf

WAAhlerfolg: Erstmals nach 32 Jahren vertrat mit Dietmar Zierer (zweiter von links) wieder ein sozialdemokratischer Direktkandidat den Wahlkreis Schwandorf.

120.000 Stimmen oberpfalzweit sämtliche anderen Kandidaten in den Schatten. Selbst der Bezirkstagspräsident, Alfred Spitzner (CSU), konnte nicht annähernd ihre Stimmenzahl erreichen. Eine Regensburger Tageszeitung schrieb in ihrer Schlagzeile: „Der Bezirkstags-Champion heißt Hans Schuierer". Ihre Popularität in dieser Region durchdringt alle parteipolitischen Grenzen. Spornt Sie diese breite Unterstützung der Bevölkerung weiter an?

SCHUIERER: Mein Wahlergebnis zur Bezirkstags Wahl erfüllt mich mit Dankbarkeit dafür, dass meine bisherige kommunalpolitische Arbeit Anerkennung gefunden hat und spornt mich mit Sicherheit auch an, die künftig anstehenden Aufgaben mit aller Kraft anzugehen.

DUSCHINGER: Ihr entschiedener und ehrlicher Einsatz gegen die Nutzung der Atomkraft und gegen die WAA Wackersdorf hat Ihnen viele Sympathien eingebracht. Ihre Kompetenz gerade in energiepolitischen Fragen ist unbestritten. Immer häufiger wird deshalb die Forderung laut: „Hans Schuierer muss in die Bundespolitik." Würde Sie eine derartige Aufgabe in Bonn nicht reizen?

SCHUIERER: Nun, dazu wäre zu sagen, dass ich seit über 30 Jahren Kommunalpolitiker mit Leib und Seele bin und ich keinen Anlass habe, unzufrieden zu sein.

DUSCHINGER: Die unbestrittenen Wahlgewinner auf Landesebene waren Franz Josef Strauß und seine CSU. Mehr als 55 % der bayerischen Wähler gaben der CSU ihre Stimme. Ministerpräsident Strauß darf sich damit auch in seinem WAA-Kurs bestätigt fühlen, hatte er sich doch vor der Wahl klar für das Atomprojekt in der Oberpfalz ausgesprochen. Von einer mangelnden Akzeptanz der WAA unter Bayerns Bürger kann nur mehr schwer die Rede sein. Bleiben nun der Schwandorfer Landrat Hans Schuierer und die Mehrheit der hiesigen Bevölkerung allein auf sich gestellt in ihrem friedlichen Widerstand gegen die atomare Wiederaufarbeitungsanlage Wackersdorf?

SCHUIERER: Wahlgewinner der Landtagswahl war zwar die CSU, obwohl sie wieder einige Prozentpunkte einbüßte. Man sollte aber nicht vergessen, dass die CSU unter Ministerpräsident Goppel einmal 62 % aufweisen konnte.

Auf keinen Fall kann man aber das Landtagswahlergebnis als Freibrief für die WAA werten. Ich glaube, dass dieses Problem der WAA und die damit verbundenen Gefahren außerhalb

Erdrutschsieg im Landkreis Schwandorf

Buchautor Oskar Duschinger im Gespräch mit Landrat Schuierer – nach dem „WAAhlsieg".

der Oberpfalz viel zu wenigen Bürgern Bayerns bekannt ist. Hier ist noch einiges zu tun und dann glaube ich, wird sich auch einiges ändern, wie dies ja im Regierungsbezirk Oberpfalz bereits der Fall war. Hat doch die CSU in der Oberpfalz bei den Landtagswahlen überdurchschnittlich hoch verloren und die SPD dazugewonnen.

DUSCHINGER: Der Vorsitzende der WAA-Betreibergesellschaft, Günther H. Scheuten, machte kurze Zeit nach Bekanntwerden des Wahlergebnisses deutlich, dass er „angesichts des Ausgangs der Bayerischen Landtagswahl keinen Anlass für einen Ausstieg aus der Kernenergie sieht." Wie sehen Sie diese enge Verflechtung zwischen Politik und Wirtschaft?

SCHUIERER: Herr Scheuten von der DWK legt bekanntlich alle Geschehnisse und auch Wahlen so aus, dass diese der Energiewirtschaft dienen. Dies wundert mittlerweile niemanden mehr. Die enge Verflechtung zwischen Politik und Energiewirtschaft, die z. B. die CSU zum Werbeträger der DWK macht, verurteile ich schärfstens. Denn es besteht hier die Gefahr, dass das Wohl der Bürger, der Landschaft und der Natur anders gerichteten Interessen untergeordnet werden.

DUSCHINGER: Bei der nächsten Bundestagswahl, im Januar 1987, werden endgültig die Weichen gestellt für die künftige Entwicklung der Energiepolitik in der Bundesrepublik Deutschland. Auch das Schicksal der WAA Wackersdorf hängt wohl vom Ausgang dieser Wahlen ab. Die Koalition von CDU/CSU-FDP setzt weiter auf Atomkraftwerke und die WAA. SPD und Grüne wollen baldmöglichst alle atomaren Anlagen stilllegen und auf Kohle-, Sonne-, Wind- und Wasserkraft umschalten. Sollte die Bonner Koalition die Bundestagswahl 1987 gewinnen, ist dann der Bau der WAA Wackersdorf überhaupt noch zu verhindern?

SCHUIERER: Nun, die Weichen dafür wurden von der jetzigen Bundesregierung schon vor einigen Jahren gestellt. Daran hält sie fest, trotz Harrisburg, Windscale und Tschernobyl. Bei der kommenden Bundestagswahl wäre es bei entsprechendem Wahlausgang möglich, die Weichen umzustellen. Sollte dies nicht möglich sein, wird die WAA sicherlich weitergebaut. Der wachsende Widerstand der Bürger und die negativen Erkenntnisse der einschlägigen Wissenschaftler weltweit, machen es aber doch mehr als fraglich, ob diese Anlage je in Betrieb gehen wird.

Machenschaften aufdecken

Der Atomtod kennt keine Grenzen

Das neue Jahr 1987 begann mit eisigen Temperaturen. Was Tausenden Kernkraftgegnern zuvor nicht gelungen war, schaffte der Winter. Die Arbeiten an der Wiederaufarbeitungsanlage wurden bei Temperaturen unter -20 Grad eingestellt. Außenarbeiten seien, so ein Sprecher der Polizeieinsatzleitung, wegen der extremen Kälte- und Witterungsverhältnisse den Arbeitern nicht zumutbar. Auch Demonstranten hatten sich in dieser Zeit keine mehr am Bauzaun sehen lassen.

Gestoppt wurde auch der weltbekannte Franziskanerpater Leonardo Boff, führender Befreiungstheologe aus Brasilien. Er hatte angekündigt, am 8. März 1987 das Franziskusmarterl besuchen zu wollen, um dort eine ökumenische Andacht mit den Kernkraftgegnern zu feiern. Er wolle all jene Orte aufsuchen, „wo Christus gekreuzigt wird".

Rund zwei Wochen später teilte ein Sprecher der Missionszentrale mit, Boffs Provinzial habe ihm von einem Besuch in Wackersdorf abgeraten, da es für die Theologie in den lateinamerikanischen Ländern nicht förderlich sei, wenn er in parteipolitische Auseinandersetzungen hineingezogen werde. Bereits ein dreiviertel Jahr zuvor wollte der brasilianische Missionsbischof Erwin Kräutler eine Andacht im Taxöldener Forst halten, die aber ebenfalls nie stattfand, weil den Ordensoberen ein Engagement für die WAA-Gegner nicht „opportun" erschien.

Der Bischof von Regensburg, Manfred Müller, meinte, er werde sich vorläufig als Bischof zurückhalten. Er habe bisher niemals versucht, „den Pfarrern, die am Bauzaun mit den Kernkraftgegnern beteten, einen Maulkorb umzuhängen". Anderseits sollten die Kernkraftgegner bedenken, „dass auch auf der Seite der Kernkraftbefürworter Christen aus Gewissensüberzeugung stehen".

Inzwischen machten sich auch an der ČSSR-Grenze Proteste bemerkbar. Gelbe Luftballons mit dem aufgedruckten Zeichen für Radioaktivität stiegen in Bayerisch-Eisenstein auf und wurden in die ČSSR geweht. „Der Atomtod kennt keine Grenzen, darum sind wir gegen kerntechnische Anlagen in Ost und West", formulierte der Schwandorfer Landrat Hans Schuierer das Anliegen der rund 400 Demonstranten, die unter dem Motto „Fünf vor Zwölf" an der Kundgebung am Grenzort teilnahmen. Eine Hundertschaft des Bundesgrenzschutzes und 80 Beamte der bayerischen Grenzpolizei patrouillierten entlang der Grenzlinie, während Schuierer wetterte: „Jede Regierung, auch die dümmste, müsste einmal kapieren, dass sie nicht gegen die Bürger regieren kann." Seiner Meinung nach, so Schuierer, unterscheide sich die Bayerische Staatsregierung in keiner Weise von den Staaten hinter dem Eisernen Vorhang. „Aber", so Schuierer in Bayerisch-Eisenstein, „vereint werden wir es schaffen, den Atomfilz in Ost und West zu entwirren".

Schuierers Apell zur Zusammenarbeit gegen die Atomkraft in Ost und West verhallte nicht ungehört.

Unterdessen läutete die Generalstaatsanwaltschaft eine neue Runde gegen den Richter am Amberger Landgericht Helmut Wilhelm ein. Gegen den Vorsitzenden des Bundesverbandes der Bürgerinitiativen waren bereits seit 1985 disziplinarrechtliche Vorermittlungen anhängig. Die Staatsanwaltschaft hege Zweifel, so stand in der Begründung auf Einleitung eines förmlichen Disziplinverfahrens, ob Wilhelm mit seinem Engagement gegen die WAA „dem Vertrauen gerecht werde, das einem Richter entgegengebracht werden muss".

Während Milliarden in den Bau einer Wiederaufarbeitungsanlage investiert wurden, kämpfte das Eisenwerk Maximilianshütte um sein Überleben. Wirtschaftsstaatssekretär Waldenfels zeigte sich dennoch überzeugt, dass die Maximilianshütte überlebensfähig sei.

Im Februar 1987 ernannte der Ministerrat in München den Leitenden Polizeidirektor Wilhelm Fenzl zum neuen Polizeipräsidenten für Niederbayern und die Oberpfalz. Nach einer herben Kritik von Ministerpräsident Strauß an den Polizei-Einsätzen in Wackersdorf wurden weitere Personalrochaden durchgeführt. So wurde der bisherige Präsident des Landesamtes für Verfassungsschutz Hermann Häring neuer Leiter der Polizeiabteilung im Bayerischen Innenministerium.

300 Vertreter von rund 100 Anti-Atomkraft-Gruppen einigten sich Ende Februar 1987 auf eine Großdemonstration gegen die geplante WAA in Wackersdorf im Herbst. Dabei wurde auch bekannt, dass in Zusammenhang mit Anti-WAA-Aktionen in Wackersdorf bislang über 4000 Personen vorübergehend festgenommen und 2481 strafrechtliche Ermittlungsverfahren eingeleitet worden waren.

Während die Maxhütte in Sulzbach-Rosenberg ums Überleben kämpfte, wurden Milliarden für den Bau der WAA verschleudert. Viele Maxhüttenarbeiter zeigten sich solidarisch mit den Bürgerinitiativen im Kampf gegen die WAA.

Ordnungsgeld oder Ordnungshaft

Einstweilige Verfügung

Am 25. Februar 1987 meldete die Mittelbayerische Zeitung: „Buch über Schuierer einstweilig gestoppt."

Mit einer „Einstweiligen Verfügung" hatte der Freistaat Bayern, auf Antrag des Polizeipräsidenten von Niederbayern/Oberpfalz, Wilhelm Fenzl, am 19. Februar 1987 den Verkauf des Buches „unbestechlich, Hans Schuierer, Ein Leben für den Bürger und gegen die WAA" gestoppt. Grund für die Maßnahme war eine Textpassage auf Seite 267 des Buches. Autor Oskar Duschinger berichtete dort über ein vertrauliches Gespräch, das die SPD-Politiker Hans-Jochen Vogel, Volker Hauff, Landrat Schuierer, MdL Dietmar Zierer, MdL Christa Meier u.a. mit Vertretern des Polizeiführungsstabes Niederbayern/Oberpfalz geführt hatten.

In dem Buch heißt es, Hans-Jochen Vogel habe sich in dem Gespräch bei Fenzl über die „Verletztenliste" der Polizei informiert. Dabei soll Fenzl erklärt haben, dass im Zuge der Auseinandersetzungen im Taxöldener Forst bisher fünf Polizeibeamte verletzt wurden. Damit seien, so folgerte der Autor, bisherige Angaben der Polizeisprecher, „welche allein von hundert verletzten Polizisten gesprochen hatten", widerlegt worden.

Wegen dieser Passage beantragte Polizeidirektor Fenzl bei der 3. Zivilkammer des Landgerichtes Regensburg eine „Einstweilige Verfügung" gegen das Buch. Fenzl: „Ich habe in dem besagten Gespräch nachweislich ausgeführt, dass unter der Vielzahl von Verletzten immerhin bei fünf Verletzten mit Dauerschäden zu rechnen sei ..."

Da der Begriff „Verletzter" zwischen den Teilnehmern des Gespräches umstritten war, schien es in der Runde zu Missverständnissen gekommen zu sein. Landrat Schuierer blieb bei seinen politischen Veranstaltungen nach wie vor bei der Aussage, die Zahl der „verletzten" Polizeibeamten werde wesentlich zu hoch angegeben. So tauchten selbst „durch eigenen Reizstoffeinsatz verletzte Polizeibeamte" in der „Verletztenliste" auf. Erstaunlich, so Schuierer, sei auch der Aufwand des Freistaates Bayern, der wegen sieben umstrittener Zeilen das über 300 Seiten starke Polit-Buch habe stoppen lassen.

Bei seinen Auftritten, so gab sich Landrat Schuierer sicher, sitze doch auch immer die Polizei mit dabei. Seit Monaten spreche er in öffentlichen Versammlungen darüber. Schuierer: „Warum machen die nichts gegen mich?"

Dem kleinen Verlag in der Oberpfalz wurde mit einem Ordnungsgeld in Höhe von einer halben Million Mark oder zwangsweise Ordnungshaft gedroht. Vor dem Erscheinungstermin des Buches, das gespickt war mit brisanten politischen Quellen, waren im Raum Schwandorf bereits Gerüchte aufgetaucht, dass das Buch über den populären WAA-Gegner Hans Schuierer möglicherweise nicht auf den Markt gelangen solle. Die Zahl der Vorbestellungen war daraufhin in die Höhe geschnellt. Ein unglaublicher „Run" auf das Buch, setzte ein, das sich zu diesem Zeitpunkt, Anfang Dezember 1986, noch im Korrekturstadium befand.

„Seht euch vor!"
Da dem Verlag kurz vor Druckbeginn weitere Hindernisse in den Weg gelegt wurden, blieben nur mehr wenige Tage Zeit, das Buch fertig zu stellen. Unter diesem Druck entschlossen sich Verleger und Autor, das Unmögliche zu versuchen und innerhalb weniger Tage „unbestechlich" in Tag- und Nachtarbeit fertig zu stellen. Kurz vor Weihnachten konnte das Buch ausgeliefert werden.

Ende Dezember wurde dem LOKAL-Verlag anonym eine Nachricht zugesandt. Ihr Inhalt: „Das Schuierer-Buch soll aus dem Verkehr gezogen werden. Seht Euch vor!" Die Verlagsmitarbeiter nahmen die Drohungen sehr ernst. Offenbar versuchte jemand das Buch zu stoppen, um die Popularität des Schwandorfer Landrats in Grenzen zu halten. Mitte Januar nahmen die Gerüchte, das Buch werde unter Umständen verboten, erste konkrete Formen an. Kurze Zeit später erfuhr ein Kunde in einer oberpfälzischen Buchhandlung auf seine Frage nach dem Schuierer-Buch: „Das Buch gibt es nicht mehr lange!" Am 29. Januar traf das erste Schreiben des Regensburger Polizeipräsidenten Wilhelm Fenzl bei Autor und Verlag ein. Fenzl: „Ich weise darauf hin, dass angesichts bereits veräußerter Exemplare die Unkenntlichmachung der genannten Textpassage als nicht ausreichend erachtet wird …"

Der Freistaat Bayern ließ das über 300 Seiten starke Polit-Buch wegen sieben umstrittener Zeilen stoppen.

Drei Wochen später erhielten Autor und Verleger eine „Einstweilige Verfügung" für das Buch „unbestechlich" zugestellt. Der Wert des Verfahrens wurde vom Gericht auf 60.000 DM festgelegt. Für Autor und Verlag eine astronomische Summe, die von vornherein eine Einschränkung ihrer rechtlichen Möglichkeiten bedeutete. Autor und Verlag beschlossen nach eingehenden Besprechungen mit Rechtsanwalt Franz Schindler, die Auflagen zu erfüllen.

In einem Rundschreiben wurden die belieferten Buchhändler über den gerichtlichen Stopp des Schuierer-Buches informiert. Der Verkauf solle vorerst eingestellt werden, bis die umstrittenen Passagen geschwärzt seien.

Doch auch ohne diese sieben Zeilen bot „unbestechlich" noch jede Menge Zündstoff. Buchbestellungen aus Österreich, Frankreich und England machten „unbestechlich" zu einem der aufsehenerregendsten Bücher des Jahres 1987, über das zahlreiche bundesdeutsche Zeitungen berichteten.

Verdienstmedaille nur sichtbarer Lohn

Ehrung durch den Bund Naturschutz

Weil er zusammen mit seiner Familie den „unbequemen Weg eines Kämpfers für das Leben, für persönliche Freiheit und gegen die Macht des Atomstaates" eingeschlagen habe, wurde Schuierer am 4. März 1987 beim „Schwandorfer Aschermittwoch" des Bundes für Umwelt und Naturschutz Deutschland (BUND) die erste Verdienstmedaille der Umweltschutzorganisation verliehen. Die „Süddeutsche Zeitung" berichtete über den unbeugsamen Landrat unter folgender Überschrift:

„400 Besucher in der Schwandorfer Oberpfalzhalle spendeten Hans Schuierer minutenlang Applaus."

In Schwandorf wurde gleichzeitig ein neuer Anlauf unternommen, den Protest gegen die WAA auf eine breitere Grundlage zu stellen. Der BUND und die Salzburger Landesgruppe des österreichischen Naturschutzbundes (ÖNB) schlossen eine Anti-Atom-Partnerschaft, die deutlich machen sollte, dass der Protest gegen die WAA vor den Landesgrenzen ebenso wenig Halt macht wie die radioaktiven Schadstoffe. Mit friedlichen und demokratischen Mitteln wolle man, so hieß es in der Partnerschaftsurkunde, den Bau der WAA zu verhindern helfen.

Der Geehrte, Landrat Hans Schuierer, kündigte an, dass er sich mit dem Salzburger Bürgermeister Josef Reschen auf eine neue Partnerschaft zwischen dem Landkreis Schwandorf und der Stadt Salzburg verständigt habe. Die bereits bestehende „Anti-Atom-Partnerschaft" war auf Anweisung der Oberpfälzer Bezirksregierung hin im November 1986 aufge-

BUND-Naturschutz Vorsitzender Hubert Weinzierl verlieh Schuierer die erste Verdienstmedaille der Umweltschutzorganisation.

löst worden, da sich der Landkreis aufgrund der Formulierung „Anti-Atom" angeblich „unrechtmäßig in die Belange des bundesdeutschen Atomgesetzes eingemischt" habe. Schuierer sprach damals von einer „Wortklauberei" der Bezirksregierung.

Beim Bund Naturschutz bedankte sich Schuierer herzlich. Die Verleihung der Verdienstmedaille des Bundes Naturschutz sei eine hohe Auszeichnung, ein Zeichen des Vertrauens und zugleich der Verpflichtung zur Weiterarbeit.

Er habe sich, so Schuierer, diese Verdienste jedoch nicht allein erworben. Es gebe viele Mitstreiter in der Oberpfalz, im Landkreis Schwandorf und weit darüber hinaus.

Die Verdienstmedaille sei der äußere Lohn für die gemeinsame Arbeit . Dafür wolle er allen Dank sagen: dem Bund Naturschutz, den Bürgerinitiativen, aber auch jedem einzelnen Bürger.

Schuierer betonte, dass Naturschutz den Schutz der Natur, des Lebens und des Überlebens beinhalte. Es sei, so Schuierer, „unsere gemeinsame Aufgabe, immer mehr Bürger für unsere Ziele zu gewinnen".

Es müsse das Ziel sein, die Verantwortlichen in Staat und Regierung auf Missstände aufmerksam zu machen und zum Handeln zu bewegen.

Schuierer: „Gemeinsam können wir es schaffen! Das Ziel rechtfertigt den Einsatz."

Er forderte alle auf mitzumachen: der Heimat, den Menschen und den Kindern zuliebe.

„Natur ist Leben – ohne Leben keine Zukunft!"

Wie schwer das Verhältnis zwischen Bayern und Österreich durch den Bau der WAA Wackersdorf belastet war, zeigte sich daran, dass Bayerns Ministerpräsident Strauß zwei Kabinettsmitgliedern, Innenminister August Lang und Umweltstaatssekretär Alois Glück, die Teilnahme an einer vom bayerischen Rundfunk in Salzburg veranstalteten TV-Diskussion „Bayerisch-österreichisches Fingerhakeln" über Aids, Autobahngebühr und die WAA untersagte. Er wolle nicht, so Strauß, dass Kabinettsmitglieder „im Ausland angepöbelt werden". In Österreich wurde das Teilnahmeverbot für die bayerischen Minister heftig kritisiert. „Jetzt auch Maulkorberlass für Minister" wurde getitelt. Der Leiter der Bayerischen Staatskanzlei Edmund Stoiber revanchierte sich, indem er bezweifelte, dass die Diskussion in Salzburg mit der notwendigen Fairness geführt worden wäre.

400 Besucher unterstützten in der Schwandorfer Oberpfalzhalle die Forderung: Natur ist Leben. WAA verhindern!

200 Meter lang, 37 Meter breit, 20 Meter hoch

Endlager?

Am Mittwoch, 4. März 1987 wurde im Auftrag der Deutschen Gesellschaft für Wiederaufarbeitung (DWK) mit der Errichtung des Brennelemente-Eingangslagers begonnen. Die Regierung der Oberpfalz hatte die Genehmigung dafür am Tag zuvor für sofort vollziehbar erklärt. Das Gebäude sollte eine Länge von knapp 200 Metern, eine Breite von 37 Meter und eine Höhe von 20 Metern haben: die Betonwände sollten einen halben Meter dick sein. Als Bauzeit wurden zweieinhalb Jahre veranschlagt.

Gut eine Woche zuvor hatte die DWK ihren Antrag auf Genehmigung der Baugrube für das WAA-Hauptprozessgebäude zurückgezogen. Daraufhin verdächtigten die Oberpfälzer Bürgerinitiativen die DWK, dass sie damit auf den Bau der WAA verzichten und auf dem Baugelände ein Endlager für radioaktive Brennelemente errichten wolle. Diese Spekulationen wies ein DWK-Sprecher umgehend zurück. Für ein Endlager würden sich nur Salzstöcke oder Erzgruben eignen. Dass die DWK am Projekt festhalte, gehe schon daraus hervor, dass man die zweite Teilerrichtungsgenehmigung beantragt habe. Dabei stellte DWK-Sprecher Peter Schmidt klar: „Eine Unterbrechung der Bauarbeiten wird es jedenfalls nicht geben."

Am 2. April 1987 hob der 22. Senat am Bayerischen Verwaltungsgerichtshof (VGH) die erste atomrechtliche Teilgenehmigung für den Bau der in Wackersdorf geplanten Wiederaufarbeitungsanlage auf.

In dem Schreiben des Bayerischen Verwaltungsgerichtshofes an Klägeranwalt Wolfgang Baumann vom 6. April 1987 hieß es:
„Zur vorläufigen Information der Beteiligten wird mitgeteilt:
Der Vorsitzende verkündete im Anschluss an die mündliche Verhandlung vom 2. April 1987 folgende Entscheidungen:
Urteil:
Die 1. atomrechtliche Teilgenehmigung des Bayerischen Staatsministeriums für Landesentwicklung und Umweltfragen vom 24. September 1985 wird aufgehoben, soweit sie die Außenzaunanlage, die Anlagenwache 1 und das Brennelementeingangslager (Abschnitte 1.2.1 bis 3) betrifft.
Die Revision wird nicht zugelassen.
Beschluss:
Die aufschiebende Wirkung der Klagen gegen die 1. atomrechtliche Teilgenehmigung des Bayerischen Staatsministeriums für Landesentwicklung und Umweltfragen vom 24. September 1985 wird wiederhergestellt, soweit diese Genehmigung die Außenzaunanlage, die Anlagenwache 1 und das Brennelementeingangslager (Abschnitte 1.2.1 bis 3) betrifft."

Da die mit Sofortvollzug ausgestattete Baugenehmigung aber unberührt blieb, konnte die DWK die Bauarbeiten auf dem Baugelände fortsetzen. Dem Vorhaben von Wolfgang Baumann mit einem weiteren Eilverfahren die Aufhebung der Baugenehmigung damit den Baustopp zu erreichen, sah die DWK „gelassen" entgegen.

Ungewisse Genehmigung
Einen Monat später reichte die Bürgerinitiative „Volksbegehren gegen die WAA Wackersdorf" beim Bayerischen Innenministerium einen Antrag auf Zulassung eines Volksbegehrens ein und legte dabei 38.592 beglaubigte Unterschriften vor.

Für die DWK stieg nicht nur dadurch das finanzielle Risiko. Bereits in dem VGH-Verfahren hatte ein Rechtsanwalt der DWK anklingen lassen, dass durch den Entzug der ersten atomrechtlichen Genehmigung das Investitionsrisiko der DWK steige. Das Unternehmen habe bereits jetzt rund 100 Millionen Mark für den Bau der WAA ausgegeben – und das für ein Projekt, dessen endgültige Genehmigung noch alles andere als gewiss sei. Das gesamte atomrechtliche Verfahren müsse noch einmal ganz von vorne begonnen werden. Damit seien weitreichende Klagemöglichkeiten für die Gegner der WAA verbunden.

Diplom-Kernphysiker Dr. Ludwig Trautmann-Popp vom Bund Naturschutz bezeichnete bei einer Veranstaltung von Volkshochschule und Stadtbücherei im Lesesaal am Regensburger Haidplatz den Bau der WAA angesichts der Investitionssumme von ca. 9,2 Milliarden Mark als „wirtschaftlich nicht zu vertreten".

Trautmann-Popp: „Kein Argument spricht für den teuersten Bau des Abendlandes".

Die Regierung der Oberpfalz sah sich indessen genötigt darauf hinzuweisen, dass es sich bei der WAA um keinen „Schwarzbau" handele:

Riesig zeichnen sich die Konturen des Brennelemente-Eingangslagers auf der WAA-Baustelle ab. Es sollte für 420 Transportbehälter ausgedienter Kernbrennstoffe Platz bieten.

„Alle Bauarbeiten, die derzeit im Taxöldener Forst durchgeführt werden, sind durch unanfechtbare oder sofort vollziehbare Baugenehmigungen belegt."

Das Landratsamt Schwandorf musste indes nachgeben. In einer Stellungnahme des Sachgebietes 5.2. vom 11.05.1987 zu den Sofortvollzügen der Baugenehmigungen Brennelementeingangslager und Zentralwerkstattgebäude machte man jedoch erneut Bedenken geltend:

„I. Brennelementeingangslager
Die Baugenehmigung Brennelementeeingangslager wurde von der Regierung der Oberpfalz am 11.11.1985 unter dem Aktenzeichen 210 1215 SAD 290 im Wege des Selbsteintrittes erteilt, nachdem der damals amtierende stellvertretende Landrat Dietmar Zierer unter Wahrnehmung seines Remonstrationsrechtes die Unterschrift verweigerte.

Zentralwerkstatt, Moduleststand, Anlagenwache 1 und Eingangslager.

Mit Schreiben vom 11.02.1987 beantragte die DWK beim Landratsamt Schwandorf die sofortige Vollziehbarkeit dieser Baugenehmigung. Dieser Antrag wurde gleichzeitig bei der Regierung der Oberpfalz gestellt.

Nach Meinung der Vorgesetzten Dienstbehörden ist die Regierung zur Entscheidung über den Antrag auf Sofortvollzug zuständig, da sie auch den Ursprungsverwaltungsakt, also die Baugenehmigung, wenn auch im Wege des Selbsteintrittes erlassen habe. Diese Auffassung findet nicht die uneingeschränkte Zustimmung des Landratsamtes Schwandorf und bedarf daher noch einer näheren rechtlichen Klärung. Nicht desto trotz wird dem Antrag auf Sofortvollzug mit Bescheid der Regierung der Oberpfalz vom 26.02.1987 stattgegeben.

II. *Zentralwerkstattgebäude*
Bei dem Bauvorhaben Zentralwerkstattgebäude handelt es sich um ein atomrechtlich nicht relevantes Gebäude. Es steht in seiner Ausführung einer normalen Schlosserwerkstatt gleich.

Die Baugenehmigung dafür wurde vom Landratsamt Schwandorf mit Datum vom 26.02.1987 erteilt und gleichzeitig für sofort vollziehbar erklärt. Dies war notwendig, um die Einhaltung des kritischen zeitlichen Weges in Bezug auf die Errichtung der Wiederaufarbeitungsanlage zu gewährleisten. Die Baugenehmigung war nach Abwägung von Rechtsansprüchen und überwiegenden Interessen Dritter, von der Anordnung des Sofortvollzuges verschont zu bleiben, zu erteilen. Dies gilt umso mehr, als die Widerspruchsführer …ihren Widerspruch gegen die erteilte Baugenehmigung nicht begründet und zwischenzeitlich auch zurückgenommen haben.

Aus der engen Verbindung zu einem termingerechten Bauablauf sowie zu einem ordnungsgemäßen Baustellenbetrieb ist die beantragte Anordnung der sofortigen Vollziehung sowohl aus öffentlichen Interessen, als auch aus überwiegenden Interessen des Bauherrn geboten."

Den Polizeibeamten nicht zumutbar

„Spaltprozesse"

Der Dokumentarfilm „Spaltprozesse" von den Regisseuren und Produzenten Claus Strigel und Bertram Verhaag sollte das Leben und die gesellschaftlichen Spaltprozesse um die Wiederaufarbeitungsanlage Wackersdorf in der oberpfälzischen Region um Wackersdorf beschreiben. Die beiden Regisseure machten kein Hehl daraus, dass der Film gegen die WAA gerichtet war.

Am 23. April 1987 wurde der 95-Minuten-Film erstmals geladenen Gästen im Schwandorfer Union-Kino vorgestellt. Bereits am 21. April war Landrat Hans Schuierer nach Bonn gereist. Der Wackersdorf-Film war dort den bayerischen Bundestagsabgeordneten gezeigt worden.

„Spaltprozesse" zeigte an Hand vieler Interviews mit Oberpfälzer Bürgern den „Bewusstseinswandel im eskalierenden Konflikt". Er machte deutlich, wie Autoritäten in Frage gestellt und brave Oberpfälzer zu „aufmüpfigen Zeitgenossen" wurden, vom Rodungsbeginn bis zu den Pfingstkrawallen.

Während sich die WAA-Gegner begeistert zeigten, wollte Polizeipräsident Fenzl den Anti-WAA-Streifen seinen Beamten nicht zumuten, da er die Gefahr sehe, „dass junge Beamte angesichts dieses stark subjektiv gefärbten Filmes sich ein völlig falsches Bild von den Vorgängen am Bauzaun machten und ihren dort eingesetzten Kollegen völlig falsche Reaktionen unterstellen könnten".

Landrat Hans Schuierer sah das ganz anders. Er äußerte die Hoffnung, dass sich möglichst

Schuierer: „Wer damals diesen Film gesehen hat, für den war die WAA gestorben!"

Irmgard Gietl – eine Frau kämpft für ihre Heimat! Durch ihr Mitwirken in diesem Film wurde sie über die Grenzen Bayerns hinaus bekannt.

viele Polizisten den Film ansehen, um die Gegenseite besser verstehen zu können. Es sei ein unglaublich emotionaler Film. Schuierer im Rückblick: „Wer damals diesen Film gesehen hat, für den war die WAA gestorben."

Verhaag und Strigel produzierten nach „Spaltprozesse" einen weiteren Film zum WAA-Zyklus: „Irmgard Gietl – eine Frau kämpft um ihre Heimat", der am 22. und 24. März 1988 in der Reihe „Frauengeschichten" im ARD erschien. Durch ihr Mitwirken in diesem Film wurde Gietl über die Grenzen Bayerns hinaus bekannt. Die Humanistische Union Deutschland ehrte sie für ihr Engagement 1988 sogar mit der Auszeichnung „Aufrechter Gang".

Kurz vor Ostern startete die Polizei die Aktion „Gewalt? Nein Danke!" und plädierte für ein gewaltfreies Jahr 1987 rund um Wackersdorf. Was das Osterfest angehe, meinte Polizeipräsident Fenzl auf einer Pressekonferenz, so rechne er „mit einem relativ ruhigen Verlauf". Fenzl bat in einem offenen Brief an die Bevölkerung darum, „den Polizeibeamten als Menschen zu sehen und seinen gesetzlichen Auftrag zu respektieren". Anderseits respektiere auch die Polizei die Protesthaltung der WAA-Gegner, die ihre Ablehnung mit friedlichen Mitteln vortrügen.

Scheinattacken am Bauzaun

Für den Ostersonntag rechnete Fenzl mit 3000 – 5000 Besuchern am WAA-Zaun, allerdings „nicht mit der Verletzung von Spielregeln". Für Ostermontag hätten allerdings Kernkraft-Gruppen „neue Formen des Protests" angekündigt. Dafür sei man aber gerüstet.

Tatsächlich fanden anders als 1986, als an den Osterfeiertagen fast 100.000 Kernkraftgegner aus der gesamten Bundesrepublik nach Wackersdorf gepilgert waren, 1987 nur einige tausend Demonstranten den Weg in die Oberpfalz. Beim traditionellen Waldspaziergang rund um den 4,8 km langen Bauzaun, der mit seiner NATO-Draht-Armierung, der Flutlichtanlage und dem mannshohen Betongraben inzwischen zu einem kaum mehr einnehmbaren Bollwerk ausgebaut worden war, ließen die WAA-Gegner Luftballons steigen, entzündeten ein Lagerfeuer und hielten mit Scheinattacken die beiden Hundertschaften der Polizei auf Trab. Die Gefahr einer Eskalation hielt sich in Grenzen.

Landrat Hans Schuierer, der ebenfalls beim Spaziergang um den Bauzaun teilnahm, zeigte sich angesichts der eher sanften Töne der Polizeiführung skeptisch, ob diese tatsächlich Ausdruck eines Läuterungsprozesses seien. Er erinnerte gegenüber der „Süddeutschen Zeitung" an das Veranstaltungsverbot, das nach wie vor im Umkreis von 100 Quadratkilometern um das Baugelände gelte. Schuierer bezeichnete dieses Verbot als „glatten Verstoß gegen das Grundgesetz und gegen die Bayerische Verfassung". Durch die weiträumigen Absperrungen seien die Demonstranten zu langen Fußmärschen gezwungen, eine „reine

Schikane gegenüber älteren Leuten". Schuierer: „Da fängt für mich schon Gewalt an!"

Nach Angaben des Polizeipräsidenten waren an den Osterfeiertagen 1987 rund 500 Polizeibeamte am Baugelände im Einsatz. Sechs Personen seien vorübergehend festgenommen und 130 Autos überprüft worden, „ohne dass Angriffswerkzeuge gefunden wurden". Bei einem Pressegespräch bedankte sich Fenzl bei den friedlichen Kernkraftgegnern und brachte die Hoffnung zum Ausdruck, dass der Abbau von Feindbildern noch möglich sei.

Doch die Polizei musste sich bereits auf neue Proteste der WAA-Gegner einstellen. Angesichts des Tschernobyl-Jahrestags am 26. April hatten Atomkraftgegner Aktionen im Rahmen der „dezentralen Widerstandswoche" angekündigt. So sollte der Bauzaun von einer kilometerlangen, in weiß gekleideten Menschenkette, friedlich umzingelt werden. Nach der Katastrophe von Tschernobyl war auch dem letzten Oberpfälzer klar, dass ernsthafte Unglücksfälle in Kernkraftwerken möglich sind – mit verheerenden Folgen für die Bevölkerung.

Bayerns Umweltminister Alfred Dick meinte dazu, der „energiepolitische Dialog müsse wieder zu einer rationalen Risikodiskussion zurückfinden". Kurzum: Den Bürgern müsse bewusst werden, dass es „kein Nullrisiko gebe". Ministerpräsident Strauß gab sich verantwortungsbewusst: „Wir widmen uns der Entsorgung der 19 deutschen Kernkraftwerke, aus denen pro Jahr rund 400 Tonnen abgebrannte Brennelemente anfallen." Die WAA sei die einzige Entsorgungstechnik, die einen „kontrollierten Ausstieg" aus der Nutzung der Kernenergie ermögliche.

Nach dem schweren Bergwerksunglück im Gorlebener Erkundungsschacht war klargeworden, dass auch der Gorlebener Salzstock als Endlagerstätte von hochradioaktiven Abfällen nicht sicher war. Umso mehr stellte sich nun die Frage: Wohin mit dem strahlenden Atommüll? Alles nach Wackersdorf?

Spaziergänge rund um den 4,8 km langen Bauzaun gehörten jeden Sonntag zum Ritual von WAA-Gegnern.

Nicht nur ökologischer WAAhnsinn

Österreichischer Sonderzug

An Pfingsten 1987 blieb es eher ruhig am WAA-Bauzaun im Taxöldener Forst. „Kein Vergleich zu Pfingsten 1986" schrieb die Mittelbayerische Zeitung. „Nur sporadisch klopften eine Handvoll WAA-Gegner mit Steinen gegen den Zaun, vereinzelt wurden Knallkörper gezündet oder Steine und Erdbrocken gegen den Zaun geworfen". Auch die Reaktion der Polizei fiel entsprechend „harmlos" aus. Ein Reporter der Mittelbayerischen Zeitung schilderte: „Die Polizisten warteten jeweils ab, bis die WAA-Gegner zu sägen begannen, liefen dann aus etwa 20 Meter Entfernung zum Zaun und spritzten mit der chemischen Keule – die Vermummten waren inzwischen längst außer Reichweite – durch die Gitter."

Im Anschluss an die traditionelle Andacht, die beim Franziskus-Marterl stattfand, wurde nahe der Ortschaft Altenschwand ein neues Mahnmal gegen den Bau der WAA, ein Bildstock aus Sandstein, von den Geistlichen Richard Salzl und Detlev Hapke eingeweiht. Für den jungen Steinmetz Horst Wittstadt aus dem Landkreis Main-Spessart war das christliche Mahnmal „ein Zeichen des friedlichen Widerstandes". Die beiden Geistlichen sprachen die Hoffnung aus, dass das Kunstwerk zu einem „Mahnmal im friedlichen Kampf gegen die Atompolitik der Regierungen werde".

Rund 200 WAA-Gegner, darunter auch Landrat Hans Schuierer, wohnten trotz strömenden Regens der Andacht bei. Schuierer sprach die Hoffnung aus, „der Pfingstgeist möge die Ministerien, die Polizeipräsidien und die Etagen der Wirtschaftsbosse durchwehen". Der Bildstock solle als Mahnzeichen daran erinnern, „was der Bevölkerung in diesem Raum angetan worden ist".

Vor Pfingsten war eine Delegation der „Salzburger Plattform gegen die WAA" nach Wackersdorf gekommen, um eine großangelegte Demonstration vorzubereiten, die am 14. Juni stattfinden sollte, einschließlich friedlichem Spaziergang am Bauzaun.

Über 1000 Österreicher kamen aus Salzburg, Kärnten und Oberösterreich, mit einem eigens gecharterten Sonderzug, mit Bussen und zahlreichen Autos. Die Kontrolle der bayerischen Grenzpolizei beschrieb der Salzburger Bürgermeister Josef Reschen als „durchaus nicht aufsässig, höflich". Zumindest hatte es dieses Mal kein Einreiseverbot gegeben.

Verärgert reagierten die in Bussen angereisten WAA-Gegner aus dem Nachbarland allerdings auf die Polizeikontrollen kurz vor Wackersdorf. Sie sahen nicht ein, warum sie es dulden sollten, dass die Polizei sich ihre Namen und Anschriften notiere, um sie mit den Daten

Schuierer beklagte eine Verleumdungskampagne von Seiten der Politiker, der man nur mit Unterstützung der Medien noch standhalten könne.

von Ausländern zu vergleichen, die „schon mal aufgefallen sind bei uns", wie es ein junger Beamter formulierte.

Wie die Berliner Mauer
Auf einer Wiese bei Altenschwand brachte Salzburgs Bürgermeister Josef Reschen das Ziel der österreichischen WAA-Gegner auf den Punkt: „Wackersdorf darf nicht gebaut werden!" Salzburg liege nur etwa 180 Kilometer von Wackersdorf entfernt und das in der Hauptwindrichtung. Die WAA, so Reschen, sei zudem nicht nur ökologischer Wahnsinn, sondern auch wirtschaftlicher Unsinn. Die Salzburger seien fest entschlossen, bei dem nun anstehenden neuen atomrechtlichen Genehmigungsverfahren von dem auch für Ausländer geltenden Klagerecht auf dem Verwaltungsgerichtsweg Gebrauch zu machen.

Überdies werde man österreichische und deutsche Künstler bei der Organisation von Veranstaltungen und Konzerten gegen die WAA unterstützen, auch wenn das der Bayerischen Staatsregierung nicht gefalle.

Hubert Weinzierl, der Vorsitzende des Bundes für Umwelt- und Naturschutz Deutschland (BUND), bezeichnete den Bauzaun rund um die WAA als „ein Manifest der Unkultur" und „nicht minder unmenschlich wie die Berliner Mauer". Eine Aussage, die CSU-Staatssekretär

Österreichischer Sonderzug

Österreichs „Baurat", Klavierlehrer Hubertus Boese, forderte: „Weg mit der WAA!"

Salzburgs Bürgermeister Reschen: „Salzburg liegt nur 180 km von Wackersdorf entfernt und das in der Hauptwindrichtung."

Georg von Waldenfels sauer aufstieß. Es sei doch traurig genug, so von Waldenfels in einer Erwiderung per Fernschreiber, „dass heute praktisch jedes größere Projekt in der Bundesrepublik nur noch unter Polizeischutz verwirklicht werden kann".

Landrat Hans Schuierer hingegen unterstrich, dass die WAA-Gegner der „Verleumdungskampagne von Seiten der Politiker nur mit Unterstützung der Medien noch standhalten" könnten.

Zuvor hatte Autor Oskar Duschinger dem österreichischen Bürgermeister Josef Reschen ein Exemplar des Buches „unbestechlich – Hans Schuierer. Ein Leben für den Bürger und gegen die WAA" überreicht.

Auch zwei Vertreter der Bayerischen Staatsregierung kamen am Wochenende darauf noch nach Wackersdorf. Innenminister Lang und sein Staatssekretär Gauweiler verspeisten mit den Polizisten Spanferkel.

Chaos in der Einsatzleitung

Reizgas oder Schlagstock?

Vehement verteidigte Ex-Polizeipräsident Hermann Friker den Reizstoffeinsatz vom Ostermontag 1986 am WAA-Bauzaun vor dem Verwaltungsgericht Regensburg. Um Gewalttäter abzudrängen und Straftaten zu unterbinden, hatte Friker Reizstoffe wie CN per Wasserwerfer eingesetzt, aber auch CS-„Kampfgas". Friker hatte das Einsatzkonzept für Ostermontag 1986 ausgearbeitet und im Innenministerium billigen lassen. Vor dem 31. März 1986 war CS-Reizstoff noch nie in der Geschichte der Bundesrepublik benutzt worden.

Sieben junge Männer hatten den Freistaat mit dem Ziel verklagt, gerichtlich festzustellen, ob diese polizeilichen Maßnahmen rechtswidrig waren. Alle hatten unter den Reizstoffeinsätzen gelitten: Augenreizung, Atembeschwerden, Erstickungsanfälle, Verätzungen, Kopfschmerzen und Bronchitis.

Angesetzt war das Verfahren auf zwei Tage. Von den sieben Klägern hatte nur der Kläger aus Göttingen juristischen Beistand, den Schwandorfer Anwalt Franz Schindler, während der Freistaat von Landesanwalt Dieter Ruland vertreten wurde.

„Der Spiegel" hatte in seiner Online-Ausgabe vom 28. Juli 1986 über die Auseinandersetzungen in Brokdorf und Wackersdorf berichtet:

„Polizeiliche Unfähigkeit und politische Berechnung haben nach dem Urteil der Bonner Opposition die Juni-Krawalle in Brokdorf und Wackersdorf mitverursacht.

In der bayerischen Einsatzleitung habe „Chaos" geherrscht. Aus Hubschraubern seien Gas-Granaten in die Menge der Demonstranten geworfen worden.

Buchstäblich blind die Menge geschossen
Bei den Wackersdorfer Pfingst-Krawallen habe sich die Polizei bei gelegentlichen Versuchen, Randalierer zu ergreifen, so tölpelhaft verhalten, dass ein Düsseldorfer Polizeiexperte in einem internen Bericht zu einem verheerenden Urteil gekommen sei: Die Polizeiaktionen hätten regelmäßig in einem „führungs- und einsatzmäßigen Chaos" geendet; die Beamten hätten sich immer wieder erfolglos zurückziehen müssen.

Verschärft worden sei die Lage noch durch Wasserwerfer-Einsätze der Polizei, die den Reizstoff-Strahl bisweilen buchstäblich blind in die Menge geschossen habe. „Man sieht zu wenig", berichtete der Bereitschaftspolizist Jörg Thomas Voß, der sechs Stunden lang am Werfer-Rohr stand, „weil man ja eine Gasmaske tragen muss", so „Spiegel online". Da sei es kaum zu verhindern gewesen, dass „die Friedlichen

Reizgas oder Schlagstock?

Wasserwerfer-Einsatz wie im Krieg: „Blindes Aufklärungsfeuer in den Busch hinein."

auch getroffen" – und teilweise radikalisiert worden seien.

Nach dem Gaseinsatz, berichtete „Spiegel online", hätten Augenzeugen erklärt, dass auch „bisher gewaltfreie Demonstranten ihre ersten Steine geworfen" hätten.

Dass genau dies gewollt war, werde sich kaum je stichhaltig beweisen lassen. Das habe Landrat Schuierer nicht davon abgehalten, den „starken Verdacht" zu äußern, „dass von bestimmter Seite gar kein Interesse bestand, die Gewalttätigen festzunehmen". Um die Kernkraftgegner generell zu diffamieren, habe offenbar der Eindruck vermittelt werden sollen, „als gäb's in der Oberpfalz nur Verbrecher und Terroristen".

„Der Spiegel" weiter: „Trotz solcher Solidarisierungseffekte ließ die bayerische Polizei nicht davon ab, Reizgas nahezu Wochenende für Wochenende gegen alle Demonstranten einzusetzen, die der WAA-Baustelle zu nahe kamen. Empört berichtete ein in Wackersdorf eingesetzter Polizist beispielsweise von einem nächtlichen Wasserwerfer-Einsatz, bei dem ohne Sicht ziellos in die Gegend gespritzt wurde: ‚Das war wie im Krieg – blindes Aufklärungsfeuer in den Busch hinein.' Ein andermal wurde in Wackersdorf ein Geistlicher mit Stola und Kerze in der Hand, der am Bauzaun schlichten wollte, von einem scharfen Wasserstrahl zu Boden geschleudert und anschließend von Polizisten bis in den nahen Wald verfolgt."

„Ich weiß", zitierte die Online-Ausgabe Landrat Schuierer, „dass sehr viele Zivilbeamte unter den Demonstranten sind, welche die Stimmung mit aufheizen". Auch einheimische Bau-

Reizgas oder Schlagstock?

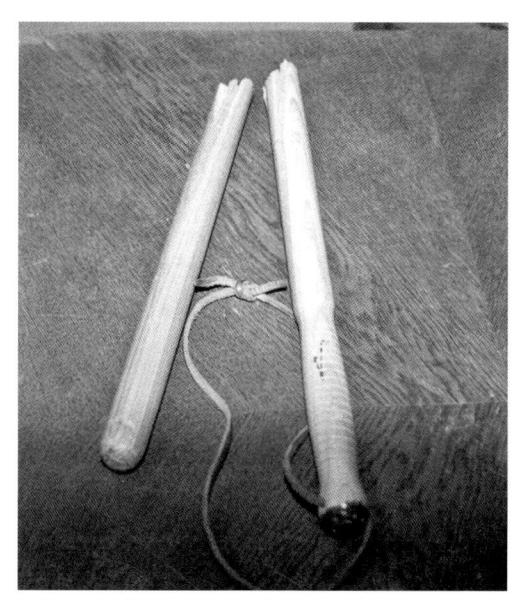

Sichergestellter Schlagstock der Berliner Polizeieinheit, die am 10. Oktober 1987 wahllos auf Demonstranten einprügelte.

ern hätten da schon Überraschungen erlebt, als sich die schlimmsten Aufwiegler als geheime Polizisten entpuppten: „Trupps von jungen Kerlen in Lederjacken", berichteten diese, hätten sich am Bauzaun zu schaffen gemacht oder seien am Lagerfeuer gehockt und hätten Revoluzzer-Lieder gesungen – „hinterher kam ihre wahre Identität heraus."

Der ehemalige Polizeipräsident Hermann Friker stellte die Sachlage vor Gericht so dar: „Auch Unbeteiligte und friedliche WAA-Gegner konnten wissen, was passiert, wenn sie am Zaun erscheinen und damit eine Ordnungswidrigkeit begehen."

Trotz aller Warnungen und Aufrufe, Durchsagen und Appelle habe die „kriminelle Energie an Durchschlagskraft gewonnen". Deshalb habe die Polizei in der Zeit von 14.37 Uhr bis 18.30 Uhr CS einsetzen müssen, „allerdings nicht permanent, sondern in Abständen". Anders, so Friker, sei der Zaun nicht mehr zu halten gewesen. Ein Reizstoffeinsatz sei schließlich „weniger gefährlich als ein Schlagstockeinsatz – da drohten nämlich Platzwunden".

Jeder am Zaun, so verteidigte sich der Ex-Polizeipräsident, hätte sich doch der Reizstoff-Einwirkung entziehen können. Schüsse mit Gasgranaten in die Menschenmenge „habe er nicht gesehen".

Nur kleines Quäntchen Reizstoff beigegeben
Innenminister August Lang zeigte sich entsetzt darüber, dass sich Polizeibeamte in diesem Verfahren auf Fragen der Richter rechtfertigen müssten. Es sei „saudummes Geschwafel", wenn von der Polizei verlangt werde, „die Chaoten aus einer Menschenmenge von friedlichen Demonstranten herauszubringen". Friedliche Demonstranten, die den „Chaoten" Schutz böten, so Lang auf dem Bezirksparteitag der Oberpfälzer CSU in Neukirchen, müssten bei gewalttätigen Auseinandersetzungen damit rechnen, in Mitleidenschaft gezogen zu werden.

Zum CS-Reizgaseinsatz meinte Lang, die Polizei habe „nur ein ganz kleines Quäntchen von dem Reizstoff den Tanks der Wasserwerfer beigegeben". Mit Unverständnis reagierte Lang darauf, dass die Regensburger Verwaltungsrichter von den als Zeugen gehörten Polizeibeamten Einzelheiten über den Gaseinsatz wissen wollten. Die Richter, so der Bayerische Innenminister, „können entscheiden, was sie wollen, wir gehen bis in die letzte Instanz". Dem fügte er noch hinzu: Der verhandelte Fall zeige, wie notwendig es sei, das Demonstrationsstrafrecht nachzubessern.

Abseits des Prozesses vor dem Regensburger Verwaltungsgericht war es zwischen den Grünen und dem Innenministerium zu einer Auseinandersetzung über die Gefährlichkeit des Einsatzes von CS- und CN-Gas gekommen. Auf

Reizgas oder Schlagstock?

Anfrage des Oberpfälzer Landtagsabgeordneten Armin Weiss war bekannt worden, dass im Jahr 1986 bei Polizeieinsätzen in Wackersdorf CN- und CS-Gas verwendet wurde, deren Haltbarkeit nach Angabe des amerikanischen Herstellers schon vor dem 1. Januar 1986 abgelaufen war, was die Pressestelle des Innenministeriums allerdings zugunsten der WAA-Gegner auslegte, „da Mindergehalte an Reizstoffen geringere Reizeffekte" bewirkt hätten.

Die Kläger wollten indes das Risiko eines langwierigen Prozesses mit teuren Gutachtern nicht eingehen. Nach sieben Verhandlungstagen erklärte die Kammer die Streitsachen in der Hauptsache für erledigt, nachdem sich Kläger und Beklagte geeinigt hatten: Der Freistaat sprach sein Bedauern aus.

Viele Zuhörer im Gerichtssaal hätten den jungen Leuten einen längeren Atem gewünscht. Dabei hatten sie durchaus Zivilcourage gezeigt. Für Anwalt Franz Schindler war die Sache allerdings noch nicht zu Ende. Sein Ziel war es, die „polizeilichen Exzesse" überprüfen zu lassen und zu beweisen, dass der Beschuss mit CS-Gas kein „einmaliger Ausrutscher der Polizei" war, sondern von „politischer Seite förmlich herbeigeredet" wurde. Schindlers Beweisanträge mit der Bitte um Vorladung von Gutachtern und ranghohen Mitarbeitern des Innenministeriums wurden von Oberlandesanwalt Ruland umgehend für „unerheblich" erklärt und die Abweisung beantragt.

Am 22. Juli 1987 schloss die VII. Kammer des Verwaltungsgerichts die Verhandlung im CS-Gas-Prozess. Kurze Zeit später, so vermeldete die Mittelbayerische Zeitung, habe sie dem Schwandorfer Anwalt Franz Schindler mitteilen lassen, bestimmte polizeiliche Maßnahmen bei der Demo gegen die Wiederaufarbeitungsanlage Ostermontag 1986 seien rechtswidrig gewesen.

Faktisch, so schrieb Richter Gombert in seiner Kurzfassung des Urteils, habe die Polizei „nur Gewalttäter unmittelbar mit Reizstoffeinsatz abwehren wollen". Allerdings sei die Verletzung von Rechten an jenen Standorten zu bejahen, „an denen sich Kläger im Wald weiter weg vom Zaun aufhielten". Der Reizstoffeinsatz gegenüber den Gewalttätern sei für diesen Bereich nicht bestimmt genug und auch nicht so rechtzeitig angedroht worden, dass sich Unbeteiligte hätten gefahrlos entfernen können.

Drohend standen die Wasserwerfer wieder am Bauzaun, jederzeit bereit, das gefährliche CS-Gas in die Menge zu spritzen.

Von Polt bis zum Zirkusdirektor

WAAhnsinnsaktionen

In den folgenden Wochen und Monaten versuchten die WAA-Gegner mit verschiedensten Aktionen auf sich aufmerksam zu machen. So marschierten am 24. Juli 1987 rund 500 WAA-Gegner nachts zum Franziskus-Marterl. Mit Gejohle und Getöse, akustisch unterstützt durch Sirenen, Pfeifen und Trommeln, so die Mittelbayerische Zeitung, „zogen die Demonstranten gegen 22 Uhr vor dem Bauzaun auf". Die Aktion war kurzfristig, ohne Ankündigung in der Presse, verdeckt organisiert worden. Jeder Stein, der den Bauzaun traf, wurde bejubelt. Ein Sondereinsatzkommando aus Nürnberg stand bereit, griff aber nicht ein. Angsteinflößender waren hingegen die Polizeihunde, die kaum zurückzuhalten waren von ihren Hundeführern.

Ende Juli besuchten Vertreter des Ökumenischen Rates der Kirchen die Baustelle in Wackersdorf, nachdem sie zuvor im Weidener Kulturzentrum über das Thema „Zusammenkommen für Gerechtigkeit, Friede und Bewahrung der Schöpfung" diskutiert hatten.

Am 30. Juli rückte wiederum die Polizei aus und durchsuchte ein Pfadfinder-Lager bei Neunburg, wo 15 junge Leute aus dem hessischen Wetzlar zelteten. Gegen 7.30 Uhr wurden die Zeltplatzbewohner von angerückten Einsatzkräften aus dem Schlaf gerissen. Mit dabei: Zwei Staatsanwälte, 30 Polizisten und Kriminalbeamte. Gefunden wurde nichts Verdächtiges, bis auf ein neues Exemplar der Anti-Atom-Zeitung „Radi-Aktiv".

Der „Zirkusdirektor" Alois war fast bei jeder Demonstration dabei.

WAAhnsinnsaktionen

Auch die Radler protestierten „für eine atomfreie Zukunft".

Am Freitag, 17. Juli waren 40 österreichische Radler der „Salzburger Plattform gegen die WAA Wackersdorf" am Schwandorfer Marktplatz eingetroffen und machten „optisch und akustisch" auf sich und ihr Anliegen aufmerksam.

Am 8. und 9. August ertönte wieder „WAAhnsinnsmusik" am Lanzenanger in Burglengenfeld. Das Motto in diesem Jahr: „Maxhütte ja – WAA nein!" Vom Blues bis zum Oberpfälzer Rock war alles dabei. In den Umbaupausen forderten nicht nur Bürgerinitiativen gegen die WAA, sondern auch die Umweltschutzorganisation Robin Wood zum Widerstand gegen die WAA auf.

Für den 28. August hatten sich der Kabarettist Gerhard Polt sowie die „Biermösl Blosn" zu einem „Bayerischen Abend" in der Brucker Mehrzweckhalle angesagt. Das Veranstaltungsmotto lautete: „Musik und Satire gegen die WAA". Über 800 Besucher drängten sich in der völlig überfüllten Brucker Mehrzweckhalle. Redner wie Brucks Bürgermeister Joachim Hanisch brachten ihre Hoffnung zum Ausdruck, dass der Widerstand gegen die WAA nicht erlahme.

Marathon gegen die WAA

Anlässlich des zweiten Jahrestags der Räumung des „Freundschaftshauses" im Taxöldener Forst hatten die Bürgerinitiativen für 15. August zu einem Diavortrag über die Ereignisse mit anschließendem Fackelzug durch Schwandorf aufgerufen.

Ende August kündigten Gegner der Wiederaufarbeitungsanlage an, mit einem „Marathon gegen die WAA" auf das Atom-Projekt aufmerksam machen zu wollen. Franz Neuhierl aus Teublitz machte sich am 31. August vom deutsch-dänischen Grenzübergang zu einem 1100 km langen Fußmarsch durch die ganze Bundesrepublik auf. Es sei die Aufgabe jedes Menschen, so Neuhierl, „bei der Stilllegung des Atomprogramms seinen individuellen Beitrag zu leisten".

Die Polizei misstraute den „phantasiereichen Aktionen" rund um das Baugelände der geplanten WAA und warnte eindringlich vor „neuen Straftaten am Bauzaun". Bei den bereits angekündigten Aktionen im Herbst, so Wolf Hartmann, stellvertretender Leiter des Polizeipräsidiums Niederbayern/Oberpfalz, werde sich zeigen, ob die Bürgerinitiativen Einfluss hätten auf Gewalttäter. Die Polizei wolle weiter versuchen, „deeskalierend zu wirken". Bereits jetzt seien die Hubschraubereinsätze vermindert und das Auftreten der Polizeibeamten „entmilitarisiert worden". Tatsächlich, so Hartmann, sei „die Zeit der großen Zahlen wohl vorüber". Momentan komme es nur mehr gelegentlich zu Störungen, zumeist in unmittelbarer Umgebung des WAA-Bauzaunes. Gleichzeitig drohte er: Die Exekutive werde bei Straftaten konsequent und mit Nachdruck einschreiten.

Sieben Monate auf Bewährung sowie 200 Mark Geldstrafe bekam schon mal „Zirkusdirektor Alois", ehemals selbsternannter Zirkusdirektor vom „Freien Wackerland", aufgebrummt. Er wurde vom Schwandorfer Schöffengericht unter Vorsitz von Amtsgerichtsdirektor Josef Auernhammer in vier Anklagepunkten schuldig gesprochen. Der Arbeitslose, der stets mit Trommel und Clown-Schminke auftrat, war bei einem Informationsbesuch von Staatsminister Karl Hillermeier in Schwandorf auf dessen Dienstwagen gesprungen und hatte auf die Kühlerhaube des Ministerwagens getrommelt. In einem anderen Fall blockierte der WAA-Gegner bei Altenschwand eine Fahrbahn. Als Polizeikräfte ihn wegbringen wollten, klammerte sich der „Zirkusdirektor" zunächst an die Vorderachse eines Unimogs, kroch anschließend zwischen Unimog und Anhänger und verhinderte auf diese Weise die Weiterfahrt.

Der „Zirkusdirektor" sprang zuerst auf den Ministerwagen, kroch dann unter den Unimog und blockierte so die Fahrbahn.

Die Eskalation der Gewalt

Volksbegehren abgelehnt

Neuer Schwung für die WAA

Am 12. August 1987 meldete die Mittelbayerische Zeitung: „Wackersdorf ändert Bebauungsplan ‚Westlicher Taxöldener Forst' – Bewahrt neuer Zug Staat vor Schachmatt?"

Angesicht der abweichenden Planungen für die WAA beschloss die Gemeinde Wackersdorf die Einleitung eines Änderungsverfahrens zum Bebauungsplan „Westlicher Taxöldener Forst". In einem Koordinierungsgespräch Anfang Juni 1987 hatten der Wackersdorfer Bürgermeister Josef Ebner sowie der Oberlandesanwalt beim Bayerischen Verwaltungsgerichtshof angeregt, angesichts der zahlreichen Änderungswünsche für die geplante WAA den bereits genehmigten Bebauungsplan anzupassen. Der WAA-Bebauungsplan war wieder ins Blickfeld gerückt, nachdem der Senat die vom Bayerischen Umweltministerium erteilte atomrechtliche Genehmigung aufgehoben hatte, da er für das Brennelemente-Eingangslager nicht ausreiche.

Die Bürgerinitiativen erinnerten Wackersdorfs Bürgermeister daran, dass sie im Rahmen des Normenkontrollverfahrens gegen den Bebauungsplan klagten, denn der Bau des Ein-

Der Vorsitzende der WAA-Koordinierungsgruppe der Staatsregierung Georg von Waldenfels (Mitte) freute sich über die Ablehnung des Volksbegehrens.

gangslagers für Brennelemente stelle sich „immer mehr als rechtswidrig heraus".

Landrat Hans Schuierer kündigte indes „eine gewissenhafte Prüfung" an. Trotzdem, so Schuierer, sei er der Meinung, dass am WAA-Gelände die „Grundlage für jede Baumaßnahme fehle". Der Anwalt der WAA-Gegner, Wolfgang Baumann, hatte dem Bayerischen Innenministerium vorgeworfen, dass „die Rechtslage den Erfordernissen der WAA angepasst werde", worauf Sprecher des Innenministeriums und der DWK den Vorwurf der Rechtsverdrehung vehement zurückwiesen, sondern von dem Bemühen um Rechtssicherheit sprachen. DWK-Sprecher Peter Schmidt meinte, die gültigen Baugenehmigungen blieben gültig, allerdings müsse noch ein 50 Meter breiter Sicherheitsstreifen gerodet, einige Erdarbeiten nachträglich dem Bebauungsplan „angepasst" sowie ein Abluftkamin „etwas versetzt" werden.

Landrat Hans Schuierer bezeichnete den geänderten Bebauungsplan als „direkten Beweis" dafür, dass die Arbeiten an den bisher zehn Gebäuden auf dem WAA-Gelände ohne Genehmigung durchgeführt würden. Auch ein geänderter Bebauungsplan, so Schuierer, müsse vom Landratsamt genehmigt werden. Dies werde gewissenhaft geschehen. Damit drohte eine neuerliche Weisung, entsprechend dem Selbsteintrittsrecht des Staates. Ein Sprecher der Bezirksregierung des Innenministeriums wollte das gar nicht erst ausschließen.

Baurechtswidrigkeit soll geheilt werden

In einem Brief an den Wackersdorfer Bürgermeister bezeichnete Dietmar Zierer, SPD-Unterbezirksvorsitzender und Stimmkreisabgeordneter, den Beschluss auf Einleitung des Verfahrens zur Abänderung des Bebauungsplanes „Taxöldener Forst" als „ungewöhnlichen Akt der Kameraderie", als „Gemeinschaftsaktion" zwischen Innenministerium, Oberlandesanwaltschaft, DWK/DWW und der Gemeinde Wackersdorf. Damit solle, so Zierer, nachträglich die „Baurechtswidrigkeit eines Bauvorhabens geheilt werden". Gleichzeitig bat er seinen Parteigenossen, Bürgermeister Ebner, „inständig, nicht willfährig zum Vollzugsgehilfen des Bauherrn DWK" zu werden.

Kurz zuvor hatte es der Bayerische Verwaltungsgerichtshof abgelehnt, ein Volksbegehren gegen den Bau der umstrittenen Wiederaufarbeitungsanlage zuzulassen. Die gesetzlichen Voraussetzungen für die Zulassung des Volksbegehrens seien mangels einer Gesetzgebungskompetenz des Landes nicht gegeben, begründete Präsident Leo Parsch die Entscheidung der neun Richter. Der Vorsitzende der WAA-Koordinierungsgruppe der Staatsregierung Georg von Waldenfels sprach daraufhin von einem „Sieg für den Rechtsstaat". Der Versuch, das Verfahren der Volksbegehrens-Gesetzgebung „für Agitation gegen die WAA zu missbrauchen" sei gescheitert.

Die bayerischen Grünen im Landtag hingegen sahen in der Entscheidung eine „Kompetenzüberschreitung" des Gerichtshofs und kündigten an, beim Bundesverfassungsgericht die Geschäftsordnung und die Besetzung des Gremiums überprüfen zu lassen.

Auf dem Gelände der Wiederaufarbeitungsanlage wurde indes schon mit dem Bau neuer Anlageteile begonnen: mit der Errichtung des Löschwasserpumpenhauses, des Regenwasserrückhaltebeckens, zweier Sandfänge und des Gasübergabegebäudes. Außerdem waren weitere Aufträge im Gesamtwert von 11,2 Millionen Mark an Firmen in der Oberpfalz vergeben worden. Die Errichtung der ersten vier Anlagengebäude, des Brennelemente-Eingangslagers, der Zentralwerkstatt, des Modulteststandes und der Anlagenwache ging ebenfalls zügig voran. Alle Arbeiten lägen, so die DWK, „voll im Termin".

Kriminalisierung des Widerstandes

Die seltsame Sache mit der RAF

Bei der Pressekonferenz in Schwandorf informierte die Pressegruppe des Trägerkreises am 1. Oktober über die geplanten Aktionen, die „Sand ins Getriebe des Atomstaates" bringen sollten.

So blockierten frühstückende WAA-Gegner am Morgen des 5. Oktober 1987 für kurze Zeit die Zufahrt zum WAA-Baugelände. Die rund 20 WAA-Gegner konnten jedoch nur eine knappe Viertelstunde zu Tisch sitzen, bevor eine Hundertschaft von Bereitschaftspolizisten die Tafel auflöste und 19 der Frühstückenden vorläufig festnahm.

Einen Tag später tauchten, „gestützt auf das Polizeiaufgabengesetz", zeitgleich Uniformierte und Beamte der Amberger Kriminalpolizei vor Häusern in Altenschwand, Taxöldern und Stulln auf, weil nach Polizeiangaben der Verdacht bestand, „dass sich dort Personen aufhielten, die Straftaten verabredeten". Vier Personen wurden zur Identitätsfeststellung in Gewahrsam genommen.

Neben einschlägigen Zeitschriften wurde eine mit Stacheldraht umwickelte Filmspule sichergestellt. Stahlkugeln, so ein Sprecher des durchsuchten Informationsbüros der WAA-Geg-

Proteste vor der Regierung der Oberpfalz gegen die „neue Art der Kriminalisierung des friedlichen Widerstands".

Symbolischer Atommülltransport nach Schwandorf: Atommüllfässer mit „Radioaktiv-Zeichen" wurden durch die Stadt gerollt.

ner in Altenschwand schelmisch, seien nicht gefunden worden, allerdings seien in einer Ecke des Büros „drei bis vier Schusser gelegen".

Michael Wilhelm, Sprecher der Schwandorfer Bürgerinitiativen, wertete das Vorgehen der Polizei als „einen erneuten Versuch, die WAA-Gegner zu kriminalisieren". Wilhelm zeigte sich entsetzt, „dass durch willkürliche Überfälle" WAA-Gegner von einer Beteiligung an den Herbstaktionen abgehalten werden sollten.

Am Abend des 7. Oktober stürmten Einheiten der Bereitschaftspolizei und des Bundesgrenzschutzes, rund 150 Mann, die Sportgaststätte in Wackersdorf und überprüften dabei rund 20 der 80 anwesenden Personen. Drei mutmaßlichen Gegnern der WAA wurde dabei, laut Angaben des Führungsstabes der Polizei in Schwandorf, „die Freiheit entzogen".

Innenstaatssekretär Peter Gauweiler hatte bei seinem Besuch in Schwandorf am 5. Oktober ernsthaft behauptet: „Von den Zielsetzungen der Rote-Armee-Fraktion führt heute eine klare Linie unmittelbar zum militanten Widerstand gegen die WAA."

Dr. Uwe Dams vom Dachverband der Oberpfälzer Bürgerinitiativen war sich seit diesem Zeitpunkt sicher: „Die Polizei baut mit der RAF einen neuen WAA-Buhmann auf!" Auf diese Weise solle die Bevölkerung verunsichert werden. Anderseits werde „jetzt erst recht demonstriert und zwar hartnäckiger und unbequemer als je zuvor". Der Hinweis auf die RAF, die angeblich rund um Wackersdorf aktiv werde, sei eine „neue Art der Kriminalisierung des friedlichen Widerstandes".

Landrat Hans Schuierer nannte das „einen Trick der hinterfotzigsten und gemeinsten Art, um den friedlichen Widerstand zu verunglimpfen".

Der Präsident des Bayerischen Landeskriminalamtes Dr. Trometer spitzte die Situation noch zu, indem er erklärte, er gehe davon aus, dass die Terrorgruppe Rote-Armee-Fraktion (RAF) ihre Handlungsfähigkeit „in Kürze unter Beweis stellen und durch Aktionen in und um Wackersdorf in Erscheinung treten" werde. Gleichzeitig kündigte er an, dass rund 5000 Polizeibeamte eingesetzt würden, um „terroristische Aktionen militanter WAA-Gegner zu verhindern".

Hüllenloser Protest

Mit einer Aktion „Schwarzer Block" demonstrierten auf dem Bismarckplatz in Regensburg Mitglieder der Bürgerinitiative gegen die Wiederaufarbeitung von Kernbrennstoffen (BIWAK) hüllenlos gegen den Bau der WAA Wackersdorf – und das bei Temperaturen um 13 Grad und gelegentlichen Regenschauern. Vor 300 applaudierenden Zuschauern tanzten sie zum „Bayerischen Defiliermarsch". Schon nach wenigen Minuten schritten Einheiten der Bereitschaftspolizei ein, worauf sich die nackten WAA-Gegner anzogen und in der Menge untertauchten. Aktionen vor dem Polizeipräsidium sollten bald zur Normalität des Widerstandes gehören.

Mit lautem Getöse und großer Polizeipräsenz begannen die ersten offiziellen Herbstaktionen gegen die WAA. Mit Hölzern und Schirmen, so berichtete die Mittelbayerische Zeitung am 9. Oktober, wurde auf bemalte leere Fässer und Kanister getrommelt, bevor der „erste Atommüll-Transport" aus Nürnberg auf dem Schwandorfer Bahnhof ankam. Geschlossen marschierten rund 140 Demonstranten, die gelben Fässer mit „Radioaktiv"-Zeichen vor sich her rollend, vom Bahnhof durch die Schwandorfer Innenstadt zum Marktplatz. Den ganzen Tag über war es zu Verkehrsbehinderungen und Polizeikontrollen in Schwandorf und in den Landkreisteilen gekommen. Im Gespräch mit Schwandorfs Oberbürgermeister Kraus ging es um eine von der WAA ausgehende Trinkwassergefährdung und die Gefährdung der Schwandorfer Bevölkerung durch künftige Atommülltransporte. Nach dem Abschluss des symbolischen Atommülltransports blockierten etwa 200 mit Transparenten und vermeintlichen Giftfässern ausgestattete Personen den Durchgangsverkehr in Höhe des Marktplatzbrunnens. In einem nur wenige Minuten dauernden Einsatz drängten Einheiten der Bereitschaftspolizei die Menschenmenge auseinander.

Blockade-Aktionen gab es vor dem Bauzaun, aber auch auf Straßen des Landkreises.

Die seltsame Sache mit der RAF

Protest gegen die Kriminalisierung der Bevölkerung. Dr. Dams vom Dachverband der Oberpfälzer Bürgerinitiativen: „Die Polizei baut mit der RAF einen neuen WAA-Buhmann auf."

Das Baugelände der WAA war inzwischen abgeriegelt wie eine Festung. Die Polizei hatte einen in diesem Ausmaß nicht gekannten Sperrgürtel um das Areal gelegt und gestattete weder Pressevertretern noch Beamten der Gemeinde Wackersdorf den Zutritt. Am 8. Oktober 1987, 14.30 Uhr, hatte die 8. Kammer des Verwaltungsgerichtes Regensburg das Verbot eines Demonstrationszuges zum WAA-Gelände bestätigt.

Warnung vor verbotenem Marsch
Teilnehmer der Großkundgebung in Wackersdorf am 10. Oktober hatten angekündigt, nach der Kundgebung trotzdem zum Bauzaun der atomaren Wiederaufarbeitungsanlage zu marschieren.

In der fünf Seiten langen Begründung des Gerichts hieß es, der Anblick des Bauzauns wecke starke Emotionen. Die Teilnehmer des Aufzuges könnten deshalb zu Ausschreitungen neigen. Angesichts der gewalttätigen Aktionen und Anschläge der letzten Wochen seien „schwerwiegende Gefahren für Leben, Gesundheit und Eigentum einzelner zu erwarten".

Polizeipräsident Fenzl warnte ebenfalls eindringlich vor dem verbotenen Marsch zum Zaun. Notfalls, so drohte der Polizeipräsident,

„werden wir den Zug auflösen". Dabei warnte Fenzl erneut vor „Personen des terroristischen Umfeldes, die anwesend sein werden". Seines Wissens hielten sie sich schon im Raum Schwandorf auf.

Während der Anti-WAA-Aktionstage beherrschten im weiten Umfeld der WAA starke Polizeieinheiten des Straßenbild. Rund 5000 Polizeibeamte aus sechs Bundesländern, einschließlich West-Berlins, verwandelten die Region um Schwandorf-Wackersdorf in eine Festung. Innerhalb des WAA-Zauns rollten ununterbrochen Wasserwerfer auf der inneren Ringstraße entlang. Vor dem Zaun waren fast ausschließlich Polizeifahrzeuge unterwegs.

Das Landratsamt Schwandorf hatte einen Tag vor dem offiziellen Beginn der Herbstaktionen gegen die WAA eine von 14 angemeldeten Veranstaltungen verboten. Der Verbotsbescheid betraf den Zug zum WAA-Gelände, der nach der Demonstration auf dem Wackersdorfer Volksfestplatz stattfinden sollte. Die Entscheidung des Schwandorfer Landratsamtes fiel auf Weisung der Oberpfälzer Bezirksregierung.

Der SPD-Unterbezirk Schwandorf/Cham hatte ebenso zur Teilnahme an den Veranstaltungen der Aktionstage aufgerufen wie der Bund Naturschutz, Gewaltlosigkeit vorausgesetzt! Landrat Hans Schuierer forderte weitergehend, dass „Gewaltlosigkeit auch für die Polizei" zu gelten habe. Die RAF ins Spiel zu bringen, bezeichnete Schuierer als „gemeinen Trick", mit dem von staatlicher Seite her ein weiteres Mal versucht werde, „den friedlichen Widerstand zu verleumden".

Oberpfälzer Frauen demonstrieren in Schwandorf gegen Atomkraftwerke in aller Welt.

Schlaflose Nächte für die Polizei

Ein heißer Herbst 1987

Während Polizeioberrat Wolf Hartmann hoffte, dass das Interesse an der WAA nachgelassen habe, braute sich in der Oberpfalz ein heißer Herbst zusammen. Mehrere Organisationen hatten zu drei „Herbstaktionstagen gegen die WAA" aufgerufen. Nach Auskunft von Irene Maria Sturm, Sprecherin der Schwandorfer Bürgerinitiative, rechnete man allein für die Protestveranstaltung auf dem Wackersdorfer Volksfestplatz mit über 40.000 Teilnehmern. Aufgerufen hatten auch die bundesweite Anti-Atom-Bewegung, die BUND-Jugend, der BBU, Robin Wood, die bayerischen Friedensbewegungen und weitere Organisationen.

Zum Auftakt der Aktionstage am 8. Oktober sollte es im Wesentlichen dezentrale Aktionen im weiteren Umfeld des WAA-Baugeländes geben: einen „Trauermarsch" von Burglengenfeld über Maxhütte nach Teublitz, eine Fahrradstafette von Feucht nach Wackersdorf, einen öffentlichen „Atommülltransport" von Nürnberg nach Schwandorf, Luftballonaktionen in Pfreimd, ein Straßenfest mit Musikgruppen in Wackersdorf oder ein großes „Bullettenessen" vor dem Polizeipräsidium in Regensburg. Für 9. Oktober 1987 waren Behinderungs- und Blockadeaktionen auf den Zufahrtswegen zum WAA-Gelände in Vorbereitung sowie weitere Aktionen in Schwandorf. Ewald Ziegler von der Friedensbewegung machte klar: „Wir wollen bewusst auf Versammlungsfreiheit und Demonstrationsrecht bestehen!"

Es könne nicht länger hingenommen werden, dass die „Bannmeile um die WAA", innerhalb derer Großveranstaltungen verboten seien, zum Gewohnheitsrecht werde. Am 19. September waren rund 300 Kernkraftgegner dem Aufruf gefolgt, der da lautete: „Feuerwerk am Bauzaun – eine schlaflose Nacht für die Bullen." Nach mehreren Steinwürfen und abgeschossenen Feuerwerkskörpern drängten massive Polizeikräfte die zum Teil Vermummten zurück in den angrenzenden Wald. Kurz vor Mitternacht war der Spuk zu Ende. In der Nacht zuvor hatten militante Kernkraftgegner gegen 23 Uhr eine 20.000-Volt-Schaltanlage der OBAG regelrecht gesprengt. Die Polizei zeigte sich schockiert: „Das ist glatter Terror!" Der Schaden belief sich, nach Polizeiangaben, auf „mindestens eine Million Mark". Die Polizei setzte eine Belohnung von 10.000 DM für die Ergreifung der Täter aus. Der stellvertretende bayerische SPD-Landesvorsitzende Ludwig Stiegler verurteilte die Tat scharf. Mit Brandanschlägen, so Stiegler, sei die WAA nicht zu verhindern, vielmehr veranlassten sie die CSU „noch mehr polizeiliche Repression in die Oberpfalz zu leiten". In einem Schreiben an die Mittelbayerische

Zeitung bekannten sich kurze Zeit später die „Revolutionären Zellen" zum WAA-Brandanschlag. Der Anschlag sei „Teil der Sabotagekampagne zur Unterstützung der Aktionswoche gegen die WAA". Das Bayerische Innenministerium erhöhte die Belohnung zur Ergreifung der Täter daraufhin auf 50.000 DM. Gleichzeitig übernahm der Generalbundesanwalt die Ermittlungen. Die Sicherheitsorgane befürchteten weitere Sabotageakte gegen am WAA-Bau beteiligte Firmen, vornehmlich vonseiten der „Autonomen", die nach Schätzung der Polizei eine Gruppe von 300 Personen in Bayern bildeten.

Um den befürchteten Krawallen bei der am 10. Oktober geplanten Großdemonstration entgegenzutreten, forderten die bayerischen Behörden in allen Bundesländern Unterstützung an. Daraufhin wurde ein mehrtägiger Einsatz von zwei Berliner Polizeieinheiten mit insgesamt 120 Beamten angeboten. Eine Einheit war die erst im Mai gebildete Spezialeinheit „für besondere Lagen und einsatzbezogenes Training".

Personen aus dem terroristischen Umfeld?

Sogar die Gewerkschaft der Polizei protestierte im Vorfeld gegen deren Einsatz, jedoch ohne Erfolg. Das Polizeipräsidium Niederbayern/Oberpfalz bereitete sich längst intensiv auf die „Aktionswoche gegen die atomare Wiederaufarbeitungsanlage" vom 8.–10. Oktober 1987 vor. Gerechnet wurde mit Blockaden von Bundesstraßen, Autobahnen und Zufahrtsstraßen zum WAA-Gelände. Nach Darstellung der Polizei, so Polizeipräsident Fenzl, rechne man damit, dass sich im Umkreis des WAA-Baugeländes immer wieder Personen aus dem terroris-

„Wir sahen, wie ein Demonstrant weggezerrt wurde, sein Gesicht war blutverschmiert".

Ein heißer Herbst 1987

Auch die „Mütter gegen die Atomkraft" zeigten Flagge und ließen sich nicht einschüchtern.

tischen Umfeld aufhielten. Gleichzeitig bemühte er sich, jene Kernkraft- und WAA-Gegner anzusprechen, „die auf der Kippe stehen" zwischen Gewalttätigkeit und friedlichem Protest. Deshalb werde die Polizei in den nächsten Wochen verstärkt „Gesprächsbeamte" im Umfeld des WAA-Geländes einsetzen.

Eine Woche vor den Aktionstagen war ein Brandanschlag auf das unweit des WAA-Bauzauns errichtete Betonwerk Huber erfolgt, der einen millionenschweren Schaden zur Folge hatte. Die Täter waren aus einer hundertköpfigen Menschenmenge heraus in das Betriebsgelände eingedrungen und hatten dort drei Brandsätze gezündet. Die BI Schwandorf teilte dazu mit: „Angesichts der Arroganz der Politiker, die glauben, die WAA um jeden Preis durchsetzen zu müssen, verwundert es nicht, dass es Leute gibt, die versuchen, die WAA durch solche Aktionen zu verhindern. Dies ist jedoch keine Widerstandsform der BI Schwandorf."

Für die Zeitschrift der Anti-AKW-Bewegung „graswurzel revolution" berichtete und kommentierte Fabian Ostertag die Aktionstage und die Großdemonstration am 10. Oktober 1987, an der sich rund 30.000 Menschen beteiligten: (Auszug)

„Die Aktionstage waren weitaus mehr geprägt von über 5000 im Einsatz befindlichen Polizisten als von Aktionen der WAA-Gegner. Da wurde an zwei Abenden das Plenum eingekesselt, von allen die Personalien festgestellt, einige vorläufig festgenommen, (einer davon 20 Stunden lang wegen einiger Flugblätter festgehalten). Da wurden Bauernhöfe, in denen angereiste WAA-Gegner nächtigten, im Morgengrauen umstellt und durchsucht. Da waren die ständigen Personen- und Gepäckkontrollen. Da wurden Blockadeversuche meist im Ansatz vereitelt durch die Übermacht der

Polizei. Die einzelnen Überwachungsmaßnahmen aufzuzählen, könnte Seiten füllen ...

Schöner Oberpfälzer Dialekt
Trotz aller Ohnmacht, die ja nicht nur subjektiv empfunden wird, sondern faktisch vorhanden ist, können die Aktionstage nicht als Misserfolg und Manifestation der Hilflosigkeit der Bewegung bewertet werden. Es gab eine Reihe von Protestaktionen, die mit viel Phantasie und Power durchgeführt und in der regionalen Presse z. T. ausführlich gewürdigt wurden. Auch die spürbare Solidarität vieler Einheimischer zählt zu den positiven Erfahrungen. Noch nie fand ich den bayerischen – oder richtiger: Oberpfälzer – Dialekt so schön wie in den Tagen, als ich immer wieder hörte, wie aufgebrachte Oberpfälzerinnen heftigst auf die Polizei einredeten und -schimpften.

Als politischer Erfolg ist auch die Demo zum Baugelände zu werten. Der größte Teil der Kundgebungsteilnehmer/innen kümmerte sich nicht um das Verbot, sondern machte sich auf den Weg, ignorierte polizeiliche Auflösungsverfügungen und gelangte auch fast ungehindert bis zum Baugelände. Die Polizeisperre wurde in selten gut funktionierender Entschlossenheit und unter Einhaltung vorher getroffener Absprachen umgangen und für dieses Mal zur Wirkungslosigkeit verurteilt. Es muss an dieser Stelle allerdings eingeräumt werden, dass dieser Erfolg nicht unumstritten ist: Hätte die Polizei, wenn sie nur wirklich gewollt hätte, das Vordringen der Demo zum Bauzaun nicht doch verhindern können? Somit wäre der Marsch zum Bauzaun insofern im Sinne der Polizei gewesen, weil diese zur Rechtfertigung ihres Einsatzkonzeptes unbedingt auch Gewaltszenen am Bauzaun – und gerade dort! – brauchte.

Hinzukommt, dass auch der Erfolg – folgt mensch dieser Wertung – keine ungetrübte Freude hinterlassen kann, angesichts der durch die Polizeibrutalität am Bauplatz schwer verletzten Demonstranten ..."

Auch österreichische WAA-Gegner waren zur Großdemonstration am 10. Oktober nach Wackersdorf gekommen. Eine Teilnehmerin namens Patrizia schilderte in der Ausgabe „Arbeitsgemeinschaft Tiroler Atomgegner Nr. 3/87" ihre Erlebnisse:

„Wir starteten sehr früh in Innsbruck und fuhren über Scharnitz, um Schwierigkeiten an der Grenze auszuschließen. – Erste Fahrzeugkontrolle (nur für ‚Verdächtige') auf der Autobahn ca. 30 km vor Regensburg. Zweite Fahrzeugkontrolle auf der Autobahn für alle Autos kurz nach Regensburg. Bei der Einfahrt in die Ortschaft Wackersdorf – Totalkontrolle. Bei dieser Kontrolle mussten wir alle aussteigen. Unsere Pässe wurden über eine halbe Stunde beschlagnahmt, unsere Autos total durchsucht, unsere Rucksäcke ausgeleert, unsere Transparente gelesen. Drei Transparentstangen wurden beschlagnahmt. Dann konnten wir endlich weiterfahren. Aber die Schikanen gingen weiter. In der Nähe des Kundgebungsplatzes durften wir nirgends parken. Als wir dann einige Kilometer entfernt waren, fanden wir am Waldrand noch einen Platz. Wir gingen quer durch den Wald in Richtung Festwiese. Sobald man auf eine Straße oder einen Weg kam sah man Polizisten. Ich hatte in meinem ganzen Leben noch nie so viel Polizei gesehen. Plötzlich vor uns wieder eine Totalsperre. Es wurden abermals unsere Rucksäcke überprüft. Dieter wurde eine Saftflasche abgenommen. Begründung: Dies wäre ein Wurfgeschoß. Neben uns wurde ein freiwilliger Sanitäter durchsucht. Ihm wurde die Verbandschere konfisziert. Einem anderen wurde ein Helm beschlagnahmt.

10 Uhr – Endlich sind wir am Kundgebungsplatz eingetroffen. Wir sahen viele Transparente und Informationsstände. ‚Mütter gegen Atomkraft' verkauften selbstgemachte Kuchen. Es spielten zwei Musikgruppen und es gab einige Reden. Durch den Lautsprecher kam die Durchsage, dass nun endlich auch unsere Salzburger

Ein heißer Herbst 1987

Freunde eingetroffen sind. Sie wurden an der Grenze eine Stunde aufgehalten.

Ich sah mich in der Menge um. Die Stimmung war gut. Nein, ‚gut' ist zu wenig – es lief mir die Gänsehaut über den Rücken als ich zwischen den 25.000 Menschen herumschlenderte. Es war so gut, friedlich, einheitlich – einfach schön. Hier saßen alle friedlich nebeneinander. – Die mit ihren Lederjacken und Irokesenschnitt, neben denen mit Krawatte und Seitenscheitel. Hier saß ein alter Mann mit langem, grauen Bart und strickte. Daneben spielten Kinder fangen. Und da saßen wir, und wir waren froh darüber, denn es gab uns wieder neue Kraft.

Um 13 Uhr wurde die Kundgebung beendet. Die Menge setzte sich in Richtung Bauzaun in Bewegung. Die Polizei forderte uns durch Lautsprecher auf, schnellstens zu unseren Fahrzeugen zu gehen und uns zu entfernen. Aber wir wurden nicht weniger, sondern mehr. Denn viele Teilnehmer stießen erst jetzt zu uns, da sie durch die vielen Kontrollen sehr lange aufgehalten wurden. Wir hörten keine aufwieglerischen Parolen, stattdessen wurden Friedenslieder gesungen. Plötzlich ging es nicht mehr weiter. Die breite Zufahrtstraße zum Bauzaun war von der Polizei abgesperrt. Links und rechts war Wald. Auch entlang des Waldes stand ein Polizist nach dem anderen. Hin-

Polizeipräsident Fenzl erklärte, man rechne mit Personen aus dem terroristischen Umfeld.

ter der Absperrung sah man auf der ganzen Straße entlang Arrestierungswagen. Die sollten uns wohl abschrecken. Eine Stunde geschah nichts. Wir standen nur vor der Absperrung und versuchten mit den Polizisten zu sprechen. Das war ziemlich trostlos. Meine Gefühle wechselten hier zwischen Mitleid und Zorn. Und so versuchten wir die Polizei im Wald zu umgehen. Die meisten Demonstranten machten dasselbe. Nach 500 Metern trafen wir wieder aus allen Richtungen auf dem breiten Zufahrtsweg zusammen. Es waren inzwischen etwa 40.000 Menschen. Wir hatten es geschafft. Wir waren am Zaun. Jetzt sahen wir zum ersten Mal einige Vermummte. Sie kletterten auf den Bauzaun und versuchten diesen zu beschädigen. Nun flogen auch einige Steine. Die Polizisten, die etwa 50 m hinter dem Bauzaun standen, schien das alles sehr zu belustigen, denn sie lachten. Na ja, Angst brauchten die ja auch keine zu haben. Denn es war wohl unmöglich, dass sie bei dieser Entfernung getroffen würden. Doch plötzlich ging alles ganz schnell.

Von der anderen Seite kam wie aus dem Erdboden eine ganze Invasion von Polizisten die auf alles und jeden einschlugen, der ihnen nicht entkam. Zur gleichen Zeit – ein dumpfer Ton – Tränengas. Ich zog mein Halstuch über den Mund, wollte aber noch einige Schlagszenen fotografieren. Doch Erich packte mich hart an der Hand und zog mich zurück in den Wald. Ich flog richtig hinter ihm her. Und wir alle liefen. Sepp, Inge, Maria und eine Menge Leute. Unsere anderen Tiroler Freunde verloren wir in der Menge aus den Augen. Nach einiger Zeit gelangten wir wieder bei der Einfahrtsperre an. Auch hier gab es Schlägereien. Wir sahen wie ein Demonstrant gerade weggetragen wurde. Einer lag noch am Boden. Sein Gesicht war blutverschmiert, sein Kopf eingebunden.

Wir waren ziemlich geschafft. Diese sinnlosen Schlägereien und 20 km Fußmarsch, wir hatten genug – für heute. Aber wir kommen wieder. Wir werden uns nicht von der Polizei und einigen Politikern davon abhalten lassen weiter friedlich gegen die Atomkraft zu kämpfen. Denn es ist nur eine Frage der Zeit, bis das nächste Unglück passiert, und dann haben alle Schuld, die nichts gegen diesen Wahnsinn unternommen haben."

Sinnlos auf Menschen eingeknüppelt

„Polizei-Rambos" im Einsatz

Mit der Kundgebung auf dem Volkfestplatz in Wackersdorf erreichte der Widerstand im Herbst 1987 seinen Höhepunkt. Rund 25.000 Menschen nahmen an der Abschlussveranstaltung teil, auf der mehrere Redner ihre ablehnende Haltung gegenüber der WAA, aber auch gegenüber der starken Polizeipräsenz zum Ausdruck brachten. Nahezu alle Demonstrationsteilnehmer machten sich hinterher auf den kilometerlangen Marsch in Richtung WAA-Baustelle. Eine Aktion, die im Vorfeld vom Landratsamt Schwandorf auf Weisung des Innenministeriums untersagt worden war, ebenso vom Bayerischen Verwaltungsgerichtshof.

Lautsprecherdurchsagen der Polizei am Kundgebungsplatz, den verbotswidrigen Zug aufzulösen, verhallten dort ebenso wie eine halbe Stunde später an der Abzweigung zur Wa-

Das Berliner Spezial-Einsatzkommando prügelte auch auf flüchtende Demonstranten ein.

ckersdorfer Industriestraße von der Kreisstraße SAD 9. Dort erwartete die Demonstranten eine Gitterabsperrung, die den Weitermarsch in Richtung WAA-Gelände verhindern sollte.

Auf einen ersten Versuch, die Polizeikette zu durchdringen, antworteten die Einsatzkräfte mit Schlagstockeinsatz. Nach vereinzelten Steinwürfen aus den Reihen der Demonstranten, folgte ein neuerlicher Versuch, die Absperrung zu überwinden. Behelmte Beamte hielten mit Schlagstöcken und Reizgas dagegen. Erneut flogen Steine, was jedoch aufhörte, als sich friedfertige Demonstranten mit erhobenen Armen vor die Sicherheitskräfte stellten.

Unterdessen setzten sich an den Rändern der polizeilichen Absperrung WAA-Gegner in den Wald ab, um sich so dem WAA-Bauzaun nähern zu können, ehe die Polizei später die Sperre aufhob und freien Zugang gewährte.

Tausende von WAA-Gegnern erhielten nun Zugang zum WAA-Gelände. Dort liefen Demonstranten über den Betongraben zur Zaunanlage hoch, andere rüttelten am Tor 1. Zur gleichen Zeit drängten Vermummte eine Polizeigruppe ab. Aus der Menschenmenge prasselten Steine, Erdklumpen und Flaschen auf die Helme der Polizeibeamten. Darauf marschierten weitere Einsatzkräfte vor den WAA-Zaun stürmten auf die Menschenmenge los, wobei Berliner Einsatzkräfte besonders brutal vorgingen. Sie prügelten mit ihren Schlagstöcken auch auf flüchtende Demonstranten ein. „Mörder, Mörder!", schrien die Demonstranten und stieben auseinander, als der Trupp der Berliner Polizisten wieder loshetzte. Scheinbar losgelöst vom polizeilichen Gesamtgeschehen agierte die 20-köpfige Einsatzgruppe. Einem Reporter des „Wochenblattes", der dokumentieren wollte, wie man einem Kollegen die Kamera zerschlug, wurde von hinten ein „Polizistenknüppel über den Kopf gezogen". Er wurde dabei so schwer verletzt, dass er im Krankenhaus landete. Eine junge Kollegin wurde zu Boden gerissen und an den Haaren mitgeschleift.

In der Ausgabe vom 15. Oktober 1987 berichtete Beatrix Neukirch im „Wochenblatt" unter der Überschrift „Demokratie niedergeprügelt":

„Das Einsatzkommando der Zwei-Meter-Bullen aus Berlin-Kreuzberg, dessen Einsatzleiter sich und seine Mannen angeblich freiwillig für den Dienst in Wackersdorf gemeldet hat, war ein Totschlägerkommando, das mit unglaublicher Brutalität, ja Menschenverachtung vorging. Brutale Typen hinter Kinnschutz, die mit ihrem Opfer kein Wort wechseln, keine menschliche Regung, kein Mitleid zeigen, die nur knüppeln. Das Ganze ist kein Bericht aus einem totalitären Staat, sondern ganz einfach Wackersdorfer Realität."

Vom Schlagstock am Kopf getroffen

Nicht viel besser war es dem Bundestagsabgeordneten der Grünen Michael Weiß aus München ergangen. Er wurde dreimal von einem Schlagstock am Kopf getroffen. Später erhob er in einem Fernsehinterview den Vorwurf, es habe sich dabei um einen „gezielten Angriff" gegen ihn gerichtet. Innenminister August Lang bezeichnete es später als „Skandal", dass Bundes- und Landtagsabgeordnete der Grünen sich an „rechtwidrigen Blockadeaktionen" beteiligt hätten.

Während Rettungssanitäter die Verletzten in die Krankenwagen hievten, jagte die Kreuzberger Einheit weit entfernt vom Zaun auf neue, andere Menschenmassen zu.

Die Mittelbayerische Zeitung schrieb in ihrer Ausgabe vom 12. Oktober:

„Dieses Mal treffen die Schlagstöcke zwei, drei Menschen. Sanitäter in schwarzem Leder mit dem roten Kreuz, das eine Faust ballt, beugen sich in Staubwolken über die, die daliegen, schrei-

„Polizei-Rambos" im Einsatz

SPD-Landesvorsitzender Schöfberger kritisierte die Berliner Truppe als „paramilitärische Sondereinheit der preußischen Polizei".

en – halten sie fest im Arm. Darunter ein junges Mädchen mit der Rot-Kreuz-Binde am Arm, das beim Davonlaufen der Schlagstock einholte. Viele Gesichter beugen sich über den leblosen Körper. Eingekeilt in der Menge der zusammenlaufenden Demonstranten arbeiten drei schwarzgekleidete Sanitäter flink und sachkundig an den Bewusstlosen, legen eine Infusion an, spritzen Medikamente ...

Gestoppt werden konnte die Berliner Einheit nur durch ‚die eigenen Leute'. Ein Polizeibeamter stemmte sich gegen seine heranstürzenden Kollegen, ein anderer hob sein grünes Barett hoch über die schwankende Menge, worauf die Berliner Einheit abdrehte ..."

Als der schier endlose Zug der Demonstranten nach diesen Ereignissen zurückmarschierte, wurde in Tausenden von Gesprächen die neue Erfahrung von unglaublicher, polizeilicher Gewalt diskutiert.

Polizeipräsident Fenzl gab noch am selben Tag bekannt, man habe aufgrund der Vorhaltungen seitens der WAA-Gegner wegen der Vorgänge am Bauzaun die Staatsanwaltschaft veranlasst, Ermittlungen einzuleiten wegen des „Vorwurfs, dass am Bauzaun eingesetzte Beamte von ihrem Zwangsrecht zu Unrecht Gebrauch gemacht haben".

Gegenüber der „Süddeutschen Zeitung" äußerte sich Fenzl weiter: „Der Berliner Einheit ging kein negativer Ruf voraus!" Am Abend zuvor seien die Leiter der Einheiten darauf hingewiesen worden, dass der Schlagstock, solange der nicht benötigt werde, steckenzubleiben habe. Aufgabe der „Berliner" sei es gewesen, erkannte Steinewerfer festzunehmen.

Dabei war es bereits am Freitagabend auf dem Schwandorfer Marktplatz zur Eskalation gekommen, als die Berliner Truppe „ohne jeden Anlass auf eine Menschenmenge einknüppelte", wie es „Der neue Tag"-Redakteur Wolfgang Houschka in seinem Kommentar am 12. Oktober formulierte.

Polizeipräsident räumt Fehler ein
Polizeipräsident Fenzl räumte ein, dass eine solche Aktion alles zunichtemache, „was mühsam und unter großem Aufwand an Kontakt und Vertrauen aufgebaut wurde".

Nach Angaben von Fenzl war es am Bauzaun zu 12 Festnahmen gekommen. Insgesamt seien während der vergangenen Woche rund 300 Demonstranten festgenommen worden.

Landrat Hans Schuierer zeigte sich empört. Er hatte sich am Nachmittag zwischen zwei Terminen über die Ereignisse an der Polizeisperre auf der Industriestraße informiert. Seiner Ansicht nach, so machte Schuierer klar, unterscheide sich das, was in Wackersdorf passiert sei, in keiner Weise mehr von den Vorgängen in Südafrika und in Chile. Die Übergriffe der Berliner Polizeieinheit am Samstagnachmittag in Bauzaunnähe seien geradezu unglaublich gewesen.

Der Dachverband der Oberpfälzer Bürgerinitiativen gegen die WAA sah sich durch das „grausige Geschehen" am WAA-Bauzaun in seiner Auffassung von der sozialen Unverträglichkeit der geplanten Anlage bestätigt. Den Verantwortlichen von Polizei und Politik warfen die Bürgerinitiativen vor, „mit System" die Gewalt herbeigeredet zu haben, bis am Bauzaun „regelrechte Menschenjagden und Totschlagsversuche" betrieben worden seien.

SPD-Landesvorsitzender Rudolf Schöfberger kritisierte die Berliner Truppe als „paramilitärische Sondereinheit der preußischen Polizei". Er kündigte an, Schuierer als beratendes Mitglied in den Landesvorstand der Partei zu berufen. Nach einer ergreifenden Rede Schuierers auf dem Landesparteitag in Regensburg, waren Delegierte und Vorstand spontan zur ökumenischen Andacht am Franziskus-Marterl gefahren, um sich anschließend am Waldspaziergang rund um den WAA-Bauzaun zu beteiligen. Karl-Heinz Hiersemann, Vorsitzender der SPD-Landtagsfraktion, forderte die volle Aufklärung darüber, wer für die Polizeieinsätze am WAA-Gelände die Verantwortung zu tragen habe. Notfalls müsse ein Untersuchungsausschuss im Landtag eingesetzt werden. Innenminister Lang dagegen dankte allen Polizeibeamten „für ihrer hervorragende Arbeit". Nur dem entschlossenen und umsichtigen Vorgehen der Polizei sei es zuzuschreiben, so August Lang in der Zeitschrift „Die Woche" vom 15. Oktober, „dass das Ausmaß gewalttätiger Ausschreitungen auf ein Mindestmaß beschränkt wurde". Die Berliner Einheit habe bei der Festnahme von „Steinewerfern, Vermummten und anderen gewalttätigen Störern" gute Erfolge erzielt.

Für die SPD waren diese „Erfolgsmeldungen" Langs schlicht „barbarisch". Mit derartigen Entgleisungen, so der SPD-Pressedienst, seien die Grenzen der politischen Kultur überschritten worden. Das lege die Befürchtung nahe, „dass nach den Wortkeulen die richtigen Knüppel kommen".

Zu einem Eklat im Plenum des Bayerischen Landtages hatte ein heftiges Nachgefecht zu den Vorgängen am WAA-Bauzaun in Wackersdorf am Wochenende zuvor geführt. In der Fragestunde warfen Redner der CSU dem bayerischen SPD-Chef Rudolf Schöfberger und dem Schwandorfer Landrat Hans Schuierer vor, mit ihren Aussagen Demonstranten „aufgewiegelt und an den Bauzaun der WAA getrieben" zu haben. CSU-Abgeordnete hatten Schuierer indirekt vorgeworfen, Maßnahmen der Polizei gegen Gewalttäter als „terroristisch" bezeichnet zu haben, woraufhin es zum Tumult im Plenum kam und der Ältestenrat die Sitzung unterbrach.

Schreien vor so viel Unmenschlichkeit
Eine Leserbriefschreiberin aus Hirschau hatte in der Mittelbayerischen Zeitung nochmals ihre Erlebnisse am WAA-Bauzaun aufleben lassen: *„Ich bin gerade noch davongekommen, doch direkt neben mir haben Polizisten einen Mann rechts und links untergehakt, er hängt mit dem Kopf nach unten wie leblos zwischen ihnen, während ein Dritter unbarmherzig mit dem Knüppel auf ihn eindrischt, ohne darauf zu achten, wo er hintrifft. Mehrere BGS-Beamte stehen regungslos daneben und schauen scheinbar teilnahmslos zu. Ich könnte schreien vor so viel Unmenschlichkeit …"*

Dr. Walter Weinländer, Vorstandsmitglied der DWK, räumte bei einer Pressekonferenz ein, „dass da vielleicht Polizeieinheiten überreagiert haben". Allerdings sei es „einseitig und willkürlich", nur der Polizei dafür die Schuld zu geben. Den Politikern warf er vor, dass ihre Art, miteinander umzugehen, Spuren bei der Bevölkerung hinterlasse.

Auch Polizeipräsident Fenzl geriet immer mehr ins Kreuzfeuer. Nicht nur der Abgeordnete der Grünen, Dr. Wolfgang Daniels, auch die Amberger Bürgerinitiative gegen den Bau einer atomaren Wiederaufarbeitungsanlage forderte Wilhelm Fenzl in einem offenen Brief zum Rücktritt auf: „Die Konsequenz Ihres der Brutalität Tür und Tor öffnenden Handelns, kann nur darin zu sehen sein, dass Sie auch die Verantwortung für die unglaublichen Vorfälle am vergangenen Samstag übernehmen."

Der Polizeichef erklärte wiederum, dass er um eine lückenlose Aufklärung der Vorwürfe bemüht sei. Sollte sich die Vorwürfe bestätigen, würden entsprechende strafrechtliche und disziplinäre Konsequenzen nicht ausbleiben. Er stellte jedoch klar, dass es sich als unwahr erwiesen habe, dass Berliner Beamte betrunken gewesen wären und es einen „Knüppelbefehl" gegeben habe. Auch sei es unwahr, dass Polizisten in Zivil unter den Demonstranten als Provokateure agierten oder eine frauenverachtende Behandlung durch Polizeibeamte erfolgt sei.

Bei einer Veranstaltung der Bürgerinitiative Schwandorf am 22. Oktober im Vereinshaussaal diskutierten über 200 WAA-Gegner über das Für und Wider von Strafanzeigen. „Wir raten davon ab, Anzeigen zu erstatten", riet Jochen Diekmann vom Schwandorfer WAA-Büro. Er blendete auf vergangene Ereignisse zurück. Da habe es, so Diekmann, in einer Reihe von Fällen sofort Gegenanzeigen gegeben, da sei der Antragsteller letztlich selbst vor Gericht zitiert worden. Seit Baubeginn habe keine einzige von rund 300 Anzeigen gegen Polizeibeamte zu einer Ahndung geführt.

Kreisrat Klaus Pöhler hingegen mochte sich diesem Standpunkt nicht anschließen: „Es ist wichtig, dass wir nicht nur vor uns hin schimpfen. Wir sollten jetzt Taten folgen lassen!"

Auch Landrat Hans Schuierer war im Saal und meldete sich zu Wort. „Reicht es denn, wenn man sich gegenseitig das Erlebte erzählt?", fragte der Schwandorfer Landrat und drückte sein Unverständnis darüber aus, dass es Personen gebe, die trotz erlittener Verletzungen keine Anzeige schreiben. „Es ist eine Pflicht, sich zu melden!", meinte Schuierer. Danach setzte sich Schuierer mit dem Verhalten des Bayerischen Innenministers auseinander und nannte dessen Tun „Verleumdung". Da brauche man sich über Staatsverdrossenheit nicht zu wundern.

Teil des nationalen Entsorgungskonzepts
Der parlamentarische Staatssekretär im Bundesumweltministerium, Wolfgang Gröbl, hob unterdessen bei einem Besuch in Wackersdorf hervor, dass die Bundesregierung uneingeschränkt an der Wiederaufarbeitung als Teil des nationalen Entsorgungskonzeptes von Kernkraftwerken festhalten werde. Gröbl dankte der Bayerischen Staatsregierung, die das WAA-Verfahren „hervorragend betreue und durchführe". Gleichzeitig berichtete der Staatssekretär von seinem jüngsten Besuch in der französischen Wiederaufarbeitungsanlage in La Hague. Aus seinen mit den dortigen Bürgermeistern geführten Gesprächen habe er entnommen, dass es auch in Frankreich Widerstände gegen den Bau einer WAA gegeben habe. Heute aber sei, so Gröbl in Schwandorf, „die Bevölkerung froh, die Anlage in ihrer Nähe zu haben".

Auf WAA-Gegner wurden regelrechte „Hetzjagden" veranstaltet.

„Polizei-Rambos" im Einsatz

Auch auf dem Schwandorfer Marktplatz war es zur Eskalation gekommen, als die Berliner Truppe aufmarschierte.

Inzwischen war der umstrittene Einsatz der Berliner Einheit auch in deren Heimat in den Blickpunkt der dortigen Öffentlichkeit gerückt. Wenngleich, wie der Berliner „Tagesspiegel" schrieb, Mitglieder der ins Kreuzfeuer geratenen Einheit zugaben, dass „ein Teil der Vorwürfe zutreffe", gab es bei der Berliner Polizeiführung Überlegungen, EbLT-Angehörige „für ihre Leistungen zu belohnen" und möglicherweise „bevorzugt zu befördern". Dabei waren, so berichtete der „Tagesspiegel" weiter, „90% der Berliner Bereitschaftspolizei mächtig sauer auf die EbLT-Formation".

Bei einer Anhörung der SPD-Landtagsfraktion war dagegen von „Knüppelorgien", „Hetzjagden auf friedliche Demonstranten" oder „unterlassener Hilfeleistung" die Rede. Untersucht werden sollte das Vorgehen von Einheiten der Bereitschaftspolizei und des Bundesgrenzschutzes am Baugelände der atomaren Wiederaufarbeitungsanlage vor drei Wochen. Im Kreuzfeuer standen erneut die Angehörigen der Berliner Spezialeinheit „für besondere Lagen und einsatzbezogenes Training" (EbLT). Noch einmal kochten die Emotionen hoch. Ein Sanitäter berichtete, man sei teilweise über den Verletzten gelegen, weil Beamte direkt daneben auf Demonstranten eingeprügelt hätten. Emma Gietl aus Maxhütte berichtete, sie sei Augenzeugin gewesen, als Angehörige der Berliner Einheit auf MdB Michael Weiß losgestürmt und ihn verprügelt hätten, „wie einen Straßenjungen". Ein Demonstrant berichtete bei der Anhörung, er habe hören können, wie beim Schlag auf eine am Boden liegende Frau der Holzknüppel zersplittert sei. Polizisten seien „auf Liegenden herumgetrampelt", hätten auf deren Hände geschlagen oder hätten sie „wie Tierkadaver durch den Sand geschleift und hinter den WAA-Zaun geschleppt". Die 58-jährige Irmgard Gietl fasste die Ereignisse so zusammen: „Das Schlimmste an Polizeieinsatz, was ich je erlebt habe."

SPD-Fraktionschef Karl-Heinz Hiersemann versicherte, das Hearing sei kein Tribunal, es diene weder der Verurteilung noch der Vorverurteilung, sondern der Sammlung von Sachverhalten, da Innenminister August Lang seiner Pflicht zur wahrheitsgemäßen Berichterstattung gegenüber dem Landtag nicht nachgekommen sei. Nun hänge es von der Stellungnahme des Innenministeriums ab, ob die SPD zusammen mit den Grünen einen Untersuchungsausschuss beantragen werde.

Andacht am Franziskus-Marterl

Weihnachten am Bauzaun 1987

Während der Anti-WAA-Film „Spaltprozesse" von Claus Striegel und Bertram Verhaag zum Abschluss der Internationalen Leipziger Dokumentar- und Kurzfilmwoche mit einer „Silbernen Taube" ausgezeichnet wurde, nahm Bayerns Innenminister Lang den ersten Spatenstich für den Bau einer Garnison der bayerischen Bereitschaftspolizei in Sulzbach-Rosenberg vor. In rund dreijähriger Bauzeit sollte ein 200-Millionen-Projekt für über 800 Polizeibeamte entstehen. Darüber hinaus kündigte der Innenminister an: Unabhängig von der dringend gebotenen Verschärfung des Demonstrationsrechts werde Bayern unverzüglich besonders geschulte und ausgerüstete Beweissicherungs- und Zugriffseinheiten aufstellen.

Inzwischen war eine Gruppe oberpfälzischer WAA-Gegner aus der Normandie zurückgekehrt, mit der Erkenntnis, „dass die Bevölkerung um die französische Wiederaufarbeitungsanlage in La Hague wegen dieser Technologie in Angst und Sorge lebe". Entgegen der offiziellen Verlautbarungen, erklärte der Bundestagsabgeordnete der Grünen, Michael Weiß, sei es so, egal mit wem man spreche, dass die Bevölkerung die Anlage am liebsten los wäre.

Landrat Hans Schuierer, der privat mit nach La Hague gereist war, meinte, er habe nicht den geringsten Unterschied zwischen der deutschen und der französischen Atomwirtschaft ausmachen können. Auch in La Hague hätten die Verantwortlichen die Diskussion gescheut und Cogema-Vertreter Gespräche gemieden. Aus den Aussagen Einheimischer habe er entnommen, „dass die Leute dort Angst haben, über ihre Sorgen offen zu sprechen". Schuierer kündigte an, man werde in Zukunft auch Informationsfahrten in den Ostblock folgen lassen, um sich dort mit Anliegern von Atomanlagen zu unterhalten.

Unterdessen verhandelte die Bundesregierung mit China, ob dem Land eine geringe Menge (150 Tonnen) bestrahlter Brennelemente geliefert werden könne für eine nukleare Wiederaufarbeitung. Zugleich beeilte man sich zu betonen, dass die Verwirklichung eines nationalen integrierten Entsorgungskonzeptes mit Wiederaufarbeitung von Kernbrennstoffen für die Bundesregierung weiterhin Vorrang habe. Eine Lieferung nach China sei möglich, so ging aus der im Bundestag veröffentlichten Antwort auf eine Grünen-Anfrage hervor, weil China den Nichtweiterverbreitungsvertrag für Kernwaffen unterzeichnet habe. Es gehe ausschließlich darum, der Volksrepublik gegebenenfalls abgebrannte Brennstäbe aus deutschen Atommeilern zur Erprobung einer eigenen Wiederaufarbeitungstechnik zu überlassen.

Weihnachten am Bauzaun 1987

Sonntägliche Andachten am Marterl gehörten zum WAA-Widerstand.

Abgelehnt hatte der Erste Senat des Bundesverfassungsgerichts den Antrag von drei Bewohnern im Baugebiet der umstrittenen WAA in Wackersdorf auf Erlass einer einstweiligen Anordnung zur Einstellung der Bauarbeiten am Brennelemente-Eingangslager. Das Gericht begründete unter anderem, dass die Beschwerdeführer „in zumutbarer Weise" anderweitige Abhilfe auf dem Rechtsweg suchen könnten. Sie könnten ihr Ziel, eine Errichtung des Brennelemente-Eingangslagers „ohne vorherige Prüfung der nuklearspezifischen Gefahren in einem Genehmigungsverfahren mit Öffentlichkeitsbeteiligung zu verhindern, durch einen Antrag auf Einschreiten der Aufsichtsbehörde unter Berufung auf das Atomgesetz" erreichen.

Zuvor hatten Schwandorfs Landrat Hans Schuierer und Salzburgs Bürgermeister Josef Reschen bereits Nägel mit Köpfen gemacht und ihre Umweltpartnerschaft besiegelt. Bei dem Festakt, der im Sitzungssaal des Schwandorfer Landratsamtes vor rund 200 Gästen stattfand, betonte Schuierer, dass man fest gewillt sei, einen Bund gegen alle Bedrohungen des Lebens, der Natur und der Umwelt einzugehen. Josef Reschen fügte hinzu, dass alle Umweltbedrohungen grenzüberschreitenden Charakter hätten und wünschte dem partnerschaftlichen Miteinander einen spürbaren Erfolg.

Erhalt von Natur und Leben ist Generationenaufgabe

In seiner Rede machte Schuierer deutlich, dass es sicher manche gebe, die diese Partnerschaft nicht so gerne sähen. Doch sie könnten davon überzeugt sein, dass dieses Bündnis lebe und mit Leben erfüllt sein werde. Schuierer blickte zurück auf den ersten Versuch der Gründung einer Partnerschaft, die „Anti-Atom-Bündnis" hätte heißen sollen. Der Gedanke sei

Weihnachten am Bauzaun 1987

aus dem Abwehrwillen der Bürger gegen die Bedrohungen einer atomaren WAA entsprungen.

Erhalt von Natur und Leben, so der Landrat, seien eine Generationenaufgabe. Es sei eine Aufgabe, die es womöglich noch in der Gegenwart zu lösen gelte, „wenn es morgen nicht zu spät sein soll". Für die sogenannten Gewinne der Gegenwart sei der Preis für die Zukunft zu hoch. Die Rechnung dafür, so warnte Schuierer, zahlten Kinder und Kindeskinder. Schuierer: „Wir werden dann nicht wieder einmal sagen können, wir hätten nichts gewusst!" Verharmlosungen und das Herabspielen von Gefahren seien mehr als grob fahrlässig. Es sei schlicht eine Unverantwortlichkeit, die „uns allen die moralische und ethische Pflicht aufgibt, dem entgegenzusteuern, etwas dagegen zu tun".

Salzburgs Bürgermeister Josef Reschen erinnerte daran, dass man schon einmal den Versuch einer Partnerschaft gewagt habe, er aber vor der Obrigkeit keinen Bestand gehabt habe. Reschen: „Auf dass es uns nun gelingen möge, die Umwelt für Generationen auch nach uns zu erhalten!"

Am 11. Dezember, zwei Jahre nach Rodungsbeginn, wurde auf dem Gelände der Wiederaufarbeitungsanlage, nach Ansicht des umweltpolitischen Sprechers der SPD-Landtagsfraktion Hans Kolo, dem „größten Schwarzbau aller Zeiten", das Richtfest für das Brennelemente-Eingangslager gefeiert: Ohne Hebefeier, ohne Ehrengäste, ohne Blasmusik oder Politikerreden.

Das für 1500 Tonnen abgebrannte Brennstäbe ausgelegte Eingangslager war im Rohbau nahezu fertig. Insgesamt hatte das Projekt WAA bisher 1,4 Milliarden Mark verschlungen. Laut Bayerns Wirtschaftsstaatssekretär Alfons Zeller, die „bei weitem größte industrielle Investition in der mittleren Oberpfalz". Damit, so Zeller, schaffe diese Region den Anschluss an Zukunftstechnologien.

Wirtschaftssekretär Zeller: „Mit dieser Investition schafft die Region den Anschluss an Zukunftstechnologien."

Weihnachten am Bauzaun 1987

Besiegelung der Umweltpartnerschaft mit Festakt im Sitzungssaal des Schwandorfer Landratsamtes vor 200 Gästen.

Weiter im Raum stand allerdings die Frage, ob für die künftigen Betreiber die notwendige zweite Teilerrichtungsgenehmigung wie vorgesehen im Frühjahr 1988 kommen werde. Nach der Rücknahme der ersten Bewilligung wuchs die Anlage im Taxöldener Forst nur mit normaler Baugenehmigung. Inwieweit das rechtens war, prüften die Gerichte auf höchster Ebene immer noch.

Der Widerstand der Bevölkerung gegen das Großprojekt, so machte Landrat Hans Schuierer in seiner „Weihnachtsbotschaft" klar, sei jedenfalls ungebrochen.

Die Bürgerinitiative Schwandorf kündigte allerdings an, dass es an Weihnachten 1987 keine Großdemonstrationen gegen den Bau der WAA durchführen werde. Nach den „brutalen Knüppeleinsätzen" im Oktober und der aufgeheizten Stimmung innerhalb der Polizei nach den Polizistenmorden in Frankfurt sei es für die BI nicht zu verantworten gewesen, einen Zug zum WAA-Zaun in Kauf zu nehmen. Nach den Hüttendörfern vor zwei Jahren und der Weihnachtsaktion 1986 sprachen sich die Ortsgruppen dafür aus, Weihnachten dieses Mal ohne groß angelegte Aktion zu verbringen. Trotz des Verzichts auf Großveranstaltungen wollten die WAA-Gegner am Baugelände präsent sein. So plante man für den zweiten Weihnachtsfeiertag statt einer Großkundgebung am Schwandorfer Marktplatz einen WAAldspaziergang. An Heilig Abend, am 27. Dezember und an Silvester sollten friedliche Andachten am Franziskus-Marterl stattfinden.

Da stinkt doch was

Eine zweite WAA?

„Nichts Neues über Wackersdorf" lautete die Auskunft der Betreiber zu Beginn des Jahres 1988. Dabei war die Situation durchaus grotesk: Das Brennelemente-Eingangslager war zwar fast fertig gestellt, die dafür erforderliche atomrechtliche Genehmigung aber stand noch zur Prüfung an. Der 22. VGH-Senat musste entscheiden, ob die atomrechtliche Genehmigung des Umweltministeriums rechtens war. Außerdem musste der Senat ein sogenanntes vorläufiges Gesamturteil über den ganzen WAA-Komplex abgeben. Dafür wiederum brauchten die Richter exakte Pläne und Anträge, um prüfen zu können, wie viel radioaktives Material in welchen Gebäuden auf welche Weise be- und verarbeitet werden sollte. Doch es gab nur eine „Option" für die endgültige Verwendung des in der WAA gewonnenen Materials.

Für die Richter eine fast unlösbare Aufgabe. Einerseits sollten sie die Risiken einer Atomanlage bewerten, anderseits erhielten sie wichtige Teile von Antragsunterlagen nur „optional".

Für den Rechtsbeistand der WAA-Gegner, Wolfgang Baumann, war die Sachlage hingegen klar: Baustopp, da die erste Teilerrichtungsgenehmigung keinen Bestand mehr habe. Um ihre Forderung zu untermauern, planten die Gegner der Wiederaufarbeitungslage für den Sommer eine Großdemonstration in der Landeshauptstadt München, zu der bundesweit aufgerufen werden sollte. Die Kundgebung sollte unmittelbar nach der für die Jahresmitte erwarteten Bekanntgabe der zweiten atomaren Teilerrichtungsgenehmigung stattfinden.

Bayerns Innenminister Stoiber:
„Die Staatsregierung wird weiterhin unbeirrbar an dem Plan der Fertigstellung und Inbetriebnahme der WAA im Taxöldener Forst festhalten."

Eine zweite WAA?

DWW-Geschäftsführer Gert Wölfel zeigte sich hingegen hoffnungsvoll. Nach der Erteilung der 2. TEG werde das Gelände zu einer „echten Großbaustelle" mit bis zu 2500 Beschäftigten.

Dr. Walter Weinländer schloss sogar den Bau einer zweiten WAA nicht aus. Weinländer: „Sowohl die Brennelement-Fabrik wie auch eine zweite WAA sind als Optionen bereits in den Antragsunterlagen für das Raumordnungsverfahren enthalten." Allerdings so Weinländer einschränkend, sei ein Bau „in diesem Jahrhundert nicht mehr spruchreif". Zur Wiederaufarbeitung von Kernbrennstoffen gebe es, so der DWW-Geschäftsführer, „keine Alternative". Die Gesellschafter der Betreiberfirma stünden uneingeschränkt hinter der WAA.

Einen „Genehmigungsverhau", wovon SPD und Grüne gesprochen hatten, wies Weinländer scharf zurück. Derartige Versuche, die DWK und ihr Tochterunternehmen „zu diskreditieren" seien nicht hinzunehmen. Sie seien lediglich der „untaugliche Versuch, die Bürger zu verunsichern".

Indes vermutete die SPD-Landtagsfraktion einen „großangelegten Betrug bei der WAA-Genehmigung" und forderte den Rücktritt von Umweltminister Dick.

Demnach wurde beim Erörterungstermin in Neunburg v. W. über ein Anlagenkonzept verhandelt, das zu diesem Zeitpunkt bereits von der DWK revidiert worden war.

Das Umweltministerium konterte, die SPD und Baumann gingen von „vollkommen falschen Voraussetzungen aus". Das Anlagenkonzept habe sich gegenüber dem Sicherheitsbericht, der Grundlage des öffentlichen Erörterungstermins gewesen sei, „nicht geändert".

MdB Dr. Jobst, DWK-Vorstand Weinländer und Innenminister Stoiber auf der Besuchertribüne des WAA-Geländes

Dass sich im Zuge von Planungen eines Projekts mit einer Bauzeit von mehr als zehn Jahren „Detailänderungen" ergäben, sei selbstverständlich.

„Wir beschwindeln die Öffentlichkeit nicht!", schob Walter Weinländer hinterher und versuchte vereinfachend deutlich zu machen: „Wenn eine Türe von der linken zur rechten Wandseite verlegt wird, ist das für die Sicherheit der WAA ohne Bedeutung."

Stoiber: Gespräch nutzlos!
Die SPD wiederum blieb bei ihrem Vorwurf, dass bei dem „Neunburger Spektakel" die 880.000 Einwender gegen die WAA „schlicht verschaukelt" worden seien.

Innenminister Edmund Stoiber stellte daraufhin klar: „Auch nach dem plötzlichen Tod des früheren Ministerpräsidenten Franz Josef Strauß wird die Staatsregierung weiterhin unbeirrbar an dem Plan der Fertigstellung und Inbetriebnahme der WAA im Taxöldener Forst festhalten". Gleichzeitig äußerte er sich zufrieden über den Fortgang der Arbeiten. Ein von Vertretern der Bürgerinitiative gegen die WAA gefordertes Gespräch erachte er als nutzlos, da nur hinreichend bekannte kontroverse Auffassungen aufeinanderprallen würden.

Auch zum Verfahren gegen Landrat Hans Schuierer nahm Stoiber bei seinem Besuch auf der Baustelle der WAA Stellung. Einen erneuten Versuch, „die Sache aus der Welt zu schaffen", werde es nicht mehr geben. Jetzt, so Stoiber, habe das Verwaltungsgericht zu entscheiden. Er hätte es begrüßt, wenn die Sache angesichts des Todes von Franz Josef Strauß in akzeptabler Weise erledigt worden sei, doch das sei nicht geschehen. Wenn man „allgemein politisch agieren will", so kritisierte Stoiber den Landrat, dürfe man „nicht zum Teil Staatsbeamter sein". Das müsse man der Bevölkerung einmal deutlich sagen.

Obwohl die zweite Teilerrichtungsgenehmigung noch gar nicht erlassen war, genehmigten die Gemeinderäte Wackersdorfs „im Eiltempo das Herzstück", den Bau des Hauptprozessgebäudes der WAA. Lediglich Maria Ebner, die Schwiegertochter des Bürgermeisters und Manfred Rittler, beide SPD, stimmten gegen das Vorhaben. Die Mehrheit erklärte sich einverstanden mit zehn Bauvorhaben, die die DWK der Gemeinde Wackersdorf zur Abstimmung vorgelegt hatte. Besonders bemerkenswert war dabei der Tagesordnungspunkt 1.1, unter dem das Hauptprozessgebäude aufgeführt war, in dem das Herzstück der eigentlichen Wiedergewinnung hochgiftiger radioaktiver Stoffe untergebracht werden sollte.

Maria Ebner verließ den Sitzungssaal mit den Worten: „Das ist doch keine Demokratie. Da stinkt doch was! Die sind doch alle gekauft!" Zuvor war der Wackersdorfer Gemeinderat zur Wackersdorfer DWK-Niederlassung eingeladen worden, wo Vertreter von Firmen, die am Bau der WAA federführend beteiligt waren, viereinhalb Stunden lang über die Details der eingereichten Bauanträge informiert hatten.

Das Ringen ums Recht

Weiterer Abbau des Rechtsstaates

Der Verfassungsschutz im Brucker Rathaus

„Die Herren legten als Legitimation Dienstausweise des Landesamtes für Verfassungsschutz vor und begehrten Einblick in die Einwohnermelde-Datei. Ihr Interesse galt dabei Bürgern, die sich im Protest gegen den Bau der umstrittenen atomaren Wiederaufarbeitungsanlage engagieren." So schilderte Joachim Hanisch, der damalige Bürgermeister der Marktgemeinde Bruck, den Auftritt der Verfassungsschützer im Brucker Rathaus. Zwischen November 1987 und Februar 1988 waren die Verfassungsschützer im Rathaus ein- und ausgegangen. Dabei, so erinnerte sich Hanisch, holten sich die Verfassungsschützer auch die Passantragsformulare von Einwohnern der Gemeinde und lichteten mit einer Sofortbildkamera die an den Unterlagen befestigten Passfotos ab. Offensichtlich ging es um Nachforschungen über WAA-Gegner.

Während eine Sprecherin des Verfassungsschutzes betonte, es habe sich keinesfalls um eine gesetzeswidrige Aktion gehandelt, wandte sich Bürgermeister Hanisch an das Landratsamt mit der Bitte um Rechtsauskunft. Er hatte erhebliche Bedenken, ob der Grundsatz der Verhältnismäßigkeit noch gewahrt werde.

Das Landratsamt reichte den Vorgang am 7. März 1988 an die Regierung in Regensburg weiter, und die wandte sich im April an das Innenministerium in München, dem das Landesamt für Verfassungsschutz unterstand.

Der Verfassungsschutz selbst kommentierte: Die Durchsuchung habe sich „auf keinen Fall gegen unbescholtene Bürger" gerichtet.

Die Grünen kündigten ein parlamentarisches Nachspiel an. Der Regensburger Bundestagsabgeordnete Wolfgang Daniels nannte es „unerträglich, wie der Verfassungsschutz herumschnüffelt". Die Vorfälle in Bruck zeigten, dass man keine Hemmungen habe, Mitglieder der Bürgerinitiativen zu „verleumden und einzuschüchtern". Daniels wunderte sich indes nicht, schließlich ging er davon aus, „dass der Verfassungsschutz bei vielen Veranstaltungen der Bürgerinitiativen dabei ist".

Nicht nur Brucks Bürgermeister Joachim Hanisch, auch der Schwandorfer Landrat Hans Schuierer hielt die Vorgehensweise der Verfassungsschützer für „sehr merkwürdig". Schuierer erklärte, er befürchte, dass Verfassungsschutzbeamte auch woanders eingehende Nachforschungen über WAA-Gegner angestellt hätten, denn schließlich gebe es Gemeinden, in denen sich genauso viel tue im Widerstand wie in Bruck. Im Übrigen, so Schuierer, wundere er sich in keiner Weise darüber, dass der Verfassungsschutz eingehendes Interesse für WAA-Gegner zeige. Damit meinte der Landrat die

"Bespitzelung und Bewachung", der die Oberpfälzer seit dem Bau der WAA ausgesetzt seien. Der Grünen-Landtagsabgeordnete Armin Weiß ging noch weiter und bezeichnete das Vorgehen der Verfassungsschützer als „einen weiteren Schritt zum Abbau des Rechtsstaates". Für die Schwandorfer Bürgerinitiative gegen die WAA erklärte Klaus Pöhler: „Für uns steht fest, dass die Demokratie in der Oberpfalz immer mehr eingeschränkt wird." Man könne fast von einem „Kriegsschauplatz im Umfeld der WAA" reden. Der Einsatz der Verfassungsschützer, so vermutete Pöhler, habe wohl die „gezielte Einschüchterung des Protestes gegen die WAA" zum Ziel.

Ungeachtet zahlreicher Proteste aus der Bevölkerung setzte der Verfassungsschutz seine Überprüfungen im Brucker Rathaus fort. Bürgermeister Hanisch antwortete auf eine Nachfrage von NT-Redaktionsmitglied Wolfgang Houschka: „Ja, die waren zwischenzeitlich wieder da!"

Fernsehsender und Verfassungsschützer

Inzwischen waren Reporter aus dem ganzen Bundesgebiet auf die Vorgänge in Bruck aufmerksam geworden. Sogar die Fernsehsender schickten ihre Teams, um vor Ort zu berichten. Wessen Passbilder da abgelichtet wurden? Darüber durfte Bürgermeister Hanisch keine Auskunft geben. Als der Trubel ein wenig abebbte, traf ein Schreiben des Innenministeriums via Landratsamt in Bruck ein: Das habe schon alles seine Richtigkeit. Das Vorgehen der Verfassungsschützer sei per Passgesetz abgedeckt.

Ende Juli wurde ein Beamter der Kriminalpolizei Regensburg in der Chefredaktion der Mittelbayerischen Zeitung vorstellig und beschlagnahmte Bilder, die während der Demonstrationen am Bauzaun der Wiederaufarbeitungsanlage in Wackersdorf am 10. Oktober 1987 aufgenommen wurden.

Der Hintergrund: Die „Sonderkommission Bayreuth" ermittelte seit rund neun Monaten gegen Beamte jener Berliner Polizeieinheit, die bei der WAA-Demonstration Anfang Oktober mehrfach brutaler Prügeleinsätze beschuldigt wurden.

Ein Fotograf der MZ, der bei der Oktober-Demonstration in Wackersdorf im Einsatz war, hatte die Herausgabe dieser Bilder verweigert, ebenso die Chefredaktion. Daraufhin wurde die Beschlagnahmung richterlich angeordnet.

Kurt Hofner erläuterte die Situation in seinem Kommentar „Rechtens, aber ..." vom 30. Juli 1988:

„Die Vorgehensweise ist rechtens, die Polizei darf grundsätzlich Bildmaterial über Gewalttätigkeiten bei Demonstrationen beschlagnahmen. Informantenschutz, Redaktionsgeheimnis – sie müssten, so die Verfassungsrichter, hintenanstehen, wenn es um die ‚Aufklärung erheblicher Straftaten' geht. Ist die rechtliche Lage auch klar, bleibt das Problem doch ungelöst: Die Arbeit der Journalisten bei Demonstrationen ist jetzt schon massiv behindert durch den allfälligen Verdacht, sie spielten die Rolle von Hilfsorganen der Strafverfolgungsbehörden ... Diese Fotos sollten dem Zugriff der Polizei entzogen bleiben, will man die Verantwortung des Journalisten nicht aushöhlen ..."

Im September 1988 wurde bekannt, dass bei der Aktion des Verfassungsschutzes im Brucker Rathaus rund 100 Personen ins Visier der Ermittler geraten waren. Das Bayerische Innenministerium erklärte, dass von widerrechtlichen Maßnahmen keine Rede sein könne und niemand in seinen Persönlichkeitsrechten verletzt worden sei. Daten würden unverzüglich vernichtet, falls die Ermittlungen zur Ausräumung des Extremismusverdachts führten.

Ein Leserbriefschreiber hatte in einer regionalen Tageszeitung am 27. Mai seine Meinung kund getan: „... Was ich vor vier Jahren in einem Leserbrief prophezeit habe, ist alles eingetroffen … Was mag erst sein, wenn die WAA in Betrieb geht? Es werden alle Bürger, die sich durch ihre Unterschrift gegen die WAA ausgesprochen haben, erfasst bzw. überwacht werden …. Die WAA hat inzwischen so viel Leid in unsere Heimat gebracht. Ist es denn nicht möglich, diesen Unfrieden zu beenden und sofort mit diesem wahnsinnigen Projekt aufzuhören? Unsere Enkel sollen nicht, wenn sie nach Nord-Westen schauen, die Spitze des todbringenden WAA-Kamins vor Augen haben. Das wollen wir verhindern – sonst nichts."

Waren das die von der CSU propagierten Chaoten – mit Kopftuch und Trachtenhut?

Atom-Industrie trickst und täuscht

Der Atommüll-Skandal und die Folgen

Die Schmiergeldaffäre beim Hanauer Nukleartransport-Unternehmen Transnuklear hatte sich im Dezember 1987 zu einem internationalen Skandal ausgeweitet. Für den Transport radioaktiver Abfälle zuständige Mitarbeiter und Beschäftigte des belgischen Kernkraftzentrums Mol hatten hochgiftige Kernbrennstoffe illegal verschoben. Daraufhin hatte Bundesumweltminister Klaus Töpfer angekündigt, dem Hanauer Unternehmen bis zum Abschluss der Untersuchungen keine Genehmigungen mehr für den Transport von radioaktivem Abfall zu erteilen und die bestehenden Genehmigungen auszusetzen. Nach Ermittlungen der Hanauer Staatsanwaltschaft ging es um 321 falsch deklarierte Fässer, die zwischen 1982 und 1984 in die Bundesrepublik kamen und die statt schwach kontaminierten Materials Atommüll enthielten, der auch mit Plutonium vermischt war. Transnuklear beschwichtigte, rund 350 Fässer seien „vertauscht" worden.

Die Reaktionen der Politiker erfolgten sofort. Der CSU-Abgeordnete Dr. Dionys Jobst war der Überzeugung, dass die Affäre keine Auswirkungen auf die friedliche Nutzung der Kernenergie und damit verbunden, den Bau der Wiederaufarbeitungsanlage Wackersdorf habe. Jobst sprach von „menschlichem Versagen und Unzuverlässigkeit". Der Skandal müsse aufgeklärt und unter Umständen „weitere Überwachungsvorschriften in Kraft gesetzt werden".

Der Landtagsabgeordnete der SPD, Dietmar Zierer, meinte, die abenteuerlichen Ereignisse von Hanau hätten durchaus Auswirkungen auf die WAA. Er fühle sich in seiner politischen Bewertung der WAA voll bestätigt. Er warne davor, alles mit bloßem menschlichen Versagen abzutun. Eine Technik, die den unfehlbaren Menschen voraussetze, sei weder politisch noch moralisch zu verantworten.

Auch Landrat Hans Schuierer hielt mit seiner persönlichen Meinung dagegen: „Bei einer verantwortungsvollen Politik müssen die Arbeiten sofort eingestellt werden." „Doch", so vermutete der Landrat, „wird auch in Zukunft versucht werden, die Dinge zu vertuschen". Das Bild von der Atom-Mafia gewinne immer klarere Konturen, „zumal jetzt, wo immer offenkundiger wird, dass ein direkter Zusammenhang zwischen den Hanauer Betrieben und der in Wackersdorf befindlichen WAA" bestehe. Die Anlage in Wackersdorf drohe zum größten Atommüllplatz in ganz Europa zu werden. Wenn die Vorgänge um Nukem (Konsortialpartner beim Bau der WAA Wackersdorf) den verantwortlichen Politikern in unse-

Der Atommüll-Skandal und die Folgen

rer Region nicht ein Licht aufgehen ließen, dann wisse er nicht, was noch passieren solle. Er habe schon seit Monaten gesagt, dass in der Atomindustrie getrickst und getäuscht werde. Die Atomkraftgegner, so Schuierer, hätten schon seit Jahren deutlich gemacht, dass die Atomkraft und speziell die WAA weder technisch noch organisatorisch hundertprozentig in den Griff zu bekommen sei. Der Atomkraft gab der Landrat Schuierer insgesamt keine große Zukunft mehr. Bei vielen CDU- und FDP-Abgeordneten, so blickte Schuierer nach vorne, werde verstärkt ein Umdenken einsetzen, sodass auf dem Gebiet der Kernenergie eine Wende vollzogen werde.

Der DWW blies der Wind inzwischen heftig ins Gesicht, denn neben dem Transnuklearskandal sorgten inzwischen auch Sachspenden der DWW an Vereine und Organisationen in der Region sowie die Infrastruktur-Darlehen an WAA-Anlieger-Gemeinden für Wirbel.

DWW weist direkte Verbindungen zurück

In einem Schreiben wies die DWW mit Nachdruck alle Verdächtigungen und Unterstellungen zurück. Die DWW wehrte sich darin auch gegen die von SPD-Mandatsträgern und Landrat Schuierer erhobenen Vorwürfe der mangelnden Vertrauenswürdigkeit und Zuverlässigkeit. Die DWW habe keine direkte noch indirekte Verbindung zu dem belgischen Unternehmen, mit dem die Firma Transnuklear in Verbindung gebracht werde. Der einzige Zusammenhang bestehe in der Tatsache, dass beide Unternehmen Produktionsstätten im belgischen Mol hätten. Im Zusammenhang mit großzügigen Sachspenden von Unterwanderung und Praktiken zu sprechen, sei ebenfalls

„Ich fühl mich so Transnuklear".

durch nichts begründet. Die DWW lasse sich nicht das Recht absprechen, da zu unterstützen, wo sie es für begründet und angebracht halte. Was die Darlehen für die Gemeinden angehe, so gingen diese mit den Darlehen keinerlei vertragliche, zweckgebundene Verpflichtung ein und begäben sich somit auch nicht in irgendwelche Abhängigkeiten zur DWW. Es werde mit den Darlehen den Gemeinden die Möglichkeit gegeben, kostenintensive Maßnahmen, die wegen des Baus der Wiederaufarbeitungsanlage erforderlich seien, durchzuführen.

Dem WAA-Gegner Schuierer warf die DWW vor, er habe diese Darlehen in die Nähe des Bestechungsskandals bei Transnuklear gerückt. In seiner Funktion als Dienstvorgesetzter einer kommunalen Behörde mit der Verpflichtung zur Rechts- und Fachaufsicht forderte die DWW Landrat Schuierer auf, diesen von ihm gemachten Vorwurf im Rahmen seiner Dienstaufsichtspflicht zu überprüfen, um festzustellen, ob Gemeinden seines Landkreises rechtswidrig Gelder von der DWW empfangen hätten. Sollte das nicht zutreffen, müsse er, so die DWW, „diesen Vorwurf öffentlich zurücknehmen".

Der Atommüll-Skandal hatte indes zu einem massiven Vertrauensverlust in die Kernkraft geführt, quer durch alle Parteien. Der niedersächsische Umweltminister Werner Remmers (CDU) nannte die Vorgänge um Transnuklear „skandalös und bedrückend". Wenn, so Remmers, davon die Rede sei, dass einzelne Vertreter der Atomindustrie „korrupt und geschmiert" seien, so müsse er diese Feststellung als richtig bezeichnen.

Der stellvertretende hessische Ministerpräsident Wolfgang Gerhard (FDP) betonte, für ihn sei es nun an der Zeit „verstärkt nach Lösungen außerhalb der Kernenergie zu suchen".

In seiner Ausgabe vom 16. Januar vermeldete der „Neue Tag" auch Neues aus der Ukraine. Laut der Parteizeitung „Prawda" war durch die Reaktorkatastrophe in Tschernobyl ein Schaden von rund 22 Milliarden Mark entstanden, über 100.000 Menschen mussten aus der Gefahrenzone evakuiert werden.

Bayerns Umweltminister Alfred Dick forderte in seinem Bericht an den Umweltausschuss des Landtages ebenfalls dazu auf, Konsequenzen aus dem Skandal um die Hanauer Nuklearbetriebe „Nukem" und „Transnuklear" zu ziehen, machte aber gleichzeitig deutlich, an der zivilen Nutzung der Kernenergie und am Bau der atomaren Wiederaufarbeitungsanlage WAA festhalten zu wollen. Gleichzeitig appellierte der Minister an die Bundesregierung, endlich die Frage der Endlagerung von Atommüll zu lösen. Dick: „Es ist ein Jammer, wie die in Bonn da seit Jahren herumzipfeln!"

Ein kleiner Landwirt widersteht und siegt

Verfassungsgericht kippt WAA-Bebauungsplan

Vier Tage lang mühten sich die Gegner und Befürworter der WAA vor den Richtern des 22. VGH-Senats um juristische und naturwissenschaftliche Belange des umstrittenen Projekts. Die Mittelbayerische Zeitung titelte am 25. Januar 1988: „Streit um die WAA bis zur völligen Erschöpfung." Der Grund: Ein beisitzender Richter musste wegen Erschöpfung durch einen Kollegen ersetzt werden. Eine Prognose über den Ausgang des Verfahrens wollte zu diesem Zeitpunkt niemand abgeben.

Als das Urteil am 29. Januar verkündet wurde, glich es einer Sensation. Der Bebauungsplan für die atomare Wiederaufarbeitungsanlage WAA in Wackersdorf wurde für nichtig erklärt. Zunächst hatte minutenlang Stille geherrscht im Gerichtssaal, bis nach der Kurzbegründung tosender Applaus der WAA-Gegner ertönte, deren Taschen auch an diesem Tag, wie bei jeder Verhandlung zuvor, von der Polizei nach Wurfgeschossen, zu denen auch Äpfel und Birnen zählten, durchsucht worden waren.

Geklagt hatte Bauer Michael Meier aus Altenschwand, dessen Äcker nur 500 Meter Luftlinie vom WAA-Zaun entfernt waren. Ihm gehörte auch das Stück Wald, in dem das Franziskus-Marterl steht, an dem sich seit Jahren christliche WAA-Gegner versammelten, um gemeinsam gegen das Projekt zu beten.

In den nächsten Tagen sollten Scharen von Reportern, Fotografen und Fernsehteams zu ihm pilgern, um die Geschichte zu hören, wie ein armer Nebenerwerbslandwirt aus dem Dorf Altenschwand vor dem Verwaltungsgerichtshof den Erfolg gegen die reichen Bauherrn der Wiederaufarbeitungsanlage errang. Sein prägender Spruch: „Wir braucha dej niad!" Er, so Michael Meier, habe keine Angst vor der Atomfabrik, aber er kämpfe für die Nachkommenschaft.

In dem vom Landratsamt Schwandorf 1985 erlassenen Bebauungsplan, so die Richter, fehle die „gebotene Abwägung der mit dem Vorhaben unvermeidbar verbundenen Risiken aus ionisierender Strahlung". Mit der Entscheidung, so die Richter weiter, sei aber nicht automatisch ein Baustopp für die WAA verbunden, da für die einzelnen Bauten sofort vollziehbare Baugenehmigungen vorlägen. Nun liege es bei den Behörden, diese formal anfechtbaren Baugenehmigungen zu überprüfen.

Der Würzburger Klägeranwalt Wolfgang Baumann jubelte: „Mit der Nichtigkeitserklärung des Bebauungsplanes ist der Keller zusammengebrochen!"

Landrat Hans Schuierer zeigte sich „angenehm überrascht". Das Urteil, so Schuierer, lasse die WAA-Gegner wieder hoffen. Selbstver-

Verfassungsgericht kippt WAA-Bebauungsplan

Michael Meier aus Altenschwand blieb bis zuletzt standhaft und siegte. Am Marterl wurde er deshalb empfangen wie ein Held.

ständlich werde das Landratsamt alle Baugenehmigungen überprüfen. Ob ein Baustopp verfügt werden könne, müsse ebenfalls überprüft werden. Dafür, betonte Schuierer, sei das Landratsamt zuständig. Gleichzeitig schränkte er ein: „Soweit nicht wieder das sogenannte Selbsteintrittsrecht greift!" Was bedeutete, dass Entscheidungen des Landratsamtes durch die Regierung der Oberpfalz ersetzt würden.

Für ihn sei der kleine Landwirt Michael Meier, so Schuierer, eine Symbolfigur des WAA-Widerstandes. Von den ursprünglichen Klägern seien alle bis auf ihn abgesprungen. Schuierer: „Hut ab vor diesem Meier Michael, der bis zuletzt standhaft blieb, der sich nicht verlocken ließ vom vielen Geld, das ihm geboten wurde."

SPD-Chef Hans-Jochen Vogel äußerte „Befriedigung und Genugtuung". Er appellierte an die Bayerische Staatsregierung und „noch stärker an die gesamte Union" die ganze WAA-Konzeption auch im Licht der jüngsten Affären um Atommüll zu überdenken.

Ministerialdirektor Walter Blümel vom Bayerischen Innenministerium war fassungslos. Sein Haus, so Blümel, hätte vor einer solchen Entscheidung, mit der die Bayerische Staatsregierung nicht gerechnet habe, „zumindest einen entsprechenden Hinweis des Senats erwartet". Der Ministerialdirektor fügte jedoch sogleich hinzu, das Urteil bedeute „keineswegs einen Baustopp".

Bürgermeister ratlos

Wackersdorfs Bürgermeister Josef Ebner schien ratlos. Ob nun ein neuer Bebauungsplan für das WAA-Gelände aufgestellt werden müsse? Zunächst müssten Gemeinde und Gemeinderat mit ihrem Rechtsanwalt die juristischen Fragen klären. Das Bayerische Innenministerium hatte unmittelbar nach Bekanntwerden des Urteils erklärt, es werde mit der Gemeinde Wackersdorf „über die weiteren Schritte beraten".

SPD-Gemeinderätin Maria Ebner, Schwiegertochter des Bürgermeisters, die vielfach gegen die WAA gestimmt hatte, sah die Sache so: Da nach dem Urteil des VGH denkbare Regressansprüche der Deutschen Gesellschaft für Wiederaufarbeitung von Kernbrennstoffen (DWK) an die Gemeinde nicht mehr möglich seien, sei jetzt für den Gemeinderat „der günstigste Zeitpunkt, um aus der Bebauungsplanung für die WAA auszusteigen".

Bei einer Kundgebung von rund 300 WAA-Gegnern in Schwandorf am Wochenende zuvor hatten diese ihre Forderung nach einem sofortigen Ausstieg auf dem WAA-Projekt erneuert.

Verfassungsgericht kippt WAA-Bebauungsplan

Am traditionellen Sonntagspaziergang rund um das WAA-Gelände nahmen sogar 1500 Kernkraftgegner teil und feierten anschließend eine ökumenische Andacht am Franziskus-Marterl. Vor dem Gottesdienst am Marterl hatten rund 500 Oberpfälzer Landwirt Michael Meier wie einen Helden empfangen und ihm Geschenke überreicht.

Gegenüber der Presse forderte Wolfgang Baumann, Anwalt der WAA-Gegner, Regierungspräsident Karl Krampol auf, einen Baustopp für die Atomanlage im Taxöldener Forst zu verfügen. Dabei berief er sich auf die in München vorgetragene Gutachtermeinung, wonach das Grundwasser in der Bodenwöhrer Senke durch den Betrieb der WAA gefährdet sei.

Das Landratsamt Schwandorf machte in einer Presseerklärung deutlich, dass die Behörde bei der Aufstellung des WAA-Bebauungsplanes „stets auf Weisung zu handeln hatte". Es habe keine rechtliche Möglichkeit der Abweichung bestanden. Die Bedenken des Landratsamtes Schwandorf und des Landrats hätten erst durch das Urteil des Bayerischen Verwaltungsgerichtshofes Berücksichtigung gefunden. Die Auswirkungen des Urteils in ihrer gesamten Tragweite seien daher ebenfalls unter dem Gesichtspunkt des staatlichen Weisungsrechts mit dem staatlichen Selbsteintrittsrecht zu sehen.

Bayerns Innenminister August Lang mochte die Freude der WAA-Gegner nicht teilen. Für Freudenfeuer bei den Atomgegnern, so versuchte Lang deren Euphorie zu dämpfen, sei es zu früh. Er wies darauf hin, dass Baugenehmigungen für die WAA aufgrund des Privilegs für Atomanlagen im neuen Bundesbaugesetz auch ohne Bebauungsplan erteilt werden könnten. Außerdem müsse geprüft werden, ob gegen das Urteil Nicht-Vorlagebeschwerde an das Bundesverwaltungsgericht eingereicht werde.

Enttäuschung bei der DWK

Enttäuschung herrschte auch bei der DWK über die VGH-Entscheidung. Die Vorstandsmitglieder Dr. Wolfgang Straßburger und Gert Wölfel ließen jedoch keinen Zweifel daran aufkommen, dass die DWK nicht an einen Baustopp denke. Stattdessen ging man in die Offensive und erklärte, dass die Antragsunterlagen für die zweite Teilerrichtungsgenehmigung voraussichtlich ab 22. Februar öffentlich ausgelegt würden. Wesentlicher Bestandteil dieses Antrags sei das Hauptprozessgebäude. Wölfel fügte hinzu, dass auch 1988 beabsichtigt sei, ähnlich wie im vergangenen Jahr, rund eine Milliarde Mark für den Weiterbau der Wiederaufarbeitungsanlage aufzuwenden. Hinsichtlich der Einhaltung des Terminplans gebe es keine Abstriche zu machen. Daran ändere auch die Gerichtsentscheidung nichts. Für die SPD war das „angesichts des gegenwärtigen rechtlichen Verhaus um die Anlage eine grobe Instinktlosigkeit gegenüber den Bürgern".

Die Bayerische Staatsregierung forderte indes Bundeskanzler Helmut Kohl auf, klar Stellung zu beziehen. Wenn die Bundesregierung wolle, dass Bayern dieses Projekt und den polizeilichen Schutz aufgebe, bitte man um „klare und schleunigste Mitteilung". Zuvor hatten Politiker wie der FDP-Generalsekretär Helmut Haussmann die WAA immer stärker in Zweifel gezogen.

Wie weit die Atomhysterie inzwischen um sich griff, zeigte sich beim Düsseldorfer Faschingszug. Acht täuschend echt bemalte gelbe Fässer mit dem Zeichen für Radioaktivität, Überbleibsel eines Wagens vom Düsseldorfer Rosenmontagszug setzten Polizei, Sicherheitstechniker und Gewerbeaufsichtsbeamte in helle Aufregung. Mit Schutzanzügen und Geigerzählern ausgerüstet, konnten sie jedoch schnell Entwarnung geben.

880.000 Einwendungen

WAA-Genehmigung auf dem Prüfstand

Wegen wesentlicher Änderungen am Planungskonzept musste das atomrechtliche Genehmigungsverfahren für die atomare Wiederaufarbeitungsanlage in Wackersdorf nach dem Urteil des Bayerischen Verwaltungsgerichtshofes neu aufgerollt werden. Am 26. Januar hatte die Deutsche Gesellschaft für die Wiederaufarbeitung von Kernbrennstoffen den Antrag für die zweite Teilgenehmigung gestellt. Betroffen waren unter anderem das Hauptprozessgebäude, das Servicegebäude und die Gebäude für die Behandlung leicht radioaktiver Abfälle.

Am 22. Februar wurde der Sicherheitsbericht für die zweite atomare Teilerrichtungsgenehmigung (TEG) in Wackersdorf für acht Wochen zur öffentlichen Einsicht ausgelegt. Umweltminister Dick verteidigte den Weiterbau der WAA und erklärte, dass die WAA „keine bayerische Marotte" sei. Nur durch die Entsorgung im eigenen Land könne der internationale Mülltourismus mit seinen Risiken eingeschränkt werden. Allerdings, so Dick, seien „bis zur heißen Phase" noch acht oder neun Teilgenehmigungen erforderlich.

Anti-WAA-Klägeranwalt Wolfgang Baumann zeigte sich nach zweistündiger Sichtung der 3000-seitigen Unterlagen erstaunt. Die DWK, sinnierte Baumann, komme nun mit einem völligen anderen Konzept als 1983. Alle WAA-Anlagen, auch das Brennelemente-Eingangslager, seien geändert worden. So plane man größere Lagerbehälter, größere Gebäude und mehr Leistung. Baumann: „Es wird versucht, eine Großanlage zu errichten und dies zu vertuschen!"

Die Oberpfälzer Bürgerinitiativen rechneten während der zweimonatigen Offenlegungspflicht mit über 100.000 Einzel- und Sammeleinwendungen gegen den Sicherheitsbericht. Ihrer Ansicht war er „das Papier nicht wert, auf dem er gedruckt wurde".

Beim ersten Sicherheitsbericht 1983 waren es noch 54.000 Einwendungen gewesen, die in einem Erörterungstermin behandelt wurden.

Einen sofortigen „Baustopp gegen den Schwarzbau in Wackersdorf" forderte am 5. März 1988 der Schwandorfer Landrat Hans Schuierer auf einer Kundgebung am Emmeramsplatz in Regensburg. Rund 3000 Personen hatten sich an der vier Stunden langen Großdemonstration der „Bürgerinitiative gegen die WAA" durch die Regensburger Innenstadt beteiligt. Mit dabei: das neu geschaffene mobile Unterstützungskommando (USK). Nach Angaben der Polizei hatte man mit dem „Auftreten Autonomer" gerechnet und deshalb ein massives Aufgebot des Unterstützungskommandos der Bereitschaftspolizei angefordert. Den

WAA-Genehmigung auf dem Prüfstand

durchweg friedlichen Verlauf der Demonstration, die am Verwaltungsgebäude der OBAG, dem Landgericht und dem Sitz der oberpfälzischen Regierung vorbeiführte, führten die Organisatoren eher auf das besonnene Verhalten der Teilnehmer zurück.

Gefährliche Träume
Während seiner Rede geißelte Schuierer die Politik der Staatsregierung und der Atomlobby: Nach alldem, was in Harrisburg, Windscale, La Hague und Tschernobyl, und kürzlich in Philippsburg passiert sei, gebe es nur einen sauberen Weg: den sofortigen Baustopp der WAA und eine Umkehr in der Atompolitik. „Was muss nach all den Pannen und Katastrophen noch alles passieren", so Schuierer, „um die Atompolitiker zum Nachdenken zu bringen? Was muss noch geschehen, um diese Profitgierigen aus ihren hochstaplerischen, gefährlichen und verantwortlichen Träumen zu reißen?" Wie lange dürfe sich eine Partei als christlich bezeichnen, die bereit sei, all die Risiken und Gefahren für Natur, Gesundheit und Leben in Kauf zu nehmen? Er fordere die „Umkehr von der Lüge, der Unwahrheit und der Meinungsmanipulation". Der von Robert Jungk beschriebene Atomstaat sei keine Vision mehr, sondern harte Wirklichkeit geworden. Schuierer weiter: „Ich erinnere an die endlos lange Liste von Verdächtigungen, Verleumdungen, Diskriminierungen, Bespitzelungen, Hausdurchsuchungen, Überwachungsmaßnahmen, Verhaftungen, Aburteilungen von Hunderten von Jugendlichen und Bürgerinnen und Bürgern wegen Beleidigung, Nötigung und sogenanntem Widerstand gegen die Staatsgewalt. Ich erinnere aber auch an die Opferbereitschaft und den Mut unserer Menschen über Jahre hinweg, für ihre Heimat einzutreten und gegenüber einer übermächtig erscheinenden Atomlobby zu bestehen. Ein geschichtlicher Abriss kann nicht alles enthalten über den Kampf für den Rechtsstaat und die Demokratie, die durch die Machtbesessenheit einiger in Gefahr gebracht werden. Der Widerstand ist jedoch nicht erlahmt, sondern stärker als je zuvor. Gemeinsam in Geschlossenheit und Solidarität werden wir es schaffen!" Tosender Applaus folgte seiner Rede.

Die Mehrheit der Räte der Stadt Regensburg hatte Schuierer nicht überzeugen können. Die Stadt Regensburg erhob keine Einwendungen gegen die 2. Teilerrichtungsgenehmigung für die geplante WAA in Wackersdorf. Die CSU-Mehrheitsfraktion lehnte den Antrag der Grünen ab. Stadtrat Walter Annuß hatte der CSU-Fraktion vorgeworfen, sie sei bereit, „auf einen Wink aus der Staatskanzlei die Interessen der Stadt Regensburg und ihrer Bürger zurückzustellen", was bei der CSU-Mehrheit für böses Blut sorgte.

Viele andere Gemeinden und Städte standen dem WAA-Bau inzwischen weit kritischer gegenüber als noch vor Jahren. Auch der Bodenwöhrer Gemeinderat stellte einen Forderungskatalog zur 2. TEG auf. Es müsse die nach dem Stand der Technik erforderliche Vorsorge gegen Schäden durch die WAA getroffen werden, die Sicherheit des dort beschäftigten Personals und Bevölkerung gewährleistet und die Gefährdung des Trinkwassers in der Bodenwöhrer Senke ausgeschlossen sein. Außerdem müssten die besonderen Verhältnisse des Kleinklimas im Bodenwöhrer Becken berücksichtigt werden sowie die Situation beim Transport des radioaktiven Materials gewährleistet sein.

Bodenwöhrs Bürgermeister Wiendl führte weiter aus: „Die Nutzung von Grund und Boden außerhalb des Betriebsgeländes der WAA sowie der Fremdenverkehr im Bodenwöhrer Raum dürfen nicht beeinträchtigt und keinerlei Einschränkungen erfahren."

WAA-Genehmigung auf dem Prüfstand

Fremdenverkehr in Gefahr

Einer Studie im Auftrag des Landkreises Schwandorf zufolge war jedoch bei Inbetriebnahme der WAA mit einem Einbruch des Fremdenverkehrs um rund ein Drittel zu rechnen und deshalb mit einem Einnahmeverlust von jährlich rund 200 Millionen Mark. „Wir fühlen uns verpflichtet, diese Zahlen zu veröffentlichen, damit sich die Gastronomen und Pensionsinhaber darauf einstellen können, was passiert, wenn die WAA einmal in Betrieb geht", warnte Landrat Hans Schuierer. Der „WAA-Tourismus" werde das sicherlich nicht ausgleichen.

Für das Nachbarland Österreich stand die Gefährlichkeit der Atomanlage im bayerischen Wackersdorf längst außer Frage. Linz, Salzburg und auch die Hauptstadt Wien erhoben formell „Einwendung gegen die WAA Wackersdorf". Die Wiener fürchteten, dass die Wiederaufarbeitungsanlage „die Gesundheit und das Eigentum der Wiener Bevölkerung gefährden würde".

Weitere Gemeinden im Umkreis der geplanten WAA sahen es nicht anders. Eine Gemeinde nach der anderen erhob Einwendungen: Nittenau, Burglengenfeld, Neunburg v. Wald, Schwandorf, Nabburg und viele andere mehr, ja sogar die bayerische Landeshauptstadt München. Auch die Münchener Stadträte sahen bei einem möglichen Unglücksfall ihre Stadt bedroht und erhoben „vorsorglich" Einwendungen.

Sogar der Wackersdorfer Gemeinderat stellte nun in elf Punkten Bedingungen für den Bau

Über eine dreiviertel Million Einwendungen gegen die WAA: „Die Frucht von sieben Jahren Widerstand."

der WAA. Jeder noch so betriebliche kerntechnische Störfall sei „unverzüglich der Gemeinde zu melden". Außerdem dürfe das Brennelemente-Eingangslager unter keinen Umständen zu einem Zwischen- oder Endlager umfunktioniert werden. Rund 25 Zuhörer und ein Kamerateam des Fernsehens beobachteten die Diskussion und Entschlussfassung im Wackersdorfer Gemeinderat.

Für einen sofortigen Baustopp der WAA stimmte der Schwandorfer Kreistag. Da vielfältige Gefährdungen durch die Anlage nicht ausgeschlossen werden könnten, so die Mehrheit der Kreisräte, sei dem geplanten Vorhaben die Genehmigung zu versagen. Bei den Einwendungen gegen die 2. TEG wurde auch eine Passage mitaufgenommen, wonach die Kreiskrankenhäuser weder personell noch apparativ dafür ausgerüstet seien, strahlengeschädigte Personen zu behandeln. Dietmar Zierer (SPD) bekräftigte, der Weiterbau sei unvereinbar mit rechtsstaatlichen Grundsätzen und „abenteuerlich", nachdem der VGH den Bebauungsplan „Taxöldener Forst" für nichtig erklärt habe, da Bedenken wegen nuklearspezifischer Restrisiken nicht ausgeräumt werden konnten.

Kernenergie Übergangstechnik?
Bayerns Innenminister August Lang sah das ganz anders. Das Projekt, so Lang, diene „den Menschen, ihrer Wohlfahrt, aber auch dem Schutz vor Umweltgefahren durch Kohlekraftwerke". In der CSU, so verteidigte Lang seine Partei, gebe es „keine Kernkraftlobby", die sich von wirtschaftlicher Abhängigkeit gefangen nehmen lasse. Wer die Kernkraftwerke abschalte, warnte Lang, schaffe riesige Industrieruinen, erhöhe die Strompreise und gefährde unzählige Arbeitsplätze.

Die Kernenergie möge, so blickte der Wirtschaftsminister in die Zukunft, mittel- bis langfristig durchaus eine Übergangstechnik sein.

Die Frage sei aber nicht, ob man auch in 20, 50 oder 100 Jahren noch Strom aus Kernkraft gewinne. Wenn einmal ökologisch und wirtschaftlich bessere Lösungen zur Verfügung stünden, werde man ohnehin umgehend davon Gebrauch machen.

In Waschkörben, Umzugskisten und Aktenordnern schleppten Mitglieder verschiedener Anti-Atomkraft-Initiativen über 470.000 Einwendungen gegen die WAA ins Bayerische Umweltministerium nach München. Zusammen mit den Einwendungen aus Österreich, so verkündete Irene Maria Sturm, Vertreterin der Oberpfälzer Bürgerinitiativen, sei rund eine dreiviertel Million Einwendungen erreicht worden. Für die WAA-Gegner „die Frucht von sieben Jahren Widerstand". Irene Sturm meinte, das gleiche einem „Volksentscheid gegen die WAA". Eigentlich, so die Sprecherin, müsste dies das „Aus für die Wackersdorfer Plutoniumfabrik und die Kernenergie" bedeuten. Sie forderte die verantwortlichen Politiker auf, endlich Konsequenzen zu ziehen. Allein aus dem Raum Salzburg hatten sich 90.000 Bürgerinnen und Bürger in Unterschriftenlisten gegen die WAA eingetragen. Zudem hatte die Wiener Arbeitsgemeinschaft „Anti Atom International" rund 2000 Einwendungen aus 13 Ländern gesammelt.

200 WAA-Gegner hatten sich zur Übergabe der Einwendungen vor dem Umweltministerium am Münchener Rosenkavalierplatz miteingefunden. Ein Teil davon war mit Fahrrädern gekommen, begleitet von einem erheblichen Polizeiaufgebot. Als Josef Vogl, Leiter der Abteilung Kernenergie und Strahlenschutz im Umweltministerium, die Ordner entgegennahm, ging sein Versuch, die Rolle des Umweltministeriums im atomrechtlichen Verfahren darzustellen, in wütenden Sprechchören und Pfiffen unter.

Kampf zwischen
Vernunft und Gewissen

Kritische Polizisten gegen die WAA

Ende Februar 1988 traf sich die „Arbeitsgemeinschaft Kritischer Polizistinnen und Polizisten" in Schwandorf zu einem zweitägigen Treffen, skeptisch beäugt von der Amberger Polizeidirektion. Ihr Tagungsthema: „Die Rolle der Polizei in der Auseinandersetzung um Projekte der Großtechnologie."

Rund 160 Mitglieder zählte die Bundesarbeitsgemeinschaft kritischer Polizistinnen und Polizisten, 20 davon im bayerischen Landesverband. Ihr Sprecher Manfred Mahr erklärte, man habe Schwandorf „bewusst und gewollt" ausgewählt, da die zu behandelnden Themen einen Bezug zur Wackersdorfer Wiederaufarbeitungsanlage hätten. Die WAA gehöre für die kritischen Polizisten, so Mahr, zu jenen „sozial unverträglichen Großtechnologien", von denen Bürger wie Polizisten gleichermaßen betroffen seien. Mahr: „Das Gewaltmonopol wird über die Polizei missbraucht, indem politisch nicht durchsetzbare Großtechnologien gegen den Willen eines großen Teils der Bevölkerung dennoch verwirklicht werden." Das Interesse der „privaten Atomunternehmer" werde „gleichgesetzt mit dem Staatsinteresse", wobei die Polizei „zum Erfüllungsgehilfen" werde.

An ihre Kollegen richtete die Bundesarbeitsgemeinschaft daher den Appell, sich zu widersetzen, falls von ihnen Unrechtmäßiges verlangt werde. Über diese im Beamtenrecht verankerte Möglichkeit hinaus müsse ein „Remonstrationsrecht" eingeklagt werden, also das verbriefte Recht für jeden Beamten, dienstliche Aufträge abzulehnen, die nicht im Einklang mit dem Recht stünden. Zudem sollten sich junge Beamte in Bürgerinitiativen und Parteien engagieren, um es erst gar nicht zu einem möglichen „Obrigkeitsdenken" kommen zu lassen.

Auf einhellige Ablehnung der kritischen Polizisten stieß die Gründung der als „Greiftrupps" bekannten „Unterstützungskommandos". Einer der Teilnehmer der Tagung erklärte, laut Bericht der „Süddeutschen Zeitung" vom 24. Februar 1988, ihm sei regelrecht schlecht geworden sei, als er die Fotos von der offziel-

Auch Hubert Weinzierl, der Vorsitzende von Bund Naturschutz in Bayern, war dabei, als die „Kritischen Polizisten" sich am Bauzaun umsahen.

len Vorstellung dieses Kommandos durch Staatssekretär Peter Gauweiler gesehen habe, „weil die von Polizisten dargestellten ‚Chaoten' mit Ketten und allerlei martialischer Ausrüstung behängt" gewesen seien.

Die Polizeidirektion Amberg hatte zum Treffen der kritischen Polizisten in Schwandorf einen „dienstlichen Beobachter" geschickt „in offizieller Mission", der allerdings vor Beginn der Arbeitstagung mit einem eindeutigen Votum von der Versammlung ausgeschlossen wurde.

Eingeladen war hingegen Dr. Uwe Dams, Vorsitzender des Dachverbandes der Oberpfälzer Bürgerinitiativen", der in einem Diavortrag über den Widerstand gegen die WAA berichtete. Bei bürgernahen politischen Entscheidungen, so Dams vor den kritischen Polizisten und Polizistinnen, wäre eine Polizeipräsenz wie sie phasenweise in Schwandorf existiere, nicht nötig.

Polizisten kontrollieren Polizisten

Die komplizierten Verhältnisse rund um das WAA-Gelände bekamen die Polizisten selbst zu spüren. Eine offizielle Demonstration mit Transparenten war ihnen vom Landratsamt Schwandorf verboten worden. Und so trafen sie sich zu einem Bauzaun-Spaziergang im Anschluss an die Andacht am Franziskus-Marterl.

Natürlich waren die Polizisten von Polizeikollegen kontrolliert worden.

In der abschließenden Pressekonferenz sprachen Tagungsteilnehmer davon, dass sie durchaus Angst hätten vor einem Disziplinarverfahren. Bei den kritischen Polizisten zu sein, bedeute, einem „ständigen Kampf zwischen

Vernunft und Gewissen" ausgesetzt zu sein. Nach Ansicht vieler Teilnehmer der Veranstaltung hätten nicht Hundertschaften Polizei nach Wackersdorf fahren müssen, sondern Hundertschaften von Politikern, „um die Bürger zu überzeugen". Wenn sich die Bevölkerung nicht überzeugen lasse, so die kritischen Polizistinnen und Polizisten, „müsse dieses Projekt sterben".

Die Retourkutsche ließ nicht lange auf sich warten. Innenministerium und Polizeipräsidium bezogen unisono Stellung gegen die „Mini-Arbeitsgemeinschaft". „Insgesamt scheinen die kritischen Polizisten", so der Kommentar, „emotional schlecht informierte Mitbürger aufputschen zu wollen".

Die Mitglieder der „Mini-Arbeitsgemeinschaft" versuchten sich „als Märtyrer darzustellen", die angeblich Repressionen, besonders bei Beförderungen, in Kauf nehmen müssten. Dadurch würde ein völlig falscher Eindruck erweckt.

Außerhalb des Dienstes, so das Innenministerium, stünde es den Beamten frei, sich mit politischen Themen auseinanderzusetzen. Außerdem könne von einer „aggressiven Präsenz" der Polizei keine Rede sein. Im Gegenteil: Es würden besonders psychologisch geschulte Gesprächsbeamte eingesetzt, um vorhandenes Misstrauen abzubauen. Außerdem wies das Polizeipräsidium Niederbayern/Oberpfalz den Vorwurf zurück, dass das Treffen durch einen Amberger Kollegen „bespitzelt" worden sei. Der Beamte habe sich beim Leiter der öffentlichen Versammlung ordnungsgemäß zu erkennen gegeben.

Auch das III. Forum der „Richter und Staatsanwälte für den Frieden" traf sich rund zwei Monate später in Schwandorf. Sophie Gräfin von Bellestrem erklärte den rund 350 Teilnehmern, die Wahl des Tagungsortes Schwandorf sei als ein „bewusst gesetztes Zeichen der Solidarität mit der hiesigen Bevölkerung zu verstehen, die die negativen Auswirkungen der Atomwirtschaft unmittelbar zu spüren bekomme". Man habe ein Bundesland als Tagungsort gewählt, in dem Bürgerprotesten allzu oft „repressiv begegnet" werde. Der bisherige rechtliche Umgang mit der Atomenergie habe gezeigt, dass die bestehende Rechtsordnung der Atomtechnologie keinen ausreichenden Schutz biete. Der 17-seitigen Resolution stimmte die Mehrheit der Forumsteilnehmer zu. Als Schirmherr des Forums verteidigte Landrat Hans Schuierer den Widerstand gegen die Atomwirtschaft als „notwendige Ruhestörung, besonders, wenn Demokratie und Rechtsstaat in Gefahr" seien.

Das wird ein Spektakel

Schuierers Disziplinarverfahren

Im März 1988 wurden dem Schwandorfer Landrat Hans Schuierer die Ergebnisse der Untersuchungen der Landesanwaltschaft in Sachen Disziplinarverfahren zugestellt. Die Vorermittlungen gegen Schuierer waren im Mai 1986 wegen angeblich dienstwidriger Äußerungen und Verstöße gegen Landratspflichten eröffnet worden. Regierungspräsident Karl Krampol hatte bereits im Spätherbst 1987 seine Entscheidungsabsicht dem bayerischen Innenministerium mitgeteilt. Freilich, so beteuerte der Regierungspräsident, habe Innenminister Lang das Verfahren gegen Landrat Hans Schuierer nicht an sich gezogen. Alles, so Krampols Pressesprecher Alfons Metzger, gehe „seinen normalen Gang". Natürlich, ergänzte Metzger, werde dem Urteil des Ministeriums „entscheidendes Gewicht zukommen".

Regierungspräsident Krampol seinerseits erklärte, er wolle den „Fall endlich abschließen".

Im Landratsamt Schwandorf rechnete man nun „jeden Tag" mit einem Bescheid. Und der beinhaltete die Aussage: Das Disziplinarverfahren gegen den Schwandorfer Landrat wird fortgesetzt.

Das Bayerische Innenministerium bestätigte, dass die Regierung der Oberpfalz ein Anschuldigungsverfahren gegen Hans Schuierer für eine Verhandlung beim Verwaltungsgericht Regensburg formulieren müsse. Schuierer hatte in seinen öffentlichen Reden immer öfter auf den Abschluss des Verfahrens gedrängt. Noch einmal verwies Schuierer darauf, dass er sich als Landrat nie politisch geäußert habe, sondern als SPD-Mitglied und stellvertretender Bezirksvorsitzender, während ihm das Innenministerium vorwarf, dass er seine Pflicht als Landrat zur neutralen, unparteilichen Amtsführung verletzt habe. Laut einer Mitteilung des Innenministeriums ging es um folgende Sachverhalte: Teilnahme an einer nicht angemeldeten Versammlung am 17. August 1985, die Äußerung „Das ist Terror in Vollendung" bei der Räumung des Hüttendorfes im Januar 1986 sowie herabsetzende Äußerungen über Mitglieder und Maßnahmen der Staatsregierung.

Entgegen den Vorschriften der Disziplinarordnung, die ein möglichst zügiges Verfahren vorschreiben, wurde in Sachen Schuierer bereits seit zweieinhalb Jahren ermittelt, was Schuierer als „typischen Disziplinierungsversuch" im Zusammenhang mit der WAA wertete.

Landrat Schuierer zeigte sich insofern nicht überrascht von der Fortsetzung des Verfahrens. Nachdem Regierungspräsident Krampol das Verfahren ans Innenministerium weitergereicht habe, sei ihm klar gewesen, dass die Sache weiterverfolgt werde.

„Ein-Mann-Demokratur" und „Rädelsführer"
Die Regierung der Oberpfalz werde sich nun wohl, so vermutete Schuierer, auf Äußerungen stützen wie „Ich habe Angst vor Strauß, Wörner und Zimmermann" oder dass er von einer „Ein-Mann-Demokratur Straußscher Prägung" gesprochen habe. Zudem habe er gesagt, der Unterschied zwischen den Ländern, die der Bayerische Ministerpräsident besucht habe wie Chile, Südafrika oder kommunistische Staaten und Bayern „werde immer kleiner". Zu dem, was er sich von CSU-Politikern und dem Ministerpräsidenten habe gefallen lassen müssen, seien seine Vorwürfe „doch wirklich harmlos". Schuierer verwies darauf, dass er von Innenminister Lang als „Rädelsführer" und von Strauß als „Saboteur" bezeichnet worden war.

Noch hatte aber nicht einmal die Regierung einen schriftlichen Bescheid des Bayerischen Innenministeriums vorliegen, „nur eine telefonische Benachrichtigung".

Und solange es diesen nicht gebe, wolle er sich, so Regierungspräsident Krampol, auch nicht äußern. Sobald dieser vorläge, so Regierungssprecher Joachim Merk, würden die Anschuldigungen dem Verwaltungsgericht zugeleitet, womit die Rolle der Regierung „ausgespielt" sei. Drei Möglichkeiten des Verfahrensausganges standen im Raum: Einstellung des Verfahrens, Freispruch oder Disziplinarmaßnahme. Im schlimmsten Fall: die Entfernung Schuierers aus dem Amt.

In jedem Fall war eine Berufung vor dem Verwaltungsgerichtshof möglich.

Landrat Schuierer sah dem Allem gelassen entgegen. Nun werde man, so meinte er, „endlich einmal geklärt bekommen, was man in Bayern als Politiker sagen darf!"

Karl-Heinz Hiersemann, Vorsitzender der SPD-Landtagsfraktion, forderte das Innenministerium auf, die Anweisung der Regierung der Oberpfalz zur Einleitung disziplinarischer Schritte gegen Schuierer umgehend zurückzuziehen. Die Staatsregierung, so Hiersemann, die ständig zur Versachlichung der Auseinandersetzung um die WAA aufrufe, könne damit einen Beitrag in Richtung Deeskalation leisten.

So aber setze sich die Staatsregierung dem Verdacht aus, mit dem „völlig unverhältnismäßigen Einsatz staatlicher Machtmittel" gegen den Landrat nicht nur den Kopf des politischen Widerstandes der WAA, sondern die Anti-WAA-Bewegung insgesamt einschüchtern zu wollen.

Der ostbayerische SPD-Bezirksvorsitzende Gerhard Schmid fühlte sich durch das Vorgehen gegen Schuierer an „DDR-Methoden" erinnert. Bei der örtlichen Bevölkerung, so zeigte sich Schmid überzeugt, werde diese „Demonstration staatlichen Machtrausches" den gegenteiligen Effekt hervorrufen.

Gegen die Anti-WAA-Gallionsfigur
Redakteur Wolfgang Houschka blickte in seinem Kommentar für den Neuen Tag am 16. April 1988 schon mal in die Zukunft: „Jetzt also soll verhandelt werden gegen die Anti-WAA-Gallionsfigur, müssen wohl die Disziplinarrichter klären, ob Schuierer verbal vom Leder ziehen durfte gegen Leute, die ihn nie mit Samthandschuhen anfassten … Schuierer vor Gericht: Das wird ein Spektakel werden, bei dem die Medien von Flensburg bis Rosenheim anwesend sind. Dabei ist von vorneherein fraglos, auf wessen Seite sich die Sympathien schlagen und wem die Schlagzeilen gehören werden. Unbestritten ist, dass sich Hans Schuierer selbst für viel Geld keine bessere Werbeagentur an Land ziehen könnte als jene, die von München aus nunmehr erneut dafür gesorgt

Schuierers Disziplinarverfahren

Bayer. Verwaltungsgericht Regensburg
-Geschäftsstelle der Kammer für Disziplinarsachen-
-Kammer X -

Nr.: **R** 0 10 D 88. 760
(Bei Zuschriften bitte angeben)

Bayer. Verwaltungsgericht · Postfach 11 01 65 · 8400 Regensburg 11

Herrn Landrat
Hans Schuierer
Renawerkstraße 21

Regensburg, den 20.04.1988

8461 Klardorf

gegen Postzustellungsurkunde

Förmliches Disziplinarverfahren gegen den Landrat Hans Schuierer in Schwandorf wegen Dienstvergehens
Anlage: 1 Abdruck der Anschuldigungsschrift vom 18.04.1988

Sehr geehrter Herr Landrat Schuierer!

Beiliegend stelle ich Ihnen eine Ausfertigung der Anschuldigungsschrift vom 18.04.1988 zu. Sie können sich hierzu

bis 13. Juni 1988

schriftlich äußern (Art. 61 Abs. 2 Satz 1 BayDO). Zugleich weise ich Sie darauf hin, daß Sie die nochmalige Vernehmung von Zeugen und Sachverständigen sowie weitere Beweiserhebungen beantragen können. Der Antrag ist unter Angabe der Tatsachen, über die Beweis erhoben werden soll

ebenfalls bis 13. Juni 1988

zu stellen. Ein späterer Antrag gilt als rechtzeitig gestellt, wenn wichtige Gründe für die Verspätung glaubhaft gemacht werden (Art. 61 Abs. 2 Satz 2 i.V.m. Art. 62 BayDO).

Gemäß ~~Art. 38 BayDO können Sie sich im Disziplinarverfahren des Bei~~stands eines Verteidigers bedienen. Verteidiger können ~~die~~ bei Gericht zugelassenen Rechtsanwälte sowie Rechtslehrer an Hochschulen im Geltungsbereich des Grundgesetzes, Vertreter der Gewerkschaften und Berufsverbände der ~~Beamten~~ mit Sitz im Geltungsbereich des Grundgesetzes, ~~Beamte~~ und Ruhestandsbeamte sein, sofern sie nicht zu den in ~~Art. 45 Nr. 4 und 6 bezeichneten Personen~~ gehören.

Auf richterliche Anordnung:

(Unterschrift)
Urkundsbeamter

ha

Anschuldigungsschrift: Förmliches Disziplinarverfahren

Schuierers Disziplinarverfahren

hat, dass er über geraume Zeit hinweg bundesweit in aller Munde bleibt."

Mit 35:10 Stimmen stellte sich der Kreistag des Landkreises Schwandorf in seiner Sitzung am 18. April vor Landrat Hans Schuierer und forderte in einem Dringlichkeitsantrag die Staatsregierung auf, das gegen Hans Schuierer eröffnete Disziplinarverfahren „unverzüglich einzustellen". Am Zustandekommen des Beschlusses wirkten auch mehrere Kreisräte der CSU mit.

Am 20. April wurde Landrat Hans Schuierer per Postzustellungsurkunde die Anschuldigungsschrift zugestellt. Von den ursprünglich 18 Vorwürfen waren lediglich fünf übriggeblieben. Schuierer zeigte sich neugierig: „Ob mich deswegen noch ein Richter verurteilt?"

Nun war Landrat Schuierer nicht der einzige, der wegen seines Engagements gegen die WAA Schwierigkeiten bekommen hatte. Dem Amberger Richter und Mitglied des Bayerischen Verfassungsgerichtshofes, Helmut Wilhelm, wurde vorgeworfen, er habe das für Richter geltende „Gebot der Zurückhaltung" verletzt. Mit einer Einstellung des Verfahrens gegen ihn rechnete auch Wilhelm nicht. Auch der katholische Geistliche und Religionslehrer Leo Feichtmeier musste sich in einem Disziplinarverfahren rechtfertigen. Während ihm die Bayerische Staatsregierung „agitatorische Ausfälle" vorwarf, nachdem er davon gesprochen hatte, dass „der Staat wieder in die Hände von Sadisten" gerate, ließen ihn auf einer Solidaritätsveranstaltung im katholischen Vereinsheim Schwandorf 500 Besucher hochleben. Landrat Schuierer zollte ihm seinen Respekt. Feichtmeier, so Schuierer, nehme „Opfer und Repressalien" stellvertretend für die Oberpfälzer WAA-Gegner auf sich. Gleichzeitig sagte er Feichtmeier Solidarität zu: „Wir stehen hinter Ihnen!"

Sehr eigenartig

Das Ermittlungsverfahren gegen einen Hundeführer der Polizei, den Schuierer anzeigt hatte, weil er am 7. Januar 1986 seinen Hund gegen ihn gehetzt hatte, wurde dagegen eingestellt. Lediglich eine Geldauflage hatte der Beamte zu zahlen. Ein Vergehen der Körperverletzung liege, so die Staatsanwaltschaft, nicht vor. Landrat Schuierer sei lediglich „sehr geschockt" gewesen. Zugunsten des angeklagten Hundeführers sei davon auszugehen, „dass der Anzeigeerstatter (Schuierer) nicht mehr als nur unerheblich in seinem körperlichen Wohlbefinden beeinträchtigt worden sei …"

Auch das Vergehen der Nötigung sei nicht nachweisbar, hieß es in der Begründung der Einstellungsverfügung. Da Landrat Schuierer der Weisung des Polizeibeamten nicht nachgekommen sei, habe der Beschuldigte seinen Diensthund als Hilfsmittel der körperlichen Gewalt eingesetzt.

In einer Stellungnahme erklärte Landrat Hans Schuierer: „Die Einstellung des Verfahrens gegen einen Polizeibeamten, der am 7. Januar 1986 unberechtigterweise einen Diensthund auf mich gehetzt hat, nach mehr als zwei Jahren, liegt genau im Stil der bisherigen über 300 Ermittlungsverfahren gegen Polizeibeamte im Zusammenhang mit der WAA. Eine Verurteilung ist hier, im Gegensatz zu den drakonischen Strafen, die über WAA-Gegner bei vergleichsweisen geringen Vergehen verhängt wurden, bisher nicht erfolgt. Es ist jedenfalls sehr eigenartig und aufschlussreich, wie von der bayerischen Justiz das Hetzen von Polizeihunden auf Bürger, die von ihren verfassungsmäßigen Rechten Gebrauch machen wollen, beurteilt wird, wenn es um das Prestigeobjekt der CSU-Staatsregierung, die WAA in Wackersdorf, geht."

Symbolfigur des Widerstandes

Ehrung in Salzburg

Den Ehrenring der Stadt Salzburg bekam Schwandorfs Landrat Hans Schuierer am 18. Mai 1988 von Salzburgs Bürgermeister Josef Reschen feierlich im Marmorsaal des Schlosses Mirabell überreicht – „für einen Verbündeten, dessen Haltung Mut macht".

Reschen dankte Schuierer in seiner Festansprache für seine Verdienste um die Stadt Salzburg. Salzburg, so Reschen, habe sich von Anfang an gegen Pläne gewehrt, in Wackersdorf eine WAA zu errichten, „nicht wegen irrationalen Technologiefeindlichkeit, sondern wegen der allzu berechtigten Skepsis gegenüber dieser Technologie".

Die friedlichen Aktionen der Salzburger gegen die im Bau befindliche WAA seien bei den Behörden des Freistaates Bayern auf Ablehnung, manchmal sogar auf zynische Verhöhnung gestoßen, bei der Bevölkerung des Landkreises Schwandorf jedoch auf breite Zustimmung und Sympathie.

Mit Landrat Hans Schuierer habe man eine Persönlichkeit kennengelernt, der wie viele Salzburger der Überzeugung sei, „dass diese Anlage in Wackersdorf im Interesse der Sicherheit und Gesundheit unserer Mitbürger und Kinder und Kindeskinder nicht gebaut werden darf bzw. nicht in Betrieb gehen darf".

Durch seine unerschrockene und unbeirrbare Haltung, so lobte Reschen, sei Schuierer geradezu zu einer „Symbolfigur des Widerstandes gegen Wackersdorf und zu einem Vorkämpfer der Sache der Vernunft gegen übermächtig scheinende technokratische Lobbys und deren zynischen und menschenverachtenden Fortschrittsbegriff geworden".

Schuierer habe, so der Salzburger Bürgermeister weiter in seiner Festansprache, die Idee einer Umweltpartnerschaft zwischen der Stadt Salzburg und dem Landkreis Schwandorf aufgegriffen und die Realisierung gegen den erbitterten Widerstand der Bayerischen Staatsregierung durchgesetzt. Reschen kündigte an, dass die „um ihre Sicherheit und Gesundheit besorgten Menschen diesseits und jenseits der österreichisch-bayerischen Grenze" ihren Widerstand fortsetzen würden, „bis dieses lebensbedrohliche Projekt aufgegeben wird".

Reschen dankte Landrat Schuierer besonders für seinen selbstlosen und unermüdlichen Einsatz im Dienste der Menschen beider Länder. Schuierer möge weiterhin mit seiner ganzen persönlichen und moralischen Autorität den Salzburgern zur Seite stehen. Reschen: „Wir Salzburger können diesen Auseinandersetzungen beruhigt entgegen sehen,

Ehrung in Salzburg

Feierliche Verleihung des Ehrenrings der Stadt Salzburg im Schloss Mirabell mit Schwandorfer Gästen.

solange wir Verbündete wie diesen Landrat haben!"

Schuierer, der mit seiner Familie und zahlreichen Kreisräten aus dem Raum Schwandorf nach Salzburg gekommen war, wertete die Auszeichnung als Zeichen dafür, dass Bürger und Bürgerinitiativen in ihrem verzweifelten, legalen und friedlichen Abwehrkampf gegen die verbündete Atomlobby Freunde und Hilfe über Ländergrenzen hinweg gefunden haben. Das gebe Selbstvertrauen, lasse neue Kraft schöpfen für das Bestehen gegen Willkür, Bedrohungen und Verleumdungen.

Die ihm verliehene Auszeichnung sei eine Auszeichnung aller Oberpfälzer Bürger. Er, so Schuierer, gebe diesen Ehrenring weiter an die vielen ungenannten Bürgerinnen und Bürger, „die Sonntag für Sonntag nach der Andacht beim Franziskus-Marterl am Bauzaun stehen, die Tag für Tag ihre demokratische Grundhaltung unter Beweis stellen und die trotz größerer Anfeindungen und Verleumdungen Zivilcourage beweisen". Diese Bürger stellten sich ihrer Verantwortung als Demokraten.

Der Landrat zeigte sich überzeugt, dass die Umweltpartnerschaft, trotz aller Angriffe auch in Zukunft leben und bestehen werde. Schuierer: „Sie wird leben und bestehen, mag sie auch noch so oft angegriffen werden von solchen, denen diese Partnerschaft ein Dorn im Auge ist."

Vor dem Festakt hatte sich Schuierer ins Goldene Buch der Stadt Salzburg eingetragen. Nach dem Festakt gab die Stadt Salzburg zu Schuierers Ehren ein Essen im renommierten Hotel „Sheraton".

Kein Leibeigener der Atomlobby

Drei Wochen später wurde für den unbeugsamen Landrat in Sulzbach-Rosenberg eine eindrucksvolle Solidaritätsveranstaltung durchgeführt, über die der Bayerische Innenminister August Lang im Vorfeld gesagt hatte: „Krampf lass nach!". Doch Sulzbach-Rosenbergs Bürgermeister Gerd Geismann befand, dass es Landrat Schuierer aufgrund seiner Lebensleistung und Zivilcourage nicht verdient habe, von der Bayerischen Staatsregierung so schlecht behandelt zu werden.

SPD-Kreisvorsitzender Reinhold Strobl, später auch Mitglied des bayerischen Landtages, kritisierte das angestrengte Disziplinarverfahren gegen Schuierer und lobte Schuierer, dass er „kein Leibeigener der Atomlobby und kein Höriger der Ministerialbürokratie" sei. Schuierer wolle sich nicht dem Vorwurf aussetzen, nicht genug gegen die drohenden Gefahren getan zu haben. Gestärkt werden sollten mit dieser Veranstaltung auch andere Anti-WAA-Kämpfer wie Richter Helmut Wilhelm oder Pfarrer Leo Feichtmeier. Während Wilhelm von einer „Einschränkung der Bürgerrechte seit 1981" sprach, forderte Feichtmeier die Staatsregierung auf, ihre Ansichten zu hinterfragen.

Der stellvertretende Vorsitzende der bayerischen SPD, Ludwig Stiegler, bezeichnete Schuierer als „einen Glücksfall für die Demokratie im Freistaat". Stiegler: „Wir werden nicht zulassen, dass die CSU ihn mundtot macht!"

In einer Grußbotschaft lobte der SPD-Bundesvorsitzende Dr. Hans-Jochen Vogel den Schwandorfer Landrat als „Symbol des Kampfes gegen eine Politik, die den unfehlbaren Menschen voraussetzt und in rücksichtsloser Weise kommende Generationen mit unlösbaren Problemen belastet." Er wolle, so der SPD-Vorsitzende, alles unternehmen, um zu verhindern, dass Schuierer von der Bayerischen Staatsregierung „unter Missachtung seiner Funktion als vom Volk gewählter Landrat ein Maulkorb verpasst wird".

Schuierer bedankte sich für die Unterstützung: „Es ist ein angenehmes Gefühl zu wissen, dass man Freunde hat; umso mehr, wenn man in Bedrängnis ist." In die Solidarität wollte Schuierer alle rund 3000 WAA-Gegner einbezogen wissen, die man mit Gerichts- und Disziplinarverfahren überzogen habe. Landrat Schuierer kritisierte besonders die jüngsten Aktionen des Verfassungsschutzes. Schuierer: „Wenn ich an die Bespitzelung denke, müssen wir wohl bald neue Aufkleber ‚Bruck ist überall' drucken lassen." Ihm dränge sich der Verdacht auf, so Schuierer, dass es sich hier um einen Racheakt handle. In Bonn und München herrsche offenbar angesichts des unerwartet zähen Widerstandes gegen das Prestigeobjekt WAA Ratlosigkeit. Die Solidarität, so Schuierer, beginne am Bauzaun. Es bestehe jeden Sonntag die Möglichkeit, sie dort zu zeigen.

Zwei Verbündete im Kampf gegen die WAA: Salzburgs Bürgermeister Josef Reschen und Schwandorfs Landrat Hans Schuierer.

Zum Schutz der Spaziergänger und des Waldes

Bannmeile um die WAA

Die Polizeiführung war inzwischen dazu übergegangen, die WAA-Gegner möglichst weiträumig vom Baugelände fern zu halten. Ihre Kritik: Fahrzeuge aller Art würden in den Wäldern rund um das WAA-Gelände fahren und parken, obwohl dies verkehrs- und naturschutzrechtlich verboten sei. Die betroffenen Forstwege seien bereits mit Verkehrszeichen „Verbot für Kraftfahrzeuge aller Art" beschildert. Dies geschehe zum Schutz der Spaziergänger und des Waldes.

Als die WAA-Gegner mit einer stummen Prozession am „Roten Kreuz" vor dem WAA-Bauzaun Kränze niederlegen wollten, hob der Verwaltungsgerichtshof in München die vom Verwaltungsgericht Regensburg gegebene Erlaubnis wieder auf. „Grundsätzliche Sicherheitsbedenken" hatten Polizei und Forstamt geltend gemacht. Klaus Brückner von der Bürgerinitiative (BI) Schwandorf zeigte sich enttäuscht und entrüstet: „Die Scharfmacher haben sich einmal mehr durchgesetzt!"

So wie die Katastrophe in Tschernobyl verschleiert worden sei, so versuche man das Gedenken an Tschernobyl zu unterbinden. Anlass für die Kundgebung in Wackersdorf und den anschließenden Marsch zum WAA-Gelände war der zweite Jahrestag der Tschernobyl-Katastrophe gewesen.

Brückner zeigte sich fassungslos. Kein Mensch denke daran, die Kränze am „Roten Kreuz" anzuzünden und Waldbrände zu entfachen. Wäre es nach den Richtern des Verwaltungsgerichts Regensburg gegangen, dann hätte der Aufzug mit Auflagen stattfinden können.

Doch die Antragsgegner zeigten ein Schreckgespenst auf. Zahlreiche „militante Atomkraft-

Gegen Niederlegung von Kränzen am WAA-Bauzaun machte der Verwaltungsgerichtshof „grundsätzliche Sicherheitsbedenken" geltend.

Steinmetz Horst Wittstadt mit seinem Bildstock. Nach dem Ende der WAA meißelte er noch die Daten für das Ende der WAA in die Bodenplatte.

gegner und Chaoten" würden sich unter die friedlichen Versammlungsteilnehmer mischen und nach den jüngsten Brandstiftungen „schwerwiegende Gefahren für Leben, Gesundheit und Eigentum einzelner" bedeuten.

Für den Verwaltungsgerichtshof war klar: „Solange latente Gewaltbereitschaft immer wieder manifest werde, müsse Vorsicht herrschen."

In seinem Kommentar für die Mittelbayerische Zeitung vom 26. April 1988 schätzte Karl-Heinz Weigel die Sachlage so ein:

„Die ‚Bannmeile' um die WAA bleibt gezogen. Versammelte WAA-Gegner haben keine Chance, am Zaun zu demonstrieren. Der VGH verbot den Aufzug, der nur symbolträchtig sein wollte. Verständlich, dass viele enttäuscht sind … Erneut verlangt die Staatsgewalt Wohlverhalten … Risiken, auch kleine, werden nicht akzeptiert. Ventile bleiben geschlossen. ‚Deckel drauf'. Wen wundert's, dass sich friedfertige Oberpfälzer kriminalisiert fühlen? Legen etwa Oberpfälzer Erddepots an, Krähenfüße aus und Feuer im Wald? … Einzelne Straftaten Militanter, so scheint's, werden gern zum Anlass für drastische Maßnahmen genommen. Nur: Man sollte der bürgerlichen Anti-WAA-Szene die Gelegenheit geben, Grundrechte wahrzunehmen und Friedfertigkeit zu beweisen …"

In den folgenden Wochen eskalierten die Brandstiftungen rund um das WAA-Gelände. Nach einer Aufstellung des Polizeipräsidiums wurden innerhalb eines Monats 21 Waldbrände registriert.

Für das Pfingstwochenende 1988 erwartete Polizeipräsident Wilhelm Fenzl „vermehrte Aktionen". Zwar werde die Polizei bereits im Vorfeld versuchen, strafbare Handlungen zu verhüten, trotzdem würden, so Fenzl, von Samstag bis Dienstag 500 Polizisten rund um die Uhr am WAA-Gelände im Einsatz sein.

Fenzl ging davon aus, dass bei günstiger Witterung 1000 bis 2000 Demonstranten zum Baugelände kommen.

Die US-Zeitung „Training Times" empfahl schon mal vorsorglich den Angehörigen der US-Armee im nordbayerischen Raum, den Raum Wackersdorf zu meiden und sprach von einer „eingeschränkten Zone", die dort vorhanden sei. „Es ist besser für Ihre eigene Sicherheit, außerhalb dieses Bereichs zu sein", mahnte ein amerikanischer Offizier die Leser.

Andacht statt Krawalle

Für Pfingstsonntag war um 14 Uhr eine ökumenische Andacht am Franziskus-Marterl geplant, die der Polizeiführung verdächtig erschien. Wenn die Andacht „versammlungsähnliche Züge" annehme, so der Polizeichef, werde die Polizei sofort Maßnahmen ergreifen. Tatsächlich herrschte an den Pfingstfeiertagen „relative Ruhe am WAA-Zaun". An beiden Pfingstfeiertagen verzeichnete die Polizei regen Zulauf, ohne dass es zu größeren Störungen im Bereich des WAA-Zaunes kam, im Gegensatz zu Pfingsten 1986.

Am Sonntagnachmittag beteiligten sich an der schon traditionellen Andacht am Franziskus-Marterl etwa 300 Gläubige. Rund 1000 Menschen hielten sich rund um den Bauzaun auf. Die friedliche Atmosphäre war lediglich durch eine kleine Gruppe gestört worden, die am Tor 1 rüttelte. Ein junger Mann und eine junge Frau aus Nordrhein-Westfalen waren festgenommen worden, „weil sie Polizeibeamten gegenüber ihr Hinterteil entblößt hatten".

Nachts gegen 23.15 Uhr wurden auf der Industriestraße zum Baugelände zwei Personen festgenommen und dem Haftrichter vorgeführt, weil in ihrem Pkw Spiritus und Werkzeuge entdeckt wurden. Die Bahnlinie Schwandorf-Furth war bis 4 Uhr morgens unterbrochen, weil auf dem Gleiskörper in der Nähe von Kronstetten vier Reifen und Holz eine brennende Barrikade bildeten. Für die Polizeiführung war klar:

„Es wird offensichtlich von auswärtigen Gruppen versucht, Unfrieden hierherzubringen."

Ebenfalls im Blickfeld, allerdings des Bayerischen Kultusministeriums, stand in diesen Tagen der Schwandorfer Pfarrer Leo Feichtmeier, dem von der Behörde vorgeworfen wurde, „zum Möchtegern-Märtyrer zu neigen". Offenbar sei es für ihn ein „erhebendes Gefühl gewesen, bei einer Solidaritätsveranstaltung symbolisch mit Maulkorb und zwei Daumenschrauben ausgezeichnet zu werden". Nun sehe man sich veranlasst, gegen den Pfarrer und Religionspädagogen ein Disziplinarverfahren wegen „Verstößen gegen das Mäßigungsgebot" einzuleiten. Das Ministerium warf ihm vor, in agitatorischer Weise „zur Emotionalisierung der Auseinandersetzung um den Bau der WAA beigetragen zu haben".

Kommen Armee-Hubschrauber zum Einsatz?
Knapp zwei Monate später meldete eine regionale Tageszeitung: „Für Transport oder Aufklärung in Wackersdorf – Armee-Hubschrauber: WAA-Einsatz erlaubt". Generalmajor Kurt Barthel, Kommandeur der 4. Panzergrenadierdivi-

BGS-Hubschrauber waren bei Demonstrationen gegen die WAA immer wieder im Einsatz.

sion in Regenburg erklärte: "Kampfhubschrauber der Bundeswehr können von der Polizei grundsätzlich bei Demonstrationen an der Wiederaufarbeitungsanlage von Wackersdorf angefordert werden." Worauf sich das Bayerische Innenministerium zu betonen beeilte, dass es "bisher nie zu einem solchen Hubschraubereinsatz gekommen" sei. Der Hintergrund: Ein Bundeswehroffizier hatte sich geweigert, eventuelle Amtshilfeersuchen weiterzuleiten, mit der Begründung, dies sei "Beihilfe zu verfassungswidrigem Handeln".

Kommandeur Barthels bekräftigte zwar, dass grundsätzlich Kampfhubschrauber der Armee bei WAA-Demonstrationen zur Unterstützung der Polizei angefordert werden könnten. Er würde jedoch, ebenso wie andere verantwortliche Offiziere, "einen solchen Vorgang äußerst restriktiv handhaben". Außerdem dürfe kein Soldat "unter keinen Umständen" in die Auseinandersetzung um die Wiederaufarbeitungsanlage Wackersdorf hineingezogen werden.

Helmut Mederle zog in seinem Kommentar für die Mittelbayerische Zeitung vom 30. Juli 1988 dazu ein vorläufiges Fazit:

"Es ist ja hinlänglich bekannt, dass die Bayerische Staatsregierung keine Fehler macht. Und die Tatsache, dass man in München den Untertanengeist der nordbayerischen Bevölkerung völlig falsch eingeschätzt hat, wäre auch nicht weiter tragisch, wenn es sich im Falle der Wiederaufarbeitungsanlage von Wackersdorf nicht ausgerechnet um ein Projekt handeln würde, das im ganzen Bundesgebiet ständig Aufmerksamkeit erregt. Weil es aber nicht gelungen ist, die WAA geografisch und politisch zu einem Randthema herunterzuspielen, blieb nicht verborgen, wie die Bayerische Staatsregierung reagiert, sobald ihr Unfehlbarkeitsanspruch allzu renitent und hartnäckig auf die Probe gestellt wird. Da werden alle Register obrigkeitsstaatlicher Herrschaftskunst gezogen, und wenn die eigene Kraft – Selbsteintritt des Staates, Verbot von Demonstrationen samt Bannmeile um ein Prestigeobjekt des Ministerpräsidenten – nicht mehr ausreicht, dann ist die sonst gerade von München aus so gern malträtierte Bundesregierung gut genug. Die ‚Amtshilfeabkommen' zwischen dem Bayerischen Innenministerium und dem Bundesverteidigungsministerium sind ein erschreckender Beweis dafür, dass der Bau der WAA mit allen nur erdenklichen Mitteln erzwungen werden soll …"

Mit der Einführung einer Bannmeile gelang es immer weniger WAA-Gegnern am Bauzaun zu demonstrieren.

Abbruch in Ganovenmanier

Tumulte bei der Erörterung

Am 11. Juli 1988 sollte die im Atomrecht vorgesehene Erörterung der Einwendungen gegen den zweiten Sicherheitsbericht für die umstrittene atomare Wiederaufarbeitungsanlage WAA Wackersdorf in der Stadthalle von Neunburg vorm Wald beginnen.

Dem Bayerischen Umweltministerium als Genehmigungsbehörde lagen 330.000 Einwendungsschreiben vor, auf denen 881.000 Unterschriften standen, allein 250.000 davon stammten aus Österreich.

Bereits im Vorfeld hatte es Kritik an der Wahl des Veranstaltungsortes gegeben. Die 7000-Einwohner-Gemeinde, so meinte die Schwandorfer Bürgerinitiative, sei infrastrukturell gar nicht in der Lage, die auf drei Wochen anberaumte Erörterung ordnungsgemäß durchzuführen. Allein zum Auftakt würden bis zu 5000 Teilnehmer erwartet. Offenbar, so vermutete Klaus Pöhler, Vorstandsmitglied der Bürgerinitiative, wolle das Umweltministerium die Erörterung „zur Farce machen".

In der Süddeutschen Zeitung hatten Prof. Armin Weiß und Michael Kortländer vom Institut für Psychologie und Friedensforschung in einer ganzseitigen Anzeige den bayerischen Ministerpräsidenten aufgefordert: „Herr Strauß, kommen Sie auch zum Erörterungstermin nach Neunburg v. W.?"

Den Grund schoben die beiden Wissenschaftler gleich nach: „Hören Sie unsere Einwendungen gegen die WAA."

In der Neunburger Stadthalle standen 1500 Plätze zur Verfügung. Da aber selbst Polizeipräsident Fenzl mit wesentlich mehr Teilnehmern rechnete, hatte das Innenministerium neben der Stadthalle ein großes Festzelt aufbauen lassen, in dem maximal 1800 Menschen auf 336 Bierbänken Platz finden sollten. Wenn das nicht reiche, so hielt das Ministerium aller Kritik entgegen, könnten an die 1000 Personen ja auch noch vor der Stadthalle unter freiem Himmel irgendwie Platz finden.

Die Polizei hatte schon mal „Sichtkontrollen" der nach Neunburg fahrenden Autos angekündigt. Außerdem plante die Polizei fünf bis sechs Hundertschaften, darunter auch 100 Beamte des neuen bayerischen Unterstützungskommandos, einzusetzen.

Begleitet von einem riesigen Medienaufgebot und heftigen Protesten von rund 3000 WAA-Gegnern begann schließlich in der Stadthalle der Erörterungstermin zur zweiten WAA-Teilerrichtungsgenehmigung. Die eigentliche offizielle Eröffnung erfolgte gegen 14 Uhr und sie ging in einem fast halbstündigen Pfeifkonzert und Buhrufen unter, die jede Verständigung unmöglich machten. Was folgte, waren

Prof. Dr. Armin Weiß brachte die DWK-Vertreter mit seinem Sachverstand ins Schwitzen.

Befangenheitsanträge gegenüber dem Technischen Überwachungsverein und verschiedenen Ministerialbeamten. Aggressionen und Emotionen prägten die Stimmung. Verhandlungsleiter Mauker stand im Mittelpunkt, wehrte sich verzweifelt: „Unterlassen Sie das Werfen von Tomaten!" Bei 35 Grad Hallentemperatur brachen immer wieder Menschen zusammen. Notrufe übers Saalmikrofon konnten die aufgeheizte Stimmung kaum durchdringen. Als Mauker, mit Schweißperlen auf der Stirn, die Anträge von zwölf Einwendern auf Verlegung ablehnte, schien die Veranstaltung im Chaos unterzugehen. Zwanzig Minuten lang tobte der Proteststurm. Immer wieder war zu hören: „Baustopp, Baustopp!"

Explosiv wie im Hexenkessel

„Bullen raus!" tönte es im ganzen Saal. Nur wenn die Polizei den Saal verlasse, wollten die Bürgerinitiativen ihren lautstarken Protest, der selbst die Lautsprecheranlage übertönte, aufgeben. Nach einer Übereinkunft zwischen den Bürgerinitiativen, den Rechtsanwälten und dem Verhandlungsleiter zog die Polizei ab. Die Explosion im Hexenkessel war noch einmal abgewendet worden.

Der Eklat am ersten Tag der WAA-Anhörung war nach Ansicht von Landrat Hans Schuierer (SPD) vorprogrammiert und „für jeden vernünftig denkenden Menschen voraussehbar". Das Bayerische Umweltministerium habe „mit Absicht oder nicht, den ungünstigsten Ort und die ungünstigste Zeit für das Anhörungsverfahren ausgewählt". Die CSU-Staatsregierung und Ministerpräsident Strauß, so Schuierers Meinung, ließen offenbar keine Möglichkeit aus, um die Bürger zu verärgern.

Die Staatsregierung hingegen erklärte nach der Ministerratssitzung, sie missbillige aufs schärfste die tätlichen Angriffe gegen die Verhandlungsleitung und die Störmaßnahmen, die nur das Ziel hätten, den Erörterungstermin zu verhindern. Die Verhaltensweise eines großen Teils der Einwender widerspreche den Grundsätzen eines demokratischen Rechtsstaates.

Die SPD-Landtagsfraktion, allen voran der Abgeordnete Dietmar Zierer, sah das freilich ganz anders. Er sprach von einem „organisierten Chaos, das von den Verantwortlichen so geplant wurde, um die demokratische Mitwirkung der WAA-Einwender zur Farce werden zu lassen".

Indes kündigte ein Sprecher der DWK an, Bundeskanzler Kohl und der Bayerische Ministerpräsident Franz Josef Strauß wollten voraussichtlich in der zweiten Septemberhälfte nach Wackersdorf kommen, um sich persönlich über den Stand der Bauarbeiten für die WAA zu informieren.

Den zweiten Tag der Erörterung begannen die etwa 800 anwesenden Gegner der Atomanlage mit lautstarken Missfallensbekundungen. Der Grund: Stellvertretender Versammlungsleiter Dr. Hermann Brasse hatte die Ablehnung der am ersten Erörterungstag eingebrachten Befangenheitsanträge bekannt gegeben und stand nun als Buhmann da. Im weiteren Verlauf des Vormittags wurde über die weiteren Verfahrensweisen diskutiert. Auch Vorwürfe der „Mauschelei" zwischen dem TÜV Bayern und der Atomgenehmigungsbehörde, in der Person von Ministerialdirigent Dr. Josef Vogl, der selbst Mitglied beim TÜV Bayern war, wurden hochgekocht. Kaum hatte Ministerialrat Rudolf Mauker das Mikrofon übernommen, setzten erneut lautstarke Unmutsbekundungen ein. Im weiteren Verlauf trugen der Rechtsvertreter des Bundes Naturschutz, von Greenpeace und der niederösterreichischen Regierung ihre Einwände gegen die WAA dar. Im Vergleich zum ersten Termin war die Stimmung in der Stadthalle aber weniger aufgeheizt.

Tumulte bei der Erörterung

Carl-Friedrich von Weizäcker forderte die Staatsregierung auf, „angesichts real vorhandener Kriegsgefahren vom WAA-Projekt abzulassen".

Der dritte Tag, es waren noch 30 Zuhörer in der Halle, begann ebenfalls mit einem gellenden Pfeifkonzert, als Leitender Ministerialrat Mauker ankündigte, er werde keine weiteren Fragen mehr zulassen, die das Ziel hätten, das Umweltministerium als Genehmigungsbehörde vorzuführen oder an den Pranger zu stellen.

Fortsetzung am seidenen Faden
Befangenheitsanträge gegen Mauker standen zunächst im Mittelpunkt des Tages, jedoch waren sie bereits am Vortag von Seiten des Umweltministeriums zurückgewiesen worden. Die Fortsetzung der Erörterung hing am seidenen Faden. Für Aufmerksamkeit hatte Klaus Hahnzog, dritter Bürgermeister der Landeshauptstadt München, gesorgt. Er kritisierte die Erdbebengefährdung des WAA-Standorts und eine nicht ausreichende Vorsorge für den Katastrophenfall. Auch sah er eine Gefährdung des Münchener Trinkwassers für nicht ausgeschlossen, „wenn radioaktive Abwässer der WAA irgendwo zwischen Donau und Alpen in tiefen Gesteinsschichten verpresst werden sollten". Da war immerhin ein Hauch von Anhörung in der Neunburger Stadthalle zu spüren. Am vierten Erörterungstag sollte es erstmals ans „Eingemachte" gehen. Der Augsburger Geologe Dr. Jürgen Bruggey bezeichnete den WAA-Standort Wackersdorf aus hydrogeologischer Sicht für „denkbar ungeeignet". Dabei setzte er sich intensiv mit dem Barrierenkonzept auseinander, das den DWK-Angaben zufolge die Grundwasservorkommen unterhalb der im Bau befindlichen Atomanlage schützen sollte.

Der Experte vereinfachte: „Der bereits erwähnten Wanne fehlen nicht nur die Seitenwände, sondern auch der Boden!" Heftiger Applaus der rund 100 Zuhörer brandete auf. DWK-Delegationsleiter Ludwig Harms versuchte zu beschwichtigten. Seiner Gesellschaft liege der Grundwasserschutz besonders am Herzen und man habe alles Erdenkliche getan, um diesen zu gewährleisten. Angesicht des geballten Fachwissens von Dr. Bruggey und Dr. Armin Weiß mussten die Vertreter des Betreiberunternehmens DWK mehrfach passen oder auf eine sorgfältige Prüfung verweisen. Trotzdem schlossen die DWK-Vertreter eine Gefährdung des Trinkwassers in der Bodenwöhrer Senke aus. Die hydrologische Eignung des WAA-Standortes blieb ein beherrschendes Thema der folgenden Erörterungstermine. Von Einwenderseite wurde darüber geklagt, dass Standorte von Bohrungen in den von der DWK vorgelegten Gutachten falsch eingezeichnet worden seien; einen Umstand, den DWK-Gutachter Dr. Striebel zumindest in einem Fall einräumte, aber nicht für relevant erachtete.

Tumulte bei der Erörterung

Am 18. Juli wurde der Erörterungstermin erstmals bis in die Abendstunden fortgesetzt. Zeitweise waren rund 550 Personen in der Stadthalle anwesend. Neben dem Grundwasserschutz wurden auch die Eignung des WAA-Plutoniums zum Bombenbau sowie die Schadstoffe in den Mittelpunkt gestellt. Nach Ansicht der DWK seien die Abgase aus dem 200 Meter hohen Kamin selbst bei Störfällen so gering, dass die Grenzwerte eingehalten werden könnten. Aus dem Kamin trete nur Krypton aus, alles andere sei zu vernachlässigen.

Als einer der angesehensten deutschen Wissenschaftler, Carl-Friedrich von Weizäcker, im Rahmen der WAA-Erörterungstermins am 19. Juli ans Rednerpult trat, drängten sich 2000 Besucher in der Stadthalle. Dabei stellte sich von Weizäcker als „entschiedener Befürworter der Kernenergie" vor. Allerdings, so mahnte von Weizäcker, solle „angesichts real vorhandener Kriegsgefahren" die Bayerische Staatsregierung von dem WAA-Projekt ablassen und „dieses Ding nicht bauen". Die Entwicklung von Waffensystemen sei weltweit so weit fortgeschritten, dass die WAA selbst durch konventionelle Waffen zerstört werden könnte. Carl-Friedrich von Weizäcker war auf Betreiben von Rechtsanwalt Christian Sailer erschienen, der in der WAA-Anhörung den Bund Naturschutz, die Umweltschutzorganisation Greenpeace und das österreichische Land Vorarlberg vertrat.

Trinkwasser gefährdet?

Als sich am 20. Juli DWK-Delegationsleiter Ludwig Harms weigerte, hinsichtlich der Grundwassergefährdung in der Bodenwöhrer Senke, der Forderung der Einwender nachzukommen

Österreichs Umweltministerin Marlies Flemming kündigte Klagen Österreichs gegen die WAA vor deutschen Gerichten an.

und die Tagesbohrprotokolle vorzulegen, forderte Rechtswalt Baumann, die DWK wegen Unzuverlässigkeit aus dem Verfahren auszuschließen.

Landrat Hans Schuierer machte bei seinem Auftritt im Rahmen des laufenden Anhörungsverfahrens gleich deutlich: „Ich fordere die Einleitung einer neuen hydrogeologischen Untersuchung durch unabhängige Fachgutachter und einen sofortigen Baustopp!" Ergänzend fügte er hinzu: „Wenn es um unsere Heimat und die Gesundheit ihrer Bürger geht, dann müssen energiewirtschaftliche Interessen zurückstehen".

Der Betreibergesellschaft DWK warf Schuierer Schlamperei und Unzuverlässigkeit vor. Man könnte ihr, so Schuierer, inzwischen eine ganze Liste von Verstößen und Ordnungswidrigkeiten in der Bauausführung vorwerfen.

Schuierer stellte fest, dass die Regierung entweder per Weisung oder per Selbsteintrittsrecht den Bauvollzug trotz „nicht genehmigungsreifer Unterlagen" angeordnet habe. Einmalig in ganz Bayern dürfe auch sein, dass Maßnahmen baurechtlicher Art über das Polizeiaufgabengesetz durchgesetzt würden. Selbst einfachste Bestimmungen, an die man sich „bei jedem Garagenbau" halten müsste, seien hier nicht beachtet worden.

Schuierer hegte auch den Verdacht, dass die Gemeinden rund um die WAA durch Gewerbesteuer-Vorauszahlungen oder zinslose Darlehen gefügig gemacht werden sollten. Das grenze fast schon an Bestechung. Die DWK hätte angekündigt, ihn wegen dieser Aussage verklagen zu wollen. Auf die angedrohte „Einstweilige Verfügung" warte er allerdings immer noch. Unwahrheiten, Täuschungsma-

Lautstarke Proteste vor der Neunburger Stadthalle mit Hubert Weiger vom Bund Naturschutz.

növer und Verleumdungskampagnen seitens der Betreiber und Genehmiger hätten deren Glaubwürdigkeit schon lange vor Fertigstellung der WAA erschüttert. Er frage sich, ob die Verantwortlichen wirklich daran glaubten, eine Anlage mit einem derartigen Gefahrenpotenzial unter ständigem Schutz einer ganzen Polizei-Armada betreiben zu können.

Dem stimmte auch Prof. Dr. Robert Jungk zu. Die WAA könne, so Jungk, im Hinblick auf Terroristenanschläge zum „gefährlichsten Punkt der Welt werden". Kernkraftwerke und ganz besonders Wiederaufarbeitungsanlagen seien, so Jungk, ständig Herde katastrophaler innen- und außenpolitischer Gefährdungen.

Zu „ihrem Tag" kamen am 22. Juli mehrere hundert österreichische Kernkraftgegner. Sie waren in die Pfalzgrafenstadt gekommen, um hier ihre Einwände gegen die WAA vorzubringen. Gerald Kirchner von der Uni Bremen, einer der beiden Gutachter im Auftrag der Stadt Salzburg, sprach von einer „regionalen Katastrophe", die Salzburg bei einem Störfall drohe. Im Verhältnis zur starken Betroffenheit Österreichs durch die WAA seien die Unterlagen, die die Alpenrepublik erhalten habe „völlig unzulänglich".

Kirchner kritisierte die „eklatante Ignorierung der Sorgen der Österreicher". Salzburgs Bürgermeister Josef Reschen unterstrich, dass Salzburg, durch seine Nähe zum WAA-Standort gefährdet sei, vor allem, wenn ein Störfall eintrete.

„Bleiben's standhaft!"

Dr. Marlies Flemming, österreichische Umweltministerin, beschwor die vielfältigen Gefahren durch die WAA herauf und kündigte Klagen Österreichs vor deutschen Gerichten gegen das atomare Projekt an. Das deutsche Bundesumweltministerium wiederum kritisierte den Auftritt der österreichischen Umweltministerin und warf ihr vor, in unverantwortlicher Weise Hinweise auf Erbschäden und erhöhte Krebs- und Kindersterblichkeit gegeben zu haben. Offensichtlich sei es ihr darum gegangen, ein rechtsstaatliches Verfahren in der Bundesrepublik als Forum zur Unterstützung von Kernkraftgegnern zu missbrauchen. Zu einer kurzen Begegnung zwischen Marlies Flemming und Landrat Hans Schuierer war es im Abschluss an die Interviews gekommen. „Ich habe schon viel von Ihnen gehört", sagte die Ministerin und riet dem Landrat: „Bleiben's standhaft!"

Die Vertreter der DWK, Ludwig Harms und Dr. Wolfgang Hawickhorst, hatten zuvor den Antrag gestellt, die anwesenden Medienvertreter einschließlich des Fernsehens, auszuschließen, nachdem sie gefilmt worden waren, obwohl Aufnahmen untersagt waren. Versammlungsleiter Mauker lehnte den Antrag ab, wies die anwesenden Sicherheitskräfte jedoch an, dass die DWK-Delegation nicht mehr gefilmt werden dürfe.

Die folgenden Erörterungstermine waren geprägt von gegenseitigen Schuldzuweisungen. Presseartikel spiegelten dies wider: „DWK bei Anhörung einseitig begünstigt", „DWK beklagt Psychoterror bei Erörterung", „Zierers Behauptungen als ‚pervers' bezeichnet", „Versammlungsleiter fuhr die harte Linie", „Droht Österreicher Landesverweis?", „Einstieg in den Endkampf um die WAA" usw.

„The show must go on", hatte die Umweltschutzorganisation „Robin Wood" ihre Protestaktion am 23. Verhandlungstag überschrieben, bei der sie mit Attrappen von Atommüllfassern noch einmal für Aufsehen sorgte. Einige Stunden später fielen die Vorhänge für die „Show" in der Stadthalle endgültig. Versammlungsleiter Dr. Hermann Basse erklärte die Anhörung zur geplanten Wackersdorfer Wiederaufarbeitungsanlage für beendet, woraufhin sich die

Ereignisse überschlugen. Zuvor hatten die DWK-Vertreter wegen eines Vergleiches von WAA und Hitler-Diktatur und der Behauptung, die WAA diene dem Einstieg in die Atomwaffenproduktion durch die Fraktionsvorsitzende der Grünen im österreichischen Parlament Freda Meißner-Blau, den Saal verlassen, während Rechtswalt Baumann eine Aufsichtsbeschwerde gegen Versammlungsleiter Basse ankündigte.

Alfons Zeller, Staatssekretär im Bayerischen Wirtschaftsministerium, sprach von einem „infamen Missbrauch des Rederechts" durch Freda Meißner-Blau und einer „unverschämten Provokation der Bundesrepublik Deutschland und des Freistaates Bayern".

Der für Kernenergie zuständige Abteilungsleiter des Umweltministeriums Josef Vogl meinte, drei Wochen Sachdiskussion seien genug. Die Themenliste sei an insgesamt 23 Tagen eingehend erörtert worden.

Nach der überraschenden Entscheidung, die Erörterung zu beenden, hatte zunächst lähmende Stille geherrscht in der Halle. Schnell luden die WAA-Gegner zu einer improvisierten Pressekonferenz, bei der Rechtsanwalt Baumann erklärte, der Abbruch stelle eine skandalöse und rechtlich nicht haltbare Vorgehensweise der Bayerischen Staatsregierung dar. BUND-Vorsitzender Hubert Weinzierl sprach von einem „Gipfel der Arroganz" und einem „handstreichartigen Abbruch in Ganovenmanier".

Gustav Norgall kommentierte in der MZ vom 13./14. August unter der Überschrift „Eine Chance wurde vertan": „Der Erörterungstermin ist vorbei – der Streit um die WAA geht weiter. Kein Beobachter konnte erwarten, dass die Anhörung zu einer Annäherung der Standpunkte führen würde. Trotzdem bleibt nach knapp fünf Wochen ein Gefühl der Enttäuschung. Hätte dieses Verfahren nicht mehr bringen können? … Eine Chance wurde vertan – von allen Seiten."

Der Staatssekretär im Bayerischen Wirtschaftsministerium Alfons Zeller wertete den Erörterungstermin als „im Ergebnis positiv". „Trotz beachtlicher Schwierigkeiten" sei hier ein Stück Rechtsstaat verwirklicht worden. Die Strategie der WAA-Gegner, die versucht hätten, die Sachdebatte in ein „Polit-Tribunal gegen die friedliche Nutzung der Kernenergie umzufunktionieren" sei gescheitert.

Die Grünen und die SPD warteten nach dem Abbruch der WAA-Anhörung mit einem ganzen Katalog von Fragen auf, die in einer Landtags-Sondersitzung geklärt werden sollten. Es seien, so der Vorsitzende der bayerischen Landesgruppe in der SPD-Bundestagsfraktion Stiegler, „noch längst nicht alle Themenkomplexe zur WAA abgehandelt worden". Niemand, so Stiegler, brauche sich zu wundern, wenn es jetzt einen „heißen Herbst" gebe.

Die WAA-Gegner kritisierten „Mauscheleien" zwischen dem TÜV Bayern und der Atomgenehmigungsbehörde.

Licht am Horizont

Bauen ohne Rücksicht auf die Kosten

Erstes Zaudern

Auch die stellvertretende bayerische SPD-Vorsitzende Renate Schmidt hatte in Neunburg klar Stellung bezogen. Eine atomrechtliche Genehmigung für die WAA könne nicht erteilt werden. Es seien inzwischen alle Voraussetzungen widerlegt, die 1976 zu dem Beschluss der sozial-liberalen Koalition geführt hätten, abgebrannte Kernbrennstäbe wiederaufzuarbeiten. Die damalige Auffassung, wonach eine WAA Kostenvorteile gegenüber einer direkten Endlagerung strahlender Abfälle biete, sei längst nicht mehr zutreffend. Die WAA sei eine energiepolitische Unsinnigkeit. Mit der WAA nehme, so Renate Schmidt, die Bundesregierung in Kauf, dass mitten in Bayern die größte zivile Gefahrenquelle für den Bruch des Atomwaffensperrvertrages entstehe. Das größte zivile Plutoniumzentrum Europas, das mit der WAA bei Wackersdorf errichtet werde, stelle zudem ein potenzielles Angriffsziel für terroristische und kriegerische Einwirkungen dar.

Wie die Betreiberfirma DWK auf einer Pressekonferenz erklärte, seien bisher, einschließlich Planungs- und Ingenieurkosten, rund 2,2 Milliarden Mark verbaut worden. Momentan liefen Aufträge von 250 Millionen Mark, die größtenteils in die Region vergeben worden seien. 1200 Ingenieure arbeiteten an der WAA. Innerhalb und außerhalb des Bauzauns seien 60.000 Pflanzen eingebracht worden. Das Brennelemente-Eingangslager sei im Rohbau fertig und mit Eindeckarbeiten des Daches habe man begonnen.

Das Bundesumweltministerium mochte sich in den Streit um die WAA nicht einmischen In Bonn galt es als offenes Geheimnis, dass Bundesumweltminister Töpfer sich soweit wie möglich heraushalten wolle. Außerdem, so war aus Bonn zu vernehmen, seien Beamte des Bundesumweltministeriums in Neunburg „laufend anwesend gewesen".

Ende August 1988 spitzte sich die Lage wieder zu, denn das Landratsamt Schwandorf hatte den Antrag auf Erlass einer Baugenehmigung für das Hauptprozessgebäude der WAA abgelehnt. Der stellvertretende Landrat und SPD-Landtagsabgeordnete Dietmar Zierer erläuterte vor Journalisten, die Behörde habe so entscheiden müssen, weil die Deutsche Gesellschaft für Wiederaufarbeitung von Kernbrennstoffen nicht in der Lage gewesen sei, detaillierte wasserrechtliche Planungsunterlagen für den Betrieb des Hauptprozessgebäudes vorzulegen. Im Zusammenhang mit der Baugenehmigung müsse ein „eigenes wasserrechtliches Verfahren stattfinden, mit Auslegung und Erörterung". Ein entsprechender Antrag sei nicht eingegangen.

Am 28. März hatte die DWK beim Landratsamt Schwandorf den Bauantrag eingereicht sowie Unterlagen über die Versorgung der WAA mit Brauchwasser aus dem nahe gelegenen Fluss Naab sowie über die Abwasserentsorgung beigefügt, die nach Meinung des Landratsamt jedoch „völlig unzureichend waren".

Nach Ansicht der SPD-Fraktion im Bayerischen Landtag ein „umsichtiges und verantwortungsvolles Vorgehen des Landratsamtes". Nach Ansicht des Innenministeriums eine „Nacht-und-Nebel-Aktion des stellvertretenden Landrats Zierer", die rechtlich unhaltbar sei. Karl Krampol, Präsident der Oberpfälzer Bezirksregierung, rügte, dass Zierer der DWK keine Chance gegeben habe, fehlende Unterlagen in angemessener Zeit nachzureichen. Die DWK erklärte, sie halte die Entscheidung des Schwandorfer Landratsamtes für rechtswidrig und werde deshalb rechtlich dagegen vorgehen. Der SPD-Politiker Dietmar Zierer erklärte Innenminister Lang und Regierungspräsident Krampol daraufhin für befangen. Ihre Äußerungen dienten nur dazu, ihn „persönlich zu diffamieren".

Die Regierung zeigte sich über die Entscheidung des Landratsamtes Schwandorf nicht betrübt, dachte sie doch daran, mit einem erneuten Selbsteintritt die Genehmigung zu erteilen.

Inzwischen war auch Zierers neues Buch „Radioaktiver Zerfall der Freiheit" auf dem Büchermarkt. Sein Ziel: Die Vorgänge um die WAA schonungslos aufzudecken!

Zierer plauderte darin aus dem Nähkästchen, wollte das Buch aber nicht als Abrechnung sehen.

Die Regierung sah jedoch zunächst keinen echten Handlungsbedarf in Sachen Baugenehmigung, da das atomrechtliche Verfahren im Vordergrund stehe.

Am 1. Juli 1988 hatte das Bundesverfassungsgericht einen Baustopp gegen das Brennelemente-Eingangslagers der WAA Wackersdorf abgelehnt mit der Begründung, erst müsse der Rechtsweg in der Hauptsache erschöpft sein. Auch der Erlass einer einstweiligen Anordnung wurde abgelehnt.

Besuch des Bundeskanzlers verschoben
Ende August wurde bekannt, dass Sparmaßnahmen der Bundesregierung auch die Streichung der Investitionszulage zum 31. Dezember 1990 zur Folge haben würden, was für die Betreibergesellschaft DWK einen Verlust an öffentlichen Zuschüssen in Höhe von 240 bis 340 Millionen Mark bedeutete.

Anfang September 1988 teilte DWW-Pressesprecher Egon Mühlbauer mit, dass der für September angekündigte Besuch von Bundeskanzler Kohl und Ministerpräsident Strauß aus Termingründen verschoben werden müsse, woraufhin Landrat Hans Schuierer ans Bundeshaus nach Bonn schrieb:

Sehr geehrter Herr Bundeskanzler,
wie ich einer Pressemeldung unserer Tageszeitungen entnehmen konnte, beabsichtigen Sie, Ende November – zusammen mit dem Bayerischen Ministerpräsidenten Franz Josef Strauß – die Baustelle der bundesweit heftig umstrittenen atomaren Wiederaufarbeitungsanlage in Wackersdorf zu besichtigen.
Die Führung und Erläuterungen dazu werden naturgemäß von der Betreibergesellschaft DWK bzw. DWW übernommen.
Die vom Bau betroffenen Bürger unserer Heimat lehnen in ihrer Mehrheit die WAA ab.
Es würde mich daher sehr freuen, wenn ich Ihnen anlässlich dieses Besuches auch die unterschiedlichen Standpunkte und die begründeten Besorgnisse unserer Bürger vortragen könnte. Vielleicht ist es Ihnen möglich, dass Sie auch ei-

nen Termin beim Landratsamt Schwandorf einplanen könnten.

Ich möchte Sie jedenfalls zu einem Besuch im Landratsamt Schwandorf recht herzlich einladen und wäre Ihnen dankbar, wenn Sie mir Ihre Entscheidung dazu baldmöglichst mitteilen könnten. Herrn Ministerpräsidenten Franz Josef Strauß habe ich ebenfalls ein Einladungsschreiben übersandt.

Mit freundlichen Grüßen
Hans Schuierer
Landrat

Schuierers Schreiben vom 19. September wurde am 12. Oktober vom Amtschef der Bayerischen Staatskanzlei beantwortet:

Sehr geehrter Herr Landrat!
Die Staatskanzlei dankt für Ihr Schreiben vom 19. September 1988.

Es ist noch nicht absehbar, wann Bundeskanzler Dr. Kohl die Standortregion der Wiederaufarbeitungsanlage besuchen wird. Nähere Einzelheiten des Besuchsprogramms liegen noch nicht fest.

Ich bitte Sie daher um Verständnis, dass ich Ihnen heute keine konkreten Details mitteilen kann.

Mit freundlichen Grüßen
Dr. Wolfgang Piller
Ministerialdirektor

Nach Angaben der DWK sollten die beiden hochrangigen Politiker nun voraussichtlich Ende November zur WAA-Baustelle nach Wackersdorf kommen.

Letztlich erschienen weder der Bundeskanzler noch der Bayerische Ministerpräsident jemals am WAA-Baugelände.

Dafür stattete am 26. September Staatssekretär Hans Spitzner vom Bayerischen Umweltministerium der Wiederaufarbeitungsanlage in Wackersdorf einen Besuch ab. Dabei gab der Staatssekretär zu erkennen, dass die DWK nicht vor Sommer 1989 mit der 2. Teilerrichtungsgenehmigung (TEG) rechnen könne.

Eine Gesamtkostensumme von 7,4 Milliarden Mark war geplant für den Bau der atomaren Anlage. Doch DWW-Vorstandsmitglied Gert Wölfel machte klar, dass diese Summe nicht mehr ausreichen werde. Er gehe, so Wölfel, davon aus, dass „die mit Stand Oktober 1988 errechneten Gesamtkosten der Anlage um eine dreistellige Millionensumme höher liegen als 7,4 Milliarden Mark".

Staatssekretär Spitzer begründete die Verzögerung bei der 2. TEG. Alle beim Erörterungstermin in Neunburg v.W. vorgebrachten Einwendungen würden genau überprüft. Die enorme Arbeit der Prüfung der Einwendungen lasse sich schon daraus ersehen, dass das in Neunburg v.W. beim Erörterungstermin erstellte Protokoll rund 10.000 DIN-A4-Seiten umfasse.

Strauß droht der Bundesregierung

Der Bayerische Ministerpräsident Franz Josef Strauß drohte indes der Bundesregierung damit, das atomrechtliche Genehmigungsverfahren für die Wiederaufarbeitungsanlage in Wackersdorf abzubrechen, falls Bonn weiterhin Zweifel an der Verwirklichung des integrierten Entsorgungskonzeptes aufkommen lasse. Die WAA, so bekräftigte Strauß in München, sei „kein Prestigeobjekt der Staatsregierung oder des Ministerpräsidenten". Er wies darauf hin, dass es der damalige Bundeskanzler Helmut Schmidt gewesen sei, von dem der Beschluss ausgegangen sei, im Rahmen des Entsorgungskonzeptes eine WAA zu bauen. Wenn die SPD in Bayern heute die WAA bekämpfe, sei das „schizophren".

Inzwischen war in der Hannoveraner Zentrale der Deutschen Gesellschaft für Wiederaufarbeitung von Kernbrennstoffen eine neue Kostenschätzung ausgearbeitet worden, die von einem Endpreis in Höhe von 9,4 Milliarden Mark ausging. Mit dieser Prognose wäre die WAA zum vermutlich teuersten nichtmilitärischen Industrieprojekt der Bundesrepublik geworden. Allerdings, so schränkte DWK-Sprecher Peter Schmidt ein, könne er „aber auch falsch liegen". Die Bayerische Staatsregierung, so Schmidt, sei über den vermutlichen Endpreis informiert.

Der Würzburger Rechtsanwalt Wolfgang Baumann bezeichnete die Ausführungen der DWK euphemistisch und irreführend. In Wirklichkeit, so prophezeite Baumann, werde die Wiederaufarbeitungsanlage 14,3 Milliarden Mark verschlingen, eine Zahl, die ein Sprecher DWK als nicht nachvollziehbar zurückwies.

MdB Hermann Fellner, innenpolitischer Sprecher der CSU-Landesgruppe, wischte diese Diskussion schließlich rüde vom Tisch. Die atomare Wiederaufarbeitungsanlage Wackersdorf müsse, so Fellner, „ohne Rücksicht auf die Kosten" gebaut werden. Im Interesse der Sicherheit dürfe es keine Frage sein, ob die WAA „einige Milliarden teurer wird".

Am 11. November meldete die Mittelbayerische Zeitung: „WAA-Genehmigungsverfahren geht weiter". Das Landratsamt Schwandorf musste auf Weisung der Regierung der Oberpfalz das Genehmigungsverfahren für den Bau des Hauptprozessgebäudes der WAA fortsetzen.

Landrat Hans Schuierer und sein Stellvertreter Dietmar Zierer waren sich dagegen einig und nach wie vor sicher, dass die Ablehnung des Bauantrages zu Recht erfolgt war. Jetzt, ein Vierteljahr später, so Schuierer und Zierer, habe die DWK die fehlenden Unterlagen immer noch nicht nachgereicht. „Wir hätten in jedem anderen Fall auch so gehandelt", unterstrich Schuierer. Er gedenke, der DWK keine Sonderbehandlung zukommen zu lassen.

Im Übrigen wundere er sich über die Begründung des Bescheides durch die Regierung, zumal dem Landratsamt bisher durch DWK, Regierung und Ministerien wiederholt bestätigt worden sei, dass sich das Landratsamt, trotz seiner persönlichen Gegnerschaft gegen die WAA, immer korrekt verhalten habe.

Er verstehe nicht, warum die Regierung nun aussere und auf das Landratsamt eindresche. Wenn die Regierung sich mit dem Politiker Zierer auseinandersetzen wolle, erklärte Schuierer, dann solle sie dies persönlich mit ihm austragen.

Die beiden DWK-Vorstandsmitglieder Walter Weinländer und Wolfgang Straßburger mochten sich auf die Frage, ob die WAA denn nun 9,4 Milliarden oder 14,3 Milliarden koste, nicht einlassen. Für sie waren das nur vordergründige Beträge. Dr. Weinländer rechnete vor, dass selbst bei einer Steigerung der WAA-Baukosten um etwa zwei Milliarden Mark die Kilowattstunde Atomstrom den Kunden nur etwa 0,2 Pfennig mehr kosten würde. Deshalb sei die Aufregung grundlos. Die Kernenergie werde, so lobte Dr. Weinländer, „der Energieträger der Zukunft" sein.

Warum die Oberpfälzer trotzdem dagegen protestierten? Weinländer: „Da wird die Bevölkerung aufgewiegelt." Bei zahlreichen Veranstaltungen sei ihm Hysterie, aufgeputscht wie durch Rauschgift, entgegengeschlagen. Er könne das nicht verstehen: Einerseits wolle man weiter gut leben, anderseits lehnten viele Bürger großtechnischen Anlagen in ihrer direkten Nachbarschaft ab.

Finanzplanung der WAA ein Roulettespiel?
Ende November 1988 besuchte die Bundestagsfraktion der Grünen das Baugelände der geplanten WAA. Bei einer Diskussion mit Vertretern der DWK hatten die Politiker insbesondere nach den Kosten des umstrittenen Pro-

Erstes Zaudern

Grünen-Politiker Otto Schily: Die Finanzplanung der DWK ist ein „Roulettespiel professioneller Optimisten".

jekts gefragt, was zu einer gereizten Stimmung führte. Als besonders hartnäckig erwies sich dabei Otto Schily. Schily nannte in der Diskussion die Finanzplanung der DWK ein Wolkengebilde und ein Roulettespiel professioneller Optimisten.

In der abschließenden Fraktionssitzung verabschiedeten die Abgeordneten der Grünen einen Antrag für den Bundestag, in dem sie einen sofortigen Baustopp für die WAA forderten.

Zuvor hatte man mit Vertretern des Wackersdorfer Gemeinderates, der in seiner Mehrheit die Errichtung der WAA befürwortete, eine kritische Diskussion geführt. Umstritten waren bei der Diskussion die zinslosen Darlehen, welche die DWK Wackersdorf und umliegenden Gemeinden gewährt hatte. Der Vorwurf der Bestechung und Abhängigkeit brachte 2. Bürgermeister Josef Wiendl und 3. Bürgermeister Max Politzka, beide SPD-Mitglieder, regelrecht in Rage. Sie versuchten den Grünen-Politikern klar zu machen, wie schwer die Gemeinde für die Ansiedelung neuer Arbeitsplätze und für die Entwicklung eines neuen Industriegebietes kämpfen müsse.

Am 3. Oktober 1988 war der Bayerische Ministerpräsident Franz Josef Strauß in Regensburg verstorben. Sein Nachfolger Max Streibl erklärte auf briefliche Zusicherung von Bundeskanzler Kohl hin, dass er den Bau der nuklearen Wiederaufarbeitungsanlage auch angesichts des europäischen Binnenmarktes unverändert für dringlich halte. Die Staatsregierung lasse in Wackersdorf kein Prestigeobjekt errichten, sondern nehme eine schwierige Verantwortung für die ganze Bundesrepublik wahr.

In der CSU hatte es vor und vor allem nach dem Tod von Franz Josef Strauß Erwägungen gegeben, sich mit der Entsorgung im Zeichen des europäischen Zusammenschlusses weiterhin auf die Verträge mit der französischen Betreiberfirma Cogema in La Hague zu stützen, um den politischen Druck von dem umstrittenen Projekt in der Oberpfalz zu nehmen.

Dem zum Trotz hatten die Betreiber der WAA verkündet, das nahezu fertiggestellte Brennelemente-Eingangslager, das zentrale Gebäude der geplanten WAA, 1991 in Betrieb zu nehmen, Jahre vor der eigentlichen Wiederaufarbeitung. Wenn die abgebrannten Brennelemente bei der WAA eingetroffen seien, sollten sie vier Jahre im Eingangslager bleiben, bevor sie der Wiederaufarbeitung zugeführt würden. Wenn die Gerichte mitspielten, so die DWW, eine Tochter der DWK, würden bereits „in gut einem Jahr" die ersten Brennelemente im Eingangslager eintreffen.

Bei der Versammlung des Regionalen Planungsverbandes Oberpfalz-Nord in Hirschau war es zu einer heftigen Debatte zwischen dem Staatsminister für Landesentwicklung und Umweltfragen, Alfred Dick, und dem Schwandorfer Landrat Hans Schuierer gekommen. Während Dick erneut den Bau der Wiederaufarbeitungsanlage als zwingend geboten bezeichnete und erklärte, nur so könnten die radioaktiven Abfälle auf niedrigem Niveau gehalten werden, schimpfte Schuierer: Wer die WAA als Entsorgungsanlage bezeichne, führe die Öffentlichkeit bewusst in die Irre. Schuierer: „Da wird 15mal so viel Atommüll produziert wie in einem Kernkraftwerk und es fällt waffenfähiges Plutonium an." Sein Fazit: „Die WAA vermindert die Gefahren nicht. Sie ist nichts anderes als ein Zwischenlager, das den atomaren Müll noch vermehrt!"

Mitte Dezember 1988 wurde die Öffentlichkeit über einen Störfall im schleswig-holsteinischen Kernkraftwerk Brokdorf informiert. Radioaktiver Dampf war nach außen gelangt. Wenige Tage später ereigneten sich im Atomkraftwerk Emsland zwei Störfälle. Bei dem meldepflichtigen Störfall der Kategorie E („Eilt"), war es zu einer nicht vorgesehenen Öffnung eines Ablassventils gekommen. Radioaktivität sei nicht freigeworden, so das zuständige Ministerium. Allein die Tatsache, dass der Reaktor durch die Turbinenschnellabschaltung nicht unter Volldampf lief, hatte Schlimmeres verhindert.

Widerstand lässt nicht nach

Mahnwachen und Fackelzüge

Erstmals seit zweieinhalb Jahren wurde eine von Gegnern der umstrittenen Wiederaufarbeitungsanlage geplante Demonstration zum Baugelände der Atomfabrik bei Wackersdorf mit mehr als 10.000 Teilnehmern nicht verboten. Das Landratsamt Schwandorf erklärte in seinem Bescheid, dass die für 15. Oktober 1988 im Anschluss an eine Kundgebung geplante Großdemonstration „unter Auflagen" stattfinden könne, weil nach den „erkennbaren Umständen bei Einhaltung der Auflagen die öffentliche Sicherheit und Ordnung nicht unmittelbar gefährdet" sei.

Die Schwandorfer Bürgerinitiative wertete dies als großen politischen Erfolg und vermutete, es scheine den politisch Verantwortlichen nicht mehr möglich, ihr antidemokratisches Verhalten der letzten Jahre fortzusetzen.

Seit Pfingsten 1986 hatte das Landratsamt Schwandorf Großdemonstrationen zum WAA-Gelände untersagen müssen, weil die Polizei, die Regierung der Oberpfalz und das Bayerische Innenministerium regelmäßig Sicherheitsbedenken geltend gemacht hatten.

Gegen drei von zehn Auflagen wollte die Schwandorfer Bürgerinitiative dennoch vorgehen: Neuanpflanzungen sollten mit Leinen vor dem Zertrampeln geschützt werden, die Versammlungsleitung sollte „vermummte Personen" auffordern, die Versammlung zu verlassen, und Megaphone sollten nur „in unmittelbarem Zusammenhang mit dem Versammlungsthema" benutzt werden dürfen.

Zur Teilnahme an der Kundgebung auf dem Wackersdorfer Volksfestplatz und zum Demonstrationszug zum WAA-Gelände hatten unter anderem die SPD, die Grünen, die ÖDP, der DGB und auch die Arbeitsgemeinschaft „Kritischer Polizistinnen und Polizisten" aufgerufen.

Gerade angesichts des Abbruchs der Anhörung in Neunburg v. W. und der für 1990 angekündigten ersten Atommülltransporte war das Interesse an der Herbstaktion besonders groß. Während die Veranstalter mit rund 10.000 Besuchern rechneten, stellte sich die Polizei auf die zwei- bis dreifache Anzahl ein.

Die WAA-Gegner hatten ein klares Ziel vor Augen: einen sofortigen Baustopp auf dem WAA-Gelände! Blockade-Aktionen waren keine geplant. Stattdessen fanden seit dem 8. Oktober in zahlreichen Städten und Gemeinden Bayerns Konzerte, Diskussionsabende, Mahnwachen und Fackelzüge statt.

Rund 2500 Polizeibeamte, darunter zwei Hundertschaften des bayerischen „Unterstützungskommandos" (USK) sollten die WAA-Gegner in Schach halten. Polizeieinheiten aus

Mahnwachen und Fackelzüge

Berlin, das betonte Polizeichef Fenzl, sollten keine eingesetzt werden. Noch waren die Ermittlungen gegen die Berliner Polizeibeamten, die im Herbst vergangenen Jahres wild auf Demonstranten eingeprügelt hatten, nicht abgeschlossen.

Trotz der versöhnlichen Worte „Anhaltspunkt für Störungen haben wir nicht" kündigte die Polizeiführung an, entlang der Autobahn von Regensburg nach Schwandorf und an der nach Wackersdorf führenden Bundesstraße Kontrollstellen einzurichten.

WAAldweihnacht der Oberpfälzer Bürgerinitiativen 1988

Hinterher sprach die Polizei von der „bisher größten, friedlich verlaufenden Veranstaltung dieser Art im Taxöldener Forst". Mehrere zehntausende Teilnehmer, die Polizei sprach von 20.000, die Veranstalter von 50.000, machten sich gegen Mittag auf den Weg vom Wackersdorfer Volksfestplatz zum rund fünf Kilometer entfernten Bauzaun. Von der ersten Minute an setzten Ordnungskräfte alles daran, einen geschlossenen mächtigen Zug zu bilden. Polizeiuniformen gab es auf der ersten Wegstrecke nur wenige zu sehen. Samba-Rhythmen wechselten mit Megaphon-Durchsagen. Ein dichter Nebelschleier verschluckte die riesige Menschenmenge. Aus den angrenzenden Wäldern heraus beobachteten Polizeikräfte den Demonstrationszug. Gelegentlich waren auch Beamte des Unterstützungskommandos zu entdecken. Unzählige Transparente wurden vor dem Tor 1 entrollt, alle mit dem gleichen Inhalt „Baustopp sofort" oder „Ende der Kernenergie". Trotzdem blieb es eine friedliche Veranstaltung ohne Pöbeleien gegenüber den eingesetzten Gesprächsbeamten.

Polizeichef Fenzl zeigte sich beeindruckt: Die Veranstalter hätten in jeder Phase positiv auf die Teilnehmer eingewirkt und so jegliche Eskalation vermieden. Besonders sei dies im unmittelbaren Bauzaunbereich deutlich geworden.

Mehrstündiger Fußmarsch zum WAA-Gelände

Der „Neue Tag" blickte in einem Kommentar vom 17. Oktober tiefer: *„... Wenn der Nebel den Blick kurzfristig freigab auf die frühere Betonstraße, dann konnte man sich ein Bild davon machen, wie viele WAA-Gegner durch die Aufrufe verschiedener Gruppierungen mobilisiert waren. Ihre Zahl ist auch ein Ausdruck dafür, dass der Widerstand keinesfalls geringer geworden ist oder gar eingeschlafen sei. ... Doch ob nun 30.000 oder 50.000, 20.000 oder 40.000 den Weg zum*

Mahnwachen und Fackelzüge

Bauzaun zurückgelegt hatten – sie alle nahmen nach einer langen Anfahrt noch einen mehrstündigen Fußmarsch in Kauf, der in Wackersdorf oft nicht endete, da die Autos oder Busse in größerer Entfernung vom Ort des Geschehens abgestellt worden waren. ... Wer alle Stationen der Vorgänge am und um den Bauzaun mitgemacht hat, der spürte, dass sich die Demonstration am Samstag in einer völlig entspannten Atmosphäre abspielte, dass keine Aggressivität ‚in der Luft lag' ... Den friedlichen Verlauf können sich alle Beteiligten als Erfolg zuschreiben ..."

Starke Polizeikräfte beobachteten den Demonstrationszug, bereit für den Einsatz.

Mit Blick auf die kommenden Weihnachtsfeiertage meinte Polizeipräsident Wilhelm Fenzl, er gehe von einem friedlichen Verlauf aus. Es gebe keine Anzeichen für beabsichtigte Störaktionen. Gleichwohl, schränkte er ein, könnten Gesetzesverstöße nicht gänzlich ausgeschlossen werden, deshalb seien bis zu 300 Beamte an Weihnachten auf dem WAA-Gelände im Einsatz.

An Heiligabend und am 1. Weihnachtsfeiertag 1988 waren Andachten am Franziskus-Marterl angesetzt, am 2. Weihnachtsfeiertag sollte nachmittags die „WAAld-Weihnacht" der Oberpfälzer Bürgerinitiativen am „Roten Kreuz" stattfinden. Fenzl beklagte, dass in den zurückliegenden Wochenenden wieder vermehrt sogenannte „Krähenfüße" rund um das WAA-Gelände ausgelegt wurden. Diese hätten sowohl Dienstautos der Polizei beschädigt als auch Privatfahrzeuge.

Die für den 26. Dezember, 15 Uhr, unmittelbar am Bauzaun („Rotes Kreuz") geplante Kundgebung wurde nicht verboten. War es, wie eine regionale Zeitung vermutete, ein „Weihnachtsgeschenk für die Gegner der atomaren Wiederaufarbeitungsanlage Wackersdorf?" Allerdings wies das Ordnungsamt nachdrücklich auf das Vermummungsverbot und das Verbot von Mitführen von Helmen oder waffenähnlichen Gegenständen hin. Es blieb friedlich am und um den Bauzaun.

Starke Präsenz zeigten die Sicherheitskräfte zum Jahresausklang. Bereitschaftspolizei und Beamte des Unterstützungskommandos hatten sich vor dem Bauzaun postiert. Ihnen gegenüber standen 300 WAA-Gegner in zahlreichen kleinen Gruppen, die Böller abbrannten und Silvester-Raketen zündeten. Gleichzeitig wurde in Taxöldern eine Hausdurchsuchung durchgeführt. Die Polizeibilanz: 13 Personen wurden vorläufig festgenommen, die Identität von 36 WAA-Gegnern überprüft.

Greenpeace auf dem Baukran

Sicherheit im Keller

Die Bewacher der größten und sichersten Baustelle Europas wollten es nicht glauben, als vier Greenpeace-Mitglieder ein riesiges Transparent entrollten, frei schwebend am Ausleger eines 70 Meter hohen Baukrans, inmitten des WAA-Geländes. In einer ausgeklügelten, spektakulären Aktion hatte Greenpeace, drei Männer und eine Frau, die Trutzburg im Taxöldener Forst erobert.

Rund vier Stunden wehte ein 18 Meter langes und 2,20 Meter hohes Transparent mit der Aufschrift „Sonne statt Plutonium – Greenpeace" im herbstlichen Wind über dem Rohbau des sogenannten Modulteststandes. Mit ihrer Aktionen wollten die Greenpeace-Aktivisten, alle versierte Kletterer, demonstrieren, wie einfach aufwendige und vielgerühmte Sicherheitsmaßnahmen zu umgehen sind.

Die Aktivisten hatten mit einem genauen und generalstabsmäßig ausgearbeiteten Zeitplan die bestbewachte Baustelle der Bundesrepublik geknackt. Am 27. Oktober waren sie dann mit dem Besucherbus aufs Gelände gelangt. In einem der Rucksäcke befand sich das später aufgespannte Transparent aus knallgelber Fallschirmseide. „Der neue Tag" fühlte sich bei der Aktion an das trojanische Pferd erinnert: „Kaum am Baugelände angelangt, stoppte der Besucherbus unweit des nahezu fertig errichteten hohen Modulteststandes. Das Quartett ging in Laufschritt über, nahm Kurs auf einen neben dem Modulteststand stehenden Baukran. Einen Wachmann überzeugten die Vier, sie seien für die Überprüfung des Baukrans zuständig. Von da an war das Unternehmen ‚Kran' nicht mehr zu stoppen …"

Im Nu waren sie auf den Kran und dessen Ausleger geklettert, hatten sich von dort abgeseilt und entrollten das im Rucksack mitgebrachte Transparent.

Inzwischen feierten vor dem Haupttor ebenfalls angereiste Greenpeace-Mitglieder und Sympathisanten ihren Erfolg, während zahlreiche Journalisten die Aktion verfolgten. Doch auf das Gelände durften sie nicht. Die DWW war in heller Aufregung.

Unterdessen fuhren immer mehr Polizeiwagen in das Baugelände. Für die Sicherheitsbehörden hatte es nach dem Start der Aktion höchste Alarmstufe gegeben. Was Rang und Namen hatte, wurde auf die Baustelle geholt. Angefangen von Polizeidirektor Hans Sertl bis hin zum gruppenleitenden Staatsanwalt Wilfried Meixner. Auch ein Sondereinsatzkommando rückte an. Doch ein Eingreifen schien unmöglich, da es keinen Weg zu den frei schwebenden „Greenpeace-Alpinisten" gab. Verhandlungen zwischen den Umweltschützern und Vertretern der DWK führten zu keinem sichtbaren Ergebnis. Männer des Sondereinsatzkommandos kletterten auf das Dach des Teststandes. Man fühlte sich zum Handeln gezwungen, ohne zu wissen, wie eine Lösung aussehen könnte. Auch ein Polizeihubschrauber zog eine Schleife über dem Gelände, um alsbald wieder hinter dem Modulteststand zu landen.

Fünf Minuten vor 16 Uhr begannen zwei der vier Besetzer sich hoch zu ziehen auf den Auslegerarm und das Transparent zu lockern. Fünf Minuten später war das gelbe Band eingerollt und die vier Aktivsten tasteten sich an Kranturm heran, wo sie bereits von Sondereinsatz-Beamten erwartet und nach unten gebracht wurden. Die spektakuläre Aktion auf dem WAA-Gelände war zu Ende.

Die blamierte Betreibergesellschaft DWW teilte einen Tag später über ihren Pressesprecher mit, die Mitglieder von Greenpeace hätten „das Entgegenkommen und die Gastfreundschaft der DWW missbraucht". Die Aktion der Umweltschützer sei ein billiges Unterfangen gewesen, Angst zu erzeugen. Das Baustellengelände, so die DWW, werde von zivilen Wachfirmen bewacht, Kontrollen beschränkten sich auf das notwendige und erforderliche Maß wie es auch bei anderen Großbaustellen üblich sei. Auch handle es sich nicht um die bestbewachte Baustelle der Bundesrepublik, zumal sich im jetzigen Bauzustand keinerlei sicherheitsrelevante Einrichtungen aus dem kerntechnischen Bereich auf der Baustelle befänden.

Es sei selbstverständlich, dass ab dem Zeitpunkt, ab dem in der Wiederaufarbeitungsanlage Baumaßnahmen und Einbauten vorgenommen werden, die Anlagensicherung den jeweiligen Erfordernissen angepasst werde.

Die Greenpeace-Aktivisten hatten längst erreicht, was sie erreichen wollten. Per Funk waren sie von außerhalb des WAA-Geländes gelobt worden: „Ihr habt eure Sache gut gemacht!"

„Greenpeace-Alpinisten" auf der „bestbewachten Baustelle der Bundesrepublik".

Einstellung des Verfahrens?

Disziplinarverfahren gegen einen „Strolch"

Noch am 8. Juni 1988 hatten sich die SPD-Landräte Bayerns bei einem Treffen in Schwandorf hinter ihren Amtskollegen Schuierer gestellt und das gegen ihn eingeleitete Disziplinarverfahren scharf verurteilt. Gleichzeitig wandten sie sich scharf gegen einen Eingriff in das kommunale Selbstverwaltungsrecht.

Am 3. Dezember stellte „Der neue Tag" die Frage, ob das Disziplinarverfahren gegen Landrat Hans Schuierer vor seiner Einstellung stehe. Einige Zeichen, so die Zeitung, deuteten darauf hin. Gemeint waren: Informationen aus führenden CSU-Kreisen in München. Seit über zwei Jahren war das Disziplinarverfahren nun schon anhängig. Fünf Dienstpflichtverletzungen wurden Schuierer zur Last gelegt, wobei die beiden Anklagepunkte „Ein-Mann-Demokratie Strauß'scher Prägung" und „Terror in Vollendung", in Zusammenhang mit der Hüttendorf-Räumung seinem Dienstherrn offenbar ein besonderer Dorn im Auge waren.

Doch Schuierer war nicht gewillt, diese Aussagen zurück zu nehmen: „Von dem, was ich gesagt habe, ist nichts zu bedauern!" Er, so wiederholte der Landrat immer wieder, habe die gerichtliche Auseinandersetzung nicht gesucht und auch nicht begonnen. Er habe lediglich auf die Äußerungen und die „Agitation" des verstorbenen Ministerpräsidenten Strauß reagiert. Eine Beleidigung der Person Strauß habe er niemals im Sinne gehabt. Vielmehr habe er sich im politischen Bereich mit ihm auseinandersetzen wollen. Fairen Vorschlägen gegenüber, so zeigte sich Schuierer kompromissbereit, sei er durchaus aufgeschlossen.

Nach einem Anruf aus dem Bayerischen Innenministerium habe er den Eindruck gewonnen, dass das Innenministerium nicht an einer Verschärfung des Verfahrens interessiert sei. Er wolle deshalb das Gespräch mit Regierungspräsident Krampol suchen.

Doch eine Einstellung des Verfahrens konnte zum derzeitigen Verfahrensstand nur das zuständige Gericht, mit Zustimmung der Landesanwaltschaft, aussprechen.

Am 20. April hatte die Regierung der Oberpfalz eine „Anschuldigungsschrift" gegen Schuierer bei der Disziplinarkammer des Regensburger Verwaltungsgerichtes eingereicht. In einer internen Bewertung des vorausgegangenen Disziplinarverfahrens, so vermutete man, hatte Regierungspräsident Krampol Innenminister August Lang abgeraten, Schuierer vor Gericht zu zitieren. Schuierer drohe bestenfalls eine geringe Maßregelung, was in keinem Verhältnis stehe zu dem öffentlichen Wirbel, den dieses Verfahren gegen den Volkshelden Schuierer zur Folge habe. Lang hingegen, so wurde gemunkelt, wolle Schuierer um jeden Preis in die Knie zwingen.

Seit der Wahl von Max Streibl zum Bayerischen Ministerpräsidenten verdichteten sich jedoch die Anzeichen, dass die neue Staatsregierung gewillt sei, die politische Altlast des Disziplinarverfahrens gegen den Schwandorfer Landrat loszuwerden, „möglichst geräuschlos", wie die „Süddeutsche Zeitung" schrieb.

Gütliche Einigung?
Ministerpräsident Streibl hatte gegenüber Journalisten betont, die Äußerungen Schuierers hätten in erster Linie Franz Josef Strauß betroffen. Auch Bayerns Innenminister Edmund Stoiber erklärte, er wolle einer gütlichen Einigung mit Schuierer nicht im Wege stehen. In Anbetracht des Todes von Franz Josef Strauß werde sich das Ministerium dem Bemühen nicht verschließen, die Auseinandersetzung außergerichtlich beizulegen. Des Weiteren habe Schuierer bereits „in differenzierter Weise zu Sinn und Absicht seiner Äußerungen Stellung genommen." Ein Gespräch zwischen Schuierer und Regierungspräsident Krampol werde in Kürze stattfinden.

Am 6. Dezember 1988 kam es zum Telefonat mit dem Regierungspräsidenten. Man verhandelte über Formulierungsfragen, die einen für beide Seiten akzeptablen Ausstieg zuließen. Schuierer betonte noch einmal, dass er Franz Josef Strauß nicht beleidigen wollte und dies auch nicht getan habe. Jedoch sehe er keine Veranlassung, seine Äußerungen zurückzunehmen oder sich für seine Aussagen zu entschuldigen. Von allen anderen umfangreich ermittelten Vorwürfen sei, so Schuierer, nicht die Rede gewesen in dem Gespräch. Es kam zu weiteren Gesprächen zwischen Schuierer und der Regierung der Oberpfalz. Dabei habe

Regierungspräsident Krampol contra Landrat Schuierer.

Disziplinarverfahren gegen einen „Strolch"

Krampol erkennen lassen, so sah es zumindest das Landratsamt Schwandorf, dass man seitens der Regierung geneigt sei, Schuierers Formulierungswünschen entgegenzukommen und nicht mehr auf Begriffen wie „Zurücknehmen" oder „Bedauern" zu beharren.

Doch es kam anders. Am 9. Dezember 1988 vermeldete die Mittelbayerische Zeitung: „Das Disziplinarverfahren gegen Landrat Schuierer geht weiter". Der Versuch einer Einigung war gescheitert. Laut Karl Krampol, Regierungspräsident der Oberpfalz, sei Schuierer nicht zu einer Geste des Bedauerns bereit gewesen.

Schuierer bedauerte den „politischen Stopp". Er gehe jetzt davon aus, so der Schwandorfer Landrat, dass das Disziplinarverfahren seinen weiteren Verlauf nehme. Damit werde höchstrichterlich geklärt, inwieweit kommunale Wahlbeamte in Bayern sich politisch äußern können und dürften. Schuierer bestätigte dem Regierungspräsidenten Ehrlichkeit und großes Bemühen um Einigung. Gestoppt worden seien ihre Anstrengungen aber offenbar durch Innenminister Edmund Stoiber, der seine Bereitschaftserklärung abgelehnt und damit der Regierung der Oberpfalz jede Handlungsfreiheit genommen habe.

Sein Vorschlag zur Einigung habe gelautet: „Es lag zu keiner Zeit in meiner Absicht, den verstorbenen Ministerpräsidenten Franz Josef Strauß zu beleidigen".

Da Strauß keinen Beleidigungsprozess gegen ihn geführt habe, gehe er davon aus, dass sich dieser auch nicht beleidigt gefühlt habe. Das Innenministerium wiederum wies darauf hin, dass die Führung der Gespräche mit Schuierer immer bei der Regierung der Oberpfalz gelegen habe. Das Ministerium sei lediglich über Gesprächsinhalte informiert worden.

Indes nahmen die Auseinandersetzungen um das Disziplinarverfahren gegen Schuierer überraschend an Schärfe zu. Der Grund: In einem Interview des Bayerischen Rundfunks erklärte der Regensburger Regierungspräsident Karl Krampol auf die Frage, woran denn die Einigungsverhandlungen mit Schuierer gescheitert seien: „Wir haben ja nicht verlangt, dass er sich was vergibt. Ein Gentleman kann ja einlenken, das kann nur ein Ehrenmann. Ein Strolch kann das nicht!"

Jeder gegen jeden
Daraufhin forderte der SPD-Landesvorsitzende im Landtag, Karl-Heinz Hiersemann, Innenminister Stoiber auf, gegen den Regierungspräsidenten unverzüglich ein Disziplinarverfahren einzuleiten und im Rahmen seiner Fürsorgepflicht eine Strafanzeige gegen Krampol wegen Beleidigung zu stellen. Es sei eine geradezu unglaubliche Entgleisung und gezielte persönliche Beleidigung Schuierers. Es sei unerhört, dass von Schuierer Entschuldigungen für dessen politische Äußerungen im Zusammenhang mit dem Bau der Wiederaufarbeitungsanlage verlangt würden, während Schuierer in widerwärtiger Weise mit Verbalinjurien beworfen würde. Der Verhalten der Staatsregierung zum Fall Schuierer sei nichts als bodenlose Heuchelei.

Regierungspräsident Karl Krampol beeilte sich zu betonen, dass es nicht seine Absicht gewesen wäre, Landrat Schuierer in die Nähe „eines Strolches" zu rücken. Falls dennoch dieser Eindruck entstanden sein sollte, so bereite es ihm keine Überwindung, das zu bedauern. Krampol versuchte seinen Fauxpas aufzuklären. Als junger Rechtsreferendar sei er einem Münchner Amtsgerichtsrat zugeteilt gewesen, der bei der Schlichtung von Beleidigungsprozessen zu sagen gepflegt habe: „Entschuldigen kann sich nur ein Gentleman; ein Strolch tut das nicht." Er, so Krampol, habe leider in der Eile des Interviews vergessen, den Urheber dieser Formulierung zu nennen.

„Ein Gentleman kann einlenken, ein Strolch nicht."

Für das Innenministerium war die Sache angesichts der öffentlichen Erklärung des Regierungspräsidenten erledigt. Der sprachliche Ausrutscher des Regierungspräsidenten führte dazu, dass die Sympathiewerte für Schuierer weiter in die Höhe schossen. Sogar der Vorsitzende der Sozialdemokratischen Partei Deutschlands, Hans-Jochen Vogel, sandte ein Telegramm an Schuierer und stärkte ihm den Rücken:

„Lieber Freund, mit Empörung lese ich, was Dir seitens hoher staatlicher Repräsentanten neuerdings zugemutet wird. Ich bin sicher, dass Du Dich auch dadurch in deiner aufrechten und konsequenten Haltung nicht beirren lässt. Von Tag zu Tag wird deutlich, die Verfechter der Wiederaufarbeitungsanlage vertreten eine verlorene Sache. In unserem Volk haben sie schon jetzt keine Mehrheit mehr.

In freundschaftlicher Verbundenheit
Dein Hans-Jochen Vogel."

Nie wieder so guten Wein getrunken

Frankreichs Atomindustrie rüstet sich

Fast unbeachtet von der Öffentlichkeit wuchs der Erweiterungsbau für die französische Wiederaufarbeitungsanlage für Kernbrennstoffe in La Hague heran, trotz Wackersdorf und neuer britischer und japanischer Anlagen. Angestrebt wurde von den Franzosen 40 % der Kapazität für die Aufarbeitung von Brennstäben aus Reaktoren in der westlichen Welt. Ein in Paris angekündigter Vertrag der drei französischen Firmen Cogema, Framatome und Pechiney mit den US-Unternehmen Babcock und Wilcox sollte sogar den Zugang zum amerikanischen Markt eröffnen.

Deutsche Kernkraftingenieure aus Karlsruhe, München und Berlin, so berichtete „Der neue Tag" am 3. September, hätten angesichts der riesigen Anlagen mit vergleichsweise niedrigen Zäunen glänzende Augen bekommen. „Keine Demonstrationen, gar nichts!", schwärmten die deutschen Besucher. Die Anlage in La Hague sollte von einer Jahreskapazität von bisher 400 auf 1600 Tonnen Kernbrennstoff erweitert werden mit einem Investitionsaufwand von 15 Milliarden Mark, zur Hälfte finanziert von der ausländischen, darunter der deutschen Elektrizitätswirtschaft. In La Hague wurden laufend Container mit Kernbrennstoff angeliefert. Bis zu 10.000 Tonnen abgebrannter Brennstäbe sollten in einem riesigen Zwischenlager Platz finden. Für Mitte der 90er Jahre versprach Cogema voraussehend eine Preissenkung für die Aufarbeitung.

Auch Landrat Hans Schuierer war zweimal in La Hague gewesen, einmal mit einer Delegation der DWK und ein zweites Mal mit der Bürgerinitiative Schwandorf. Mit der BI sei man, so erinnert sich Schuierer, „der Sache auf den Grund gegangen". Man habe privat in La Hague übernachtet, habe mit den Menschen über ihre Sorgen gesprochen. Er, so Schuierer, sei damals erschüttert gewesen über die laschen Sicherheitsmaßnahmen rund um die Anlage. Die Anlage sei von einem Maschendraht-Zaun umgeben gewesen, dem ein gewöhnlicher Stacheldraht aufgesetzt war. Er habe von außen sehen können, dass überall auf dem Gelände Fässer herumstanden. Schuierer: „Es war schon ein seltsames Gefühl, zumal wir wussten, dass bei uns in Wackersdorf eine ähnliche Anlage gebaut werden sollte."

Damals seien es in La Hague vor allem die Intellektuellen gewesen, die sich der Wiederaufarbeitungsanlage widersetzten. Die normalen Arbeiter oder Bauern hätten sich dagegen kaum Gedanken gemacht über die Gefährlichkeit der Anlage. Ähnliche Erfahrungen habe er bei seinem Besuch in Japan gemacht. Er habe damals bei einem berühmten japanischen

Oberpfälzer WAA-Gegner in Frankreich. Die deutschen Besucher waren erschüttert von den laschen Sicherheitsvorkehrungen.

La Hague – „keine Demonstration – gar nichts". Viele machten sich keine Gedanken über die Gefährlichkeit der Anlage.

Schriftsteller gewohnt, der die Atomkraft in seinem Land kritisch gesehen habe, doch auch er habe betont, dass sich das einfache Volk kaum dafür interessiere. Vor allem Intellektuelle hätten gegen die japanischen Atomkraftwerke protestiert. Nach dem Unglück von Fukushima hatte es zunächst eine Meinungswende gegeben, die jedoch bereits wieder abflaue.

Beim La Hague-Besuch mit der DWK sei es zunächst um gutes Essen und vorzügliche Weine gegangen, so Schuierer. Am nächsten Tag seien sie durch die Anlage geführt worden, wobei aber die meisten „noch benebelt waren vom Rotwein". Eines muss Schuierer allerdings zugeben: „Ich habe nie wieder im Leben so einen guten Wein getrunken wie in La Hague!"

Geduld darf nicht in Gewalt umschlagen

Gottesdienste mit den „Marterlpfarrern"

Eine ungewöhnliche Variante des Protestes gegen die Wiederaufarbeitungsanlage in Wackersdorf war am Wochenende des 7./8. Januar 1989 zu beobachten. Eine Delegation der Oberpfälzer Bürgerinitiativen und des Arbeitskreises „Theologie und Kernenergie" mit 50 Teilnehmern reiste nach Bregenz in Vorarlberg, um an einer Solidaritätsveranstaltung für den prominenten Kernkraftgegner, den Missionsbischof Erwin Kräutler teilzunehmen. Bischof Kräutler war eineinhalb Jahre zuvor durch eine Intervention des bischöflichen Ordinariats Regensburg daran gehindert worden, in Form eines Gottesdienstes seine Solidarität gegen die WAA zu bekunden.

Im bischöflichen Ordinariat Regensburg betonte man, dass es sich damals nicht um ein Gottesdienst-Verbot gehandelt habe. Man habe lediglich die Bitte ausgesprochen, dass das Ordinariat von einer „möglichen Belastung durch eventuell anwesende Chaoten" verschont bleiben möge. Generalvikar Fritz Morgenschweis formulierte es aus seiner theologischen Sichtweise: „Wir sollten darauf bedacht sein, dass nicht der Verdacht entsteht, eine Eucharistiefeier, die höchste Form des Gottesdienstes, werde als Demonstration umfunktioniert."

Der Bischof der Diözese, Manfred Müller, erklärte, er vermisse beim „Arbeitskreis Theologie und Kernenergie" echte Gesprächsbereitschaft. Der Arbeitskreis, so Müller, behaupte schon über Jahre hinweg, die Zurückhaltung der Kirche in Fragen der Kernenergie wäre ein ungeheurer Akt der Verantwortungslosigkeit. Mit solchen diffamierenden Anschuldigungen werde keine redliche Gesprächsbasis geschaffen. Ein Gespräch sei deshalb sinnlos.

Der Regensburger Arbeitskreis veranstaltete am Franziskus-Marterl seit drei Jahren Andachten, zu denen sich jeden Sonntag mehrere hundert christliche WAA-Gegner trafen. Seit mehr als fünf Jahren suchte der Arbeitskreis regelmäßig den Kontakt zum Regensburger Bischof.

Nach Ansicht des Arbeitskreises sei es Aufgabe der Kirche und insbesondere der Bischöfe, die verantwortlichen Politiker eindringlich an die Pflicht zu erinnern, die Argumente der Kernkraft- und WAA-Gegner zu hören, wobei, so ein Mitglied des Arbeitskreises, der Regensburger Bischof nicht zu befürchten brauchte, von einer Seite politisch vereinnahmt zu werden. Jedoch sei es kein glaubwürdiger Weg gewesen, den Gegnern der Atomenergie das Gespräch zu verweigern.

Gottesdienste mit den „Marterlpfarrern"

Dabei hatten sich, so erinnerte sich eine Leserbrief-Schreiberin aus Regensburg, andere kirchliche Würdenträger wie Kardinal Höffner in einem Rundfunkinterview vom 14.9.1986 bereits für einen sofortigen Ausstieg aus der Atomenergie ausgesprochen. Kardinal Höffner habe das getan, was seine Pflicht und Kompetenz als Bischof sei. Er habe in gebotener Deutlichkeit vor Gefahren gewarnt und auf die Pflicht zum Schutz des menschlichen Lebens hingewiesen.

Marterl-Symbol für WAA-Widerstand

Am 19. Januar 1986 hatten sich Gläubige beider Konfessionen erstmals am Franziskus-Marterl eingefunden, das später zu bundesweiter Bekanntheit gelangte und zu einem Symbol für den WAA-Widerstand wurde. Zur Jubiläumsfeier „Drei Jahre Marterlandachten" waren auch der Landtagsabgeordnete Dietmar Zierer und Landrat Hans Schuierer gekommen. Vor mehreren hundert Teilnehmern nutzte Landrat Schuierer die Gelegenheit, besonders jenen Geistlichen zu danken, die Sonntag für Sonntag die Andachten gestalteten: den „Marterlpfarrern": „Diese Geistlichen haben, anders als die Amtskirchen, die moralische Verpflichtung vor Augen geführt. Sie haben uns aufgerichtet und einen Schutzwall gegen die Verflachung errichtet. Sie haben Wahrhaftigkeit praktiziert und nicht Scheinheiligkeit. Sie haben uns aufgerichtet und bewiesen, dass Religion und Politik keine feindlichen Brüder sein müssen."

Einer dieser „Marterlpfarrer" war Pfarrer Richard Salzl aus Penting, der über Jahre hinweg Andachten am Marterl hielt. Er betonte, dass

Ökumenischer Kreuzweg vom Marterl zum „Roten Kreuz". Mit Baskenmütze: evangelischer Pfarrer Roth.

Gottesdienste mit den „Marterlpfarrern"

Am Marterl wurde Schuierer ein schwarzes Schaf vom Naturschutzbund Vorarlberg übergeben.

Landjugendorganisationen aus der gesamten Bundesrepublik zu den Andachten gekommen seien, Gruppierungen wie „Lebenslaute" oder „Kirche von unten". Er erinnerte daran, dass man nicht aufhören dürfe, vor den Gefahren der Wiederaufarbeitungsanlage zu warnen.

Wolfgang Bogner, evangelischer Pfarrer aus Amberg, meinte: „Drei Jahre sind wir hier. Trotzdem wird weitergebaut, als ob es uns nicht gäbe!" Dennoch, so warnte Bogner, dürfe keine Resignation aufkommen, dürfe Geduld nicht in Gewalt umschlagen.

Nach der Andacht machten sich die Teilnehmer auf den Weg zum Bauzaun, wie schon in den drei Jahren zuvor. In ihrem Schlepptau war an diesem Tag ein Team des Zweiten Deutschen Fernsehens, das einen Beitrag für den „Länderspiegel" drehte.

Am Aschermittwoch 1988 hatten die WAA-Gegner einen erneuten Versuch unternommen, mit Bischof Manfred Müller in einen Dialog zum Thema „Atomare Wiederaufarbeitungsanlage" einzutreten. Sie hinterließen im Ordinariat einen Brief, in dem sie eine „eindeutige Stellungnahme zum Projekt WAA" einforderten. Im Antwortschreiben nahm Bischof Müller nicht selbst Stellung. Er antwortete mit einer fünf Seiten langen Stellungnahme des Bayerischen Staatsministeriums für Landesentwicklung und Umweltfragen.

Umweltministerium antwortet für Bischof
Der Regensburger Bischof hatte den Brief der WAA-Gegner ans Umweltministerium weitergegeben mit der Bitte um Stellungnahme. Und die lautete: Eine akute Gefährdung sei ausgeschlossen, mögliche Störfälle seien beherrschbar; das Plutonium für militärische Zwecke unbrauchbar.

Der bischöfliche Sekretär konkretisierte: Bischof Müller habe die Fachfragen bewusst von Experten beantworten lassen. Er gehe dem Dialog keinesfalls aus dem Weg, sondern halte mit WAA-Gegnern ständig Kontakt.

Manfred Wacht vom Regensburger Arbeitskreis Theologie und Kernenergie kritisierte, Bischof Müller mache sich zum Sprachrohr des Umweltministeriums. Er, so Wacht, werde den Bischof nicht aus seiner Verantwortung entlassen und wieder kontaktieren, notfalls auch „nerven".

Gottesdienste mit den „Marterlpfarrern"

Blockade-Frühstück am Bauzaun.

Ein junger Pfarrer aus Schwaben musste sich hingegen vor Gericht vehement gegen Vorwürfe der Staatsanwaltschaft zur Wehr setzen, er habe Gewalt ausgeübt oder „aus verwerflichen Motiven" gehandelt. Er war am 5. Oktober 1987 bei einem „Blockade-Frühstück" nahe der WAA dabei gewesen. Eine Anzahl von Baufahrzeugen hatte wegen der Blockierer „geraume Zeit" auf der Industriestraße halten müssen. Der Pfarrer begründete seine Ablehnung der WAA und den Protest dagegen mit christlichen Motiven. Seiner Meinung nach, so der junge Pfarrer vor dem weltlichen Schwandorfer Richter, sei die Wackersdorfer Atomfabrik „ein Schritt zur Zerstörung der Schöpfung". Der 31-jährige evangelische Pfarrer wurde dafür zu einer Geldstrafe von 900 Mark verurteilt.

Einer Gruppe von 120 Christen aus dem gesamten Bodenseeraum, dem Allgäu und Oberschwaben blieb bei ihrem „Friedensweg" durch den Landkreis Schwandorf das Gotteshaus in Kemnath versperrt. Dekan Max Glöckl verweigerte den Christen den Zutritt, weil er, so der Geistliche, „in der Vergangenheit schlechte Erfahrungen mit engagierten Christen" gemacht habe.

Auf ihrem Friedensweg wollten die engagierten Christen in Wackersdorf ein Zeichen der Solidarität für die Menschen setzen, denen der gewaltfreie Widerstand gegen die WAA nach einer ehrlichen Gewissensprüfung zur Pflicht geworden sei.

Am Mittwoch zuvor hatte die Vorsitzende des Gemeinderates noch versucht, den Ortsgeistlichen umzustimmen, doch der wünschte keine Debatte zu diesem Thema. Der „Umweltpfarrer" sehnte sich vielmehr „nach Ruhe und Frieden". Nach einem gemeinsamen Gebet vor den verschlossenen Türen des Gotteshauses zogen die Prozessionsteilnehmer weiter.

Ein Wurm sorgt für Ärger

Schläge für die „Narren"

Hart wie lange nicht mehr gingen Unterstützungskräfte der Polizei (USK) am Faschingssonntag 1989 am WAA-Gelände gegen WAA-Gegner vor. In einem rund 30 Meter langen Transparent in Wurmform sah die Einsatzleitung einen Verstoß gegen das Versammlungsverbot und so ließ sie die Stoffbahn gegen den Widerstand zahlreicher Demonstranten von etwa 100 USK-Beamten sicherstellen, wobei zwei WAA-Gegner verletzt und drei Personen

Beim Anblick eines Transparentes in Wurm-Form sah die Polizei rot und griff zum Schlagstock.

rent mit dem Messer zerschnitten, sondern auch „gezielt mit Schlagstöcken in die Nieren und auf die Nasen geschlagen". Ein weibliches Mitglied der Bürgerinitiative war in Handschellen abgeführt worden. Ihr wurde versuchte Gefangenenbefreiung vorgeworfen. Ihren Hund nahmen die Beamten ebenfalls mit.

Ein Kommentator der Mittelbayerischen Zeitung sah das Geschehen so:

„... Dabei hatte das Faschingstreiben recht ruhig und stimmungsvoll begonnen. Etwa zweitausend bis dreitausend WAA-Gegner waren teilweise als Clown, Tiefflieger, Sambatänzer oder Polizisten der Berliner Sondereinheit verkleidet gekommen, um das ‚Höllenspektakel‘, gemäß dem Motto des Faschingssonntags zu inszenieren. Zwei Sambagruppen sorgten für Rhythmus und Schwung, Kaffee und Kuchen für leibliche Stärkung. Es herrschte ausgelassene und närrische Stimmung. Als ein ‚gelber Wurm‘ der Bürgerinitiative Nürnberg den Platz am ‚Roten Kreuz‘ erreichte, wurde er mit Beifall empfangen. Doch die gute Stimmung schlug jäh um, als Beamte der polizeilichen Unterstützungskräfte (USK) auftauchten und auf den Wurm zustürmten, um ihn zu beschlagnahmen. Verständlich, dass die Faschingsstimmung umschlug und das Vorgehen der Polizeibeamten mit wütenden Pfiffen und lauten Unmutsrufen begleitet wurde. Nach kurzer Zeit war dieser Spuk vorüber, der so gar nicht in das Bild des bis dahin völlig friedlichen ‚Höllenspektakels‘ gepasst hatte. Die Sambagruppen nahmen wieder ihre Rasseln und Trommeln auf und zogen durch die Reihen der WAA-Gegner, denen die Freude an diesem Faschingssonntag gründlich ausgetrieben worden war."

Es herrschte ausgelassene und närrische Stimmung im Taxöldener Forst.

festgenommen wurden. Auf dem sogenannten „Wurm-Transparent" hatte es geheißen: „Keine Atomtransporte durch Amberg, Nürnberg oder anderswo – Weg mit der Atommafia – Nürnberger Bürgerinitiativen".

Mitglieder der Nürnberger Bürgerinitiative kündigten an, Strafantrag wegen Körperverletzung und Sachbeschädigung zu stellen. Die Polizeibeamten hätten nicht nur das Transpa-

In einer Presseerklärung beschwerten sich Mitglieder der Nürnberger Demonstrationsgruppe, dass der Einsatz der Polizei mit „unglaublicher Brutalität" durchgeführt worden sei.

Seltsame Planspiele im Keller

Das Attentat auf Schuierer

Eigentlich sollte es bei der im Kellergeschoss des Schwandorfer Landratsamtes im Rahmen der alle zwei Jahren stattfindenden „Wintex"-Übung – wie in anderen Behörden auch – um die organisatorische Bewältigung eines Ernstfalles gehen. Bundeswehr und zivile Behörden übten „am grünen Tisch" alle Maßnahmen, die bei einem feindlichen Angriff auf die Bundesrepublik notwendig würden.

1989 wurde die im Raum Schwandorf geplante atomare Wiederaufarbeitungsanlage in das Geschehen einbezogen. Trotz des Stempels „streng geheim", sickerte durch, dass das Bayerische Innenministerium in den Übungsrahmen eine Konfrontation zwischen Sicherheitskräften und militanten Störern aus dem Kreis der Friedensbewegung mit einbezogen hatte.

Teil des Planspiels: Landrat Schuierer und sein Fahrer werden auf einer Bundesstraße von Attentätern aus Maschinenpistolen beschossen, kommen aber glücklicherweise nicht zu Schaden, weil die Polizei sofort eingreift und die Täter festnimmt.

Mit der Rettung des Landrats sollte gezeigt werden, dass die Polizei für alle Bürger da ist, ohne Rücksicht auf die Person oder die Parteizugehörigkeit. Schuierer selbst erklärte, er sei vorher nicht mit dem Übungsgeschehen vertraut gemacht worden.

Alfons Metzger, Sprecher des Bayerischen Innenministeriums, lehnte es unter Hinweis auf die Geheimhaltungspflicht ab, das Übungsattentat auf Schuierer zu bestätigen. Grundsätzlich, ergänzte Metzger, werde bei solchen Übungen nicht mit konkreten Namen operiert. Es sei aber nicht auszuschließen, dass jemand in einem Leitungsstab, dem es zu langweilig geworden ist, solch eine Einspielung entworfen habe. In diesem Fall hätte jemand seine Dienstpflichten verletzt.

Da alles so geheim ablief, wurde auch nicht offiziell bestätigt, dass das Innenministerium nach Bekanntwerden des erfundenen Attentats auf Schuierer, die Anweisung erteilte, diesen Teil der Schwandorfer „Wintex-Variante" abzubrechen und die entsprechenden Unterlagen zu vernichten. Auf jeden Fall wurde geprobt, dass WAA-Gegner von der Wackersdorfer Bevölkerung angegriffen werden, was an sich seltsam war, da die Wackersdorfer zum großen Teil selbst WAA-Gegner waren.

Bei der Polizei versuchte man den „Schwarzen Peter" nach oben weiterzureichen. Wäre die gesamte Lage nicht so konstruiert gewesen, hätte sich das „Attentat auf Schuierer", so berichteten „Wintex"-Übende, gar nicht aufgedrängt. Den Kopf hinhalten musste der Amberger Polizeichef Niethammer. Auch er wollte, mit Rücksicht auf die Geheimhaltung, keine Einzelheiten nennen. Auf jeden Fall werde er den gesamten Sachverhalt der vorgesetzten Dienststelle weiterleiten.

SPD-Fraktionsvorsitzender Hiersemann erklärte, die eigentlich Verantwortlichen seien in der politischen Spitze der Staatsregierung und der CSU zu suchen, „die die Durchsetzung der WAA als Glaubenskrieg betreiben, bei dem alle Mittel erlaubt sind".

Der Polizeibeamte, dem nun die Verantwortung zugeschoben werde, habe lediglich vorgegebene Stichworte aufgenommen. Die SPD-Fraktionsspitze forderte Innenminister Edmund Stoiber auf, sich bei Schuierer zu entschuldigen.

Die Grünen-Fraktionssprecherin im Landtag Margarete Bause meinte, solche Szenarien erinnerten frappierend an die perverse Phantasie eines Peter Gauweiler, der bei einer Katastrophenübung in Olching einen Strommast habe umlegen und als Verursacher solcher Anschläge WAA-Gegner angenommen habe. Es sei, so Bause, „sehr unwahrscheinlich, dass die Schwandorfer Attentatsidee lediglich dem Horn eines untergeordneten Schwandorfer Polizeibeamten entsprungen" sei. Als panikartige Reaktion sah Margarete Bause die Erklärung des Innenministeriums, dass die Unterlagen zur Attentatsidee vernichtet worden seien. Offensichtlich, so die Vermutung der Grünen-Politikerin, würden gezielt Spuren verwischt.

Innenministerium:
Schuld beim Landratsamt!
Daraufhin warf das Bayerische Innenministerium dem Landratsamt Schwandorf vor, selbst für das „Übungs-Attentat" auf Landrat Hans Schuierer verantwortlich zu sein. Die „Verantwortung im Sinne der Ursachenforschung" sah Innenstaatssekretär Beckstein „eindeutig beim Landratsamt Schwandorf".

In dem Schreiben Nr. 271 vom 10. März 1989 an Landrat Hans Schuierer kritisierte Günther Beckstein (Auszug):

„Sehr geehrter Herr Landrat,
zu Ihrem Schreiben an Herrn Innenminister Dr. Edmund Stoiber vom 09.03.1989 kann ich feststellen, dass er sich grundsätzlich vor öffentlichen Äußerungen über die Sachverhalte sorgfältig informiert. Wenn Sie dasselbe getan hätten, hätten Sie nicht zu den in der dpa-Meldung vom 05.03. 1989, 10.31 Uhr, wiedergegebenen Äußerungen kommen können. Danach erklärten Sie wörtlich: ‚Wer sonst kann gemeint sein, wenn bei einem im Landkreis Schwandorf angenommenen Geschehen im Drehbuch des Innenministeriums angeblich ein Landrat als Opfer eines Anschlags dargestellt wird.' Und weiter heißt es da: ‚Noch bedenklicher als die Attentatsgeschichte sehe er aber die ebenfalls eingespielten Konfrontationen zwischen der Wackersdorfer Bevölkerung und WAA-Gegnern. Der Übungsplan stamme offenbar von Leuten, bei denen der Wunsch der Vater des Gedankens gewesen sei, meinte Schuierer, der zu den bekanntesten Gegnern der Wiederaufarbeitungsanlage Wackersdorf (WAA) zählt.'

Mit diesen Aussagen haben Sie das Innenministerium wegen zwei Sachverhalten aus der WINTEX-Übung öffentlich angegriffen, die in den Vorgaben und Annahmen des Innenministeriums für diese Übung überhaupt nicht enthalten und vorgesehen waren. Dazu vermissen wir bis heute Ihre öffentliche Richtigstellung.

Und nun zu dem von Ihnen angesprochenen Sachverhalt, den Sie als ‚Entgleisung der Polizeidirektion Amberg' bezeichnen. Wir bitten Sie mit allem Nachdruck, nicht nur den Teil des Gesamtvorgangs zu sehen, der bei der Polizei spielte, sondern auch den Teil, der beim Landratsamt spielte. Die Einsatzleitung des Landratsamts setzte nämlich mit ihrer in dieser Übung überhaupt nicht vorgesehenen und deshalb fehler-

haften Annahme einer Gefährdung des Landrats von Schwandorf durch Anschläge und ihrer Bitte um entsprechende polizeiliche Schutzmaßnahmen die Ursache für das ebenfalls nicht vorgesehene und deshalb ebenso fehlerhafte Weiterspiel dieser Annahme durch die Polizeidirektion Amberg. Denn ohne die Annahme der Gefährdung des Landrats von Schwandorf und einer damit begründeten Bitte um polizeiliche Schutzmaßnahmen durch das Landratsamt Schwandorf wäre die Polizeidirektion nicht auf die Idee gekommen, ihre daran anknüpfenden Übungsannahmen in Form von Schutzmaßnahmen für den Landrat von Schwandorf, Attentatsversuch und Rettung des Landrats von Schwandorf durch die Polizei zu spielen. Insoweit liegt die Verantwortung im Sinne der Ursachensetzung, dass so etwas im Landkreis Schwandorf überhaupt gespielt wurde, eindeutig beim Landratsamt Schwandorf.

Ich würde Ihnen daher künftig dringend empfehlen, sich bei so schwerwiegenden Vorwürfen, wie Sie sie im Schreiben an den Herrn Innenminister erhoben haben, eingehend über den vollständigen Sachverhalt zu informieren ...

Der Vorfall zeigt im Übrigen, dass derartige Übungen mit angenommenen Sachverhalten nicht vor der Öffentlichkeit abgespielt werden können und sollen, da die Gefahr der sowohl bewussten wie unbewussten Fehldeutung auf der Hand liegt, wie dieser Fall beweist.

Wie Ihnen auch bekannt sein müsste, hat das Innenministerium diesen Übungsteil im Landkreis Schwandorf, der über den vorgegebenen Rahmen sowohl räumlich wie inhaltlich hinausging, sofort zurückziehen lassen und außerdem angeordnet, auf existierende Personen bezogene Einspielungen zu unterlassen. Damit hat es das Seine zu einem ordnungsgemäßen Ablauf der Übung beigetragen ...

Abschließend möchte ich betonen, dass das Bayerische Staatsministerium des Innern Ihr Engagement bei der Beteiligung an der WINTEX '89 – sämtliche Gemeinden haben mitgeübt – ausdrücklich anerkennt; weder Sie noch Ihre Mitarbeiter haben es verdient, dass der gute Gesamteindruck nun durch diese politische Kampagne geschmälert wird. Verantwortlich hierfür ist sicherlich derjenige, der die Angelegenheit möglicherweise unter Verletzung der Dienstpflicht an die Öffentlichkeit gebracht hat. Ich werde die Regierung der Oberpfalz bitten, den Sachverhalt insoweit noch näher aufzuklären, und bitte Sie, die Regierung hierbei zu unterstützen.

Mit freundlichen Grüßen
Dr. Günther Beckstein Staatssekretär"

Attentat macht bundesweit Schlagzeilen
Der Geheimschutzbeauftragte des Landratsamtes fühlte sich daraufhin am 15. März 1989 verpflichtet, Regierungsvizepräsidenten Dr. Erwin Simon einem fünfseitigen Schreiben die Sachlage darzulegen: „Es ist daher nicht ersichtlich, dass das Planspiel eines ‚Attentats' auf eine Eigeninitiative der Einsatzleitung des Landratsamtes zurückzuführen ist."

Oberregierungsrat M. sprach zudem die Bitte aus, ihm alsbald mitzuteilen, ob und welche Maßnahmen wegen der Verletzung des Dienstgeheimnisses ... eingeleitet werden sollten. Sämtlicher Schriftverkehr des Landratsamtes zu WINTEX 1989, so der Beamte, werde einstweilen nicht vernichtet und im Verschlusssachenraum des Landratsamtes aufbewahrt.

Inzwischen machte das „Attentat auf den Schwandorfer Landrat" bundesweit Schlagzeilen. Als eine Münchner Zeitung den Bayerischen Innenminister Stoiber zitierte, verantwortlich für die „betreffende Einspielung" sei allein ein Mitarbeiter im Schwandorfer Landratsamt, sah sich Schuierer zu einer klaren Antwort veranlasst: „Es war kein Mitarbeiter des Landratsamtes!"

Trotzdem kartete Polizeipräsident Wilhelm Fenzl nach: Die Polizei habe auf die Einspielung durch die Einsatzleitung der Polizeidirektion Amberg lediglich reagiert. Vom Leitungsorgan beim Landratsamt sei die Anmeldung einer radikalen Gruppe gegeben worden.

Monate später zog Staatssekretär Beckstein vor dem Rechts- und Verfassungsausschuss im Landtag sein Fazit: „Der ‚Übereifer' untergeordneter Behörden – der Polizeidirektion Amberg und des Landratsamtes Schwandorf – sei dafür verantwortlich gewesen, dass im Zusammenhang mit der NATO-Wintex-Übung im Februar ein Attentat auf den Schwandorfer Landrat durchgespielt worden sei. Vom Innenministerium sei diese Übung kurz nach Bekanntwerden abgebrochen worden, da man im Innenministerium erkannt habe, welch „politisches Verleumdungspotenzial dahintersteckt". Dass die Polizeidirektion Amberg einen Sachverhalt erfunden und weitergespielt habe, sei offensichtlich „im Übereifer geschehen".

Die SPD-Abgeordnete Hilmar Schmitt nannte Becksteins Bericht „eine harmlose Darstellung eines gemeingefährlichen Unsinns". Die simulierte Attentatsdrohung gegen Landrat Schuierer gerade aus den Reihen der Friedensbewegung könne nur, so die Politikerin, „kranken Hirnen entsprungen sein". Schuierer selbst sah die Sache weit weniger dramatisch.

Schuierer berichtete später, dass er natürlich von der Übung „Wintex" gewusst habe, denn der Landkreis sei letztlich zuständig für den Katastrophenschutz. Im Landratsamt Schwandorf habe sich auch die zentrale Stelle für die Organisation der Übung befunden. „Die Übungen waren", so erinnerte sich Schuierer, „bereits im Laufen, als Regierungsrat B. zu mir ins Büro kam und mich fragte, ob ich wüsste, dass ich im Rahmen dieser Übung entführt werden sollte. Ich war ziemlich erstaunt, denn mit mir hatte zuvor niemand darüber gesprochen. Herr B. meinte weiter, dass das „Drehbuch" für die Übung geändert worden sei. Schuierer: „Ich habe daraufhin bei der Regierung der Oberpfalz angerufen und nachgefragt, was da los sei. Von dort bekam ich die Auskunft, diese spezielle Übung sei angesichts der aktuellen Ereignisse miteingebaut worden und laufe nun.

Inzwischen hatte sich die Sache durch Presseberichte bereits in ganz Deutschland verselbstständigt. Schuierer erhielt nun Anrufe im Minutentakt. Journalisten wollten wissen, wie er es denn empfinde, im Rahmen einer Übung entführt zu werden. Er selbst, so erklärte Schuierer immer wieder, habe das alles gar nicht so ernst genommen. Doch für die Presse sei die „geplante Entführung" ein gefundenes Fressen gewesen.

14 Tage Unterbringungsgewahrsam

„Lex WAAckersdorf?"

Ende Januar 1988 hatte der Bayerische Landtag beschlossen, den bisher umfangreichsten Untersuchungsausschuss zur umstrittenen atomaren Wiederaufarbeitungsanlage WAA in Wackersdorf einzusetzen. Das von SPD und Grünen beantragte Gremium sollte anhand von 50 Einzelfragen untersuchen, ob es Verflechtungen zwischen Beamten der Genehmigungsbehörde (Bayerisches Umweltministerium), den Gutachtern und den am Bau und Betrieb des Milliardenprojekts beteiligten Firmen gab. Auch mögliche Gefährdungen des Trinkwassers und Fragen der Entsorgung, wie die Zuverlässigkeit der Betreiber nach dem Transnuklearskandal, interessierten die Opposition.

SPD-Umweltexperte Helmut Ritzer kritisierte, es sei dem Bürger nicht zu erklären, „dass Kacke weniger gefährlich ist als radioaktive Nuklide". Er hatte damit auf einen Vergleich zwischen der WAA-Genehmigung und dem Umgang der Behörden mit dem Yachtclub Weiden verwiesen, dem wegen Gefahren durch Fäkalien der Segelsportbetrieb auf einem See in der Nähe der künftigen WAA untersagt worden war.

Nach zweieinhalbstündiger Debatte war am 15. März 1989 im bayerischen Landtag die Novellierung des bayerischen Polizeiaufgabengesetzes beschlossen worden, das am 1. April 1989 in Kraft treten sollte.

Die fränkische Musikgruppe „Allabätsch" sorgte für Stimmung am Bauzaun.

Innenminister Stoiber bezeichnete die Änderung als „notwendige Ergänzung des polizeilichen Instrumentariums bei der Gefahrenabwehr zum Schutz der öffentlichen Sicherheit und Ordnung". Die Gesetzesänderung sah unter anderem die Ausdehnung des sogenannten Unterbindungsgewahrsams von bisher zwei Tagen auf 14 Tage vor.

Offiziell war es eine „Antwort des Gesetzgebers auf die zunehmende Gewaltbereitschaft in der Gesellschaft und an den äußeren Rändern der politischen Gruppierungen von links und rechts". Dem Vorwurf der Opposition, eine „Lex Wackersdorf" zu schaffen, entgegnete Stoiber, der Unterbindungsgewahrsam sei keine „kriminelle Strafe", sondern diene allein der Verhütung von Strafen.

Der Landtagsabgeordnete Klaus Warnecke (SPD) warf dagegen den CSU-Parlamentariern vor, sie befänden sich in einem „Zustand polizeilicher Verblödung". Die Gesetzesinitiative der Bayerischen Staatsregierung sei Bestandteil jahrlanger Versuche, die „Rechtsordnung hinzutrimmen auf die Durchsetzung technischer Großprojekte" wie zum Beispiel die Wiederaufarbeitungsanlage in Wackersdorf.

Hartmut Bäumer (Grüne) fügte hinzu: „Je heißer der Konflikt um großtechnische Anlagen wie die WAA werde, „desto schneller brennen der CSU die verfassungsrechtlichen Sicherungen durch".

Wolfgang Daniels von den Grünen meinte, das am 1. April in Kraft tretende Polizeiaufgabengesetz gehöre zu den „Unterdrückungsmaßnahmen" gegen den WAA-Widerstand, das es der Polizei ermögliche, WAA-Gegner bis zu 14 Tagen in Unterbindungsgewahrsam zu nehmen, ohne dass eine Straftat vorliege.

Für die Osterproteste 1989 am WAA-Gelände kam das Gesetz zu spät. Mehrere tausend Menschen waren nach Wackersdorf gekommen, um gegen die Wiederaufbereitungsanlage zu demonstrieren. Die Polizei hatte sich selbst Zurückhaltung auferlegt. Bürgerinitiative und Landratsamt hatten sich darauf verständigt, das Gelände zwischen dem „Roten Kreuz" und der Hauptzufahrt zur WAA-Baustelle als „Demonstrationsraum" zu nutzen und 65 Ordner bereit zu stellen. Rund 4000 Besucher nahmen am Ostersonntag 1989, zum Teil mit Transparenten, aber alle nicht vermummt, an einer Demonstration am WAA-Gelände teil.

Am „Roten Kreuz" unterhielt die Musikgruppe „Allabätsch" aus Franken die WAA-Gegner, ebenso Jongleur Manfredo Reilini, der Papp-Attrappen statt Steine auf die Baustelle wirbeln ließ.

Die Polizeiführung lobte hinterher den „friedlichen und störungsfreien" Verlauf der Veranstaltung. Das einzige Manko: Reifenschäden an fünf Dienstfahrzeugen der Polizei.

Manfredo Reilini jonglierte auch mit „Brennstäben" vor dem Bauzaun

Sympathiebeweise auf dem Haidplatz

Landrat Hans Schuierer vor Gericht

Ende Januar 1989 hatte Landrat Schuierer per Ladung des Regensburger Verwaltungsgerichts mitgeteilt bekommen, dass er sich am 7. April wegen des „Verstoßes gegen das Mäßigungsverbot" zu verantworten habe.

Der Gerichtstermin war Ergebnis eines seit Mai 1986 laufenden Disziplinarverfahrens gegen den bekannten WAA-Gegner. Noch im Dezember 1988 war versucht worden, das Disziplinarverfahren auf außergerichtlichem Weg abzuwenden, doch Schuierer war zu keiner „Demutsgeste" bereit gewesen.

Der Vorsitzende der SPD-Landtagsfraktion Karl-Heinz Hiersemann kritisierte im Pressedienst seiner Partei die „unstillbare Neigung von CSU und Staatsregierung, alle Andersdenkenden mundtot zu machen", und forderte die sofortige Einstellung des gegen Schuierer laufenden Disziplinarverfahrens.

CSU-Generalsekretär Erwin Huber hingegen konterte, es gehe „nicht um die politische Meinung des Schwandorfer Landrats", sondern um die Tatsache, dass sich Schuierer als Beamter „in beleidigender Weise über den Ministerpräsidenten geäußert" habe.

Schuierer hatte bei einer Demonstration gegen die WAA unter anderem über die „Ein-Mann-Demokratur Strauß'scher Prägung" gewettert.

Offenbar, so der CSU-Generalsekretär, gehe es der SPD-Landtagsfraktion darum, „aus dem Schwandorfer Landrat mit aller Gewalt einen landespolitischen Märtyrer zu machen". Seiner Ansicht nach offenbare das eine „merkwürdige Auffassung von Demokratie und Rechtsstaat".

Innenminister Edmund Stoiber meinte: Niemand verlange von Schuierer einen Gang nach Canossa im Büßerhemd. Das Mindeste aber sei ein „ehrlich gemeintes Wort des Bedauerns nach dem Tod von Ministerpräsident Strauß" und nicht nur eine „formelhafte Erklärung". Nachdem die nicht erfolgt sei, habe sich die Regierung der Oberpfalz als Einleitungsbehörde des Disziplinarverfahrens nicht in der Lage gesehen, einer Einstellung des Verfahrens zuzustimmen.

Nach dem Tod von Franz Josef Strauß hatte es so ausgesehen, als wolle der neue Bayerische Ministerpräsident Max Streibl den Fall Schuierer, eine „politische Altlast der Ära Strauß", ohne einen Prozess vor dem Verwaltungsgericht beilegen. Doch die Verhandlungen der Regensburger Bezirksregierung mit Schuierer waren an sprachlichen Feinheiten gescheitert. Schuierer war bereit gewesen, zu erklären, es sei nie seine Absicht gewesen, „den inzwischen verstorbenen Ministerpräsidenten Franz Josef Strauß zu beleidigen".

Abzusehen war bereits jetzt, dass die sprachliche Entgleisung des Regensburger Regierungspräsidenten Karl Krampol folgenlos blieb, der Schuierer in einem Rundfunkinterview – angeblich dem geflügelten Wort eines Münchener Amtsrichters folgend – als „Strolch" bezeichnet hatte.

Nur noch mehr Ansehen gewinnen

Rolf Thym, Redakteur der „Süddeutschen Zeitung" mutmaßte den weiteren Verlauf des Verfahrens in seinem Bericht vom 4./5. Februar 1989:

„*Nach Lage der Dinge ist es – von den politischen Folgen her gesehen – völlig gleichgültig, wie das Verfahren gegen Schuierer ausgehen wird: In jedem Fall, ob ihn die Richter freisprechen, das Verfahren einstellen oder eine Disziplinarmaßnahme über ihn verhängen, wird der Schwandorfer Landrat nur noch mehr an Ansehen gewinnen bei all jenen in der Bundesrepublik und in Österreich, die wider die WAA streiten. Schon jetzt wird Schuierer gerne ‚Märtyrer', ‚Rebell' und ‚Volksheld' genannt …"*

Verteidigt werden sollte Schuierer vom ehemaligen Staatssekretär im Wohnungsbauministerium, dem Regensburger Rechtsanwalt Albert Schmid, der seiner Aufgabe mit Freude entgegen sah. Schmid: „Wir wollen keinen Schauprozess, sondern wir wollen, dass das Verfahren zu Ende kommt, ohne dass Schuierer Schaden nimmt." Schuierer sei ein absolut aufrechter Mann mit Zivilcourage, der sich nicht einschüchtern lasse. Zur Seite stand Schuierer mit Helmut Schreiner aus Burglengenfeld ein zweiter Anwalt und treuer Weggefährte.

Landrat Hans Schuierer mit seinen Anwälten Helmut Schreiner (li.) und Albert Schmid (re.) im Rampenlicht der Presse.

Landrat Hans Schuierer vor Gericht

Am Freitag, 7. April um 9 Uhr, begann vor der 10. Kammer des Bayerischen Verwaltungsgerichtes in Regensburg die mündliche Verhandlung des Disziplinarverfahrens gegen den Landrat des Kreises Schwandorf. Schuierer hatte einen riesigen Strauß aus gelben Osterglocken und rosafarbenen Tulpen im Arm. Freunde und Sympathisanten hatten ihm die Blumen draußen am Haidplatz gegeben und damit ihre Zuneigung bekundet. Hans Schuierer selbst sagte kaum ein Wort. Man merkte ihm an, dass ihn dieser Termin belastete, wie ihn auch das gesamte Verfahren im Vorfeld nicht unberührt gelassen hatte. Begleitet wurde Schuierer von seiner Frau Lilo, Sohn Max und Tochter Karin.

Das Interesse der Medien war so groß wie selten zuvor an einem Prozess in der Oberpfalz.

Ein Reporter der Mittelbayerischen Zeitung schilderte: *„Um 8.07 Uhr öffnen Justizbedienstete den schmalen Treppenaufgang. Durch die enge Pforte quetschen sich die vielen Besucher des spektakulären Prozesses. Nur: dem öffentlichen Interesse müssen auch Zügel angelegt werden. Jeder Besucher erhält von den Ordnern rote Zettel. Maximal 200 Personen dürfen in den Saal. Dann wird die Tür verrammelt. Medienvertreter nehmen auf dem Balkon Platz. Die Pressetribüne mit der privilegierten Sicht auf Gericht, Parteien und Zuhörer ist mit etwa 40 Journalisten besetzt. Die 10. Kammer des Verwaltungsgerichts Regensburg hat sich an zwei Tischen auf der Empore eingerichtet. Die zugezogenen roten Vorhänge lassen das Tageslicht nicht in den Saal. Riesige Stores sollen den Straßenlärm dämpfen. Der hält sich aber in Grenzen. Die Architektur des Raumes*

Auch die bayerische SPD-Führung verfolgte den Prozess gegen den unbeugsamen Schwandorfer Landrat: Landesvorsitzender Rudolf Schöfberger rechts, daneben der SPD-Fraktionsvorsitzende Karl-Heinz Hiersemann.

mit sehr guter Akustik erinnert an einen Theatersaal."

Wegen des großen Andrangs der Öffentlichkeit fand die Verhandlung im Auditorium des Deutsch-Amerikanischen Instituts am Regensburger Haidplatz statt. Wenige Minuten nach Einlass waren die 200 Plätze belegt, weitere Interessenten mussten draußen warten. Zahlreiche Schilder und Plakate machten deutlich, wem die Sympathien gehörten: „Mit Landrat Schuierer für mehr Demokratie", „Keine Schuld für Schuierer" oder „Gleiches Rederecht für Strauß + Schuierer". Mitglieder der Bürgerinitiativen demonstrierten mit einer „Mahnwache", dass sie zu ihrem Landrat halten. Auch Spitzenpolitiker der bayerischen SPD, darunter der Landesvorsitzende Rudolf Schöfberger und der Fraktionsvorsitzende im Landtag Karl-Heinz Hiersemann wohnten der Verhandlung bei. Die Grünen hatten in einer vom Bundestagsabgeordneten Wolfgang Daniels verbreiteten Presserklärung zuvor betont, das Disziplinarverfahren gegen Schuierer sei „ein Testfall für den Umgang mit WAA-Gegnern".

Schwere Problematik

Vorsitzender Richter Peter Kadlubski, dem zwei ehrenamtliche Richter beigegeben waren, hatte vor dem Prozess die Polizei gebeten, keine Beamten zu der Verhandlung zu schicken, um die Atmosphäre nicht aufzuheizen. Gleich zu Beginn der Sitzung verwies der Vorsitzende Richter auf die der Klage gegen Schuierer zugrundeliegende „umfangreiche, schwere Problematik", die – so der Richter – seines Wissens von keinem Verwaltungsgericht in Bayern so noch entschieden worden sei. Die wichtigste Frage des Prozesses sei, ob ein kommunaler Wahlbeamter einem politischen Mäßigungsverbot unterliege. In einer 17 Seiten langen Zusammenfassung ging der Vorsitzende der Disziplinarkammer auf die fünf Anklagepunkte ein, welche die Regierung der Oberpfalz auf Weisung des Innenministeriums gegen Schuierer zusammengetragen hatte: So sollte Schuierer im August 1985 eine am Bauplatz der WAA geplante Kundgebung nicht seinem Landratsamt gemeldet haben, später aber selbst als Redner aufgetreten sein. Schuierer entgegnete, er sei von einem „Waldspaziergang" ausgegangen. 1986 solle er bei der Räumung des Hüttendorfes öffentlich geäußert haben: „Das ist Terror in Vollendung". Schuierer erwiderte, er sei damals in großer Erregung gewesen, da er habe mitansehen müssen, wie eine Frau von einem Polizeihund schwer verletzt worden sei. Außerdem wurde Schuierer vorgeworfen, er habe auf einer Demonstrationsveranstaltung von einer „Großmannssucht der CSU-Demokratur" gesprochen und einen Polizeieinsatz als Schutz für die „Ein-Mann-Demokratie Strauß'scher Prägung" bezeichnet. Schuierer forderte das Gericht auf, diese Zitate einwandfrei nachzuweisen. Die von Schuierer nicht bestrittene Äußerung, „der Polizeieinsatzleitung liege offenbar gar nichts daran, gewalttätige Demonstranten festzunehmen, da man sie für politische Ziele brauche", wurde von Schuierers Verteidigern als Aussage im Bereich der zulässigen Meinungsäußerung eingestuft.

Ernst Wirner, Abteilungsdirektor bei der Regierung der Oberpfalz, wies in seinem Plädoyer für die Einleitungsbehörde des Disziplinarverfahrens darauf hin, dass ein Landrat zwar das Recht habe, die Regierung zu kritisieren, jedoch grundsätzlich Loyalität zu wahren habe. Wirner hob ausdrücklich hervor, dass sich Schuierer in seiner Tätigkeit als Landrat viele Verdienste erworben habe. In diesem Verfahren solle vor allem Klarheit geschaffen werden, wie weit ein Landrat gehen dürfe, ohne seiner Verpflichtung zu unparteiischer Amtsführung zu schaden. Das Strafmaß stellte er in das Ermessen des Gerichts.

Landrat Hans Schuierer vor Gericht

Die Anwälte Schuierers plädierten auf Freispruch. Sie argumentierten, Schuierer habe seine kritischen Äußerungen stets im Zusammenhang mit dem Bau der WAA getan. Nun solle er dafür diszipliniert werden. Der Landrat habe immer, manchmal auch im notwendigen harten Ton, die Interessen seiner Wähler vertreten.

Schuierer selbst bekräftigte in seinem Schlusswort, dass er in der „überlebenswichtigen Angelegenheit WAA" weiter klar Stellung nehmen werde. Die Bürger würden auf ihn zählen. Sollte ihm das durch das Gericht verwehrt werden, dann wolle er nicht länger Landrat sein.

„Das Gericht würde eine Einstellung des Disziplinarverfahrens sehr befürworten." Mit diesen Worten schloss der Vorsitzende Richter der 10. Kammer des Bayerischen Verwaltungsgerichts die mündliche Verhandlung gegen den Schwandorfer Landrat. Bis zum 17. April, dem Tag der Urteilsverkündung, hätten die Behörden Zeit, nachzudenken.

Tulpen, Küsse und Lieder

Draußen am Haidplatz überhäuften die WAA-Gegner ihr Vorbild mit Sympathiebeweisen. „Tulpen, Küsse und Lieder für Landrat Schuierer", titelte die Mittelbayerische Zeitung. Gegner der atomaren Wiederaufarbeitungsanlage feierten Schuierer wie einen Helden. Der 7. April 1989 schien ein Glückstag zu sein – für Schuierer, nicht für die Einleitungsbehörde und „die dahinterstehende CSU".

Am 10. April war immer noch keine Entscheidung über die vom Regensburger Verwaltungsgericht angeregte Einstellung des Disziplinarverfahrens gegen Schuierer gefallen. Während sich der Regierungspräsident wortkarg zeigte „Ich denke noch nach", teilte das Bayerische Innenministerium mit, es erwarte in Kürze einen zusammenfassenden Bericht über den bisherigen Prozessverlauf vom Oberpfälzer Regierungspräsidenten. Im Übrigen werde zu laufenden Verfahren kein Kommentar abgegeben.

Landrat Hans Schuierer zeigte sich in einem Gespräch mit dem „Wochenblatt" optimistisch: „Ich rechne stark mit einer Einstellung des Verfahrens."

Zwar, so Schuierer, wäre ihm ein Freispruch lieber, aber es gebe eine Reihe von Anzeichen, dass „kein Urteil gesprochen werde". Er habe nicht klein beigegeben, sich nicht „disziplinieren" lassen und werde das auch nicht tun. Schuierer betonte in dem Gespräch, er habe nichts Unrechtes getan, viele seiner Äußerungen seien „falsch interpretiert" worden. Zu seiner Beziehung zum Regierungspräsidenten Karl Krampol meinte Schuierer, auch Krampol habe eine „schwierige Funktion inne", „viel stärker weisungsgebunden" als ein kommunaler Wahlbeamter. Auf jeden Fall habe er sich, trotz der schwierigen Zeit, nie so mit ihm überworfen, dass man sich gegenseitig nicht mehr in die Augen sehen könne.

Buchstäblich kurz vor Torschluss stimmte das Bayerische Innenministerium am Freitag, 14. April, der Einstellung des Disziplinarverfahrens gegen Landrat Hans Schuierer zu. In einem Fernschreiben aus München hieß es, dass ein Verfahren dieser Art eingestellt werden könne, „wenn das Dienstvergehen zwar erwiesen, nach dem gesamten Verhalten des Beamten eine Disziplinarmaßnahme aber nicht angebracht" erscheine. Das Innenministerium und die Regierung der Oberpfalz hatten Richter Kadlubskis Vorschlag auf Einstellung des Verfahrens respektiert und akzeptiert.

Landrat Schuierer wurde von der Mitteilung bei einer Veranstaltung der Oberpfälzer Sparkassen im „Bischofshof" in Regensburg überrascht. In einer ersten Stellungnahme zeigte sich Schuierer erfreut, „dass die Regierung eingelenkt hat". Er habe die Zustimmung erwartet. Die Diskussion über Sein oder Nichtsein der WAA habe bei der Zustimmung aus München und Regensburg wohl eine Rolle gespielt. Für ihn sei klar, dass die WAA nicht weitergebaut werde. Nach einer Phase schwerer Angriffe, so Schuierer, sei dieser Freitag, der 14. April 1989, ein Freudentag. Bei der Urteilsverkündung am 16. April werde er natürlich anwesend sein. Regierungspräsident Krampol meinte nur: „Die Erklärung aus München ist vollständig und klar."

Die Anwälte Schuierers Dr. Albert Schmid und Helmut Schreiner sprachen von einem „Sieg nach Punkten". Schreiner: „Die Regierung der Oberpfalz hat die einzige Möglichkeit genutzt, sich einigermaßen elegant aus der Affäre zu ziehen."

Für die WAA-Gegner folgte nach der Euphorie die Ernüchterung. Regierungssprecher Herbert Schmüller verkündete fast zeitgleich in Bonn, dass die Bundesregierung am Bau der WAA Wackersdorf festhalten werde. Es bleibe beim integrierten Entsorgungskonzept. Ebenfalls nahezu zeitgleich hatte das VEBA-Führungsgremium erklärt, man könne in Frankreich zu einem Drittel des Betrages aufarbeiten, den das ganze Verfahren nach fertiggestellter WAA Wackersdorf koste. „Zwei Drittel billiger!", kommentierte Wolfgang Houschka in „Der neue Tag", „fast schon unglaublich". Und folgerte weiter: „Warum dann an einem nationalen Entsorgungskonzept festhalten, das offenbar jenseits jeglicher kaufmännischer Rechnung angesiedelt ist. Kann Prestigedenken so viel wert sein?"

Bundeskanzler soll nach Wackersdorf kommen

Bayerns Wirtschaftsminister August Lang sah das freilich nicht so. Man werde, wetterte Lang, Bonn nicht aus seiner Verantwortung für ein nationales Entsorgungskonzept entlassen und weiter auf einen Besuch von Helmut Kohl auf dem Baugelände der WAA in Wackersdorf drängen. Das Festhalten an der WAA habe, so Lang, auch etwas mit „Standhaftigkeit" der Politik zu tun. Wiederaufarbeitung dürfe sich

Ein strahlender Sieger: Landrat Hans Schuierer mit Frau Lilo, Tochter Karin und Verteidiger Albert Schmid.

Landrat Hans Schuierer vor Gericht

Gespannt warten die Bürger und Bürgerinnen auf „ihren Helden". Der 7. April 1989 schien ein „Glückstag" zu sein.

nicht an Kostenfaktoren orientieren. Es wäre unfair und unverantwortlich, den Dreck im Ausland abzuladen. Minister Lang: „Deshalb bin ich lieber für die teuere Lösung in Deutschland."

Am 16. April 1989 stellte die 10. Kammer des Bayerischen Verwaltungsgerichts in Regensburg das Disziplinarverfahren gegen den Schwandorfer Landrat Hans Schuierer ein. Das Gericht unter Vorsitz von Richter Peter Kadlubski sah zwar drei Ehrverletzungen durch Schuierer als gegeben an, hielt aber die Verhängung einer Disziplinarmaßnahme für nicht angebracht. Der Beamte, so führte der Richter weiter aus, habe sich in drei Jahrzehnten ununterbrochener kommunaler Funktionen besondere Verdienste für die Allgemeinheit erworben. Seine stets untadelige Amtsführung sei ihm von der Regierung der Oberpfalz wiederholt bestätigt worden. Außerdem habe Schuierer wiederholt erklärt, er habe niemanden beleidigen wollen. Dies sei ein Indiz dafür, dass Schuierer „als ein an sich stets besonnener Beamter" sich im Meinungsstreit über die WAA zu „unbedachten Äußerungen" habe hinreißen lassen.

Außerdem habe er glaubhaft versichert, dass er sich stets als Parteipolitiker geäußert habe. Richter Kadlubski kündigte an, er werde die ausführlichen Urteilsgründe bis Anfang Mai vorlegen. Danach könne Schuierer gegebenenfalls innerhalb eines Monats Berufung einlegen.

In einer anschließenden Pressekonferenz sagte Schuierer, er könne mit dem Urteil leben. Er wolle nicht in Berufung gehen.

Dabei fügte er hinzu: „Wenn das für mich nur ein Freispruch zweiter Klasse ist, dann haben die Staatsbehörden eine Blamage erster Klasse erlitten." Angesichts der wohlwollenden Aussagen des Gerichts über seine Arbeit, sehe er keinen Grund, in die Berufung zu gehen.

Landrat Hans Schuierer vor Gericht

Auf dem Regensburger Haidplatz knallten bereits die Sektkorken. Auf einem Transparent war zu lesen: „Freiheit ist, wenn Schuierer trotzdem spricht". Schuierer wurde überhäuft mit roten Rosen und Tulpen.

Die WAA-Gegner und Schuierer-Sympathisanten hatten einen Brotzeittisch aufgebaut, um hier den „Sieger-Sekt" zu trinken. Immer wieder Toasts auf Schuierer. Schließlich lud Schuierer zum Weißwurstessen in den „Bischofshof" ein.

Am Sonntag vor dem Urteil des Verwaltungsgerichts waren rund 6000 Menschen ans Baugelände der WAA gezogen, viele mit Transparenten, auf denen sie einen sofortigen Ausstieg aus der Kernenergie und den Baustopp für die WAA forderten.

Begeisterter Applaus war aufgebrandet, als der Schwandorfer Landrat Hans Schuierer auf einen Lastwagen kletterte, der als Rednertribüne an den WAA-Zaun gefahren war.

Das Chaos in München und Bonn, meinte Schuierer, sei nie größer gewesen als in den letzten Tagen. Schuierer forderte einen Baustopp für den größten Schwarzbau der Bundesrepublik und versprach, dass er und seine politischen Mitstreiter nach wie vor Lügen und Unwahrheiten aufdecken würden. Falls es mit der WAA in Wackersdorf tatsächlich ein Ende haben sollte, so Schuierer, „werden wir jederzeit behilflich sein, den Zaun abzubrechen und wieder aufzuforsten".

VEBA-Konzernchef Rudolf von Bennigsen-Foerder dachte schon konkreter. Ein Verzicht auf eine Kooperation mit Frankreich bei der Wiederaufarbeitung abgebrannter Kernbrennstäbe hätte, so der VEBA-Chef, schwerwiegende Folgen. Eine parallele Wiederaufarbeitung in Wackersdorf und Frankreich könne er sich nicht vorstellen. Im Gegensatz zum früheren Planungsstand werde Wackersdorf heute nicht mehr benötigt. Bei dem Projekt mit den Franzosen könnten die Gesellschafter der DWK Investitionskosten von sechs bis sieben Milliarden Mark sowie Wiederaufarbeitungskosten von gut einer Milliarde pro Jahr sparen. Er, so Bennigsen-Foerder im „Spiegel", habe die Bundesregierung rechtzeitig über die Kontakte zur COGEMA informiert, was Bundeskanzler Kohl auch bestätigte.

Das Ende der WAA

Moralische Verpflichtung zu Ausgleichsmaßnahmen

„Reparationen" für den WAA-Verlust

Schwandorfs Oberbürgermeister Hans Kraus bezeichnete es Mitte Mai 1989 als Zumutung für die Region, dass nun plötzlich gesagt werde: „Es ist aus!"

Nach seinem Besuch in München bei Ministerpräsident Max Streibl, erhob er die Forderung an die Energiewirtschaft, „Ausgleichszahlungen für den Verlust der Wiederaufarbeitungsanlage auf den Tisch zu legen".

Mit dem Abrücken von der WAA, so rechnete Kraus vor, entstünden der Großen Kreisstadt Einnahmeverluste von 200–300 Millionen Mark.

Sieben Jahre lang, jammerte WAA-Befürworter Kraus, hätte die Region um Wackersdorf und Schwandorf in Unfrieden leben müssen, hätten Feindschaften das Bild bestimmt, habe man Verletzte und Sachschäden beklagen müssen. Dass sich das Ende nun abzeichne, gehe keineswegs zurück auf die vielfältigen Aktionen der Atomanlagengegner, sondern auf die Haltung der Energiewirtschaft. Diese habe nun eine „moralische Verpflichtung" zu Ausgleichsmaßnahmen.

„Wenn sie nichts hierher bringt", so der Schwandorfer Oberbürgermeister, „dann wäre das schäbig".

Ein Spitzengespräch aller am Bau der WAA beteiligten großen Energieversorger fand am 5. Juni statt. Ihr Ziel: Eine „Förder- und Entwicklungsgesellschaft" in der mittleren Oberpfalz zu gründen, die insgesamt mit einer Milliarde Mark an Industriegeldern ausgestattet werden sollte.

Auch Ministerpräsident Streibl wollte sich nicht lumpen lassen und vereinbarte mit Bundesfinanzminister Theo Waigel, die mittlere Oberpfalz noch in den Genuss der Investitionsmittel des Bundes kommen zu lassen, die sie bei einer Vollendung der WAA ohnehin erhalten hätte: rund 450 Millionen Mark.

Bayerns Wirtschaftsminister August Lang, bis vor kurzem noch entschiedener Verfechter einer WAA in Wackersdorf, sah nun die mittlere Oberpfalz als Mittelpunkt einer hochtechnisierten Gesellschaft. „Wer dieses Spiel richtig begreift", so Lang, „wird jetzt in die Oberpfalz losstürmen".

Am 19. Juli verkündeten verschiedene Zeitungen die neueste „Frohbotschaft": Der Automobilkonzern BMW wolle, nach Mitteilung der Staatskanzlei, auf dem ehemaligen WAA-Gelände bei Wackersdorf einen neuen Standort

„Reparationen" für den WAA-Verlust

für die industrielle Fertigung von Teilen für die Pkw-Produktion errichten. Bereits 1990 sollten in der neuen BMW-Fabrik 250 Arbeitsplätze geschaffen werden. Bis Ende 1995 würden rund 1600 Mitarbeiter in dem Teile-Werk beschäftigt.

Die Entscheidung von BMW sei, so lobte Ministerpräsident Streibl, ein „Paradebeispiel schnellen unternehmerischen Handelns" und für die „Zukunftsaussichten der Region noch besser als mit dem WAA-Projekt".

Der BMW-Konzern teilte mit, dass man ein rund 47 Hektar großes, voll erschlossenes Gelände auf dem einstigen WAA-Standort erwerben wolle, wodurch sich, so Vorstandsvorsitzender Eberhard von Kuehnheim, die Chance zum „Einstieg in neue Technologien" biete.

Der Landrat des Landkreises Schwandorf, Hans Schuierer, begrüßte die bereits beschlossenen Industrieansiedelungen in Wackersdorf. Er sicherte die volle Unterstützung des Landratsamtes bei den anstehenden Genehmigungsverfahren zu. Um die baurechtlichen Voraussetzungen schnellstmöglich zu schaffen, stehe das Landratsamt „Gewehr bei Fuß". Schuierer: „Sobald die Anträge kommen, werden sie schnellstmöglich bearbeitet."

Stolz auf das „neue Wackersdorf"
Am 8. September 1989 meldete die „Süddeutsche Zeitung": „Das WAA-Gelände ist so gut wie ausverkauft." Drei Monate nach dem Ausstieg aus dem atomaren Wiederaufarbeitungsprojekt WAA könne eine positive Bilanz gezogen werden: Künftig würden in Wackersdorf Solarzellen, Klein-Küchengeräte, Autos und Bagger (Sennebogen) produziert. Damit würden 1300 Arbeitsplätze mehr entstehen, als die WAA bringen sollte.

Die Verwertungsgesellschaft DWW kündigte zudem an, „demnächst noch weitere Industrieansiedelungen bekannt zu geben". 15 Interessenten hätten bereits abgewiesen werden müssen.

Wirtschaftsminister August Lang betonte, er sei auf das „neue Wackersdorf" ebenso stolz wie die DWW. Schließlich, so Lang, sei es gelungen, auf dem Gelände nur erste Adressen anzusiedeln und eine Mono-Struktur zu vermeiden. Am 18. Oktober 1989 vermeldete die „Süddeutsche Zeitung": „Freistaat schüttet Füllhorn über der Oberpfalz aus": eine Milliarde Mark von den Stromerzeugungsunternehmen, 230 Millionen Mark von der Bundesregierung, 225 Millionen Mark vom Freistaat Bayern. Von den 225 Millionen sollten 42,5 Millionen in den Ausbau des Straßennetzes fließen, 54,71 Millionen für den Ausbau der Krankenhäuser und Altenheime ausgegeben werden; weiterhin 25,4 Millionen für die Förderung des Fremdenverkehrs und 42,4 Millionen für Sonstiges.

Währenddessen rissen die als Ausgleich für den eingestellten Bau der WAA gedachten Industrieansiedelungen nicht ab. Nach Ansicht der DWK sollte spätestens bis Mitte des Jahres 1991 die industrielle Verwertung des einstigen WAA-Geländes im Taxöldener Forst bei Wackersdorf abgeschlossen sein.

Unsicher dagegen war die weitere Zukunft der DWK selbst. Die DWK verhandelte bereits seit einiger Zeit mit der Essener Gesellschaft für Nuklearservice (GNS) über eine Fusion der beiden im Atomgeschäft tätigen Unternehmen. Eine Entscheidung darüber wurde für 23. November bei einer Sitzung des DWK-Aufsichtsrates erwartet. Der Name DWK spielte dabei keine Rolle mehr, sollte für immer in der Versenkung verschwinden.

Es herrscht totale Konfusion

Aus für Wackersdorf?

Mit Skepsis reagierten die WAA-Gegner zunächst auf die Nachricht, dass mit einem baldigen Ende des WAA-Projekts zu rechnen sei. Der Düsseldorfer Energiekonzern VEBA hatte am 11. April eine künftige gemeinsame Wiederaufarbeitung ab dem Jahr 1999 mit der französischen Nukleargesellschaft COGEMA in La Hague angekündigt. VEBA-Chef Rudolf von Bennigsen-Foerder hatte dazu erklärt, der Standort Wackersdorf könne auch „für andere Aktivitäten" wie den Bau einer Fabrik zur Herstellung von Reaktor-Brennelementen, genutzt werden.

Der Hintergrund: COGEMA hatte der VEBA eine Beteiligung von 49% am dritten, im Bau befindlichen Block „UP 3" der französischen Wiederaufarbeitungsanlage angeboten, was einem Jahresdurchsatz von 400 Tonnen abgebrannter Brennelemente entsprach und einem Kostenanteil von zwei Milliarden Mark.

Damit wäre die Wiederaufarbeitung in Frankreich um ein Drittel billiger gewesen als in Deutschland.

Das Zweite Deutsche Fernsehen vermeldete bereits die Entscheidung zur Aufgabe von Wackersdorf. Unter „Berufung auf Bonner Regierungskreise" wurde berichtet, ein Vertrag für die Zusammenarbeit mit Frankreich werde beim deutsch-französischen Gipfeltreffen in einer Woche in Paris unterzeichnet. Regierungssprecher Friedhelm Ost hatte am Nachmittag noch von einer „unverbindlichen Absichtserklärung" der beiden Partner gesprochen, von dem das geltende nationale Entsorgungskonzept der Bundesrepublik nicht berührt werde. Die Zustimmung durch Bonn und Paris sei noch nicht erfolgt, das Thema werde aber beim deutsch-französischen Gipfel von Bundeskanzler Helmut Kohl und Frankreichs Staatschef François Mitterrand erörtert.

DWK-Vorstand Walter Weinländer, der zuvor noch eine Pressekonferenz in Wackersdorf abgesagt hatte, meinte im Bayerischen Rundfunk, dass „alles noch Spekulation" sei. Er sprach lediglich von einer „grundsätzlichen Bereitschaft zur Zusammenarbeit". Die VEBA könne schließlich nicht allein über Wackersdorf entscheiden.

CSU-Chef Theo Waigel forderte Bundeskanzler Kohl auf, eine unmissverständliche Aussage über die Zukunft von Wackersdorf zu treffen. Umweltminister Alfred Dick erklärte, Bayern werde sich nicht darauf einlassen, dass in Wackersdorf womöglich ein atomares Zwischenlager entstehe, während Bayerns Wirtschaftsminister Lang der Gedanke erhebliche Sorgen bereitete, dass nun Milliardenbeträge nach Frankreich und nicht in die Oberpfalz abflössen.

Im Anti-WAA-Büro glühten indessen die Telefone. Atomkraftgegner aus dem ganzen Bundesgebiet bombardierten die Schwandorfer Anti-WAA-Gegner mit Glückwünschen, Fragen und Jubel. Doch so recht glauben mochte wohl noch keiner, dass das Aus für die WAA gekommen sein könnte. Und so herrschte „vorsichtiger Jubel im WAA-Widerstand", wie MZ-Redakteur Heinz Klein seinen Kommentar überschrieb.

Gleichzeitig deutete vieles darauf hin, dass der „Fall Schuierer" noch in dieser Woche zu den Akten gelegt werden könnte.

Sollte es zu einer Zusammenarbeit von VEBA und COGEMA kommen, dann bliebe, so MZ-Redakteur Helmut Mederle, „Europa von einer dritten großen Wiederaufarbeitungsanlage samt ihren radioaktiven Schadstoffen verschont. Der Preis dafür wäre weitaus niedriger als der für eine ‚nationale' Anlage, weil in La Hague all die Infrastruktureinrichtungen schon bestehen, die in Wackersdorf noch fehlen." Niemand bräuchte, so Mederle, die Zwangsschließung der bundesdeutschen Kernkraftwerke zu fürchten und der Streit um die Energiepolitik könnte hierzulande endlich wieder mit Sachargumenten geführten werden.

Mederle vermutete jedoch, dass „trotz aller Turbulenzen das absehbare Aus für Wackersdorf für die Oberpfälzer noch lange nicht das endgültige Ende ihrer Sorgen" bedeute. Das Misstrauen der Menschen in dieser Region gegenüber offiziellen Dementis sei vielmehr äußerst berechtigt. Auf dem WAA-Gelände werde „mit großer Sicherheit zumindest ein Zwischenlager für radioaktive Brennelemente entstehen, weil die Lagerbecken der Kernkraftwerke bald überquellen".

Auch Dr. Walter Weinländer zeigte sich überzeugt: „Wackersdorf ist nicht out!", räumte aber gleichzeitig ein, dass selbst die DWW die Grundsatzvereinbarungen zwischen VEBA und COGEMA nicht kenne. Die DWW werde deshalb „uneingeschränkt ihre Ziele und Aufgaben weiterverfolgen".

Bayerns Wirtschaftsminister August Lang fühlte sich hingegen hintergangen. Eine „Riesensauerei", sei das, grollte Lang und erklärte: „Wir Oberpfälzer stehen als die Blöden da, die den Versprechen der Industrie vertraut und ihren breiten Rücken hingehalten haben."

Entschädigung für „Opfer"

Die „Opfer der Oberpfälzer Bevölkerung", die jahrelang für das Projekt „den Kopf hingehalten" hätten, müssten, so forderte der Wirtschaftsminister, entschädigt werden. Er forderte eine „Zukunftseinrichtung", die auf andere Weise Arbeitsplätze biete. Lang empörte sich darüber, dass das Energieunternehmen „offenbar monatelang hinter dem Rücken der Staatsregierung" Verhandlungen geführt habe, obwohl Bayern sich bereit erklärt hatte, die nationale Aufgabe der Entsorgung zu übernehmen.

Ebenso wie der Wirtschaftsminister erteilte auch Landrat Hans Schuierer allen Plänen eine klare Absage, bei Wackersdorf nun ein Zwischenlager oder eine Brennstoffelementefabrik zu errichten. SPD-Fraktionsvorsitzender Karl-Heinz Hiersemann forderte als sofortige Konsequenz: „Jetzt muss der sofortige Baustopp erfolgen!"

Die Nachricht vom möglichen Abbruch der Bauarbeiten an der WAA Wackersdorf fand auch in den bundesdeutschen Medien sein Echo.

In der „Braunschweiger Zeitung" war zu lesen: „Die VEBA schlägt im jahrelangen Fast-Bürgerkrieg um die WAA eine überraschende Volte: Ab nach Frankreich!"

Der „Mannheimer Morgen" berichtete: „Im Bayerischen Wald wird nun doch nicht angereichert, was viele in der Bevölkerung als eine glückliche Bereicherung ihrer künftigen Lebensqualität betrachtet werden."

Die Münchener „Abendzeitung" meinte: „April, April! Die Atomfabrik braucht's nicht, die Lichter gehen nicht aus und schon in 30 Jahren wird der Taxöldener Forst wieder über die Sache gewachsen sein. Polizeibeamte und längst ergraute Anti-Atom-Aktivisten werden ihren Enkeln erzählen, wofür sie gekämpft und gelitten haben."

In Bonn nahm die Verwirrung indes zu. „Wird die WAA doch gebaut?", titelte die MZ am 15. April. Regierungssprecher Herbert Schmülling wiederholte die Feststellung, dass trotz der Verhandlungen um eine deutsch-französische Wiederaufarbeitung das nationale Entsorgungskonzept mit der Wiederaufarbeitung in Wackersdorf gültig bleibe. Schmülling fügte hinzu, man werde eine Wiederaufarbeitung mit Frankreich unter der Voraussetzung prüfen, dass sie „die nationale Wiederaufarbeitung ergänze".

In München sprachen führende CSU-Funktionäre dagegen offen von einem geordneten Rückzug aus Wackersdorf. Die von Schmülling dargestellte zweigleisige Strategie mit Wiederaufarbeitung in Wackersdorf und im französischen La Hague galt unter Experten als ausgeschlossen. Bayerns Wirtschaftsminister Lang dagegen schöpfte noch einmal Hoffnung, dass Bonn Flagge zeige, während die DWK-Angestellten bereits um ihren Arbeitsplatz bangten. Der Wackersdorfer Betriebsratsvorsitzende der DWK, Helmuth Kumeth, schätzte die Chancen zum Erhalt der Arbeitsplätze so ein: „Es steht 50:50."

In der CSU wuchs die Zahl der Pessimisten ständig. Als Ministerpräsident Max Streibl am 18. April vor dem Landtagsplenum seine zweite Regierungserklärung abgab, drängten sich die Medienvertreter im Saal. Neun Fernsehkameras und ein halbes dutzend Fotografen drängelten ich hinter der letzten Sitzreihe im Plenarsaal. CSU-Fraktionsvorsitzender Alois Glück sprach von „Verbitterung und Enttäuschung bei denen, die bisher den Kopf für die WAA hingehalten haben". Er räumte aber auch ein, dass es in den Reihen der CSU manche gebe, die es als Erleichterung empfinden würden, „wenn die WAA nicht gebaut wird".

Für den Bayerischen Ministerpräsidenten Streibl kam ein Baustopp für die nukleare Wiederaufarbeitungsanlage Wackersdorf zunächst nicht in Frage – zumindest vorläufig nicht. Allerdings, so der Ministerpräsident, werde Bayern auch nicht um die WAA kämpfen. Falls es beim bisher verfolgten nationalen Versorgungskonzept nicht bleibe, stehe der Freistaat für ein Endlager oder ähnliches nicht zur Verfügung.

Stoppt den WAAHN!
Unter dem Motto „Baustopp sofort – Stoppt den WAAHN" demonstrierten unterdessen am Bauzaun der Wiederaufarbeitungsanlage rund 6000 WAA-Gegner gegen die Atomfabrik. Mit dabei: Landrat Hans Schuierer, der erklärte, er sei stolz, der „Bauzaun-Gemeinde" angehören zu dürfen. Er kündigte an, den WAA-Betreibern beim Wiederaufforsten zu helfen. Schuierer, der sich für die vielen Sympathiebeweise während seines Disziplinarverfahrens bedankte, meinte, er habe sich über die klaren Worte des VEBA-Chefs Rudolf von Bennigsen-Foerder gefreut, der die gemeinsame Wiederaufarbeitung mit der französischen Nukleargesellschaft COGEMA in La Hague empfohlen hatte. Schuierer appellierte an die Lernfähigkeit der Atomlobby und forderte den größten Schwarzbau in der Bundesrepublik Deutschland sofort zu stoppen.

Erneut kritisierte Schuierer die Bespitzelung der Bevölkerung und den Psychoterror. Die WAA-Gegner ließen es sich nicht mehr gefal-

Aus für Wackersdorf?

WAA-Gegner fordern den sofortigen Baustopp für die Atomfabrik im Taxöldener Forst.

len, in die Nähe von Kriminellen gerückt zu werden. Schuierer kritisierte auch die Entscheidung des neuen Polizeidirektors in Amberg, Pkw-Parkplätze in der Nähe des WAA-Bauzauns zu sperren als reine Schikane. „Wir werden", so Schuierer „bei der Demonstration am ‚Roten Kreuz', nach wie vor die Wahrheit sagen und Manipulationen aufdecken". Der Sprecher der BI-Schwandorf Klaus Pöhler ergänzte, die WAA-Gegner hätten in Sachen Zivilcourage viel dazugelernt. Mit der „Sauerei WAA" müsse nun Schluss sein. Weder in Wackersdorf noch anderswo dürfe eine WAA gebaut werden.

Doch noch war der Streit um den Bau der Wiederaufarbeitungsanlage in Wackersdorf nicht ausgestanden. Der CSU-Vorsitzende Theo Waigel pochte noch einmal darauf, an dem umstrittenen Projekt doch noch festzuhalten. Auch FDP-Chef Otto Graf Lambsdorf meinte: „Über Wackersdorf ist noch nicht entschieden." Der Deutsche Gewerkschaftsbund schlug dagegen schon vor, als Ersatz ein Forschungszentrum für alternative Energien auf dem WAA-Gelände einzurichten.

„Die Konfusion ist total". So sah es auch Herbert Huber, Vorsitzender des umweltpolitischen Ausschusses im Bayerischen Landtag, als die Ankündigung aus Paris eintraf, erst im Herbst 1989 einen Bericht zur Zusammenarbeit von VEBA und COGEMA bei der Wiederaufarbeitung abgebrannter Brennelemente vorzulegen. Umweltstaatssekretär Hans Spitzner aus Parsberg gab der Anlage im Taxöldener Forst trotzdem keine große Zukunft mehr. Er blickte bereits nach vorne: „Der größte Ökopark Europas" könne dort entstehen. Der umweltpolitische Sprecher der SPD, Hans Kolo, fabulierte bereits von einem möglichen Technologie-Park Oberpfalz, einer Art „Silicon-Valley Bayerns".

Um das Sterben der WAA-Pläne zu beschleunigen, verfügte der Rechtsvertreter der Oberpfälzer Bürgerinitiativen Wolfgang Baumann beim Bayerischen Verwaltungsgerichtshof den Baustopp in einer Eilentscheidung zu verfügen. Baumann ging davon aus, dass dem Gericht nun gar keine andere Wahl mehr bliebe als einen Baustopp in Wackersdorf zu erlassen.

„Es gibt rechtlich kaum noch eine Möglichkeit, die WAA zu halten", war aus den Reihen der CSU-Landtagsfraktion zu hören, als Bundeskanzler Helmut Kohl und der französische Staatspräsident François Mitterand in Paris übereinkamen, eine Arbeitsgruppe zu bilden.

Zwar sollten spätestens im Juni 1989 die Restarbeiten auf der Wackersdorfer WAA-Baustellen abgeschlossen sein, doch für einen Weiterbau am eigentlichen Hauptprozessgebäude fehlte nach wie vor die zweite Teilerrichtungsgenehmigung (TEG). Durch die Alternative zum nationalen Entsorgungskonzept schwanden auch die Argumente für einen Sofortvollzug, der für einen schnellen Weiterbau in Wackersdorf notwendig gewesen wäre.

Umweltminister Dick bestätigte unterdessen, dass mit der zweiten Teilerrichtungsgenehmigung durch seine Behörde nicht vor dem ersten Bericht der deutsch-französischen Arbeitsgruppe im Herbst zu rechnen sei.

Die Zahl der Bauarbeiter auf der milliardenteuren Baustelle nahm bereits kontinuierlich ab.

Auf Wackersdorf verzichten!
Der Teublitzer CSU-Bundestagsabgeordnete und bisherige Verfechter des Baus einer WAA in Wackersdorf, Dionys Jobst, hatte sich bereits entschieden. Jobst: „Wenn im Rahmen eines Staatsvertrages die Beteiligung der VEBA an dem französischen Atomunternehmen COGEMA abgesichert ist, können wir auf Wackersdorf verzichten!"

Anlässlich des dritten Jahrestages der Reaktorkatastrophe von Tschernobyl empfahl der umweltpolitische Sprecher der SPD-Fraktion im Landtag, Hans Kolo, der Bayerischen Staatsregierung die „goldene Brücke". Tschernobyl, so Kolo, habe gezeigt, „dass die Atomenergie die größten Risiken und die unkalkulierbarsten und nicht wieder zurücknehmbaren Gefahrenpotenziale birgt". Der Verzicht auf Atomkraft, so zeigte Kolo auf, sei durch Energiesparen und optimale Energienutzung sowie durch eine verstärkte Entwicklung und Nutzung erneuerbarer Energiequellen rasch zu erreichen

Bayerns Ministerpräsident Max Streibl dauerte das Gezeter indes viel zu lange. Da man eine WAA nicht aussitzen könne, wolle er selbst in Bonn wegen der Atomfabrik verhandeln. Die Bevölkerung in Bayern, so Streibl, wolle wissen, „woran sie mit uns ist".

Bei einem Treffen Streibls mit der Spitze der Deutschen Gesellschaft für Wiederaufarbeitung von Kernbrennstoffen (DWK) in München waren beide Seiten übereingekommen, dass die durch das Angebot der französischen COGEMA an die deutsche VEBA entstandenen Fragen umgehend entschieden werden müssten.

Georg Freiherr von Waldenfels, der Bayerische Staatsminister für Bundesangelegenheiten und Europafragen, bezeichnete es bei einem Vortrag im Rahmen der 7. Ostbayerischen Kulturtage in Schloss Theuern als haarsträubend, dass ein Firmenchef in einer Nacht-und-Nebel-Aktion die WAA abgesagt habe. Die Politik, so von Waldenfels, lasse sich nicht „zum Hanswursten" der Energieversorgungsunternehmer machen. Von Waldenfels forderte ein „eindeutiges und vor allem auch ein schnelles Kanzlerwort, um nicht alle Glaubwürdigkeit vor den Bürgern zu verlieren".

In einer knapp dreistündigen Sitzung erörterte am 4. Mai 1989 eine Koalitionsrunde unter Leitung von Bundeskanzler Helmut Kohl die Konsequenzen eines möglichen Verzichts auf eine nationale nukleare Wiederaufarbeitung, traf jedoch noch keine endgültige Entscheidung, obwohl das CSU-Chef Theo Waigel „im Interesse der Betroffenen und der politisch Verantwortlichen" für wünschenswert gehalten hatte.

Ein Sprecher der DWK erklärte in Hannover nach einer Gesellschafterversammlung, die DWK habe weiterhin das Mandat der Gesellschafter, den Bau der Wackersdorfer Anlage zügig weiterzuführen. Umweltminister Alfred Dick rechnete dagegen schon mit einer Entscheidung gegen Wackersdorf noch vor der Europawahl.

Die Entscheidung war inzwischen zum Greifen nahe. Bundesumweltminister Klaus Töpfer spitzte die Ereignislage zu, indem er die Stromkonzerne aufforderte, ihm bis spätestens 16. Mai mitzuteilen, ob sie an der Anlage festhalten wollten oder nicht. Auch in der Münchener Staatskanzlei drängten führende CSU-Politiker, darunter Ministerpräsident Streibl, auf eine schnelle Entscheidung.

Bundeskanzler Helmut Kohl versicherte vor der Unionsfraktion, dass im Falle eines Verzichts auf die WAA in Wackersdorf eine Anschlussregelung gefunden werden sollte. In den Reihen der Union war die Zahl derer, die für einen schnellen Ausstieg aus modernen Kernenergietechniken waren, immer stärker gewachsen. CDU/CSU-Fraktionschef Alfred Dregger beklagte dabei die unbekümmerte Art, wie der VEBA-Konzern den Ausstieg aus Wackersdorf eingeleitet und dem Staat die Regelung der politischen Probleme überlassen habe.

Rund 71 Millionen Mark waren in den Jahren 1985 bis 1988 zusätzlich für die Sicherheit im Bereich der umstrittenen atomaren Wiederaufarbeitungsanlage in Wackersdorf angefallen. Darunter: Überstunden für die Polizei, Wasserwerfer, Strahlenmessgeräte, Einsätze des Bundesgrenzschutzes und vieles mehr.

25,6 Millionen Mark waren zudem für die Kaserne der Bereitschaftspolizei in Sulzbach-Rosenberg verbaut, die Gesamtkosten auf 200 Millionen Mark veranschlagt worden. Deren Standort war bewusst mit Blick auf die WAA gewählt worden.

Landrat Hans Schuierer hegte inzwischen keinen Zweifel mehr am Aus für die WAA. Für ihn war ein Baustopp nur mehr eine Frage der Zeit.

Am 11. Mai wartet die „Süddeutsche Zeitung" mit der Schlagzeile auf: „Dick schreibt die WAA ab". Bei einer Veranstaltung in Kehlheim hatte Umweltminister Alfred Dick davon gesprochen, dass der Bau der umstrittenen Wiederaufarbeitungsanlage sicher nicht zu Ende geführt werde. Die Aufgabe der Wackersdorfer Atomfabrik bezeichnete er als eine „Dummheit", die „von denjenigen begangen wird, die schlauer als die Politik sein wollen und ihr hinterher die Schuld geben".

Der stellvertretende CSU-Landesgruppenvorsitzende Dionys Jobst machte sich längst Gedanken darüber, wie die wirtschaftliche Entwicklung des Raumes Schwandorf nach dem Ende der WAA aussehen müsse. Es müssten, so Jobst, über Ausgleichsmaßnahmen Strukturverbesserungen erfolgen und Ersatzarbeitsplätze geschaffen werden. Dabei stünden sowohl der Bund als auch die Energieversorgungsunternehmen in der Pflicht.

Seit vor rund einem Monat die Pläne von VEBA-Chef Bennigsen-Foerder für eine Wiederaufarbeitung in Frankreich an die Öffentlichkeit gelangt waren, dauerte das politische Zerren um die WAA Wackersdorf an. Am 11. Mai gab erstmals mit DWK-Vorstandsmitglied Walter Weinländer auch ein Vertreter der Bauherren-Seite zu, dass das Atomprojekt in der Oberpfalz kaum noch eine Überlebenschance habe.

Kurz vor Pfingsten erhielt Bundesumweltminister Töpfer Antwort auf sein Schreiben an die Stromkonzerne, Auskunft über die deutsch-französische Zusammenarbeit bei der Aufarbeitung abgebrannter Kernbrennstoffe.

Inhalt: Die bundesdeutschen Energieversorger sind zum Verzicht auf die WAA in Wackersdorf bereit, wenn die Bundesregierung einer gemeinsamen Wiederaufarbeitung in Frankreich zustimmt

Zu Spekulationen über die Nutzung des Wackersdorfer Geländes stellte die „Wacker-Chemie" fest, sie habe keine Pläne für eine Solarzellenfabrik.

Inzwischen wartete das Landratsamt Schwandorf mit einem neuen Gutachten auf, in dem das Darmstädter Ökoinstitut eine potenzielle Grundwassergefährdung durch die Atomanlage aufzeigte.

Das lange Sterben der WAA

„Weiterer gutachterlicher Todesstoß für WAA" titelte eine regionale Tageszeitung und Landrat Hans Schuierer meinte: „Jeder Tag, an dem auf dem WAA-Gelände weitergebaut wird, ist einer zu viel." Angesicht der momentanen Lage sei, so Schuierer, jede Mark, die noch verbetoniert werde, zusätzliche Verschwendung.

Noch hielt „das lange Sterben der WAA Wackersdorf" an. Wie Ende Mai Egon Mühlberger, Sprecher der Betreibergesellschaft DWW, mitteilte, sei der Zeitpunkt für einen Baustopp der WAA „noch immer nicht abzusehen". Die DWK könne den Sofortvollzug der ersten Teilerrichtungsgenehmigung von sich aus nicht zurücknehmen. Das könne nur die Genehmigungsbehörde, die ihn erlassen habe.

Doch die Absetzbewegungen waren in vollem Gange. Am 31. Mai 1989 traten sieben von neun Wackersdorfer Gemeinderäten, zusammen mit Bürgermeister Josef Ebner aus der SPD aus, weil sie sich wegen ihrer Befürwortung der umstrittenen Wiederaufarbeitungsanlage von der eigenen Partei „gehörig unter Druck gesetzt fühlten". Die SPD bestand am 1. Juni im Wackersdorfer Gemeinderat nur noch aus der SPD-Ortsvorsitzenden Maria Ebner und aus Manfred Rittler, beide erklärte WAA-Gegner. Ein zinsloser Kredit über fünf Millionen Mark, den die DWK der Gemeinde Wackersdorf zum Ausbau der Infrastruktur gewährt hatte, war ein wesentlicher Grund dafür gewesen, dass sich innerhalb der Wackersdorfer SPD die Stimmung deutlich verschlechtert hatte. Die WAA-Gegner waren beim Abschluss des Vertrages darüber erbost gewesen, dass sich die Genossen im Gemeinderat „vor aller Augen an die WAA-Betreiber verkauft" hätten.

„Stoppt den WAAHN" – Mütter demonstrieren auf dem Schwandorfer Marktplatz.

Keine wesentlichen Störungen

Letzte Pfingst-Demonstration

Eine durchweg friedliche Atmosphäre herrschte bei der Pfingstdemonstration 1989 am Bauzaun, zu der rund 2000 WAA-Gegner in lockerer Sommerkleidung statt der angekündigten Regenmäntel erschienen waren. Die rund 500 eingesetzten Polizeibeamten, darunter auch Beamte des SEK, hielten sich verdeckt in den Wäldern rund um das Baugelände. Dabei waren kurz zuvor die Vorschriften des Versammlungsgesetzes verschärft worden. Deshalb auch das Motto „Regenmantel-Demo". Doch die Sicherheitskräfte sahen keinen Grund aktiv zu werden, da die entsprechenden Paragrafen, so das Regensburger Polizeipräsidium „derzeit noch nicht in Kraft seien".

Die „Kritischen Polizistinnen und Polizisten" hatten sich längst auf die Seite der WAA-Gegner geschlagen. Johann Wein, ein Redner der Vereinigung, hatte im Vorfeld bereits die uneingeschränkte Solidarität seiner Organisation zu den WAA-Gegnern betont. Es sei, so Wein, ein viel zu hoher Preis gewesen, „den wir für diesen Größenwahn bezahlt haben". Wein kritisierte auch verschiedenste Aktivitäten von Sicherheitsbehörden, die eine Bespitzelung und Kriminalisierung von WAA-Gegnern beinhalte. Er forderte auf dem Baugelände die Rücknahme der 14-tägigen Vorbeugehaft, die Auflösung der USK-Sondereinheiten und die Rücknahme sonstiger Gesetzesänderungen im Zusammenhang mit dem WAA-Bau. Auch müssten sämtliche Verfahren gegen WAA-Gegner eingestellt werden.

Chistl Wacht vom Arbeitskreis „Theologie und Kernenergie" brachte ihre tiefe Enttäuschung zum Ausdruck, dass der Regensburger Bischof bis zuletzt ein Gespräch mit der Vereinigung abgelehnt habe. Auch die Kirche, so Wacht, habe sich bereitwillig vor den Karren der Atomlobby spannen lassen und kritische Stimmen in den eigenen Reihen systematisch niedergehalten.

Auch andere Redner nutzten noch einmal die Gelegenheit, mit den Verfechtern der atomaren Wiederaufarbeitungsanlage „abzurechnen".

Helmut Wilhelm erinnerte im Namen des Bundesverbandes Bürgerinitiativen Umweltschutz an die Entstehungsgeschichte des atomaren Milliardenprojekts, das, so Wilhelm, „den Landkreis Schwandorf zeitweilig in ein polizeiliches Heerlager verwandelt habe". Doch der Widerstand in der Oberpfalz sei ungebrochen. Das goldene Solarzellenzeitalter sah Wilhelm im Gegensatz zu bayerischen Politikern noch keineswegs angebrochen.

Letzte Pfingst-Demonstration

Eine friedlich-fröhliche Atmosphäre herrschte bei der letzten Pfingstdemonstration 1989 am Bauzaun.

Dr. Gerd Biron von der Bürgerinitiative stellte klar, dass er jeden Tag mit dem offiziellen „Aus" für die WAA rechne. Auch er erinnerte an die schweren Auseinandersetzungen um die Atomanlage und forderte „freie Bürger in einer atomfreien Welt".

„Keine wesentlichen Störungen" konstatierte die Polizei nach den Pfingstfeiertagen, außer den „üblichen Vorkommnissen": Beleidigungen, versuchte gefährliche Körperverletzung, Widerstand gegen Vollstreckungsbeamte, Reifenschäden durch Krähenfüße.

Da knallten die Sektkorken

Baustopp für die WAA

Am Dienstag, 30. Mai, tickerte um 10.39 Uhr die spektakuläre Meldung der Deutschen Gesellschaft zur Wiederaufarbeitung von Kernbrennstoffen (DWK) über den Fernschreiber: „Die Bauarbeiten an der Wiederaufarbeitungsanlage Wackersdorf werden bis auf Konservierungsarbeiten eingestellt." Mit einher ging der Verzicht der DWK auf die weitere Ausübung des Sofortvollzuges der ersten Teilerrichtungsgenehmigung.

Landrat Hans Schuierer war gerade auf einer Konferenz im Hotel „Bierhütte" im Landkreis Regen. Die Veranstaltung lief etwa eine halbe Stunde, als eine Service-Kraft des Hotels Schuierer ans Telefon rief. Es war ein Journalist, der ihn um eine Stellungnahme zum Ende der WAA bat. Gerade eben, so der Anrufer, sei die Meldung über den Ticker der Redaktionen gelaufen, dass Bennigsen-Foerder, „ein Spitzenmanager, der stets auch politisch dachte", das Aus der WAA Wackersdorf verkündet habe. Schuierer kannte die Meldung noch nicht, aber er war sich sofort der Tragweite der Nachricht bewusst. Daraufhin klingelte in der „Bierhütte" das Telefon im Minutentakt. Alle wollten Schuierers Meinung zum Ende der WAA. Landrat Schuierer unterbrach daraufhin die Konferenz und machte sich umgehend auf den Weg zum WAA-Gelände. Vor dem Haupttor traf er auf Pfarrer Salzl, der bereits mit rund 50 WAA-Gegnern das Ende mit einem Rucksack voller Sektflaschen feierte. Es wurde gesungen, gejubelt und getanzt. Allerdings waren nicht wenige der WAA-Gegner noch skeptisch, ob dieser Traum wirklich wahr oder nur eine Falsch-Meldung in Umlauf gebracht worden war. Es stellte sich jedoch bald heraus, dass es keine Fake-Nachricht war. Es wurde zwar noch einige Wochen weitergebaut, aber die WAA war endgültig Geschichte. Daran, ob im Landratsamt Schwandorf jemals eine offizielle Mitteilung über den Baustopp eintraf, kann sich Schuierer heute nicht mehr erinnern. Seiner Meinung nach ist eine solche Meldung aber niemals eingetroffen.

Die DWK-Gesellschafter warteten indes noch auf eine Aussage der Bundesregierung, ob die Entsorgung im europäischen Rahmen vom Grundsatz her dauerhaft eröffnet werde. Nur in diesem Fall sei, so die DWK-Mitteilung ergänzend, ein Einstieg in die Auslandsentsorgung als vollwertiger Ersatz für die nationale Entsorgungslösung möglich. Die Bauarbeiten würden zwar vorerst eingestellt, was jedoch keine endgültige Aufgabe des Projektes Wackersdorf bedeute.

Der Würzburger Rechtsanwalt Wolfgang Baumann, Rechtsbeistand der WAA-Gegner vor den Verwaltungsgerichten, kündigte an, das gegen den WAA-Bau angestrengte Hauptsacheverfahren weiter zu verfolgen, solange die DWK nicht die endgültige Aufgabe der WAA erkläre. Baumann: „Offensichtlich muss die WAA-Betreiberin mit dem juristischen Knüppel zu ihrem Glück gezwungen werden." Jede weitere Planung verschlinge nur Geld. Für die bereits ausgegebene Gesamtsumme für die WAA, so der Rechtsanwalt, „würde für jeden Bundesbürger ein Teneriffa-Urlaub herausspringen".

MZ-Reporterin Elisabeth Maus hörte sich nach der Sensationsmeldung bei den Bürgern in Wackersdorf und Umgebung um. Viele hatten noch gar nichts von der „Neuigkeit" gehört und zeigten sich erstaunt. Einzelne Schwan-

Pfarrer Salzl feierte mit 50 WAA-Gegnern spontan das Ende der WAA.

dorfer wurden konkreter: „Wenn Strauß no leben tat, war's niad so schnell ganga", oder „Mia woar klar, dass irgendwann demnächst a Baustopp kumma wird".

Am Mittwoch, 31. Mai, wurde um 16 Uhr „symbolisch" das Haupttor am Bauzaun des WAA-Geländes geschlossen. Für die kommende Woche rechnete man damit, dass die Bundesregierung offiziell das „Aus" für die WAA verkünden würde. Ein DWK-Sprecher machte bereits klar, dass seine Firma „keine Garantie für die Arbeitsplätze der 224 in Wackersdorf beschäftigten DWK-Mitglieder" abgeben könne.

Rund 500 WAA-Gegner feierten am Mittwoch den faktischen Baustopp mit einer Kundgebung am Bauzaun. Die anwesenden Polizisten ließen die Schimpfkanonaden der WAA-Gegner an diesem Tag stoisch über sich ergehen. Der Einsatz von Polizeihubschraubern wurde von wütenden Pfiffen begleitet. Als Pfarrer Salzl das Lied „Großer Gott, wir loben Dich" anstimmte, flossen bei vielen WAA-Gegnern die Tränen. Doch sicher waren sich die WAA-Gegner immer noch nicht: „Dene glaab i goar nix mehr!" Die Nutzung des WAA-Geländes als atomares Zwischenlager war immer noch in den Köpfen der Demonstranten.

Dr. Uwe Dams, der Vorsitzende des Dachverbandes der Oberpfälzer Bürgerinitiativen gegen die WAA, warf der DWK „beispiellose Volksverdummung und Landschaftszerstörung" vor. Vertreter der WAA-Bauherrin, so Dr. Dams, wolle man nur noch sehen, „wenn die Sprengung der Gebäude vorbereitet" werde.

Verantwortliche zur Rechenschaft ziehen

Heftige Kritik übte Schwandorfs Landrat Hans Schuierer daran, dass seit dem Bekanntwerden der Überlegungen, Wackersdorf zugunsten einer Wiederaufarbeitung in Frankreich oder England aufzugeben, 90 Millionen Mark ohne Sinn verbaut worden seien. Dafür, so der Landrat, müssten die Verantwortlichen zur Rechenschaft gezogen werden. Die Baustelle nahe Wackersdorf, so forderte Schuierer, solle künftig als Standort für alternative und erneuerbare Energien verwendet werden. Da die mittlere Oberpfalz und besonders der Landkreis Schwandorf wegen des Baus der WAA wirtschaftlich einen ungeheuren Schaden erlitten habe, seien nun der Staat und die Energieversorgungsunternehmen gefordert, „uns bei Industrieansiedelungen zu helfen".

Der Vorsitzende des Bundes Naturschutz, Hubert Weinzierl, bezeichnete den Baustopp auf dem WAA-Gelände als eine schallende Ohrfeige für die Bayerische Staatsregierung. Noch vor sechs Wochen, so Weinzierl, habe die Staatsregierung ohne Wenn und Aber für die WAA gekämpft und nun zeige sich, dass nicht die Politik, sondern die Wirtschaft das Sagen in Bayern habe. Damit sei der Demokratie schwerer Schaden zugefügt worden.

Die meisten der 320 Bauarbeiter waren bereits vom WAA-Gelände verschwunden. Sie hatten ziemlich lautlos ihre Gerätschaften zusammengepackt. Einige von ihnen machten vor laufenden Fernsehkameras ihrem Unmut darüber Luft, dass sie über den Baustopp bis zuletzt im Unklaren gelassen wurden.

Die Sozialdemokraten im Bayerischen Landtag forderten darüber hinaus eine Amnestie für alle Ordnungswidrigkeiten und Straftaten im Zusammenhang mit dem Protest gegen die WAA, „soweit dabei Freiheits- und Jugendstrafen bis zu einem Jahr verhängt wurden" oder noch zu erwarten seien.

Der SPD-Abgeordnete Dietmar Zierer verlangte zudem, das WAA-Gelände wieder dem Freistaat zu übereignen und die für die WAA

Da war die Freude groß – Applaus für das „Nimmer-Wiedersehen".

gewährten Subventionen zurückzufordern. Außerdem müsse geprüft werden, wie die Verantwortlichen der Energieversorgungsunternehmen dem Stromverbraucher gegenüber haftbar gemacht werden könnten.

Am Dienstag, den 6. Juni 1989, war es amtlich. Die Regierungen in Bonn und Paris einigten sich, dass Unternehmen beider Länder Verträge über die Aufarbeitung von bis zu 500 Tonnen Brennstäbe pro Jahr in La Hague abschließen können. Nach Zustimmung durch das Bundeskabinett unterzeichneten Umweltminister Klaus Töpfer und der französische Industrieminister Roger Faroux in Bonn eine entsprechende Erklärung. Damit war der Versuch, in Wackersdorf eine Wiederaufarbeitungsanlage zu bauen, endgültig gescheitert.

Klaus Broichhausen sah den Fall von Wackersdorf als Bastion der Kernenergie in der Frankfurter Allgemeine Zeitung so:

„Wackersdorf wäre ein unsicherer Standort geblieben, selbst wenn Bonn und München darauf bestanden hätten. Die Betriebserlaubnis wäre auch in dem unvorstellbaren Fall eines Genehmigungsverfahrens ohne schwere Rückschläge frühestens im Jahr 1998 erteilt worden. Während der langjährigen Genehmigungsverfahren hätte Wackersdorf in drei Bundestagswahlen gleichsam zur Abstimmung gestanden … Nun bleibt Wackersdorf als Trümmerhaufen zurück. Die stillgelegte Baustelle ist ein Symbol dafür, dass es in der Bundesrepublik nicht mehr möglich ist, Großprojekte zu verwirklichen und bestimmte Techniken zu nutzen, auch wenn sie international erprobt sind und von den Politikern für verantwortbar gehalten werden …"

Die deutschen Stromversorger sagten indes der Bayerischen Staatsregierung eine Milliarde Mark für alternative Projekte in Wackersdorf zu. Der Siemens-Konzern versprach gemeinsam mit der Bayernwerk AG die Errichtung einer Fabrik zur Produktion von Solarzellen auf dem WAA-Gelände – mit 400 Arbeitsplätzen. Bundeskanzler Kohl persönlich beauftragte Wirtschaftsminister Haussmann (FDP), eine Arbeitsgruppe einzusetzen, die sich auch mit Ausgleichsmaßnahmen für den WAA-Verzicht befassen sollte. Bayerns Ministerpräsident Max Streibl beeilte sich zu betonen, dass die WAA in Wackersdorf nie ein bayerisches Steckenpferd gewesen sei, auch nicht unter seinem Vorgänger Franz Josef Strauß. An der friedlichen Nutzung der Kernenergie, so Streibl, halte die Bayerische Staatsregierung jedoch fest.

BUND-Vorsitzender Weinzierl kündigte für den 1. Juli 1989 ein großes Freudenfest am WAA-Gelände an. Der stellvertretende Bürgermeister von Wackersdorf, Josef Wiendl, brachte die Hoffnung zum Ausdruck, „dass in der Gemeinde der alte Friede wieder einkehrt".

Sternmarsch bei strömendem Regen
In der bayerischen Landeshauptstadt München trafen sich am 3. Juli, im achten Jahr des Protestes und Widerstandes gegen die WAA, über 10.000 Protestierer. Über 200 Parteien, Verbände und Gruppierungen hatten zu einem Sternmarsch aufgerufen. Die Organisatoren waren von dem unerwarteten Rückzug der Energiewirtschaft während ihrer Vorbereitungen völlig überrascht worden.

Aufgrund der entschärften Situation blieb die direkte Konfrontation mit den Sicherheitskräften aus.

Aufgrund der entschärften Situation blieb die direkte Konfrontation mit den Sicherheitskräften sowie mit den versammelten Anhängern der rechtsradikalen Deutschen Volksunion (DVU) aus.

Stattdessen forderten Redner der Abschlusskundgebung am Odeonsplatz bei strömendem Regen „weiteren Widerstand gegen die Atompolitik der Bundesregierung".

Direkt vor Ort, am Bauzaun der Wiederaufarbeitungsanlage Wackersdorf, kam es zu letzten Scharmützeln. Nach einer Andacht am Marterl wurden Steine auf Wachmänner geworfen. Als die Polizei den Steinewerfer festnehmen wollte, versuchte eine Gruppe von 40 Personen dies zu verhindern, woraufhin vier Demonstranten festgenommen wurden. Der Polizei-Führungsstab bedauerte, dass trotz des WAA-Stopps die erwartete Befriedung nicht eingetreten sei.

Nach dem WAA-Baustopp auf dem WAA-Gelände waren rund 30 Kernkraftgegner letztmalig zum Regierungsgebäude am Emmeramsplatz in Regensburg gekommen, um Regierungspräsident Karl Krampol zu bitten, die Gelegenheit der Stunde wahrzunehmen und um Versetzung in den vorzeitigen Ruhestand nachzusuchen.

Seit Oktober 1987 hatten die WAA-Gegner alle 14 Tage in Regensburg vor der Regierung der Oberpfalz und dem Bischöflichen Ordinariat demonstriert, wo Bischof Müller weiterhin seine Politik der Zurückhaltung verteidigte. Er bemühe sich, so Manfred Müller, Bischof für alle zu sein und halte es aus, „gelegentlich zwischen allen Stühlen zu sitzen". Vor allem die jungen Leute müssten verstehen, dass man als Christ sowohl WAA-Befürworter als auch WAA-Gegner sein dürfe. Regierungsdirektor Jürgen Schörnig hingegen empfing die Demonstranten dieses Mal per Handschlag und bat sie zum Gespräch. Irene Sturm, Sprecherin der Schwandorfer Bürgerinitiative, erinnerte den Regierungspräsidenten an die Genehmigungen, die er für die WAA unterschrieben habe. Karl Krampol verhehlte seine Erleichterung nicht, die er nach dem Baustopp empfinde. Jedoch, so machte der Regierungspräsident den Besuchern klar, sehe er keine Lösung in der Verschiebung atomarer Brennstäbe in andere Länder, was die WAA-Gegner mit Beifall quittierten. Dennoch zeigten sie dem Regierungspräsidenten auf, dass sein Name immer mit der WAA verbunden bleibe. Ein Rücktritt sei deshalb unausweichlich, was jedoch Krampol kategorisch ablehnte: „Ich denke nicht daran!"

Da die DWK nach wie vor in Wackersdorf aktiv blieb und das Eingangslager fertig gestellt war, bekundeten die WAA-Gegner ihre Sorge, dass die Oberpfälzer womöglich mit einem atomaren Zwischenlager rechnen müssten. Hier schloss Regierungspräsident Krampol die Reihen: „Ich werde mich, obwohl ich nicht dafür zuständig bin, dafür einsetzen, dass kein Zwischenlager in der Oberpfalz entsteht!"

Kaum war die WAA vom Tisch, brach ein offener Streit aus zwischen dem „radikalen" und dem „konservativen" Flügel der Schwandorfer Bürgerinitiative. Im Kern der Auseinandersetzung ging es darum, ob die BI Schwandorf weiter „zielgerichtet gegen eine WAA und die Kernkraft kämpfen" solle oder ob die Widerständler ihr Spektrum um aktuelle „linke" politische Fragen erweitern sollten.

Fest am Marterl

Bei einem Fest mit symbolischem Charakter sollte ein Schlussstrich unter das Kapitel „Wiederaufarbeitungsanlage Wackersdorf" gezogen werden. Der BUND Naturschutz hatte am 1. Juli zum „Fest am Marterl" bei der Franziskus-Kapelle eingeladen. Neben dem Marterl war ein 1200 Mann fassendes Bierzelt aufgestellt. Trotz sintflutartiger Regenschauer kamen Hunderte von WAA-Gegnern, darunter auch Landrat Hans Schuierer. Das Fest, so Schuierer, finde nicht zufällig am Marterl statt. Dieser Platz müsse ein Mahnmal bleiben für Bürgerrechte, aber auch für die Gefahren, die ihnen drohten. Ferner sei es ein Mahnmal für Rechtsstaatlichkeit und Demokratie. Schuierer erinnerte an die „Leidensgeschichte, die 1981 für uns begann". Die Bürger hätten, so der Schwandorfer Landrat, den ungleichen Kampf gegen das Bündnis von Staat und Energiewirtschaft aufgenommen, obwohl ihnen manchmal vor Angst die Knie geschlottert hätten. Doch letztlich sei dieser Kampf erfolgreich abgeschlossen worden.

Die Ereignisse um den Widerstand gegen die WAA muteten im Rückblick wie „Kriegsberichterstattung" an. Gesetzesänderungen, Gaseinsätze, Schlagstockorgien, Festnahmen, Gerichtsverfahren, Hausdurchsuchungen und psychologische Kriegsführung seien der überzeugende Beweis dafür gewesen. Schuierer erinnerte auch an die Toten, die die WAA direkt oder indirekt geforderte habe, ebenso an hunderte von Menschen, die zum Teil schwere Verletzungen davongetragen hätten. „Das Gemeinste, was wir über uns ergehen lassen mussten", mahnte Schuierer, „waren die Meinungsmanipulation, die Täuschungen und die Kriminalisierung". Die Unbeirrbarkeit des Widerstandes habe indes das „Wunder von Wackersdorf" geschaffen. Schuierer warnte jedoch: „Unser Widerstand ist noch nicht zu Ende. Wir werden auch der Problemverlagerung nach Frankreich und England entgegentreten." Was nun in Wackersdorf geschehen müsse, sei die Rückgabe des WAA-Geländes an den Freistaat. Der Vertrag, darauf wies Schuierer hin, lasse diese Möglichkeit bei einem Scheitern des Projektes ausdrücklich zu.

Über dem katholischen Geistlichen und Religionslehrer Leo Feichtmeier, einem engagier-

Die WAA-Gegner feiern beim „Fest am Marterl" das Aus der WAA.

ter WAA-Gegner, hing noch das Damoklesschwert eines förmlichen Disziplinarverfahrens. Er hatte bei Kundgebungen und Veranstaltungen kein Blatt vor den Mund genommen und gegen die WAA gewettert. Nach einer Anhörung stand die Einstellung des Disziplinarverfahrens im Raum. Der Geistliche akzeptierte einen „Verweis" als „unterste Ahndungsstufe" und zog einen Schlussstrich unter diese für ihn psychologisch belastende Phase.

Auch Landrat Hans Schuierer fühlte sich, als wäre eine riesige Last von ihm abgefallen. Er war zuvor über Jahre hinweg täglich unterwegs gewesen – in der ganzen Bundesrepublik, oft auch in Österreich, vor allem im Raum Salzburg und Bregenz. Nach dem Aus der WAA sagte Schuierer sämtliche Veranstaltungen zum Thema WAA ab. Er war einfach nur froh, erfolgreich Widerstand geleistet zu haben. Schuierer: „Ich habe Monate gebraucht, um wieder in normales Fahrwasser zu kommen. Ich war erschöpft und freute mich, künftig wieder ein normales Leben führen zu können."

Einsatzzüge der Polizei abgebaut

Auflösungserscheinungen

Mit dem Ende der WAA waren auch die Tage des in Schwandorf beheimateten „Polizeiführungsstabes Wackersdorf" gezählt. Polizeipräsident Wilhelm Fenzl umschrieb es so: „Wir werden das Einsatzgeschäft zum Jahreswechsel an die Direktion Amberg übergeben." Aus der BGS-Unterkunft am Schwandorfer Weinberg waren über Jahre hinweg Einsätze rund um das gesamte WAA-Geschehen gesteuert und koordiniert worden. In Spitzenbelastungszeiten hatte der Stab bis zu 25 Beamte umfasst. Die zwei bestehenden Einsatzzüge der Polizeidirektion Amberg wurden auf eine 30-köpfige Einheit reduziert.

Noch Wochen zuvor war der „E-Zug II" von Amberg nach Sulzbach-Rosenberg umquartiert worden. Nun waren auch dort die Möbelpacker wieder am Werk, um das bisher genutzte Gebäude zu räumen.

Angesprochen auf die polizeiliche Präsenz auf den Straßen der mittleren Oberpfalz, meinte Fenzl, dass mit dem Jahresende wieder ein Zustand erreicht werde, der dem in anderen Bereichen Niederbayerns und der Oberpfalz entspreche.

Auch die Veranstalter des Burglengenfelder Anti-WAA-Festivals zeigten Auflösungserscheinungen. Aus dem zweitägigen Rockkonzert im Juli 1989 waren erhebliche Schulden aufgelaufen, sodass das Konkursverfahren gegen die Veranstalter eröffnet werden musste. „Organisatorische Mängel" hatten, nach Angaben des Vereins, dazu geführt. So waren mehrere tausend Konzertbesucher ohne Eintrittskarte in das Konzert gekommen. Möglicherweise, räumte ein Sprecher der Veranstalter ein, „hat uns die Erfahrung gefehlt, eine solche Großveranstaltung durchzuführen".

Die Konfusion innerhalb der Bürgerinitiative gegen die WAA nahm indes immer groteskere Züge an. In einer vierstündigen Mitgliederversammlung am 8. November herrschte das Chaos. Über die Hälfte der Mitglieder hatte die Entscheidung der Vollversammlung gar nicht erst abgewartet. Sie zogen selbst einen Schlussstrich unter über acht Jahre erfolgreichen Widerstand gegen die WAA und traten aus dem Verein aus. Die Auflösungserscheinungen drückten auf die Gemüter der BI-Mitglieder. Im niedersächsischen Gorleben und zeitgleich vor dem Wackersdorfer DWK-Informationszentrum packten BI-Mitglieder der einstigen Betreiberfirma den Koffer, um das Unternehmen demonstrativ aus der Oberpfalz zu vertreiben. Solange die DWK noch in der Region aktiv sei, so die BI, sei „weiterhin Skepsis geboten". Gleichzeitig schlug die BI vor, symbolisch zur Berliner Mauer, ein etwa 15 Meter langes Stück

Auflösungserscheinungen

Zapfenstreich für den Polizeiführungsstab: „Wir weinen euch keine Träne nach!"

des Bauzauns beim „Roten Kreuz" als Denkmal zu erhalten. Dieses Stück WAA-Bauzaun solle an den jahrelangen Widerstand und an die brutale Gewalt, mit der das Projekt gegen den erklärten Bürgerwillen durchgesetzt werden sollte, erinnern. Das Anti-WAA-Büro sollte weiterhin als zentrale Anlaufstelle dienen, wenngleich es um dessen Weiterbestehen heftigen Streit gegeben hatte. Doch solange die Prozesse nicht abgeschlossen waren, sollte die BI zumindest weiterbestehen.

80 Angestellte der DWK Wackersdorf hatten inzwischen ihre Kündigung erhalten. Der Personalabbau war bereits in vollem Gange. Die bisherigen DWK-Vorstandsmitglieder hatten sich bereits erfolgreich nach neuen Jobs umgesehen. DWK-Jurist Wolfgang Straßburger wechselte zum Rheinisch-Westfälischen Elektrizitätswerk; Walter Weinländer, der für den Betrieb der WAA zuständig sein sollte, war für die Stilllegungsarbeiten der Versuchs-Wiederaufarbeitungsanlage in Karlsruhe vorgesehen.

Dagegen sollte die Region um Wackersdorf einer schönen neuen Zeit entgegensehen. Anstelle der WAA werde es, so die Verheißungen hochrangiger CSU-Politiker, seriöse Industrieansiedelungen geben mit versprochenen 3000 Arbeitsplätzen bis zur Mitte des kommenden Jahrzehnts. Wirtschaftsminister August Lang, bis dahin strikter Verfechter der Wackersdorfer WAA, sprach am 17. Oktober 1989 in Schwandorf nun von „einer der schönsten Stunden für diesen Raum, seine Bevölkerung, seine Politiker und auch mich". Hätte bereits die Projektierung der Atomanlage im Taxöldener Forst darauf abgezielt, die Oberpfalz zu einem leistungsfähigen Wirtschafts- und Entwicklungszentrum mit entsprechend hochwertigen und sicheren Arbeitsplätzen zu machen, so sei dieses Ziel nun auf anderem Wege erreicht worden. Das Kabinett hatte am Vormittag ein 225-Millionen-Paket verabschiedet, dessen Mittel im Entwurf des Nachtragshaushaltes für Juli 1990 verankert wurden.

Auflösungserscheinungen

Möglichst viele Kommunen, so Lang, sollten von diesen Ausgleichsmaßnahmen profitieren.

Streibl traut sich nach Wackersdorf

Auch Bayerns Ministerpräsident Max Streibl traute sich nun nach Wackersdorf, fand jedoch kein Wort der Entschuldigung für das, was durch das Milliardenprojekt an gesellschaftlichem Schaden angerichtet worden war.

Noch konnte kein Kaufvertrag für die angekündigten Projekte wie BMW oder Wilden unterzeichnet werden, da sonst das WAA-Gelände doppelt genutzt gewesen wäre: einmal als konventionelles, nicht atomar genutztes Industriegebiet und gleichzeitig als Phantom-„Entsorgungsnachweis".

Rund 80 WAA-Gegner hatten sich am Abend des 30. November gegen 19.30 Uhr versammelt, um den großen Zapfenstreich für den Polizeiführungsstab Wackersdorf zu veranstalten. Nach einem Fackelzug von der St. Pauls-Kirche am Weinberg zur BGS-Unterkunft, den der „Lindwurm" aus Nürnberg begleitete, blickte BI-Mitglied und Festredner Peter Herzig auf die Erfahrungen zurück, die WAA-Gegner mit der Polizei gemacht hatten. Herzig erinnerte an die Räumung des ersten Hüttendorfes, an die „brutalen Knüppel- und Gaseinsätze", aber auch an die „Schnüffelaktionen der Polizei". Herzig vor dem BGS-Gebäude: „Wir weinen euch keine Träne nach, wenn Ihr jetzt verschwindet!"

Vor der BGS-Unterkunft wurde heftig diskutiert. Die Teilnehmer erinnerten an die zahlreichen Verhaftungen von WAA-Gegnern und die „brutalen Knüppel- und Gaseinsätze" der Polizei. Auch Irmgard Gietl war wieder dabei.

In der Brauereigaststätte Fronberg unterstrichen Harald Grill, die „Nussgackln" und „Die Aufrührer", ein politisches Kabarett aus München, diese Forderung auch in ihrem Kulturprogramm.

Der Wackersdorfer Gemeinderat zeigte sich in seiner Sitzung am 13. Dezember fest entschlossen, künftig jegliche nukleare Nutzung des ehemaligen WAA-Geländes auszuschließen. Stattdessen beabsichtigte die Gemeinde Wackersdorf in dem geplanten Industriegebiet ausschließlich konventionelle Betriebe anzusiedeln, „deren Belastungspotenzial für Umwelt und Wohnbevölkerung übersehbar und insbesondere frei von einem nuklear-spezifischen Risiko ist".

Die Gruppe „Lebenslaute" singt sich in der Brauereiwirtschaft Fronberg für das Ende der WAA ein.

Die Mittelbayerische Zeitung kommentierte: „Ein wahrlich unerschütterlicher Fels in der WAA-Brandung war der Wackersdorfer Gemeinderat in seiner Mehrheit in den letzten Jahren ... Und hätten nicht die Betreiber selbst aus vordergründig wirtschaftlichen Erwägungen im Frühjahr 1989 dieses Projekt zu Fall gebracht, wer weiß, welche Haltung die Wackersdorfer Gemeinderäte heute (noch) zur WAA vertreten würden... Jetzt ging das Gremium gänzlich auf Distanz zu einer künftigen nuklearen Nutzung des WAA-Geländes und hier vor allem des Brennelemente-Eingangslagers. ... Gerade die Wackersdorfer Gemeinderäte, die vormals für das Projekt WAA alles politisch (und auch menschlich) Mögliche getan hätten, haben offensichtlich die Nase gestrichen voll von allen atomaren Einrichtungen und deren Betreibern und Verfechtern, seien sie in Wirtschaftsunternehmen oder auf staatlicher Seite zu finden. Die Wackersdorfer Gemeinderäte wollen für sich und ihre Kommune wieder Ruhe finden, aus den immer wieder angestellten nuklearen Denkspielen künftig herausgehalten werden ... Nunmehr könnte bald vom atomaren Zeitalter im Taxöldener Forst endgültig nur noch die Erinnerung übrig bleiben an eine unfassbare und riesige Bedrohung, deren man sich gemeinschaftlich erwehrt hat, ohne dass es noch einer Prämierung der heldenhaftesten Kämpfer bedarf."*

Die bayerische SPD machte schon mal eine Rechnung über das Projekt Wackersdorf auf. Im SPD-Pressedienst war zu lesen, dass nach Angaben der Staatsregierung die bundesdeutschen Elektrizitätswerke insgesamt 3,3 Milliarden Mark für die WAA ausgegeben hatten und damit 55 Mark pro Bundesbürger. Hinzu kamen aus Steuergeldern 58,4 Millionen für die Polizeieinsätze und 16,5 Millionen, um die Justiz in die Lage zu versetzen, mit mehr als 3000 WAA-Ermittlungsverfahren fertig zu werden. Dafür hätten, so die SPD, 30.000 „bestausgestattete Kindergartenplätze" in Bayern bezahlt werden oder 70.000 Sozialwohnungen gefördert werden können. Anderseits sei offensichtlich geworden, wie schrecklich sich hochbezahlte Industriemanager und hochvermögende Politiker irren können. So gesehen sei die Lehre aus dem WAA-Desaster eigentlich unbezahlbar.

Wirtschaftsminister mag die WAA nicht mehr

Alles bricht zusammen

Kaum war das Ende der WAA Wackersdorf besiegelt, begann auch schon der Streit um das Erbe zwischen den Gemeinden Wackersdorf, Bodenwöhr und Neunburg v. W.

Der Freistaat Bayern hatte einst den drei Oberpfälzer Gemeinden die umkämpfte WAA mit der Aussicht auf dicke Gewerbesteuereinnahmen schmackhaft gemacht. Laut einem ausgearbeiteten Vertrag sollte Wackersdorf 52%, Bodenwöhr 35% und Neunburg 12% von angeblich rund 10 Millionen Mark jährlich erhalten. Der gemeindefreie Taxöldener Forst wurde Wackersdorf zugeschlagen.

Schwandorfs Stadtrat Franz Sichler sah die Sache so: „Gewonnen hat neben den Gegnern der WAA vor allem die Gemeinde Wackersdorf, die ein über das dem Landesentwicklungsplan zustehendes Industriegebiet erhielt, wohl als großzügige und angemessene Entschädigung auch dafür, dass der Name der Gemeinde lange Zeit ein negatives Image haben musste."

Mit dem frühen Aus der WAA kam der Streit um die Hinterlassenschaften und der Bruch. Vier Betriebe, darunter BMW, siedelten auf dem 120-Hektar-Areal im Taxöldener Forst an – und Wackersdorf profitierte.

Dagegen klagte die Gemeinde Bodenwöhr 1992 – und verlor. Ohne WAA – kein Geld, so das Innenministerium.

1993 machte auch die WAA-Betreibergesellschaft DWK Ernst mit dem Ausstieg in Wackersdorf. Sie schloss zum 31. März das Ausbildungszentrum und ihr Büro. Außerdem wurde mit BMW über den Kauf des Brennelemente-Eingangslagers verhandelt.

Die DWK hatte sich 1981 in Wackersdorf niedergelassen, um im Taxöldener Forst für die Energiewirtschaft eine Wiederaufarbeitungsanlage zu bauen. Doch weder die DWK noch die Bayerische Staatsregierung hatten mit massiven Protesten der Bevölkerung gegen das gigantische Atomprojekt gerechnet.

Bereits am 31. Mai 1989 hatte die DWK das große Tor am Haupteingang symbolisch schließen lassen.

Für Gert Wölfel, Geschäftsführer der DWK, ein bitterer Tag, denn „wissenschaftlich-technisch habe die Oberpfalz dadurch einen Rückschlag erlitten".

Danach mutierte die DWK vom WAA-Erbauer zum Verkäufer des Baugeländes und kümmerte sich um die Vermietung der bereits fertiggestellten Gebäude. In der hiesigen Presse war zu lesen: „DWK/DWW schrumpft zu Klein-Unternehmen". Das WAA-Gelände sollte möglichst schnell in ein Industriegebiet umfunktioniert und das „Wunder von Wackersdorf" eingeleitet werden. Keine Rede mehr davon, dass bei Wackersdorf 3,5 Milliarden Mark „in den Sand gesetzt wurden". Wölfel sah es als persönliche Verpflichtung an, an der Umstrukturierung des Geländes mitzuwirken und Verhandlungen mit neuen Interessenten zu führen.

Deshalb beantragte die DWK mit Schreiben vom 9. Januar 1990 an die Gemeinde Wackersdorf und das Landratsamt Schwandorf eine Baugenehmigung:

„Industriegebiet Westlicher Taxöldener Forst Bauantrag: Lagergebäude (ZAB)

hiermit beantragen wir gemäß Art. 65, 69 BayBO die Erteilung einer Baugenehmigung für die Errichtung und Nutzung des Lagergebäudes (ZAB) im Industriegebiet Westl. Taxöldener Forst.

Mit Schreiben vom 27.12.1989 haben wir im atomrechtlichen Genehmigungsverfahren unseren Antrag vom 28.10.1982 auf Errichtung und Betrieb einer Wiederaufarbeitungsanlage am Standort Wackersdorf zurückgenommen und auf die Ausnutzung der I. TG verzichtet. Dieser Verzicht umfasst auch die nuklearspezifische Nutzung des Lagergebäudes ZAB.

Um den baulichen Bestand des noch nicht fertiggestellten Gebäudes aufrechtzuerhalten und der von der Fa. BMW beabsichtigten zukünftigen Nutzung – Aufnahme und Lagerung von Werkzeugen – zuführen zu können, halten wir die Neuerteilung einer Baugenehmigung für erforderlich.

Bis dahin verzichten wir auf die Nutzung sämtlicher der uns mit der Baugenehmigung vom 11.11.1985 gestatteten Rechte und kündigen gleichzeitig an, dass wir diese Genehmigung mit Erteilung der nunmehr beantragten Baugenehmigung zurückgeben

Die Bauantragunterlagen gem. Art. 69 BayBO fügen wir als Anlage bei.

Die Beteiligung der Nachbarn gem. Art. 73 BayBO haben wir eingeleitet, die entsprechenden Unterschriften werden wir Ihnen nachreichen."

DWK Rückzug nach Hannover

Die letzten 46 Lehrlinge der DWK waren im Januar verabschiedet, die Ausbildungsstätte zum 31. März geschlossen worden. Auch die Arbeitsverträge der Wackersdorfer DWK-Mitarbeiter liefen zu diesem Zeitpunkt aus. Die noch ausstehenden Geschäfte in Wackersdorf wurden von der DWK nun vom Hauptsitz Hannover aus erledigt.

Weit über 3000 Ermittlungsverfahren hatten die Staatsanwaltschaften gegen WAA-Gegner eingeleitet. Auch nach dem Ende WAA Wackersdorf dauerten die Verfahren an und die WAA-Gegner wehrten sich weiterhin.

Die Grünen-Politikerin Luise Nomayo hatte 1987 an einem „Blockade-Frühstück" vor der WAA-Zufahrt im Taxöldener Forst teilgenommen und war am 22. August 1991 wegen Nötigung rechtskräftig verwarnt worden. Doch auch 1993 hatte sie ihre 200-Mark-Geldstrafe noch nicht bezahlt, wenngleich sie x-mal abgemahnt worden war. Stattdessen nahm sie die Sache selbst in die Hand und spendete die 200 Mark an Tschernobyl-geschädigte Kinder.

Auch die Nürnbergerin Monika Ott war wegen Nötigung verurteilt worden, da sie und weitere neun WAA-Gegner sich 1986 an das Haupttor des ehemaligen WAA-Geländes gekettet und so die Zufahrt blockiert hatten. Sie erkannte ihre Verurteilung auch 1993 noch nicht an und war bereit, bis vors Bundesverfassungsgericht zu ziehen. Zuvor war sie zweimal freigesprochen worden, bevor der Landgericht Nürnberg sie wegen Nötigung verurteilte. Monika Ott sah die Sache so: „Das war eine gewaltfreie Demonstration, wie sie die DDR-Bürger gemacht haben. Hätten diese nicht gewaltfrei demonstriert, würde es die Mauer immer noch geben."

Elisabeth Maus kritisierte in ihrem Kommentar in der Mittelbayerischen Zeitung vom

Alles bricht zusammen

Geknickte DWK: Die WAA-Betreiberfirma kündigt den Rückzug nach Hannover an.

7./8. Juli 1993 die Rechtsprechung gegen die WAA-Gegner:

„Auf die meisten Richter Bayerns ist halt doch noch Verlass. Erst jüngst schmetterte der 4. Senat des Oberlandesgerichts Nürnberg in letzter Instanz eine Klage gegen den Freistaat Bayern ab. Auf der Verliererseite standen, wie schon so oft, wenn in Bayern „in Sachen WAA" verhandelt wurde, Gegner des von der Staatsregierung bis zuletzt zäh verteidigten Projektes WAA. In Nürnberg wurde erneut demonstriert, welchen Stellenwert Aussagen von Polizeibeamten vor den Gerichten im Freistaat haben. Schützend stellte sich der Senat vor Polizisten der Berliner Sondereinheit, die 1987 im Rahmen der Herbstaktionen gegen die WAA 73 WAA-Gegner in Kronstetten festgenommen haben. Sie hätten auf keinen Fall schuldhaft gehandelt, versicherte der Senat den Beamten. Die Richter am Oberlandesgericht zeigten viel Verständnis. Man bedenke doch die „Hektik der Situation", die Anschläge im Vorfeld der Aktionstage. Gründe zur Rechtfertigung der Massenverhaftungen fand der Senat genügend. Dass in der Bilanz nach den Herbstaktionen aber gerade die Ausschreitungen der Berliner Polizisten alles andere in den Schatten stellten, spielte keine Rolle. Heikle Fragen ließ das Gericht vorsichtshalber offen. So blieb auch dahingestellt, ob es gerechtfertigt war, die WAA-Gegner festzunehmen und 48 Stunden festzuhalten. Nonchalant gingen die Richter über manche Unebenheit in den Aussagen der Polizeibeamten hinweg. Es machte sie nicht stutzig, dass die Knüppel und ‚Nunchakus' (japanisches Würgeholz), die der Polizeieinsatzleiter ‚überall auf dem Boden herumliegen' gesehen hatte, niemals sichergestellt wurden. Im Zweifelsfalle bewies das Gericht Phantasie und glaubte an Zauberei: Es unterstellte kurzerhand, dass es den WAA-Gegnern, während sie von zahllosen Polizisten umstellt waren, gelungen sein könnte, Hokuspokus, die Knüppel verschwinden zu lassen. Eine Formulierung, die der Senat zugunsten der Polizeizeugen fand, muss man sich auf der Zunge zergehen lassen. Die Widersprüche der Polizeizeugen im Einzelnen heißt es in der Urteilsbegründung, sprächen nicht gegen deren Glaubwürdigkeit im Gesamten. Der Senat konnte es durchaus mit seinem Kollektiv-Gewissen vereinbaren, dass, und das hielt das Gericht sogar für wahrscheinlich, auch Unschuldige verhaftet wurden. Der Zweck, so scheint es, heiligt die Mittel. Doch diese Haltung ist äußerst fragwürdig. Präventive Sicherheit auf Kosten Unschuldiger, die Sicherheit des Freistaates vor der Freiheit einzelner Bürger? Der Rechtsstaat stößt an seine Grenzen."

Auch im Frühjahr des Jahres 1990 machte die Polizei noch Jagd am Bauzaun – auf „Säger und Sprüher". So wandte sich das Polizeipräsidium Niederbayern/Oberpfalz an alle „potenziellen Zaunsäger", die versuchten in Wackersdorf Stücke aus dem ehemaligen Bauzaun herauszusägen. Dabei, so ein Polizeisprecher, könne man nicht von „Souvenirjägern" sprechen, da bei Aktionen gegen den abzubauenden Zaun, unabhängig von der späteren Verwendung desselben, „Straftatbestände bzw. Verletzungen der Eigentumsrechte vorliegen können".

Im August 1990 war der Rückbau des verhassten WAA-Bauzauns bereits weit fortgeschritten, sodass fast nichts mehr davon übrig war.

Laut DWK-Vorstandsmitglied Gert Wölfel war das aus einer technischen Notwendigkeit heraus geschehen und „nicht weil wir uns seiner schämen".

Der Rückbau des verhassten WAA-Bauzaunes war im August 1990 in vollem Gange.

Blitzlichter

Er steht für Ökologie und Ökonomie

Schuierer wieder Landratskandidat

Am 1. Mai 1990 feierte Hans Schuierer sein 20-jähriges Jubiläum als Landrat. Zwanzig Jahre zuvor hatte er die Nachfolge des früheren Burglengenfelder Landrates Dr. Walter Haschke angetreten. Am 6. Mai 1970 hatte der damalige Regierungspräsident Dr. Ernst Emmerig in der Hüttenschänke in Maxhütte-Haidhof erklärt: „Die Zeit des Landrats Hans Schuierer ist angebrochen!"

1990 nahm Regierungspräsident Karl Krampol das 20-jährige Dienstjubiläum Schuierers zum Anlass, ihm folgendes Schreiben zukommen zu lassen:

„Sehr geehrter Herr Landrat!
Am 1. Mai werden Sie Ihr 20-jähriges Dienstjubiläum als Landrat begehen. Dazu gratuliere ich Ihnen namens der Regierung der Oberpfalz und persönlich sehr herzlich. Ich wünsche Ihnen für die Zukunft Glück, Zufriedenheit und weiterhin Erfolg zum Wohle der Bürger und Bürgerinnen des Landkreises Schwandorf. Vor allem aber wünsche ich Ihnen Gesundheit. Sie haben – wie ich auch – schwere Jahre hinter sich. Ich hoffe sehr, dass ähnliche Prüfungen nicht mehr auftreten und wir unbelastet und vertrauensvoll zusammenarbeiten können.
Mit den besten Grüßen
Krampol"

Landrat Hans Schuierer, der mit dem Regierungspräsidenten in Sachen WAA zuvor schwer im Clinch gelegen hatte, betonte auch später, dass er nie ein schlechtes Verhältnis zu Regierungspräsident Krampol hatte und es im Grunde nur wegen der WAA so gespannt war. Schuierer wusste sehr wohl, dass Krampol in einer verdammt schwierigen Situation war: „Er war emotional nicht selten auf unserer Seite, musste aber als Regierungspräsident die harte Münchener Linie vertreten. Das hat wohl auch seine Gesundheit ruiniert."

Schuierer hatte sich nach langer Bedenkzeit noch einmal überzeugen lassen. Er stand auf dem Stimmzettel zur Wahl des Landrats im Landkreis Schwandorf am 18. März 1990. Seine Gegenkandidaten: Dr. Ludolf von Beckedorff (CSU), Landwirtschaftsdirektor aus Nabburg und Klaus Pöhler (Grüne), Forstbeamter aus Bodenwöhr.

107 von 110 SPD-Delegierten hatten sich bei der Nominierungsversammlung im Fronberger Hof erneut für eine dritte Kandidatur von Hans Schuierer ausgesprochen. Der inzwischen 59-jährige Kommunalpolitiker dankte für den „überwältigenden Vertrauensbeweis" und rief seine Partei zur Geschlossenheit im kommenden Wahlkampf auf. Das kommende Wahlkampfjahr werde allen Beteiligten höchste Anforderungen und Leistungen abverlangen.

Schuierer wieder Landratskandidat

SPD-Kreisvorsitzender Wolfgang Ebner begründete die erneute Nominierung Schuierers damit, dass Schuierer beliebt und zuverlässig sei und die Belange des Landkreises stets aufrecht vertreten habe. Die Vorsitzende der Arbeitsgemeinschaft sozialdemokratischer Frauen, Waltraud Steiner, ergänzte: „Landrat Hans Schuierer hat es verdient, dass wir weiter für ihn kämpfen!"

Und der Vorsitzende der SPD-Kreistagsfraktion Josef Fretschner lobte: „Hans Schuierer hat in den letzten Jahren getreu seines Amtseides Schaden von den Bürgern des Landkreises abgewendet und zusammen mit anderen Gruppen im Wesentlichen die WAA verhindert. Er ist die Symbolfigur des Widerstandes. Er hat den Rücken nicht gebeugt, trotz heftigster und hässlichster Angriffe."

An den CSU-Fraktionsvorsitzenden Otto Zeitler gewandt, meinte Fretschner: Wenn Zeitler nun behaupte, die SPD habe mit der WAA ihr Lieblingskind verloren, so müsse der CSU-Fraktionsvorsitzende da wohl etwas verwechseln. Denn die WAA sei nicht das Lieblingskind der SPD, sondern der CSU gewesen. Hans Schuierer dagegen stehe auch in Zukunft für Ökologie und Ökonomie.

„Filz- und Zunftpolitik"

Schuierer selbst erklärte, das WAA-Projekt habe nicht zuletzt die in den 70er Jahren von der Landkreisverwaltung eingeschlagene Wirtschaftsförderung in Teilbereichen um nahezu zehn Jahre „bis auf den Nullpunkt zurückgeworfen".

Daran änderten auch die vorgesehenen Ausgleichszahlungen aus München nichts. Vielmehr, so Schuierer, bewiesen die jetzt angekündigten Industrieansiedelungen, was früher schon möglich gewesen wäre, „wenn die Staatsregierung wirklich an einer effektiven Wirtschaftsförderung in der Region interessiert gewesen wäre".

Schuierer setzte zunehmend auf eine Förderung des Fremdenverkehrs. Zur Erhaltung eines liebens- und lebenswerten Landkreises gelte es, so der Landrat, künftig Schwerpunkte in ein Politik zur Steigerung des Freizeit- und Wohnwertes der Region zu setzen, die keine Bevölkerungsgruppe vernachlässige.

In einer halbseitigen Anzeige einer regionalen Tageszeitung betonten 155 Unterzeichner: „Wir sind für Hans Schuierer, weil er sich für unsere Heimat einsetzt, für Demokratie und Rechtsstaatlichkeit kämpft, politisches Rückgrat bewiesen hat, ehrliche durchschaubare Kommunalpolitik für die Bürger betreibt, weil wir mit ihm zufrieden sind."

Die Grünen stellten dieses Mal mit Klaus Pöhler einen eigenen Landratskandidaten zur Wahl und wollten „ihre Eigenständigkeit betonen". Nach dem Ende der WAA habe man „zu viele politische Differenzen" mit der SPD. Außerdem müsse man mit dem Thema WAA „noch vorsichtig" sein. BMW habe das Brennelementeingangslager nur bis 1994 angemietet. Nachher, so die Grünen, stehe einer Nutzung durch die Betreiber nichts im Wege.

Auch die CSU hatte sich auf Schuierer eingeschossen. Schlagzeilen wie „Neuer Skandal im Landratsamt – verliert Schuierer Kontrolle über hohen Beamten?", „Schuierer kennt neue Betriebe im Landkreis Schwandorf nicht" oder „Schuierer möchte gerne an den Ansiedelungserfolgen teil haben", tauchten in den regionalen Zeitungen auf.

Am 18. März 1990, kurz vor 21 Uhr, stand das vorläufige amtliche Endergebnis der Landratswahl fest: Schuierer verbuchte 71,76% der Stimmen für sich und konnte damit sein Ergebnis von vor sechs Jahren noch steigern. Sein Gegenkandidat Ludolf von Beckedorff kam auf magere 26,53% und Klaus Pöhler nur auf 1,7% der Stimmen. Die Zeitungen überschlugen sich mit Lobeshymnen: „Ein großartiger Wahlsieg für Hans Schuierer!", „Überwältigender Vertrauensbeweis für Hans Schuierer" oder „Hans Schuierer unangefochten die Nummer eins".

Die Popularität Schuierers war noch einmal gestiegen. In keiner Landkreisgemeinde bekam er unter 50 % der Stimmen. In der Großen Kreisstadt Schwandorf legte der Landrat auf 73,39 % zu, in Wackersdorf erreichte er 70,20 %, in größeren Städten des Landkreises wie Burglengenfeld 75,36 %.

Schuierer selbst meinte, er habe gerade angesichts von zwei Gegenkandidaten und „trotz der massiven Angriffe, Beleidigungen und Verleumdungen" beim besten Willen nicht mit einem so hervorragenden Ergebnis gerechnet.

Nun müsse man in den nächsten sechs Jahren gemeinsam an die Problemlösung vor allem im Umweltbereich gehen. Mit den gegenseitigen Schuldzuweisungen müsse aufgehört werden.

Schuierer war klar, dass die WAA noch eine wichtige Rolle gespielt hatte im Landratswahlkampf. In den Köpfen der Menschen war er immer noch der Anti-WAA-Held, der an vorderster Front mit dazu beigetragen hatte, ihre Heimat zu retten.

Mit einem sehr guten Gefühl und „erleichtert darüber, die Last loszuhaben", verließ Hans Schuierer Ende April 1996 wegen des Erreichens der Altersgrenze von 65 Jahren das Landratsamt. „Saboteur in Pension", schrieben die „Nürnberger Nachrichten" und fragten Schuierer, bundesweite Symbolfigur der Atomgegner, was er denn am meisten vermissen werde. Schuierer brauchte nicht lange zu überlegen: „Ich bräuchte dringend eine Sekretärin, um die viele Arbeit zu bewältigen."

Schuierer zog sich nach seiner Pensionierung keineswegs aufs Altenteil zurück, sondern war weiterhin politisch im Stadtrat, im Kreis- und Bezirkstag aktiv. Jeden Morgen bekam er noch immer einen Stapel von Einladungen mit der Post.

Was er in nächster Zeit vorhabe? Gemeinsame Reisen, die Arbeit im Garten, Pflege des Familienlebens mit Kindern und Enkeln habe er seiner Frau versprochen, meinte Schuierer mit Blick in die Zukunft. Und: Der Atom-Mafia müsse das Handwerk gelegt werden!

Am 2. Mai 1996 übergab Hans Schuierer seinem Nachfolger Volker Liedtke, ebenfalls SPD, das Amt des Landrats im Landkreis Schwandorf.

Zwei SPD-Landräte des Landkreises Schwandorf: Hans Schuierer und sein Nachfolger Volker Liedtke.

Wiedergutmachung oder Anerkennung?

Ehrungen für den „Rebellen"

Es war keine Genugtuung im Gesicht von Hans Schuierer zu sehen, als er aus der Hand von Innenminister Edmund Stoiber im Oktober 1992 die kommunale Verdienstmedaille in München verliehen bekam.

Bereits im Vorfeld hatte Schuierer der Münchener „Abendzeitung" erklärt: „Das ist nach 36 Jahren Kommunalpolitik nichts Außergewöhnliches. Andere bekommen solche Auszeichnungen schon sehr viel früher. Aber ich bin wegen meiner Aktivitäten gegen die WAA wohl ein bisserl nausgschobn wordn. Der Innenminister kennt mich ja. Der wird sich schon was gedacht haben dabei."

Trotzdem: Etwas merkwürdig fühlte sich der Schwandorfer Landrat schon, hatte er doch vor nicht allzu langer Zeit mit Vehemenz gegen die Wackersdorfer Wiederaufarbeitungsanlage und damit gegen die CSU-Linie gekämpft. Aber vielleicht, so Schuierer schmunzelnd, „freut sich der Innenminister ja selbst darüber, dass die WAA verhindert wurde".

Schuierer hatte einige Zeit überlegt, ob er die Medaille überhaupt annehmen solle. Poli-

Überreichung der Georg-von-Vollmar-Medaille durch MdB Schöfberger 1990

Schuierer erhält die kommunale Verdienstmedaille aus der Hand von Innenminister Edmund Stoiber 1992.

tische Freunde überzeugten ihn letztlich, die Ehrung anzunehmen. Seine Frau Lilo hingegen blieb aus Protest zuhause.

Innenminister Stoiber erklärte bei der Verleihung im Rückblick auf die WAA eher nüchtern: „Sein Widerstand gegen die WAA war Anlass zu einer gerichtlichen Klärung von Inhalt und Grenzen des Rechts bayerischer kommunaler Wahlbeamter auf politische Meinungsäußerung." Doch wolle er diese Kontroversen nicht neu aufrollen.

„Die freiheitliche Ordnung, unserer Gesellschaft", so lobte Stoiber dagegen überschwänglich, brauche Bürger, die „mehr tun als ihre Pflicht". Schließlich habe sich Schuierer lange Jahre für die Bürger engagiert und dabei auch viel Zeit geopfert.

Schuierer anerkannte das Bemühen Stoibers, ihn korrekt zu behandeln. Und so stimmte er auch versöhnliche Töne an. Er wolle die Zeit „nicht vergessen, aber abschließen". Er betrachtete die Medaille in Silber „entweder als eine Wiedergutmachung oder als eine Anerkennung für die Verhinderung der WAA".

Zwei Jahre zuvor hatte der SPD-Landesvorsitzende Rudolf Schöfberger im Rahmen eines Festaktes in der Kreuzberg-Gaststätte Hans Schuierer die Georg-von-Vollmar-Medaille überreicht, die höchste Auszeichnung der bayerischen Sozialdemokratie. Schöfberger stellte in seiner Rede heraus, dass sowohl Georg von Vollmar als auch Hans Schuierer mehrfach ihre Liebe zur Heimat bewiesen und keine Spur von Unterwürfigkeit gegenüber der Staatsmacht gezeigt hätten. Beide seien auf Ausgleich und inneren Frieden aus gewesen. Mit der Verhinderung der WAA, lobte der SPD-Landesvorsitzende, habe Hans Schuierer den politischen Erfolg seines Lebens erzielt. Er bewundere Schuierer für sein Durchhaltevermögen, seine Geradlinigkeit und seine kämpferische Einstellung.

2005 wurde der Schwandorfer Altlandrat Hans Schuierer, inzwischen 74 Jahre, von der SPD-Landtagsfraktion mit dem Wilhelm-Hoegner-Preis ausgezeichnet. Damit werde Schuierers „engagiertes Eintreten für die Zukunftsentwicklung in der Energiepolitik" gewürdigt, so lobte SPD-Fraktionsvorsitzender Franz Maget. Schuierer, so Maget, sei seiner Zeit voraus gewesen, als er sich gegen die geplante Wiederaufarbeitungsanlage Wackersdorf gestellt habe. Landrat Hans Schuierer sei über 48 Jahre in der Kommunalpolitik aktiv gewesen, davon 26 Jahre als Landrat. Er habe durch seine unbeugsame Haltung im Widerstand gegen die geplante WAA bei Wackersdorf bundesweite Berühmtheit erlangt.

Zum Schluss seiner Laudatio fand Maget noch sehr persönliche Worte: „Lieber Hans, wir bayerischen Sozialdemokraten sind stolz auf dich. Wir danken dir für eine politische Lebensleistung für deine Oberpfälzer Heimat und unseren Freistaat Bayern, die beispielhaft im Sinne Wilhelm Hoegners ist."

Der Wilhelm-Hoegner-Preis erinnert an den früheren sozialdemokratischen Ministerpräsidenten Bayerns, der besonders vom Gedanken der Menschenwürde geprägt war.

Die SPD-Landtagsfraktion zeichnet Schuierer 2005 mit dem Wilhelm-Hoegner-Preis aus für seinen besonderen Einsatz für seine Oberpfälzer Heimat und den Freistaat Bayern.

Der alte Schreibtisch kommt zu Ehren

„Wackersdorf" – Der Film

Knapp 30 Jahre nach dem Ende der WAA Wackersdorf sind die Geschehnisse rund um die atomare Wiederaufarbeitungsanlage auch in den bundesdeutschen Kinos zu sehen. Seit 20. September 2018 sorgt der Film von Regisseur Oliver Haffner für Aufsehen, der in Co-Produktion mit dem Bayerischen Rundfunk entstand. Viele Szenen für den Film wurden an Original-Schauplätzen gedreht, auch im Schwandorfer Landratsamt. Das damalige Büro von Landrat Hans Schuierer wurde in einem Studio nachgebaut.

Erzählt wird die Geschichte rund um den Kampf gegen die WAA aus der Perspektive Hans Schuierers, eines „zutiefst bürgerlichen Lokalpolitikers, der seine Karriere und seine persönliche Zukunft aufs Spiel setzt, weil er kompromisslos für Recht und Gerechtigkeit kämpft, dabei zwischen alle Fronten gerät, schließlich als Held gefeiert und als Staatsfeind verfolgt wird", so der Ankündigungstext der Verleihfirma. Gespielt wird Landrat Hans Schuierer im Film von Johannes Zeiler.

In weiteren Rollen sind unter anderem Peter Jordan, Florian Brückner, Anna Maria Sturm, August Zirner und Fabian Hinrichs zu sehen. Das Drehbuch von Gernot Krää und Oliver Haffner fußt auf Interviews mit zahlreichen Zeitzeugen.

„Was wir erzählen, findet man sonst nirgendwo", so bringt es der Münchener Filmproduzent Ingo Fliess auf den Punkt. Man habe verdichtet, vieles weggelassen, um dem Mythos Wiederaufarbeitungsanlage Wackersdorf einen neuen Blickwinkel zu geben. „Wackersdorf" sollte kein handelsübliches Historiendrama werden, sondern Stoff zum Nachdenken und zur politischen Diskussion liefern.

Für den Filmproduzenten war die Tatsache, dass „die heute 20-Jährigen nichts mehr über die Ereignisse im Taxöldener Forst wissen", ein Ansporn, den Film zu drehen.

Der 51-Jährige Ingo Fliess ist in Sulzbach-Rosenberg aufgewachsen und hat die bürgerkriegsähnlichen Zustände in Wackersdorf selbst miterlebt, wenngleich nicht aus der ersten Reihe.

In Co-Produktion mit dem Bayerischen Rundfunk drehte Fliess einen Kinofilm nach einer „wahren Geschichte" über die Jahre 1982–1986.

Beleuchten soll der Politthriller die Hintergründe, wie es zu den Auseinandersetzungen in Wackersdorf kam. Eine Hauptrolle spielt darin der ehemalige Landrat Hans Schuierer, „ein Fels in der Brandung" jener turbulenten Zeit. Der Film zeigt auch, wie eiskalt Schuierer der Wind ins Gesicht wehte.

„Wackersdorf" – Der Film

Die Hauptszenen für den Film wurden an Original-Schauplätzen nachgestellt.

Der Film „Wackersdorf" orientiert sich stark an den historischen Ereignissen.

So war es für den Produzenten von Anfang an klar, die Hauptszenen an Original-Schauplätzen rund um Wackersdorf zu drehen, mit echten Oberpfälzern als Statisten und Komparsen. Einen Teil des rund 100-minütigen Films bilden Einblendungen aus Originalaufnahmen von den Auseinandersetzungen am Bauzaun.

Sechs Jahre dauerten die Vorbereitungen zu diesem Spielfilm im Oberpfälzer Dialekt. Die Drehbuchautoren Krää und Haffner wälzten unzählige Akten, recherchierten und befragten Zeitzeugen.

30 große Rollen wurden mit Profischauspielern besetzt, wovon eine Rolle die Schauspielerin Anna-Maria Sturm besetzt, deren Mutter selbst eine „Gallionsfigur der Widerstandsbewegung" gegen die WAA war.

Der Titel „Wackersdorf" sollte, so Produzent Ingo Fliess, die Geschehnisse auf den Punkt bringen, genau wie: Tschernobyl, Fukushima oder Gorleben.

Anlässlich der Dreharbeiten zu „Wackersdorf" lernten sich in der Kantine des Landratsamtes Schwandorf Schauspieler Johannes Zeiler und Altlandrat Hans Schuierer persönlich kennen. Zeiler verkörpert im Film den Anti-WAA-Helden Hans Schuierer. Zeiler im Trenchcoat – wie einst Landrat Schuierer! Für Zeiler ein „aufregender Moment", dem Helden des Widerstandes gegen die WAA gegenüberzusitzen. Bis dahin hatte der Schauspieler Schuierer nur aus Fernsehdokumentationen gekannt. Intensiv hatte sich Zeiler mit dem Oberpfälzer Dialekt Schuierers vertraut gemacht, um den Dialogen im Drehbuch Authentizität zu verleihen. Schuierer hatte der Produktionsfirma für einen originalen Dreh bereits seinen früheren Dienstschreibtisch zur Verfügung gestellt. 120 Seiten ist das Drehbuch für den „Wackersdorf"-Film dick und auf 27 Drehtage abgestimmt.

Das Ergebnis, so Produzent Ingo Fliess, ist eine Botschaft, die man überall auf der Welt versteht.

Seine Premiere feierte das rund zweistündige Werk, das auch für das internationale Publikum aufbereitet wurde, am 29. Juni 2018 im Filmtheater Sendlinger Tor im Rahmen des Münchener Filmfests.

Gespräch mit Produzent Ingo Fliess

Herr Fliess, warum dieser Film – knapp dreißig Jahre nach dem Ende der geplanten WAA in Wackersdorf?
Wir, Oliver Haffner (Co-Autor und Regisseur) und ich hatten schon seit vielen Jahren den Plan, einen ersten fiktionalen Film über die Vorgänge in Wackersdorf zu machen. Die 80er Jahre in Bayern kamen uns merkwürdig verklärt vor, vergessen schienen die Zumutungen der Regierung Strauß, das aufgeheizte Klima des Nato-Doppelbeschlusses, vor allem aber: die Möglichkeit, einen regional verankerten Film über die Mechanik der Politik zu machen. Einen Film über Machtmissbrauch und über zivilgesellschaftliches Engagement – und das alles vor unserer Haustür. Im Grunde haben wir uns oft gefragt, warum das bisher noch keiner gemacht hat.

Was hat Sie bei den Dreharbeiten am meisten beeindruckt?
Fliess: Zum einen die schmerzhafte Erkenntnis, dass die Oberpfalz tatsächlich jahrzehntelang von München links liegen gelassen wurde – man kann dort drehen und ohne große Eingriffe sieht noch vieles so aus wie in den 80er Jahren. Zum anderen das große Interesse vor Ort daran, dass diese Geschichte zum Film wird. Und die Unterstützung durch unsere unvorstellbar engagierten Komparsen, Kleindarsteller, Vermieter, Requisitenspender …

Welche Rolle spielt Hans Schuierer in ihrem Film?
Fliess: Er ist die Hauptfigur.

„Wackersdorf" – Der Film

Wie bereitete sich Johannes Zeller auf seine Rolle vor?
Fliess: Durch ausführliches Quellenstudium in Form von Videos, Büchern, Zeitungsarchiven, dann Studium des oberpfälzer Dialekts/Sprachklangs mit Hilfe des Dialekt-Coaches und Theatermachers Winni Steinl aus Kümmersbruck.

Worauf legten Sie bei den Dreharbeiten besonderen Wert?
Fliess: Eine Oberpfälzer Stimmung zu erzeugen: Wortkargheit, Stille, leise Kraft, Gesichter und Landschaft der Oberpfalz. Wir bewundern Filme aus anderen Ländern, wenn sie das regionale Kolorit (Texas, Irland, Nordengland, etc.) ernst nehmen – das haben wir auch versucht.

Wie wurde der Film finanziert?
Fliess: Er ist eine Koproduktion der if...-Productions, München, beteiligt sind die Sender BR und arte, gefördert wurde er vom FilmFernsehFonds Bayern, dem BKM (kulturelle Filmförderung des Bundes) und dem Deutschen Filmförderfonds, ferner unterstützt von CinePostproduction und dem Verleih Alamode Film.

Wenn man bedenkt, dass eine gigantische Wiederaufbereitungsanlage heute vor unserer Haustür stehen könnte, wenn die Bevölkerung sich nicht derart gewehrt hätte, ist das schon gruselig.
Fliess: In der Tat!

Hans Schuierer und sein Darsteller im Kinofilm Johannes Zeiler.

Hans Bleib Da

Der Song zum Buch

Reinhard Vinzenz Gampe, „da Americana aus Bayern", komponierte einen Song für das Buch über Hans Schuierer. Keine Folkhymne, sondern ein Lied, „das auch die Gegenwart und die Zukunft im Auge hat".

Was hatten Sie selbst mit der WAA zu tun?
Spätestens nach der Reaktorkatastrophe in Tschernobyl, im selben Jahr kam meine älteste Tochter zur Welt, fiel auch der letzte Groschen. Mir fällt aus meinem Freundeskreis auch fast niemand ein, der das Projekt nicht kritisch gesehen hätte.

Ich lebte zu der Zeit bereits in München, war also vor Ort nicht engagiert, aber es war ja auch eines dieser bayerischen Megaprojekte, bei der die Landesregierung keinen Spaß verstand und es im Zweifelsfall auch mit demokratischen Spielregeln nicht mehr ganz so ernst nahm. Das befeuerte meinen Ärger zusätzlich, neben meinen Zweifeln an der Atomtechnologie.

Was denken Sie über Schuierer und sein Verhalten damals?
Ich habe Hans Schuierer nicht persönlich kennengelernt. Er war in den Achtzigern ein gewählter Landrat der SPD, das schuf schon mal ein bedingungsloses Grundvertrauen bei mir, bin ich der Sozialdemokratie doch seit meiner Jugend gewogen. Mein Herz schlug und schlägt links. Auch wenn dieses Koordinatensystem heute nicht mehr so eindeutig funktioniert und die Komplexität der Probleme keine einfachen Antworten mehr zulässt.

Da stand einer gegen diese CSU auf, für den hätte ich damals vermutlich ohne großes Überlegen unterschrieben. Von der Struktur her zweifelsfrei bayerische Volkspartei, setzte sich vor allem die Parteiführung der Christlichen bisweilen gern über Volkes Willen hinweg.

Da wurde diffamiert, instrumentalisiert – wie es gerade ins Konzept passte. Kam der Protest z. B. aus den Reihen der Kirche, bemühte man sich, dass die jeweils handelnden Personen zum Bischof mussten oder Disziplinarverfahren an den Hals bekamen. Man war es nicht gewohnt, Macht zu teilen und Kompromisse zu suchen. Diese demokratische Demut fehlte der CSU in ihrem Führungspersonal. An der Basis und in der Kommunalpolitik ist das alles sicher viel mehr verankert.

Der Song zum Buch

Reinhard Vinzenz Gampe schrieb für das Buch einen Song über den WAA-Widerstandskämpfer Hans Schuierer.

Was ich an Hans Schuierer sehr schätze, ist seine Ehrlichkeit, was das eigene Handeln betrifft. Der stellt sich nicht hin nach dem Motto „ich habe es immer schon gewusst", sondern spricht auch über die anfängliche Bereitschaft, das Projekt gut zu finden. Vor allem durch die Situation der Oberpfalz als Problemregion gab es ja zunächst genug Gründe, dafür zu sein. Da ist einer für seine Heimatregion eingestanden, ohne Wenn und Aber, und er hat es sich nicht leicht gemacht. Das bleibt für mich stehen.

Wie sind Sie auf den Titel des Songs gekommen?
Ende der Siebziger, Anfang der Achtziger Jahre lebte ich in Regensburg und habe die Oberpfalz vor allem durch den Fussball kennengelernt.

Mit meinem Verein TSG Regensburg-Süd spielte ich in von Schwandorf über Bruck, Nabburg bis Cham und Furth im Wald in fast allen Ortschaften und Gemeinden.

Die Lieder die in den Vereinsheimen gesungen wurden, vor allem natürlich, wenn man gewonnen hatte, klingen mir heute noch im Ohr.

Eins davon ist:
Hans bleib da
Du woasst ja ned wias Weda werd
Hans bleib da
Du woasst ja ned wias werd
Konn renga oder schneibn
Es konn an Scheiße obatreibn
Hans bleib da
Du woasst ja ned wias werd

Das trifft es für mich. Damals wusste man nicht, was kam, vor allem was die Atom-Technologie betraf. Heute gilt das für mich wieder: Man wünscht sich, dass Menschen mit Haltung wie Hans Schuierer bleiben mögen.

Was zeichnet den Song aus?
Mein Kumpel Evert van der Wal und ich schreiben seit mehr als zehn Jahren Songs.

Evert ist der musikalische Direktor des Projekts, ich schreibe und singe die bayerischen Texte. Wir sind beide vom American Songwriting geprägt, deshalb der Bandname GAMPE – Americana aus Bayern. Das bringt es gut auf den Punkt. Ich konnte immer nur auf bayerisch schreiben. Nur so kann ich die Dinge auch be-

Der Song zum Buch

nennen, wie ich sie meine. Außerdem wäre mein Englisch nicht ausreichend, wäre theoretisch auch ein Ansatz, denn ich möchte in meinen Liedern schon etwas sagen, das auch über die Grenzen Bayerns eine Gültigkeit hat.

Ich hatte also Evert das Kneipenlied vorgesungen und auf der Gitarre einen Entwurf zum Song gespielt; er hat daraus dann was ganz anderes gemacht, als ich zuerst dachte.

Die härtere Musik in den Strophen, fast gerappt im Gesang, dazu der Refrain an das Original des Wirtshauslieds angelehnt, das fand ich am Ende die adäquate Form für das Thema. Keine Folkhymne, die alte Zeiten beschwört, sondern ein Lied das auch Gegenwart und Zukunft im Auge hat.

Was verbindet Sie mit dem Autor des Buches?
Oskar Duschinger habe ich vor über zwei Jahren mal angeschrieben, weil ich sein Buch über die Maxhütte (Glanz und Elend der Maxhütte) lesen wollte. Ich hatte mir vorgenommen darüber ein Lied zu schreiben, denn das Thema Arbeit beschäftigt mich immer wieder in meinen Songs.

Der Autor schickte mir das Buch, ich schickte ihm eine CD von uns. So lernten wir uns kennen und schätzen.

Ich mag seine Art zu schreiben, Sachverhalte beim Namen zu nennen, die Bewertung aber dem Leser zu überlassen.

Das versuche ich in meinen Texten auch. Die Dinge benennen, eine Haltung erkennen lassen, auch politisch, aber letztlich nicht die Wahrheit für sich beanspruchen.

Und mit denen streiten, die anderer Meinung sind, dafür einstehen, aber auch Verantwortung übernehmen. Das schließt politische Brandstifter und Vereinfacher aus. Sie wissen zwar immer was sie anrichten, übernehmen aber nie Verantwortung dafür. Den Dreck aufkehren müssen immer andere. Das hat die Vergangenheit bis heute eindrücklich aufgezeigt.

Ein wilder und böser Kampf bis heute

Gauweiler contra Schuierer

„30 Jahre nach dem WAAhnsinn", so lautete der Titel einer Podiumsdiskussion im Medienhaus der Mittelbayerischen Zeitung in Regensburg, die live im Internet mitverfolgt werden konnte. Vor Ort waren 130 interessierte Zuhörer dabei, vorwiegend ehemalige Gegner der WAA Wackersdorf.

Unter Leitung von MZ-Redakteurin Jana Wolf diskutierten zwei Hauptwidersacher im Ringen um den Bau der WAA in den achtziger Jahren: Hans Schuierer (87), ehemals Landrat von Schwandorf und Peter Gauweiler (68), ehemals Staatssekretär im Bayerischen Innenministerium und in dieser Zeit politisch verantwortlich für die Polizeieinsätze im Taxöldener Forst.

Wer glaubte, die Zeit hätte alle Wunden geheilt, der wurde eines Besseren belehrt.

Jana Wolf erinnert sich in ihrem Beitrag für dieses Buch an jene Diskussion:

Widerstand verjährt nicht. Es ist, als ob der Kampf gegen oder für die Wiederaufarbeitungsanlage von Wackersdorf (WAA) ein Einsatz auf Lebenszeit sei; als ob das Engagement gegen oder für die Nuklearfabrik auch heute noch not tue. Dabei ist das Bauprojekt im Taxöldener Forst bereits vor 30 Jahren gestorben. Es war der juristische Durchbruch für die WAA-Gegner, als der Bayerische Verwaltungsgerichtshof (VGH) den Bebauungsplan im Frühjahr 1988 für nichtig erklärte. Der Konflikt war damit gerichtlich geklärt, die Anlage wurde nie gebaut. Dennoch: Die beiden unversöhnlichen Positionen bleiben bis heute bestehen – dagegen oder dafür.

30 Jahre nach dem VGH-Entscheid treffen die schärfsten Kontrahenten von damals wieder aufeinander: Auf der einen Seite Peter Gauweiler, Intimus des Ministerpräsidenten Franz Josef Strauß und streitbarer Rechtsausleger der CSU. Auf der anderen Hans Schuierer, der Schwandorfer SPD-Altlandrat, charismatischer Fürsprecher und politischer Mutmacher der Anti-Atom-Kämpfer von Wackersdorf. Bei einer Podiumsdiskussion am 1. Februar 2018 diskutieren die beiden Politiker gemeinsam mit MZ-Redakteur Heinz Klein, der die WAA-Proteste journalistisch begleitete, über die Frage, was von Wackersdorf bleibt. Nach diesem Abend ist die Antwort schnell gegeben: Es bleiben zwei Fronten, es bleibt der Konflikt. „Die Anlage wäre polizeilich durchgesetzt worden, wenn die Betreiber bei ihrem Konzept geblieben wären", sagt Peter Gauweiler an dem MZ-Abend. Hans Schuierer sieht gerade dieses harte Durchgreifen der Staatsgewalt als Grund, warum der Widerstand immer weiter anschwoll und sich schließlich über ganze neun Jahre er-

streckte: „Es war der größte Irrtum, die Anlage mit harten Polizeimethoden durchsetzen zu wollen", sagt Schuierer in Regensburg. In inhaltlichen Fragen gibt es auch mit dem Abstand von drei Jahrzehnten keinen Konsens. Dennoch verändert die zeitliche Distanz das Verhältnis der Kontrahenten zueinander – und zur eigenen Rolle im WAA-Widerstand.

Peter Gauweiler bezeichnet sich selbst rückblickend als „Polizeistaatssekretär". Als eben jener wurde er zu WAA-Zeiten auch wahrgenommen. Er war derjenige, der die unliebsame Idee des Franz Josef Strauß polizeilich durchsetzen sollte, der die WAA-Gegner vom Bauzaun fernhalten und Ausschreitungen unterbinden sollte. Koste es, was es wolle. Dass Gauweiler sich mit seinen Polizeimethoden in der Oberpfalz unbeliebt machte, ist ihm wohl bewusst. „Schön, unter Freunden zu sein", sagt der CSU-Mann auf dem Regensburger Podium und seine Ironie ist nicht zu überhören. Bei dem ersten Besuch in Wackersdorf nach seinem Amtsantritt im Oktober 1986 sei er mit einem Transparent empfangen worden, auf dem stand: „Tötet Gauweiler". Selbst einen ‚harten Hund' wie Gauweiler ließ das nicht kalt.

Gauweilers kleine Anekdoten

Er ist mit dem Wissen nach Regensburg angereist, hier nach wie vor als Vertreter der von den WAA-Gegnern verhassten CSU-Staatsregierung wahrgenommen zu werden. Gauweiler spielt mit offenen Karten, macht keinen Hehl aus den Zerwürfnissen. Mit Wortwitz und kleinen Anekdoten versucht er, alte Feindseligkeiten aufzuweichen. Einige Lacher erntet er damit. Die Fronten niederzureißen gelingt ihm dennoch nicht.

Gauweiler beruft sich heute auf seine Aufgabe, die Proteste polizeilich zu begleiten. Sein Anliegen sei es gewesen, die Einhaltung der „rechtsstaatlichen Spielregeln" sicherzustellen, nicht die Legitimität der Anlage inhaltlich zu bewerten, sagt er. „Theoretisch in der Rückschau klingt das nach klassischem Verwaltungsvollzug, aber es war ein wilder und böser Kampf." Für jene, die sich diesem Kampf verschrieben hatten, lässt Gauweiler sogar Verständnis durchblicken. Die Demonstrationen seien Ausdruck der Souveränität des Volkes und durch die im Grundgesetz verankerte Versammlungsfreiheit legitimiert. Unter einer Bedingung: Sie müssen friedlich und ohne Waffen ablaufen, damals wie heute. In Wackersdorf wurde diese Bedingung natürlich häufig nicht erfüllt – das zeigt der Lauf der Geschichte. Immer wieder kam es zu gewalttätigen Zusammenstößen zwischen Demonstranten und Polizei, immer wieder eskalierte die Lage am Bauzaun. Im Gespräch mit Zeitzeugen wird dann häufig die Schuldfrage gestellt: Wer hat die Gewalt zu verantworten? Was war zuerst – das Tränengas der Polizei oder der Steinwurf der Demonstranten? Gauweiler sagt dazu auf Nachfrage: „Man kennt das ja: Schuld ist immer der andere. Aber der Staat hat das Gewaltmonopol."

Auch wenn er immer wieder Verständnis für die Gegenseite durchblicken lässt, sind Gauweilers Sympathien dennoch klar verteilt. Am liebsten sind ihm nach wie vor jene Bürger, die die konservativ-bayerische Ordnung wahren. Die alte CSU-Linie gegen die als „Chaoten" und „apokalyptischen Narren" diffamierten Demonstranten schimmert bei ihm auch heute noch durch. Widerstand verjährt nicht – auch auf konservativer Seite.

Für Hans Schuierer ist der Abend in Regensburg ein Heimspiel. Er hat den Großteil der Zuhörer auf seiner Seite, genießt Zwischenapplaus, grüßt frühere Mitkämpfer im Publikum und spielt sich mit Duzfreunden in der Diskussion Bälle zu. Die Durchsetzung verwaltungs-

30 Jahre nach dem WAAhnsinn – Podiumsdiskussion unter Leitung von Jana Wolf.

rechtlicher „Spielregeln" war nicht Schuierers Anliegen – daran hat sich bis heute nichts geändert. Ihm ging und geht es um den Inhalt: Die Atomanlage im Taxöldener Forst sollte verhindert werden. Je mehr die WAA-Gegner in die Materie eindrangen, je mehr sie sich durch Experten-Einschätzungen und wissenschaftliche Gutachten in ihren Befürchtungen bestätigt sahen, je höher das Risiko der Nuklearfabrik bewertet wurde, desto stärker formierte sich der Protest in der Oberpfalz. Auch Schuierer kämpfte gegen die Anlage. Im Widerstand reizte der Landrat die Grenzen seines Mandats aus. Er mischte sich unter die WAA-Gegner, demonstrierte selbst am Bauzaun, tat seinen Unmut gegenüber der Staatsregierung lautstark kund. Bis heute zeigt Schuierer Unverständnis gegenüber der Polizeistrategie, die Gauweiler damals verfolgte. Bei der Regensburger Diskussion schreckt er auch vor dem direkten Affront nicht zurück: Staatsregierung wie Polizei hätten versagt, sagt Schuierer. „Dass wir die Anlage verhindern konnten, ist die Schuld der politischen Führung in München und der Polizeiführung." Den harten bayerischen Kurs sieht Schuierer als Grund, warum der Widerstand immer weiter wuchs und schließlich zum Erfolg führte. Für den einzelnen Polizisten zeigt er dennoch Verständnis: „Mir haben die armen Polizisten damals wirklich leid getan, die das hätten durchsetzen müssen."

Widerstand hat die Anlage verhindert

Je massiver die Polizei durchgriff, desto stärker rückten die WAA-Gegner zusammen. Für Schuierer steht fest: Der Widerstand hat die Anlage verhindert, nicht die Betreiber, die das Vorhaben zurückzogen.

Peter Gauweiler trat 1986 ins WAA-Geschehen ein. Nach der Landtagswahl im Oktober wurde er von Franz Josef Strauß zum Staatssekretär im bayerischen Innenministerium ernannt, das der Oberpfälzer August Lang als Minister leitete. Die WAA-Gegner hatten zu diesem Zeitpunkt bereits sechs Jahre Erfahrung im Aufbegehren gesammelt. In diesem Jahr erreichten die Proteste ihre gewaltvollen Höhepunkte. Am Bauzaun wurde mit Gaskartuschen, Wasserwerfern und Steingeschossen gekämpft, die Fronten gerieten immer heftiger aneinander. Es gab Tausende Verletzte und erste Tote. Knapp sechs Monate vor der Landtagswahl, im April 1986, hatte die Nuklearkatastrophe von Tschernobyl zusätzlich für Entsetzen gesorgt. Die Anti-Atom-Kämpfer sahen sich noch stärker in ihrem Anliegen befeuert.

In diesem Jahr trat Gauweiler auf den Plan. „Die Debatte war damals politisch versaut", sagt Gauweiler 2018 bei der Podiumsdiskussion in Regensburg. Die Stimmung sei längst gekippt gewesen, zum Nachteil der CSU. Politisch hätte die Lage zu diesem Zeitpunkt nicht mehr unter Kontrolle gebracht werden können. Es ist ein großes Eingeständnis, das Gauweiler hier macht. Seine eigene Partei habe Fehler begangen. Aus Gauweilers heutiger Sicht habe es zu wenig inhaltliche Auseinandersetzung mit der Atomanlage und ihren potenziellen Gefahren gegeben. Die Sorgen und Ängste der örtlichen Bevölkerungen seien zu wenig ernst genommen worden. „Dass es emotional kippt, ist von den Befürwortern zu spät erkannt worden", räumt er ein.

Auf politischer Seite sei lediglich das polizeiliche Vorgehen diskutiert worden. Eine inhaltliche Auseinandersetzung mit dem Für und Wider der Atomkraft und einer Anlage in der Oberpfalz habe es kaum gegeben. Weder damals, noch heute. Das ist die ernüchternde Bilanz, die Gauweiler im Rückblick zieht.

Dabei gesteht er auch eigene Zweifel an der Sicherheit der Atomenergie ein, die es schon vor 30 Jahren gegeben habe. „Man surft auf Meinungen und Feststellungen anderer Leute, die inhaltlich mehr davon verstehen. Das ist ja bei jeder technischen Frage so", sagt Gauweiler. „Das ist eine Debatte mit sich selbst. Oder, wenn Sie so wollen, die Podiumsdiskussion im eigenen Kopf. Die geht bis zum heutigen Tag bei mir und ich vermute, bei Ihnen auch."

Am Bauzaun wurde mit harten Bandagen gekämpft.

Trotz Eingeständnissen hält Gauweiler zwei Punkte für bedeutsam: Zum einen sei der Pro-Atomenergie-Kurs nicht allein von der bayerischen Staatsregierung vertreten worden. Er beruhte auf einem gemeinsamen Konzept von Bund und Ländern und war Teil der bundesweiten Kernenergiepolitik. Die Kehrtwende dieser Politik wurde durch die Proteste der 1980er Jahre eingeläutet. Mit zeitlicher Distanz wird deutlich, dass das Ende der nuklearen Entwicklung in Deutschland damals eingeläutet wurde.

Zum anderen hatte die CSU in Bayern eine stabile politische Legitimierung. Bei der Landtagswahl 1986 wurden die bayerischen Christsozialen mit einer absoluten Mehrheit von stolzen 55,8 Prozent bestätigt – Wahlergebnisse, von denen die CSU heute nur träumen kann. Natürlich zogen auch die Grünen, deren Gründungsidee auf dem Anti-Atom-Protest beruht, bei dieser Wahl zum ersten Mal in den bayerischen Landtag ein. Dennoch: Mit 7,5 Prozent der Stimmen konnte die Öko-Partei den Schwarzen nicht annähernd Paroli bieten.

„Es war keine Putsch-Regierung"

Gauweiler sieht sich nicht allein mit seinen inhaltlichen Zweifeln an der Atomenergie. Die Kontroverse habe sich damals quer durch die gesamte Bevölkerung gezogen, sagt der CSU-Politiker, und es habe keineswegs eine einhellige Ablehnung des Kurses seiner Partei gegeben. „Die inhaltliche Auseinandersetzung fand auch in der Bevölkerung statt. Es war ja keine Putsch-Regierung", sagt Gauweiler. „Politik ist Richtungsbestimmung."

Vor diesem Hintergrund erscheint auch Gauweilers Argument, die WAA sei polizeilich durchsetzbar gewesen, in einem anderen Licht. Denn der zunehmende Widerstand in der Bevölkerung ließ sich auch vom harten Durchgreifen der Staatsgewalt nicht abschrecken. Gauweiler räumt ein: „Die Einschätzung der validen, örtlichen Bevölkerung, die nicht parteipolitisch denkt, hat sich massiv geändert." Die Atomkraft wurde zunehmend als ernste Gefahr für Umwelt und Gesundheit und als Last für kommende Generationen wahrgenommen.

Von Zweifeln an der eigenen Position im WAA-Widerstand ist bei Hans Schuierer nichts zu spüren. Er sieht die politischen Fehler klar auf Seiten seines Gegners, der früheren Staatregierung. „Die WAA war ein Lügengebilde von Anfang an", sagt Schuierer bei der MZ-Diskussion und erntet dafür kräftigen Applaus. Die Bürger hätten sehr schnell gemerkt, dass von politischer Seite falsch argumentiert worden sei. Strauß' Argument, die Anlage sei sicher wie eine „Fahrradspeichenfabrik", hätten die Bürger bald durchschaut und als Unwahrheit entlarvt.

Schuierer erinnert sich an das Gefühl in der Bevölkerung, von der eigenen Regierung nicht ernst genommen zu werden – wohl auch, weil er es am eigenen Leib erfahren hat. Bis heute tritt der Altlandrat als Vertreter der Bürger auf, der für die Interessen der lokalen Bevölkerung einsteht. Als Mandatsträger nutzte Schuierer vor 30 Jahren seine politische Autorität zum Widerstand und ermutigte andere Bürger, sich ebenfalls zu engagieren. Dieses Engagement hat seinen Ruf nachhaltig geprägt: Bis heute gilt er als volksnah. Parteipolitische Interessen stehen hintenan, erst kommt der inhaltliche Einsatz für die Sache.

Schuierer bleibt auch nach zweistündiger, aufgeheizter Diskussion in Regensburg bei seinem Punkt: Die WAA wurde durch die Kraft des Widerstands verhindert. In der einschlägigen Forschung zur Anti-Atom-Bewegung in Deutschland findet man durchaus Bestätigung für Schuierers These. Den Atomausstieg hätte es ohne den langen Atem der Demonstranten nicht gegeben, liest man dort immer wieder.

Der Standort Wackersdorf wurde für die Betreiber auch durch die anhaltende Unruhe zunehmend unattraktiv.

Tendenz zum Mythos

Erfolg verführt zur Mythos-Bildung – auch das lässt sich an der WAA-Bewegung ablesen. Der Soziologe Andreas Pettenkofer beschreibt die Anti-Atomkraft-Demonstrationen der 1970er und 1980er Jahre sogar als quasireligiöses Erlebnis. Betrachtet man die Dynamiken am Bauzaun in Wackersdorf, die ritualisierten Sonntagsspaziergänge und Zusammenkünfte in Hüttendörfern, die persönlichen Schicksale und privaten Lebensgeschichten, lässt sich auch rund um die WAA eine Tendenz zum Mythos erkennen. An der Geschichte der erfolgreichen, blühenden Bewegung schreibt auch Hans Schuierer bis heute mit.

Auf dem Regensburger Podium kommt auch Peter Gauweiler ins Fabulieren: „Wenn uns damals einer gesagt hätte, in 30 Jahren trefft ihr euch zu einem Kamerad-weißt-du-noch-Abend in der Mittelbayerischen und Schuierer und Gauweiler wanken da noch mit rein, dann hätten wir gesagt: ja, vielleicht." Gauweiler spinnt das fiktive Szenario weiter: „Aber wenn er uns auch erzählt hätte, die Vorsitzende der CDU und CDU-Kanzlerin hat der gesamten Kernenergie abgeschworen, hätten wir gesagt: Wir glauben viel, aber das glauben wir nicht." So sehr diese Aussage als humorvolle Anekdote daher kommt, so sehr trifft sie auch einen entscheidenden Punkt. Denn die Frage, wie man sich zur WAA und zur gesamten Kernenergie-Frage positionierte, war zugleich eine politische Richtungsentscheidung. Gegen die Atomkraft zu sein, bedeutete politisch links zu stehen. Gegen die Nuklearfabrik im Taxöldener Forst zu demonstrieren, bedeutete auch ein Aufbegehren gegen die konservative Vorherrschaft in Bayern. Dass ausgerechnet die Unions-Politikerin Angela Merkel den Atomausstieg vollzieht, mag in Gauweilers Augen daher noch immer als Ausbruch aus alten Ordnungen erscheinen. Womöglich ist er dabei nicht der einzige.

Für viele Oberpfälzer war der WAA-Widerstand die Zeit der eigenen Politisierung. Zum ersten Mal begehrte man auf. Man emanzipierte sich von traditionellen Rollenbildern, brach mit gesellschaftlichen und familiären Erwartungen, tat politischen Unmut öffentlich kund. Die WAA-Zeit hatte Wucht. Diese Erfahrung prägte sich bei vielen Zeitzeugen bis heute ein. Widerstand verjährt eben nicht.

Das Resultat nächtlicher Sägearbeiten, Ausdruck des oft hilflosen Zorns gegen Politik und Polizei.

Salzburgs Bürgermeister im Rückblick

Hans Schuierer – eine starke Persönlichkeit

Josef Reschen war von 1980 bis 1990 Bürgermeister der Stadt Salzburg. Er stand an der Spitze österreichischer Bürgerinnen und Bürger, die aus Sorge um die radioaktive Verstrahlung ihrer Heimat den Protest gegen die WAA Wackersdorf auf vielfältige Weise unterstützten – auch vor Ort am Bauzaun der Wiederaufarbeitungsanlage. Der ehemalige Salzburger Bürgermeister erinnert sich:

Deutschland war Österreich schon öfter in Vielem voraus. So auch bei den Atomkraftwerken. Das Kernkraftwerk Kahl ging bereits 1962 ans Netz, während die ÖVP-Alleinregierung erst 1969 den Bau des österreichischen Kernkraftwerks Zwentendorf genehmigte. 1970 wurde die ÖVP in der Regierung durch die SPÖ mit Bundeskanzler Bruno Kreisky abgelöst. Diese österreichische Bundesregierung, ab 1971 auch mit einer absoluten Parlamentsmehrheit ausgestattet, trieb den Bau des damals als fortschrittlich geltenden Kernkraftwerks konsequent voran. Der Energieplan des Jahres 1976 sah den Bau von insgesamt drei Kernkraftwerken in Österreich vor. 1978 sollte das Kernkraftwerk Zwentendorf in Betrieb gehen.

Inzwischen war die öffentliche Meinung über die Atomkraft umgeschlagen. In einer Volksabstimmung am 5. November 1978 sprach sich eine knappe Mehrheit der Abstimmenden gegen die Inbetriebnahme des inzwischen fertig gestellten Atomkraftwerks Zwentendorf aus. Ich selbst hatte für die Inbetriebnahme gestimmt, da ich von der Gefahrlosigkeit dieser Technologie überzeugt war.

Im September 1979 beschlossen die Regierungschefs der deutschen Bundesländer, sobald wie möglich eine Wiederaufbereitungsanlage in der Bundesrepublik zu errichten. Die weitere Geschichte ist bekannt: 1983–1984 erfolgte die öffentliche Auslegung der Anträge des Errichters der WAA Wackersdorf und des Sicherheitsberichtes. Hans Schuierer als zuständiger Landrat weigerte sich, den Bebauungsplan für die WAA auszulegen. Mir persönlich war das nicht bekannt, obwohl ich das Geschehen aus unserer Salzburger Perspektive am Rande wohl mitbekommen hatte und dank der Aufklärungsarbeit Salzburger Aktivisten der Atomkraft mit beginnender Skepsis gegenüber stand. Im Herbst 1985 beschloss der Salzburger Gemeinderat eine Protestresolution gegen die geplante Wiederaufbereitungsanlage.

Die Reaktorkatastrophe von Tschernobyl Ende April 1986 schlug in Salzburg wie eine Bombe ein. Ich selbst machte mir im Mai 1986 angesichts der blühenden Vegetation, die nun teilweise als atomar verseucht gelten konnte, heftige Vorwürfe, weil ich zu unvorsichtig, zu gleichgültig gegenüber dieser Bedrohung gewesen war. Es war daher für mich keine Frage, dass ich mich der Bewegung gegen die WAA Wackersdorf aktiv anschließen musste.

Am 1. Juni 1986 hatten die Aktivisten gegen die Atomgefahr einen Sonderzug organisiert, mit dem rund 3000 Demonstranten aus Österreich und aus Oberbayern zur Unterstützung des Oberpfälzer Widerstandes nach Schwandorf fuhren. Die Demonstration am 1. Juni 1986 brachte mich das erste Mal mit Hans Schuierer zusammen. Seine Persönlichkeit, sein beruflicher und politischer Werdegang und vor allem sein mutiges und unbeirrbares Eintreten für eine als richtig erkannte Haltung haben mich tief beeindruckt.

Anti-Atom-Partnerschaft

Von der Demonstration in Wackersdorf wurde in Salzburg ausführlich berichtet. Die öffentliche Meinung war bald ganz auf Seiten der Widerständler. Politikerkollegen, die mir gesagt oder angedeutet hatten, dass man als Mandatsträger nicht auf der Straße demonstrieren solle, schlossen sich mit der Zeit der Bewegung an. Bis 1988 folgten der Veranstaltung vom 1. Juni 1986 weitere Solidaritätsdemonstrationen, Grenzblockaden und verfahrensrechtliche Schritte. Die Stadt Salzburg und der Landkreis Schwandorf schlossen eine Anti-Atom-Partnerschaft, die von der Regierung der Oberpfalz verboten wurde. Daraufhin wurde eine Umwelt-Partnerschaft neu abgeschlossen, die bis heute besteht.

Das Land Salzburg und weitere österreichische Städte und Bundesländer schlossen sich der Solidaridätsbewegung an. Die Woge des Widerstands in Österreich erreichte in den Jahren 1986 bis 1988 ihren Höhepunkt. Tausende Menschen sammelten und bearbeiteten

Hans Schuierer hat in Salzburg viele Freunde.

Hans Schuierer – eine starke Persönlichkeit

die Einwendungen im Rahmen der 2. atomrechtlichen Teilgenehmigung. Schließlich konnten dem Bayerischen Umweltministerium 420.000 Einwendungen aus Österreich, ungefähr gleich viele wie aus ganz Deutschland, übergeben werden.

Wie es weiter ging, weiß man. Mit dem Tod des kraftvollen und übermächtigen bayerischen Ministerpräsidenten Franz Josef Strauß im Herbst 1988 hatte das Projekt WAA Wackersdorf seinen wichtigsten Befürworter verloren. Am 13. April 1989 war im Radio zu hören, dass Wackersdorf nicht gebaut werde.

Für Hans Schuierer wird das eine Erleichterung und Befriedigung gewesen sein. Sein von der Obrigkeit behindertes Eintreten gegen die WAA, seine konsequente Beharrlichkeit trotz persönlicher Anfeindungen und Bedrohungen war schließlich erfolgreich gewesen. Vermutlich wäre ohne Hans Schuierer der Widerstand der aufgerüttelten Bürger nicht so groß, ausdauernd, schlagkräftig und wirkungsvoll gewesen.

Hans Schuierer hat in Salzburg viele Freunde. Einige Male haben wir uns noch getroffen. So auch am 20. Juli 2000, als in Salzburg das WAAhnMal, eine symbolhafte Nachbildung eines Stückes des Bauzaunes von Wackersdorf, enthüllt wurde. Den vielbesuchten Standort dieses Wackersdorf-Widerstands-Denkmals zwischen dem Mozartsteg und dem Mozartplatz halte ich für gut gewählt. Der Münchner Professor Schwanthaler hat dem benachbarten Mozartdenkmal heroische Züge verliehen, die nach den heutigen Erkenntnissen dem Schöpfer beglückender Musik nicht eigen waren. Was hätten wir von den musikalischen Wundern, die uns Mozart hinterlassen hat, in einer nuklear verseuchten Umwelt? Was hätten wir davon, wenn die Gefahr nicht erkannt worden und durch mutige Frauen und Männer wie Hans Schuierer nicht abgewendet worden wäre.

Die Salzburger Aktivitäten wurden fortgesetzt, noch ist die Gefahr nicht gebannt. Deutschland hat einen Fahrplan für den Atomausstieg, aber andere Länder bauen weiterhin auf Atomkraft. Die Salzburger Bewegung wurde und wird von vielen Frauen und Männern geführt, eine der aktivsten Persönlichkeiten ist Heinz Stockinger, der auch die Verbindung zu Hans Schuierer aufrecht hält. Wackersdorf ist inzwischen abgehakt, doch die Atomgefahr besteht weiter. Die Plattform gegen Atomgefahren (PLAGE) in Salzburg als Nachfolgerin der Widerstandsbewegung gegen Wackersdorf trägt den Kampf weiter. Einer ihrer schlichten, persönlich uneitelsten und liebenswürdigsten Vorbilder bleibt Hans Schuierer.

Wackersdorf-Widerstands-Denkmal in der Nähe des Mozartplatzes in Salzburg

Und was ist geblieben?

WAA-Aus – ein Segen für die Oberpfalz

Herr Schuierer, wie sehen Sie im Rückblick die Protestbewegung gegen die einst geplante WAA Wackersdorf?
Schuierer: Das Aus der WAA war ein Glücksfall, ja ein Segen für unsere Region, wirtschaftlich, aber auch ökologisch. Meiner Meinung nach hätte eine Inbetriebnahme der WAA die Verödung einer ganzen Region zur Folge gehabt. Jetzt ist der Landkreis Schwandorf eine prosperierende Region. Zwischen 1982 und 1989, dem Ende der WAA, verlor unser Landkreis rund 6000 Einwohner. Viele haben fluchtartig den Landkreis Schwandorf verlassen. In jenem Zeitraum wurden keine neuen Betriebe angesiedelt. Nach dem Aus für die WAA ging es mit dem Landkreis Schwandorf hingegen schlagartig bergauf.

Heute steht der Innovationspark Wackersdorf mit BMW als führendem Unternehmen als strahlender Unternehmensstern da. Was glauben Sie, wie viele der dortigen Arbeiter und Angestellten wissen, was sich dort einst abspielte?
Schuierer: Ich war Teilnehmer einer Besuchergruppe im Innovationspark Wackersdorf und habe dort selbst erlebt, wie sogar der Leiter unserer Besuchergruppe die Geschehnisse um die WAA völlig verzerrt darstellte. Ich habe mir erlaubt, ihn zu korrigieren. Das lag mir einfach am Herzen.

Was können unsere Kinder heute, die ohne diese Erfahrungen am WAA-Bauzaun aufgewachsen sind, von jenen Ereignissen lernen?
Schuierer: Wachsamkeit! Niemand ahnte damals auch nur im Mindesten, was da aus heiterem Himmel auf uns zukam.

Gehören jene Ereignisse von damals in die Geschichtsbücher von heute?
Schuierer: Natürlich gehören diese Ereignisse aus unserer jüngsten Geschichte festgehalten. Die jungen Menschen sollen durch dieses Wissen aus der Vergangenheit lernen für die Zukunft.

Sie vertraten damals die Ansicht: Für Recht, Freiheit und Heimat lohnt es sich zu kämpfen!
Schuierer: Diese Ansicht vertrete ich auch heute noch. Diese WAA war nicht nur eine Gefahr für Natur und die Gesundheit der Menschen, sie war auch eine Gefahr für die Demokratie und den Rechtsstaat. Dass die Justiz das Disziplinarverfahren gegen mich schließlich eingestellt hat, hat aber gezeigt, dass unser Rechtsstaat letztlich doch funktioniert.

Die Jugend von heute zeigt an den Protestbewegungen der 80er Jahre scheinbar wenig Interesse. Haben Sie den Eindruck, dass die jungen Leute heute zu wenig politisch sind;

zu wenig bereit sind, für ihre Rechte zu kämpfen?
Schuierer: Das trifft sicherlich zu. Doch warum ist das so? Wir, die ältere Generation, haben unseren Kindern nur den Wohlstand präsentiert. Wir haben dabei vergessen, ihnen die Bereitschaft zu vermitteln, wie es ist, wenn man um etwas kämpfen muss. Dabei sind junge Leute durchaus bereit sich für unsere Gesellschaft zu engagieren.

Erste Erfahrungen, welche Auswirkungen der Protest gegen die WAA haben könnte, erfuhren sie beim Bau und vor allem bei der Räumung des Hüttendorfes im Taxöldener Forst!
Schuierer: Erste negative Erfahrungen machte ich mit der Polizeiführung und der Bayerischen Staatsregierung, positive mit der Protestbewegung, die sich sehr friedlich verhielt. Die Absperrungen der Polizei, kilometerweit vor dem WAA-Gelände, waren für mich „reine Schikane", womit vor allem älteren und behinderten Menschen von vorneherein die Möglichkeit zum Protest verwehrt blieb. Auch die teilweise rabiate Vorgehensweise von Polizeieinheiten war oft völlig unnötig.

Wie unterschieden sich die Proteste gegen die geplante WAA in Wackersdorf damals von den Anti-Atom-Protesten in anderen Teilen der Bundesrepublik Deutschland?
Schuierer: Zu jenem Zeitpunkt waren die Proteste in Wackersdorf gegenüber denen in Gorleben beispielsweise absolut friedlich. Die harten Auseinandersetzungen folgten erst später.

„Ich bin meinen geraden Weg gegangen"
Ihnen wurde als Landrat sogar die Amtsenthebung angedroht. Mit welcher Taktik haben Sie das verhindert?
Schuierer: Taktik hatte ich keine. Ich bin einen geraden, korrekten Weg gegangen. Ich musste allerdings sehr wachsam sein, durfte möglichst kein falsches Wort sagen, damit man meine Glaubwürdigkeit nicht untergraben konnte. Was die Verantwortlichen der Regierung aber am meisten ärgerte, war, dass die Bevölkerung wie eine Mauer hinter mir stand. Ich war immer wieder auf dem Gelände, um mir selbst ein Bild zu machen von den Vorgängen und habe diese teilweise erschütternden Erlebnisse immer wieder mit der Polizeiführung besprochen und Kritik geübt am harten Vorgehen.

Und wie war das mit der Androhung der Amtsenthebung?
Schuierer: Herr Ministerpräsident Strauß drohte: Wenn ich meine Meinung und mein Verhalten nicht ändern würde, erginge es mir genauso „wie dem Landrat Meier in Rott am Inn". Dieser Landrat wurde, wegen einer ganz anderen Sache allerdings, seines Amtes enthoben. Ich habe dem Ministerpräsidenten damals geantwortet, er wisse wohl nicht mehr, was er da von sich gebe. Das muss ihn unglaublich geärgert haben, denn wenn ich ein Ministerium betrat, wurden sogleich die Schotten dicht gemacht. Danach wies Strauß die Regierung der Oberpfalz an, ein Disziplinarverfahren gegen mich einzuleiten, weil ich Weisungen nicht befolgt hätte. Dabei traf das gar nicht zu, ich hatte nur von meinem Remonstrationsrecht als Beamter Gebrauch gemacht. Daraufhin wurde das Verwaltungsverfahrensgesetz geändert, sodass künftig nicht mehr der Landrat, sondern die Regierung selbst für die Genehmigungen zuständig war, das spätere „Lex Schuierer". Das Disziplinarverfahren gegen mich wurde vier Jahre lang weiterverfolgt, wohl in der Absicht, mich mürbe zu machen.

An Pfingsten 1986 eskalierte die Gewalt am ehemaligen WAA-Gelände. Hatten Sie Befürchtungen, dass die Proteste nun aus dem Ruder laufen könnten?
Schuierer: Die Situation war in der Tat sehr brisant. Da passierten Dinge, die nicht in unse-

rem Interesse waren, beispielsweise als Polizisten mit Stahlkugeln beschossen wurden. Das WAA-Gelände entwickelte sich damals immer stärker zum Schauplatz der autonomen Szene. Die Fernsehbilder mit diesen Geschehnissen haben der Anti-WAA-Bewegung sehr geschadet und unseren Widersachern in die Hände gespielt.

Welche Bedeutung hatte die grenzüberschreitende deutsch-österreichische Anti-WAA-Bewegung für den Widerstand gegen die WAA?
Schuierer: Die deutsch-österreichische Zusammenarbeit gegen die WAA hat uns sehr gestärkt. Fast jedes Wochenende waren österreichische WAA-Gegner bei uns im Landkreis. Zum anderen hatte diese Allianz Auswirkungen auf die deutsch-bayerischen Beziehungen, vor allem nach der Grenzsperrung. Bekannte österreichische Wissenschaftler haben immer wieder darauf hinwiesen, welcher Gefahr Salzburg und sein Umland bei einem Störfall in einer WAA Wackersdorf ausgesetzt seien.

Einen Höhepunkt der Anti-WAA-Bewegung bildete das WAAhinnsfestival in Burglengenfeld. Die bekanntesten Musiker Deutschlands solidarisierten sich mit der Protestbewegung. Fühlten Sie sich gestärkt in Ihrem Denken und Handeln?
Schuierer: Ich selbst war an diesem Wochenende bei den Salzburger Festspielen zu Gast, während die beiden Töchter des Salzburger Bürgermeisters Reschen beim WAAhnsinnsfestival in Burglengenfeld waren. Für die Anti-WAA-Bewegung bedeutete dieses Festival eine ungeheure Stärkung. Man muss sich vorstellen: Musikkünstler wie Udo Lindenberg, die Toten Hosen, Herbert Grönemeyer oder auch Haindling, mit dem ich heute noch gute Beziehungen pflege, solidarisierten sich mit uns.

Zahlreiche bundesdeutsche Politiker wie Johannes Rau, Volker Hauff, Hans-Jochen Vogel, Petra Kelly, Joschka Fischer, aber auch F. J. Strauß kamen in den Landkreis Schwandorf, um sich für oder gegen die WAA auszusprechen. Welche Auswirkungen hatten diese Besuche für oder gegen den Bau der damals geplanten Atomanlage?
Schuierer: Natürlich gingen von diesen bundesweit bekannten Politikern Impulse aus. Aber auch Schauspieler wie Karl-Heinz Böhm („Sissy") oder Dietmar Schönherr („Raumschiff Orion") waren vor Ort, haben sich mit uns solidarisiert und uns den Rücken gestärkt.

Zu welchem Zeitpunkt spürten Sie, dass die Proteste gegen den Bau der WAA erfolgreich sein könnten?
Schuierer: Ich persönlich war von Anfang von überzeugt, dass diese Anlage nie in Betrieb gehen würde. Als ich im Autoradio die Nachricht von der Reaktorkatastrophe in Tschernobyl hörte, bestärkte mich das nur noch mehr in meiner Meinung: Die Gefahren, die von einer WAA ausgehen, wären unbeherrschbar gewesen.

Noch heute wird darüber gestritten, wer den Bau der geplanten WAA im Taxöldener Forst letztlich verhinderte: die Bürgerinitiativen, der Tod des Bayerischen Ministerpräsidenten, das Umdenken der DWK-Wirtschaftsführer oder gar die Unbeugsamkeit des ehemaligen Landrats Hans Schuierer.

Anlage nicht gegen den Widerstand der Bevölkerung zu betreiben
Schuierer: Mit Sicherheit war es nicht der Tod von Franz Josef Strauß. Aus seinen Aussagen las ich schon bald heraus, dass er nicht mehr hundertprozentig hinter der Anlage stand. Der Vorstandsvorsitzende der VEBA erklärte ganz offen, man könne eine solche Anlage nicht gegen den

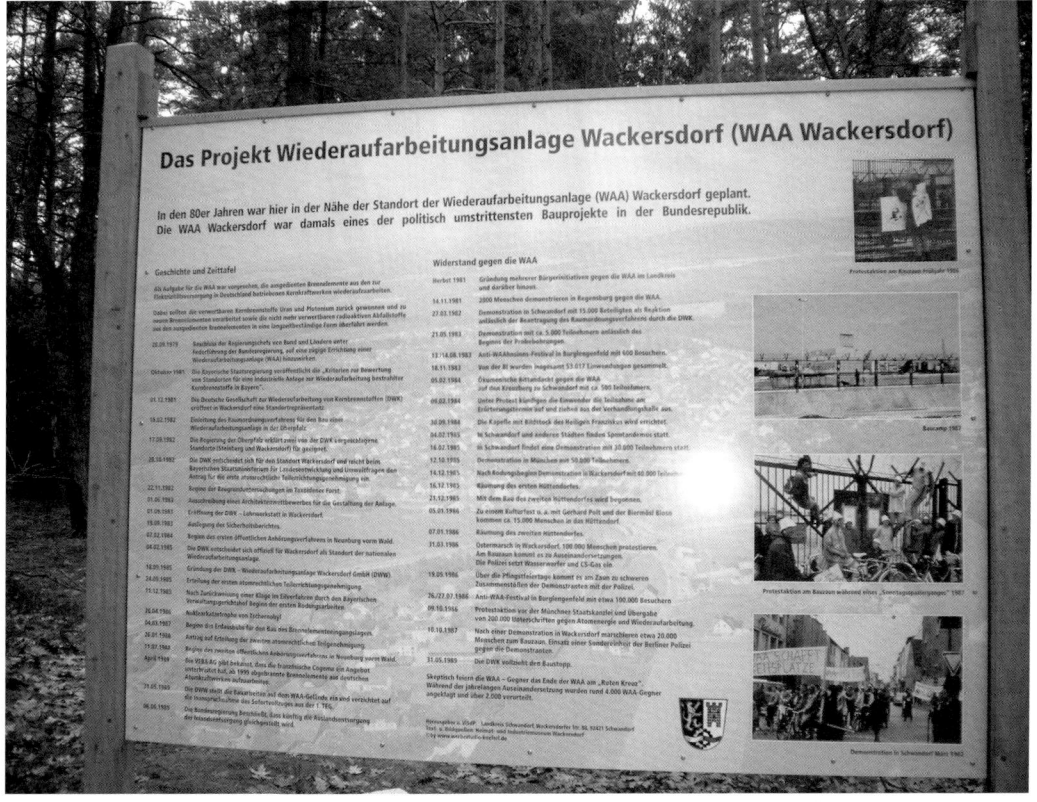

Schuierer: „Die Erinnerung an die Vorgänge rund um die WAA aufrechtzuerhalten, ist Aufgabe der Politik"

Widerstand der Bevölkerung betreiben. Meine Vision war es, den Widerstand so stark zu machen, dass Betreiber und politische Befürworter die Sinnlosigkeit ihres Vorhabens einsehen.

Sie wurden aufgrund ihres energischen Eintretens gegen die WAA auch schwer angefeindet. Was hat sie am meisten verletzt?
Schuierer: Sehr schmerzhaft war für mich der Bruch alter Freundschaften. Ich denke da beispielsweise an meine Wackersdorfer SPD-Freunde. Auch das Verhalten von Landratskollegen, die mich bei Sitzungen absichtlich gemieden und für dumm verkauft haben, hat mich getroffen.

Im Schwandorfer Kreistag kam es zum Streit darüber, wie an den Widerstand gegen die WAA erinnert werden solle. Herausgekommen ist: Das Franziskus-Marterl soll „aufgewertet" und auf dem BMW-Firmengelände eine Hinweistafel angebracht werden. Sind die Ereignisse von damals damit entsprechend gewürdigt?
Schuierer: Es ist zumindest ein Anfang. Es wäre längst Aufgabe der Gemeinde Wackersdorf gewesen, die Erinnerung wach zu halten. Was sich einst rund um Wackersdorf abspielte, war weit mehr als ein lokales Ereignis. Die Geschehnisse wirkten weit über Bayern hinaus. Es ist höchste Zeit, dass in gebührender Weise daran erinnert wird. Es war eines Rechtsstaates unwürdig, was damals – beim Versuch eine Wiederaufarbeitungsanlage in Wackersdorf durchzusetzen – vor sich ging.

WAA-Aus – ein Segen für die Oberpfalz

Die Firmen auf dem einstigen WAA-Gelände scheinen diesem Kapitel unserer Geschichte eher aus dem Wege gehen zu wollen. Passen die Erinnerungen an den WAA-Widerstand nicht zu einer modernen Firmenkultur?
Schuierer: Die Firmen sind für wirtschaftliche Fragen zuständig. Die Erinnerung wach zu halten, ist Aufgabe der Politik. Trotzdem: Ich meine, auch die Unternehmen auf dem ehemaligen WAA-Gelände haben eine moralische Pflicht, sich mit diesem Kapitel unserer Oberpfälzer Geschichte auseinandersetzen.

Ein „Erinnerungspfad" vor Ort wird im „Innovationspark Wackersdorf" jedenfalls noch abgelehnt.
Schuierer: Das verstehe ich nicht. Die Wackersdorfer Gemeinderäte haben offensichtlich Sorge, dass durch das Wachhalten der Erinnerung die Gemeinde Schaden nehmen könnte. Ich bin da ganz anderer Meinung. Es stünde dem Wackersdorfer Gemeinderat gut an, wenn er sein damaliges Fehlverhalten eingestehen würde. Allerdings ist kaum ein Gemeinderat aus jener Zeit noch politisch aktiv. Einer der letzten war Max Politzka, der unlängst in einem Interview bedauerte, dass der Wackersdorfer Gemeinderat sich einst gegen die Anti-WAA-Bewegung stellte. Respekt vor diesem Mann, der spät zu dieser Einsicht kam, aber es heute ehrlich zugibt.

Auch heute noch treffen sich einstige Anti-WAA-Aktivisten regelmäßig am Franziskus-Marterl, um so die Erinnerung wach zu halten. Viele junge Menschen wissen dagegen so gut wie nichts mehr über die Vorgänge rund um den Taxöldener Forst!
Schuierer: Ich bedaure es sehr, dass die Vorgänge rund um die WAA Wackersdorf in Vergessenheit geraten. Das „Dritte Reich" war in den Schu-

Bis zuletzt demonstrierten die Oberpfälzer gegen das strahlende Atomprojekt in ihrer Heimat.

len jahrzehntelang ein Tabuthema, ähnlich sehe ich das bei der WAA. Zum Glück greifen die Schulen das Thema „WAA Wackerdorf" immer öfter auf. Ich war erst kürzlich in Gymnasien, um Schülern und Schülerinnen als Augenzeuge Rede und Antwort zu stehen. Ich hoffe sehr, dass künftig in immer mehr Schulen der Oberpfalz die WAA-Zeit in den Geschichtsunterricht eingebunden wird.

Ist die Zeit noch immer nicht reif dafür?
Schuierer. Ganz im Gegenteil: Die Zeit wäre längst reif. Das Zeitfenster schließt sich langsam. Noch gibt es Zeitzeugen, aber es werden immer weniger. Ich bin immer wieder erstaunt, welches Interesse die jungen Menschen an diesem Thema entwickeln, wenn man mit ihnen darüber spricht.

In den 80er Jahren kämpften Sie mit Ihrem Stellvertreter Dietmar Zierer Seite an Seite gegen ein Projekt, das damals noch als Zukunfts- und Spitzen-Technologie galt. Heute gelten Atomkraftwerke in Deutschland als die Dinosaurier der Stromerzeugung, deren Beherrschbarkeit massive Probleme bereitet. Haben Sie diese Entwicklung in Ansätzen damals schon erkannt?

„Unwahrheiten haben mich beeinflusst"
Schuierer: Ich war in den ersten Monaten der Diskussion wohl noch eher ein Befürworter. Durch die Bürgerinitiative wurde ich erstmals auf die Gefahren einer solchen Anlage aufmerksam. Noch stärker haben mich die Unwahrheiten von Politikern wie Franz Josef Strauß beeinflusst, der mir einst persönlich versicherte, in der Oberpfalz werde keine WAA entstehen. Dasselbe galt für die Aussagen von Vorstandsmitgliedern der damaligen DWK. Sie sprachen stets von einer sauberen, schadstofffreien und zukunftsträchtigen Technologie. Spätestens als mir Pläne mit einem 200 m hohen Kamin vorgelegt wurden, wandelte ich mich zum Skeptiker. Als ich nachfragte, warum die Anlage einen 200 m hohen Kamin benötige, wurde mir klipp und klar geantwortet: „Damit die radioaktiven Schadstoffe möglichst breit verteilt werden." Diesen Satz habe ich heute noch im Ohr. Für mich war ab diesem Zeitpunkt klar, auf wessen Seite ich künftig stehen würde: auf Seiten der WAA-Gegner.

Womöglich war der Kampf gegen die WAA in Wackersdorf der Einstieg in den Ausstieg der Kernkraft in Deutschland.
Schuierer: In der Schrift der SPD-Landtagsfraktion „25 Jahre Baustopp WAA Wackersdorf" wird Wackersdorf tatsächlich als „Der erste Schritt zum Atomausstieg" bezeichnet.

Sie sind damals als technikfeindlicher Politiker angegriffen worden, der sich einer modernen energiepolitischen Zukunft Deutschlands verweigert.
Schuierer: Führende Wirtschaftsvertreter Deutschlands, aber auch führende Politiker haben mich als rückständig und fortschrittsfeindlich gebrandmarkt. Heute müssten es diese Leute besser wissen, aber eine Entschuldigung kam weder von den zuständigen Politikern in München noch von den Verantwortlichen der Industrie- und Handelskammer.

Sie wurden wegen Ihres vehementen Eintretens gegen den Bau der Wideraufbereitungsanlage schwer angefeindet. Sind diese Narben inzwischen verheilt, Herr Schuierer?
Schuierer: Natürlich sind da Narben zurückgeblieben, die immer dann wieder ein Stück weit aufbrechen, wenn ich Leute sehe, die mich schwer angefeindet hatten. Ich verspüre keinen Hass, aber vergessen kann und will ich nicht. Warum findet niemand in der CSU den Mut zu sagen: Wir haben damals einen großen Fehler gemacht! Zwar fassten CDU und CSU nach den Folgen der Atomkatastrophe von Fukushima den

WAA-Aus – ein Segen für die Oberpfalz

Entschluss der Atomwirtschaft den Rücken zu kehren, aber offenbar sind schon wieder politische Kräfte im Kommen, die diesen Ausstieg gern rückgängig machen würden. Das macht mir ernsthaft Sorge.

Wie hätte sich der Landkreis Ihrer Meinung nach entwickelt, wenn statt des Innovationsparks Wackersdorf heute eine riesige Atomanlage dort stünde?
Schuierer: Ich sagte damals auf Hunderten von Veranstaltungen im ganzen Land, dass der Bau der WAA eine Verödung der gesamten Oberpfalz zur Folge hätte. Auch Wirtschaftsbetriebe, so meine Aussage, würden künftig einen großen Bogen um die Oberpfalz machen. Daraufhin wurde ich vor den Untersuchungsausschuss des Bayerischen Landtages geladen, wo mir vorgehalten wurde, ich würde unhaltbare Behauptungen aufstellen, Ängste schüren und die Bevölkerung aufwiegeln. Als ich belegte, dass ich lediglich aus dem Statistischen Jahrbuch für Bayern zitiert hatte, war ich innerhalb von fünf Minuten aus dem Zeugenstand entlassen.

Im neuen „Haus der Bayerischen Geschichte" in Regensburg wird scheinbar weniger „herumgeeiert" als im Schwandorfer Kreistag. Die Museumsleitung kündigte bereits an, dass der Widerstand gegen die Atomfabrik „entsprechend gewürdigt" werde.
Schuierer: Ich wurde bereits vor über einem Jahr von Fachkräften des Museums in Sachen WAA interviewt. Heute behaupten CSU-Politiker, es wäre ihr Verdienst, dass die Vorgänge rund die WAA Wackersdorf im Haus der Geschichte Platz fänden. Welch ein Witz der Geschichte! Es gibt in diesem Museum Fachleute, die gewillt sind, sich unparteiisch und objektiv mit den Vorgängen rund die WAA Wackersdorf auseinanderzusetzen und sie auch entsprechend präsentieren werden.

Als Gallionsfigur des Widerstandes werden Sie in die bayerische Geschichte mit eingehen!
Schuierer: Eine Gallionsfigur war und bin ich nicht. Ich war damals einfach zur rechten Zeit am richtigen Platz. Ich habe mit allen legalen Mitteln gegen den Bau dieser WAA gekämpft. Wenn ich mir die Haltung meiner ehemaligen Landratskollegen aus den Nachbarlandkreisen zur WAA in Erinnerung rufe, war das wohl ein glücklicher Umstand. Dass ein Landrat die Weisung einer Regierung nicht befolgt, war bis dahin undenkbar gewesen und kam meines Wissens auch nachher nicht mehr vor.

Sie sind inzwischen 87 Jahre alt. Wie prägend sind Ihnen jene Ereignisse rund um den Bauzaun noch in Erinnerung?
Schuierer: Dieser Anti-WAA-Kampf hat mein Leben zweifellos stark geprägt. Zuvor hatte bereits die Gebietsreform Ärger bereitet. Für Kommunalpolitiker war sie ein überaus heißes Thema. Der Landkreis Schwandorf sieht heute so aus wie er ist, weil man den SPD-Landrat weghaben wollte. Das erzählte mir der einstige Regierungspräsident Karl Krampol in Trausnitz in weinseeliger Runde ganz offen. Doch nach der Wahl hieß der Landrat wieder Schuierer!
Weil ich jene Episode in etlichen Versammlungen erzählte, rief mich der Regierungspräsident eines Tages ziemlich aufgeregt an und meinte, ich könne doch nicht behaupten, der Landkreis Schwandorf sei so „zusammengezimmert" worden, dass er fortan einen „schwarzen Landrat" an der Spitze habe. Ich entgegnete ihm, ich hätte nichts erfunden, sondern nur seine eigenen Worte wiedergegeben. Drei Tage später rief mich Herr Krampol nochmals an und meinte: „Einigen wir uns darauf, Sie wiederholen das nicht mehr und für mich ist die Sache erledigt!" Damit war ich einverstanden. Zurückgenommen habe ich nichts.

WAA-Aus – ein Segen für die Oberpfalz

Was wäre Ihrer Meinung nach, der Sie alles vor Ort und hautnah miterlebt haben, entscheidend, um dem Vergessen an jene Ereignisse rund um Wackersdorf vorzubeugen?

Schuierer: Die Schulen müssten jene geschichtlichen Ereignisse thematisieren im Unterricht. Wir haben an unseren Schulen doch selbstbewusste Lehrer und Lehrerinnen. Die politisch Verantwortlichen stehen ebenso in der Pflicht. Wackersdorf ist ein Lehrbeispiel dafür, wie ein Rechtsstaat aus den Fugen geraten kann. Darauf hinzuweisen wäre meines Erachtens die Pflicht eines jeden aufrechten Demokraten. Der Widerstand gegen die WAA Wackersdorf darf nicht länger ein Tabuthema bleiben, gerade im Sinne der Stärkung der Demokratie und des Rechtsstaates.

Wollen gewisse Politiker nicht mehr erinnert werden an die Geschehnisse vor Ort?

Schuierer: Natürlich möchte man nicht gern an Fehler erinnert werden. Das schmerzt! Wer glaubt denn schon ernsthaft, der Landkreis Schwandorf hätte mit der WAA einen ähnlichen Aufschwung erlebt? Wer würde schon seinen Urlaub neben einer Atomfabrik verbringen wollen? Was hätte der WAA-Betrieb für den Freizeit- und Wohnwert unserer Bevölkerung bedeutet? Die ganze WAA-Geschichte war ein Lügenpaket vom Anfang bis zum Ende. Das ging schon los, als Franz Josef Strauß mir gegenüber abstritt, dass in der Oberpfalz der Bau einer WAA geplant sei. Bei der Feier der BMW-Group anlässlich des 25-jährigen Standortjubiläums in Wackersdorf behauptete

Das Oberpfälzer Seenland – dort wurde noch bis 1982 Braunkohle abgebaut. Heute tummeln sich dort Wassernixen und Froschmänner.

WAA-Aus – ein Segen für die Oberpfalz

Das Oberpfälzer Seenland ist die perfekte Urlaubsregion. Mit einer WAA wäre so ein Bild nicht vorstellbar.

die ehemalige bayerische Sozialministerin Emilia Müller doch tatsächlich, der WAA-Widerstand sei nicht entscheidend gewesen für das Aus der Wiederaufarbeitungsanlage Wackersdorf. Rudolf von Bennigsen-Foerder, ehemals Sprecher der Atomwirtschaft und Vorstandsvorsitzender der Veba AG, hatte 1989 unmissverständlich erklärt: „Man kann gegen den Widerstand der Bevölkerung eine solche Anlage nicht errichten." Ich habe das Emilia Müller nach der Veranstaltung verdeutlicht. Ich denke, sie wusste es einfach nicht.

Im Frühjahr 2018 erschien ein Buch des ehemaligen Geschäftsführers der DWK, Gert Wölfel, mit dem Titel „Die WAA Wackersdorf. Politisch gewollt. Technisch machbar. Betriebswirtschaftlich unsinnig", in dem er schreibt, er sei nach wie vor der Überzeugung, dass von dieser Anlage (WAA) keine gesundheitlichen Risiken ausgegangen wären.

Schuierer: Wer nach Tschernobyl und Fukoshima, nach den Vorkommnissen in Sellafield und Windscale immer noch behauptet, von einer WAA Wackerdorf hätte keine Gefahren ausgehen können, an dem muss das Weltgeschehen der letzten Jahrzehnte spurlos vorübergegangen sein.

Wenn man an die Auseinandersetzungen um die WAA denke, so Wölfel, habe man immer nur die Szenen vor Augen, wie Polizisten mit Schlagstöcken auf die Gegner losgingen. Dabei wären auch von den Demonstranten „kriminelle Handlungen" ausgeführt worden. Überwiegend seien das doch „Indianerspiele" gewesen.

Schuierer: Indianerspiele? Es waren jedes Jahr zigtausende von Menschen am WAA-Bauzaun. Entweder Herr Wölfel hat wirklich nichts von alledem mitbekommen oder es ist eine böswillige Unterstellung. Die „Indianer" waren vorwiegend Oberpfälzer, die sich für ihre Heimat eingesetzt haben, die für den Kampf gegen die WAA Opfer brachten. Manche gingen für ihre Überzeugung sogar ins Gefängnis. Ich kann über solche Aussagen nur den Kopf schütteln.

In dem Buch „Die WAA Wackersdorf" heißt es auch, ohne die WAA wäre Wackersdorf nie das, was es heute ist.

Schuierer: Wenn diese WAA gebaut worden wäre, dann hätte das eine Verödung zumindest der mittleren Oberpfalz bedeutet. Durch den Baustopp wurden die Voraussetzungen geschaffen für diese Betriebsansiedelungen. Ich erkenne es ausdrücklich lobend an, dass sich Wölfel stark eingesetzt hat bei der Bayerischen Staatsregierung und bei den ansiedelungswilligen Firmen wie BMW oder Sennebogen.

Allerdings seien an Ihnen, dem damaligen Landrat Hans Schuierer, diese Maßnahmen (Betriebsansiedelungen) „wie eine Karawane vorübergegangen". Sie hätten „nichts, rein gar nichts zu diesen positiven Entwicklungen beigetragen" und würden sich heute als Held der Widerstandsbewegung feiern lassen.

Schuierer: Mit dieser Aussage stellt sich Wölfel ein Armutszeugnis aus, zumal er während jener Zeit das Schwandorfer Landratsamt und seinen Landrat dafür lobte, dass die Industrieansiedelungen in so kurzer Zeit über die Bühne gehen konnten. Ich habe damals das Bauamt angeordnet, alles so schnell wie möglich zu genehmigen, auch ohne Bebauungsplan und die nötigen Vorplanungen.

Wölfel kritisiert „die Politik" in seinem Buch. Die Politiker hätten mehr Rückgrat zeigen sollen bei der Durchsetzung der WAA.

Schuierer: Ich bin überzeugt, dass Gert Wölfel den genauen Sachverhalt kennt. Wenn er jetzt der Politik den „Schwarzen Peter" zuschiebt, so ist das eine Verdrehung der Tatsachen. Verantwortlich für das Aus der WAA war die Atomwirtschaft selbst. Mit dieser Falschinformation hat Wölfel sein Buch völlig entwertet. Wölfel hat sich sicherlich Verdienste erworben bei der Ansiedelung von Betrieben. Dabei sollten wir es belassen.

Veteranen am Franziskus-Marterl

Ein letzter Blick zurück

Heute ist Hans Schuierer 87 Jahre, wie viele Ehrungen und Auszeichnungen er in seinem Leben erhalten hat, weiß er selbst nicht mehr. „Das Zeug liegt im Nachtkastl und keiner schauts an", sagte der Pensionist schon zum 70. Geburtstag und daran hat sich nichts geändert.

Fast 45 Jahre war Schuierer kommunalpolitisch tätig, davon 26 Jahre als Landrat, im „roten Landkreis Schwandorf". Die Jahre im WAA-Widerstand haben ihn nicht nur geprägt, sondern über die Grenzen der Bundesrepublik hinaus bekannt gemacht. Wegen seiner Zivilcourage wurde er respektiert, vom politischen Gegner deswegen auch politisch unter Druck gesetzt, als „roter Rebell" mit einem Disziplinarverfahren überzogen. Heute lächelt er darüber, hat aber nicht vergessen, dass es damals „eine harte Zeit war".

Das „Aus" für die WAA und den folgenden wirtschaftlichen Aufschwung bezeichnet Schuierer heute als sein schönstes Erlebnis.

Auch heute noch versammeln sich ehemalige WAA-Gegner am Franziskus-Marterl.

Schuierer verweist jedoch auch auf Industrieansiedelungen wie das Netto-Zentrallager oder Läpple-Automotive in Maxhütte-Haidhof, die ebenfalls während seiner Amtszeit als Landrat über die Bühne gingen. Schuierer war bei allen Verhandlungen mit dabei, auch bei den Grundstücksverhandlungen.

Heute werkelt Hans Schuierer noch immer gern in seinem Garten, soweit es seine Gesundheit zulässt. Seine Frau Lilo kochte früher aus den garteneigenen Beeren die Marmelade für sein Frühstück. Die Liebe zur Natur hat er, Hans Schuierer, nie verloren und auch nicht sein Bemühen, seinen Körper gesund zu erhalten. Noch immer geht der ehemals aktive Kunstradsportler einmal wöchentlich zur Seniorengymnastik. Auch seine morgendlichen Kniebeugen hat er beibehalten. Und das Radfahren ist nach wie vor eines seiner Lieblingshobbys.

Hans Schuierer ist ein einfacher, bescheidener Mensch geblieben. „Ich war früher Handwerker und möchte als guter Handwerker leben", sagt er. Was darüber hinaus geht, solle anderen zugute kommen. Deshalb verzichtet er zu seinen Geburtstagen auf persönliche Geschenke, sondern bittet Gratulanten stets um Geldspenden für die Bedürftigen.

So unterstützt er unter anderem das Projekt „Indienhilfe", das im Bundesland Adhra Pradehs Waisenhäuser und Internate fördert. Sein Besuch 2003 in Indien hat ihn „erschüttert" und angespornt „sich noch stärker für diese Menschen einzusetzen".

Sein kleines Appartement auf Mallorca hat Hans Schuierer verkauft. Seit dem Tod seiner Frau Lilo hat seine Lust am Reisen nachgelassen.

Hans Schuierer ist gerne mit Menschen zusammen. Und so freut er sich schon jeden Montag auf das Schafkopfen mit seinen Freunden. Langeweile kommt so und so nicht auf

Hans Schuierer unterstützt das Projekt „Indienhilfe".

bei ihm, denn noch immer wird Hans Schuierer als Ehrengast gerne zu politischen und caritativen Veranstaltungen eingeladen.

Ach ja, das Franziskus-Marterl! Auch heute noch besucht Hans Schuierer dort ökumenische Andachten und trifft dabei immer wieder auf Bekannte aus dem WAA-Widerstand. Sie sind inzwischen alle in die Jahre gekommen und ruhiger geworden. Doch sie halten mit ihren Geschichten von einst den Widerstand gegen die WAA bis heute lebendig.

Hinweistafel zum Franziskus-Marterl

Ein letzter Blick zurück

Luftbild vom jetzigen Innovationspark Wackersdorf (Aufnahme aus dem Jahr 2012).

Ein letzter Blick zurück

WACKERSDORF ist ein packendes Polit-Drama über die Hintergründe, die zu dem legendären Protest gegen den Bau der WAA in der Oberpfalz führten. Johannes Zeiler (FAUST) spielt den Lokalpolitiker Hans Schuierer, der seine Karriere und seine Zukunft aufs Spiel setzte, weil er kompromisslos für Recht und Gerechtigkeit kämpfte.
An Originalschauplätzen im Landkreis Schwandorf gedreht, verfolgt der Film die Geburtsstunde der zivilen Widerstandsbewegung in der BRD. Ein Plädoyer für demokratische Werte und Bürgerengagement, heute so aktuell wie damals.